JN055328

法学概説

神野　潔
岡田順太
横大道聡 編

弘文堂

　本書は、法学部ではない学部に通う大学生のみなさんにむけて、教養として法学を学ぼうと考えたときに読んでいただく入門書、としてまとめたものである。教養という言葉の意味を説明することは難しく、それを考えようとする営み自体が教養そのものなのかもしれないが、本書では、①市民性の涵養と、②読者それぞれの専門分野とは異なる分野の視点や思考を知ること（そして、それによって自身の専門分野を客観的に見られるようになること）、の２つを特に掲げておきたい。

　また、〈教養としての法学〉というとき、編者が意識したもののひとつとして、著名な刑法学者牧野英一が戦後に著した『法学的教養』（春秋社・1949年）がある。春秋選書の教養シリーズの一冊として刊行されたこの小さな書籍は、既発表の短い論文・講演・随筆などを集めたにすぎないものであるが、牧野はその「はしがき」でこう書いている。

　「〔本書は〕法律家でない人たちに向つて法律を説いたものである。しかし、卑近なはなし、通俗的な物語をしたつもりはない。わたくしとしては、法律に存する精神をそこにたずねたつもりであり、法律に内在する思想をそこにながめた考えである（中略）法律は、その煩瑣な技術的構成はそれとして、その精神とするところは、法律家でない人人にも理解され得るものであり、理解されねばならぬものであり、そうして、その理解に値するものである。この意味において、法律は、一方においては理論深き哲学でもあり、他方には興趣ゆたかな芸術でもある。実に、それ故に、法律は文化たるのである」。

　この牧野の言葉は、70年の時を超えて今もなお、〈教養としての法学〉の根底に流れるものなのではないかと、編者は考えている。

　本書が影響を受けたのは、もちろん『法学的教養』だけではない。日本にも海外にも、定評のある法学入門書や様々な工夫をこらした法学のテキストが数えきれないほどあり、編者も執筆者もそれらから多くのことを学んできた。本書は、それらの成果の先に、いわば「巨人の肩に乗って」作り上げたものであることを強調しておきたい。

　「巨人」としての法学入門書には、いくつかのパターンがある。各実定法の概要で構成された「ダイジェスト型」とも言うべきもの、法とは何かという問いを掲げ、法の分類や法の機能など、基礎的・理論的思考の説明を中心とするもの、大学生の日常生活を意識して身近な例を紹介しながら、実定法の世界をわかりやすく紹介するもの、法や法制度の社会的機能に特に着目するもの、法令の基本構造など法制執務的知識の教授を中心とするものなどが、代表的なパターンとして挙げられるだろう。そしてもちろん、これらのうちのいくつかを組み合わせたような入門書も少なくない。

　そのなかで本書は、読者にとって、法の世界の「輪郭」がよりはっきりとなることを意識し、そのために重要なのは多面的に法を見る視点であると考えた（このことは、上

で述べた教養の意味と深くつながっている）。具体的には、基礎的・理論的な知識（法の機能、形式、構造、制定、解釈、担い手、適用機関、歴史…）を得るための第Ⅰ部と、法の具体的内容（実定法各領域の世界）をまとめた第Ⅱ部と、内容を大きく二部に分け、それぞれの章と章の間には、異なる視点と重なる視点が存在することを意識しつつ、それらが有機的に結びつくように意識して整理した。さらなる特徴を1つ言えば、第Ⅰ部のなかに法の歴史に関する章を用意し、第Ⅱ部各章の最後にも（各章の執筆者とは別に）法制史の研究者による法の歴史についてのコラムを入れている。これは、法を理解するための歴史的視点の重要さを強調したものである。

　本書は、基本的に第1章から順番に読み進めていただくことを想定しているが、興味のある章から読み始めても構わないし、第Ⅱ部から始めて各実定法領域について学んだあとに、第Ⅰ部で法の世界全体を捉えるという方法も有効である。

　〈教養としての法学〉の入門書は、簡潔な内容や平易な文体でまとめられているとイメージされることも多いであろう。本書でも、法を専門的に学んでいるわけではない学生が主たる読者であることを前提として、本文についてはできる限り平易な記述を心がけた。しかし、それによって、薄い知識の獲得になってしまうことを避けるため、側注を充実させて、確かな知識が得られるように工夫してある。この側注では、それぞれの分野の重要な用語について解説を行っており、用語集のような機能も果たしている。ぜひ、本文と一緒に、側注の一つひとつに目を通していただきたい。1回目は側注には目を通さず読み進めて全体を把握し、2回目は側注の内容も含めてじっくり丁寧に読んでいただく、というような読み方もよいのではないだろうか。

　また、平易な記述を心がけた本文についても、法学独特の「難しさ」を理解することも教養として学ぶうえで必要なことと考え、難解な箇所もあえて多く残しておいた。ぜひ、少し苦労しながら、丁寧に読み込んでいただきたい。今回、法学の各分野の専門家に執筆を依頼しているが（それぞれの領域・分野をリードする、中堅・若手の執筆陣である）、専門領域ごと執筆者ごとの特性や癖も色濃く出ているので、そうした違いも楽しんでもらいたい。

　法学部生ではない学生たちのなかにも、法に対する関心や強い熱意をもつ学生が多いことを、編者はよく知っている。詳細な側注も、本文のやや難しいと感じられる部分も、それに応えることを目指したものである。

　最後に、本書の刊行にあたっては、弘文堂編集部の登健太郎さんにたいへんお世話になった。原稿を丹念にお読みいただき、多くの貴重なご指摘をいただき、そして、編者の怠惰に対して厳しくも優しく接してくださった。この場を借りて、心から御礼を申し上げたい。

2022年3月
編者を代表して　神野　潔

【コラム一覧】

第 **I** 部

法のかたちと成り立ち

第 1 章

法の機能

▶▶▶ はじめに

　法が機能する場面を挙げよ、と言われたとき、みなさんは
どのような場面を挙げるだろうか。警察官が犯罪者を逮捕す
る場面を想起した人もいるかもしれないし、刑事被告人に対
して判決が言い渡されているような場面を想起した人もいる
かもしれない。ひょっとすると、交通事故か何かで他人に危
害を加えてしまった人が裁判所に多額の賠償を命じられてい
る場面を想起する人もいたかもしれない。

　これらの例に共通しているのは、それがトラブル（紛争）
の場面だ、ということである。このように、私たちが法を意
識するのは、主として紛争の場面であり、そのこともあって
か、法にはしばしば「面倒」とか「やっかい」とか「かかわ
り合いになりたくない」といった印象が伴う。

　だが、このように法が意識される場面だけが、法の機能し
ている場面ではない。むしろ、私たちが何のトラブルにも直
面せずに日々の生活を送っている場面こそが、法の本来的な
機能が発揮されている場面だともいえる。たとえば普段平穏
無事な生活を送っているとき、コンビニで飲料や間食を購入
するとき、信号機の表示に従って道路を歩いているときなど
の様々な場面が、刑法や民法や道路交通法などといった様々
な法によって支えられている。この、私たちの生活を成り立
たせるために法が不可欠な機能を果たしている、という洞察
は、古くから「社会あるところ法あり（Ubi societas, ibi jus）」
という**法諺**[1]
によって知られていた。

　本章では、法が2つの側面──「面倒」で「かかわり合い
になりたくない」といういわばネガティブな側面と、私たち

[1] **法諺**　法に関する洞察を言
い表した格言のこと。「法格言
（legal maxim）」ということもあ
る。ラテン語で表記されることも
多い。有名なものとしては「法
は不能を強いず（Lex non cogit
ad impossibilia）」（そもそも不可
能なことを法的に義務づけること
はできない、の意）、「後法は前法
を破る（Lex posterior derogate
priori）」（後にできた法律が前の
法律と矛盾している場合、後に
できた法律は前の法律を修正す
るものとして解釈されるべきであ
る、の意。▶**第2章[50]**）、「法の
不知はこれを許さず（Ignorantia
juris neminem excusat）」（法律
によって禁じられていることを知
らなかったとしても、それは免責
事由とはならない、の意）など。
第2章2（1）・第7章[6] も参
照。

の生活を成り立たせるためになくてはならないものだという
ポジティブな側面——をもつということを念頭に置いて、そ
れぞれの側面が法のどのような機能の現れなのか、法がそれ
ぞれの側面をもつことはどのようにして重要なのか、またそ
れらの側面はどのように関係するのか、などといった観点か
ら、法の機能について全体的に理解することを目指すことと
したい。

▶ 1　私たちの生活と法の働き

（1）私たちの社会にはどのような法があるか

　私たちが生活している日本という国には、2021年現在の時
点で約2000件もの法律が存在する。ここでいう「法律」と
は、厳密には「法」のうち一部のもの（いわゆる**議会制定法**[2]）
だけを指すから、日本にはこれよりもさらに多くの「法」が
あるということになる。このように、私たちは数多くの法に
取り囲まれながら日々の生活を過ごしている。

　これらの法は、その働く場面に着目することで3つの種類
に分けることができる。1つ目は個人間の関係（典型的には**債
権・債務関係**[3]など）が問題となる場面において働く法であり、
これに属する法は**民事法**[4]と総称される。その代表例は民法で
ある（▶第10章・第11章）。2つ目は権利その他の法律上保護
されるべき利益を侵害するような行為を禁止し、またそれに
反した者を処罰するような場面において働く法であり、これ
に属する法は**刑事法**[5]と総称される。その代表例が刑法である
（▶第13章）。3つ目は国家と個人が関係する場面や国家機関
が相互に関係する場面など、国家が登場する場面において働
く法であり、これに属する法は（狭い意味での）**公法**[6]と総称さ
れる。その代表例が憲法（日本国憲法）である（▶第9章）。

　以下では、法の機能について分析していく前提として、そ
れぞれの法がそれぞれの領域でどのように働いているかを簡
単にみていくことで、まずは法の働き方についてイメージを
つかんでもらいたい。

[2] **議会制定法**　法の存在形式の一種で、議会（日本の場合は国会のこと）の議決によって成立する法のこと。日本において法律とはすべて議会制定法である（▶第2章2（2）②・第3章1（1））。これ以外にも、たとえば慣習法（▶第2章2（3）❶）のような法形式もある。

[3] **債権・債務関係**　債権とは、ある人が別のある人に対して一定の作為（積極的に何かをすること）または不作為（何かをすることを差し控えること）を請求することを内容とする権利のことをいう。逆に、債務とはそうした内容の義務のことをいう。

[4] **民事法**　民法のほかに、民事訴訟法、会社法や消費者保護法などが含まれる。個人（私人）間の関係を規律する法と、それに関わる紛争解決について規定する法である。第2章[34]も参照。

[5] **刑事法**　刑法のほかに軽犯罪法や刑事訴訟法などが含まれる。正確にはこれらはすべてすぐあとで述べる公法の一種ではあるものの、自由や生命を奪うことさえある刑罰という手段（しばしば「最も峻厳な制裁手段」とも表現される）に関する規律であるため、公法のなかでもとりわけ区別されることが多い。第2章[34]も参照。

[6] **公法**　憲法のほかに、行政手続法や行政事件訴訟法などの「行政法」と総称される法律群が含まれる。「公法」という分類は本来、「民事法」や「刑事法」とは次元の異なる分類である（▶第2章3（1）・（2））が、憲法・行政法をひとまとめにして民・刑事法と対比させる目的で便宜的に用いられることが多い。民事法の場合とは異なって当事者の少なくとも一方が国家という特殊な主体であるから、この意味での公法の特徴は、両当事者が対等ではないことを前提とした規律が多く含まれる点にある。

（2）取引と法

　たとえばコンビニで飲料を購入する、アクセサリーショップでアクセサリーを購入する、携帯電話会社の代理店でスマートフォンを契約する、等々のように、私たちは様々な取引を通じて自らの欲しい物や必要な物を調達し、自律的に生活を営んでいる。また、事業を営む会社であれば、報酬を支払う代わりに一定の仕事（たとえば事業で用いる情報システムの開発）を他社に依頼することによって、自社が単独では実現できないような範囲にまで事業を拡大するということを日々行っていることだろう。このように、取引活動とは自律的かつ豊かに生活を営むことを可能にするものであって、私たちの社会において必要不可欠なものとなっている。

　ところで、アクセサリーショップでブランド物だと言われた場合には、私たちは一応それを信じて購入するだろう（怪しげな露天商であれば話は違うかもしれないが）。また、一定の仕事の完成を企業が請け負う場合には、その仕事の完成の暁には依頼者がきちんと報酬を支払ってくれるとの期待が前提となっているだろう。

　このように、私たちが取引活動に参加する際には、**詐欺**[7]や**債務不履行**[8]のような不適切な取引行為を行わないという取引ルールが参加者の間で共有されていることを期待する。私たちが有するこのような期待の裏付けとなるのが、民法をはじめとした民事法領域の法の働きである。すなわち、民事法領域の法は取引のルールを細かく規定することによって、取引活動への参加者の間での取引ルールの共有を下支えし、またそのルールが破られた場合の**是正手段**[9]を提供することによって、取引ルールが共有されていることに対する私たちの期待に裏付けを与えているのである。

（3）平穏無事な生活と法

　たとえば、往来を歩く際、目の前の人が刃物などで切りかかってくることを常に警戒しながら生活している、というような人はあまりいないだろう（せいぜい暗がりを歩く際にちょっ

[7]　詐欺　人を欺くような行為（欺罔行為）によって相手を錯誤に陥らせ、誤った意思表示をさせることをいう。私人間の権利義務関係は原則として当事者の意思によって変動するものとされている（これを「私的自治の原則」という。▶第2章［32］）が、詐欺の成立過程に問題がある意思表示（瑕疵ある意思表示）について民法は、その意思表示を取り消しうるものと定めている（96条1項）。第10章3（2）も参照。

[8]　債務不履行　たとえば借金を返済期限に返さない場合のように、債務を負っている者が、不可抗力がなかったにもかかわらずその義務を果たさないことをいう。債権者はこれに対して債務の履行を求めることができるほか、一定の要件のもとで損害賠償請求や契約の解除などをすることができる。第10章［50］および［53］も参照。

[9]　是正手段　ひとくちに「是正手段」といっても様々なものがある。たとえば、ここまでの用語説明で紹介した意思表示の取消しや履行の請求、債務不履行によって生じた損害の賠償や契約の解除などがあるほか、是正手段の行使に際して裁判所の助力を得る（これが訴訟である）こともできる。

と注意するぐらいだろう）。このように、私たちの多くは普段、目の前の人がいきなり自分に危害を加えたりするようなことはない、という期待のもとで生活を過ごしている。

　私たちがこのような期待を抱くことができるのはなぜだろうか。もちろん、他人にみだりに危害を加えることは道徳的に正しくないとの見解が多くの人にとって共有されていることもひとつの要因かもしれない。だが、たとえば人の所有物を羨むとき、あるいは相手に対して怒りを覚えるとき、道徳に基づく判断と自分の感情との間で、いかに些細であっても多少なりとも葛藤を覚えることもまた人情である。これを踏まえてもなお、他人がそう簡単には危害を加えるような行動には出ないだろうとの期待をもつことを裏付けてくれるのが、刑事法領域の法である。たとえば、刑法は他人に対して危害を加える行動など、社会生活において人がとるべきでない行為類型を**犯罪**[10]と定義して禁止し、それに対して刑罰という負の**インセンティブ**[11]を設定する。このような刑法の規定は、私たちの利益が実際に侵害される危険性を低め、私たちの平穏無事な生活を下支えしている。

（4）権力の行使と法

　上記2つの場面をみればわかるとおり、私たちの日常生活は法とそれに基づく公権力の行使による裏付けによって支えられている。したがって、たとえば権力者によって恣意的に刑罰が科されたり、権力者と仲のいい者だけが債務を免除されたりするというようなことが生じることなく、公権力が適切に行使され、それによって私たちの生活が保護されていることそれ自体もまた、私たちの生活にとって必要不可欠な前提となっているといえるだろう。私たちの有するこのような期待の裏付けとなっているのが、たとえば憲法である。

　もちろん、公権力の適正な行使への期待は、統治者に対する信頼によっても成り立つかもしれない。たとえば、**専制君主国家**[12]において、慈悲深い君主が国民の生活に対して深い配慮をしながら統治を行っていく、ということも（少なくとも理論的には）考えうるだろう。だが、どのような場合に公権力

[10] **犯罪**　刑法学において、犯罪とは、構成要件に該当する違法かつ有責な行為、と定義される。構成要件とは犯罪に該当しうる行為類型のことで、刑法の第2編に配置された諸規定によって定められている（たとえば殺人罪は刑法199条）。これに外形的に合致する行為が実際に犯罪と評価されるか否かは、さらに進んで刑法の第1編に含まれる諸規定に照らして「違法かつ有責」と評価できるか否かにかかる。詳しくは**第13章4（1）**を参照。

[11] **インセンティブ**　人々の意思決定や行動を変化させるような要因のことを指す。ここで述べた刑罰のように、一定の行為に対して制裁等の不利益を課すことによって人々にそのような行為をさせないようにする場合（負のインセンティブを課す場合）はわかりやすい例であるが、逆に一定の行為に対して利益を与えることによって人々にそのような行為を奨励するような場合（正のインセンティブを課す場合）もある。

[12] **専制君主国家**　私たちの住む日本では、たとえば選挙などを通じて被治者（統治される者、すなわち国民）に対して統治への関与の機会が与えられている。こうした機会を与えず、統治権をもつ君主が被治者から独立して統治権を行使するような国家のことを専制君主国家という。君主が身勝手かつ恣意的に統治権を行使するようないわゆる独裁国家はその最たるものであるが、本文で示したような君主が一方的に国民の福利や幸福等に配慮して統治を行うような形態の国家もまた、専制君主国家のバリエーションのひとつ（啓蒙専制君主国家）である。

が行使されるのかが事前に示されていないのだとすれば、そもそもそれが恣意的な行使なのかどうかを判断すること自体が実際上困難であろう。また、このような信頼は統治者の個人的な人格に対するものになるから、君主が代替わりすれば、そのたびごとにリセットされることになるだろう。つまり、このような信頼はあまり安定的ともいえない、ということになる。

これに対して憲法は、統治を担う国家のどの部門がどのように公権力を行使してよいか、あるいはしてはいけないかについて、基本的な事項を定め、公権力の行使が適切に行われるよう規律することで、統治者に対して公権力の適切な行使の仕方について指示をすると同時に、統治者が公権力を適切に行使しているか否かを私たちが判定できるような基礎を提供している。このようにして、憲法をはじめとした公法は、公権力が適切に行使され、私たちの生活がそれによって保護されること（そしてそれに対する期待を有すること）を下支えしているのである。

▶ 2　法の基本的な機能

（1）行為規範と裁判規範

ここまでみてきたように、法は私たちの生活の様々な場面において働いており、それによって私たちの社会生活は様々な側面から支えられている。ところで、これらの場面のなかにおける法の機能の仕方には区別が可能な2種類の機能が混在している。それは、法が行為規範として機能している場面と、裁判規範として機能している場面との2種類である（なお、これに**組織規範**[13]が加えられることもあるが、本章ではこれに触れない）。

行為規範とは、人々に対して適切な振る舞いを提示し、そのように振る舞うことを人々に対して要求するような規範のことである。たとえば人々が刑法に定められた一定の行為類型（つまり犯罪）に該当する行為をしないようにする場合、民

[13] **組織規範**　たとえば国会法や各省庁の設置法に含まれる様々な条文のように、国家や団体のような「組織」の成立根拠となり、また組織内部の構造や機能などを定義するような規範のこと（▶第2章3（4））。

法が定めるとおりに他人に対して与えた損害を自ら賠償するような場合、あるいは立法府が法律を制定するに際して憲法が定める人権を侵害しないように注意するような場面などは、法が行為規範として機能している場合の例である。

　これに対して裁判規範とは、裁判所に対して紛争解決の際の基準を提示し、そのようにして紛争を解決することを裁判所に対して要求するような規範のことである。たとえば裁判所が刑法の定める犯罪に該当する行為を行った者に対して刑法の定める刑罰（法定刑）の範囲で刑の宣告を行う場合、民法が定める賠償責任を負っている者に対して民法上賠償すべきとされる範囲での賠償を命じる判決を下す場合、あるいは裁判所が**違憲審査権**[14]に基づいて憲法違反の法律を無効と判断する場合などは、法が裁判規範として機能している場合の例である。

　上記の説明と例からもわかるように、法は行為規範と裁判規範のいずれの側面をももっており、場面に応じて行為規範として機能したり、裁判規範として機能したりする。

[14] 違憲審査権　法令が憲法に違反しているか否かを審査する権限のこと。日本においては日本国憲法81条において定められており、裁判所が紛争に対して法令を適用するに際してその適用されるべき法令が憲法に違反しているか否かを審査する、という形で行使される（付随的違憲審査制）。第2章[19]・第6章コラム㉒も参照。

コラム① 具体的な条文と行為規範性／裁判規範性

　法学の学習において最も重要な素材は条文である（その理由については後述3（3）を参照）。そこで、実際の条文から法の行為規範性と裁判規範性がどのように読み取れるかをみてみたい。

　まず、行為規範の例として、入門書で例に用いるにはややマイナーな法律ではあるものの、個人情報の保護に関する法律（個人情報保護法）の規定を引いてみよう。個人情報保護法72条は、同法の59条に基づいて設置される個人情報保護委員会の委員長等の義務に関する規定だが、次のように定められている。

　第72条　委員長、委員、専門委員及び事務局の職員は、職務上知ることのできた秘密を漏らし、又は盗用してはならない。その職務を退いた後も、同様とする。

ここでは委員長等が服すべき行為規範が定められているのみで、それに違反した場合の罰則等に関する規定はない。そのような規定は少し後ろの82条に、次のように定められている。

　　第82条　第72条の規定に違反して秘密を漏らし、又は盗用した者は、2年以下の懲役又は100万円以下の罰金に処する。

　　このように、個人情報保護法からは法が行為規範と裁判規範の二面性をもつ、ということがよく読み取れる。だが、実はこのように裁判規範と行為規範が分離されて定められている法律ばかりではない。たとえば、個人情報保護法よりも基本的な法律である刑法の条文をみてみると、次のようになっている。

　　第199条　人を殺した者は、死刑又は無期若しくは5年以上の懲役に処する。

　　これは殺人罪を規定した条文であるが、ここからは、人を殺した者に対していかなる刑罰が科されることになっているか（つまり裁判規範の内容）を明確に読み取ることができる一方で、そもそも人を殺してよいのか否か（つまり行為規範の内容）を規定しているようにはみえないだろう。もちろん、一般的にはこの条文は「人を殺すな」という対応する行為規範を前提として、それに違反した場合の制裁を定めた規範だと解されている。しかし、このような行為規範は個人情報保護法の72条のように明文で定められたものではなく、あくまでもこの条文の解釈として導かれるにすぎない。このように、刑法や民法などの基本的な法律をみてみると、実は多くの条文が裁判規範だけを定めていることがわかる。それらの法律においては、行為規範は暗黙の前提として、裁判規範の裏側に見出されるにすぎない。なお、これが冒頭で個人情報保護法というマイナーな法律を例に用いた理由である。

（2）「社会あるところ法あり」

　　さて、本章の冒頭において法が機能する場面を挙げよと言われた時、おそらく多くの人は、現に紛争が発生し、それが法によって解決されているような場面を想起したのではないだろうか。このような場面は、上に述べた裁判規範としての

機能を法が発揮している場面であるから、もしかするとこの2つの機能のうち、裁判規範性こそが法の機能の中心であると考えたくなるかもしれない。

　実際、そのような発想はさほど突飛なものでもなく、たとえば法の行為規範性は裁判規範性から派生する機能だと説明されることもある。また、後に触れるように、裁判規範性が法にとって固有の機能であることに照らせば、そのような説明にはそれなりの説得力もある。

　だが、ここで注意を向けてもらいたいのは、冒頭で触れた「社会あるところ法あり」という法諺が念頭に置いている「法」の機能は、むしろ行為規範としての機能の方だ、ということである。

　そもそも、人々が単に同一の場所に集まっているだけでなく、人々が共生する（すなわち、社会を営む）ためには、互いの生活が衝突しないよう、人々がある程度協調的に行動する必要があるだろう。そして、人々が協調的に行動するためには、お互いの行動がある程度予想できることが必要でもある。このような条件は、常識の共有（「阿吽の呼吸」というようなもの）によって成り立つ少人数の集団や部族だけでなく、コミュニケーションによって考え方のすり合わせを行うような「近代的」な集団においてもみたされる必要がある。というのも、コミュニケーションによる考え方のすり合わせを行うに際しても、たとえば相手をだます等の不適切な行動を相手がとらないという、必要最小限の期待をもつことが可能でなければならないからである。すなわち、社会が成立するためには、それを構成しようとする人々の間で、どのような行動に出てもよいか、あるいはどのような行動に出るべきか、などの行為に関する指示を行う規範、つまりは行為規範が共有されていることが必要なのである。

　このことを踏まえれば、「社会あるところ法あり」という法諺が意味するところも理解できるようになるだろう。すなわち、法は社会に対して行為規範を提供することによって、社会が成立するための前提条件を提供している、ということである。このように考えるならば、法の基礎的な機能とは行為

★**法の本質は何か**　法の本質は何か、という問いのことを「法概念論」という。法概念論は法を対象とした哲学（法哲学）における中心問題のひとつであるが、それに対するわかりやすい回答を与えるのが「法＝命令説」といわれる立場である。これはイギリスの法哲学者オースティン（1790〜1859）によって提唱された立場で、法を主権者による命令と、それに違反する者への制裁との結合として理解しようとする立場である。この立場は行為規範と裁判規範という法の重要な2つの機能をうまく説明してくれるわかりやすいものであるが、これを批判する立場もある。たとえば、のちの時代のイギリスの法哲学者ハート（1907〜1992）は、法＝命令説のような見方は人々の権利義務関係を適切に説明できるかもしれないが、権能（たとえば契約の解除権のように、自らの意思によって権利義務関係を変動させることのできる権利のこと）を説明することができないとして、「法＝ルール説」と呼ばれる立場を打ち出した。

規範としての機能にあり、法の裁判規範としての機能は、あくまでも人々が協調的に行動することに失敗するような例外的な場面においてのみ発揮される機能なのだ、ということができよう。すなわち、法が意識される場面とは例外的な場面なのであって、むしろそれが機能していることが意識されない場面においてこそ、法の基礎的な機能が発揮されているのである。

コラム②　ELSIと「法のデザイン」

　ここで少し視点を変え、科学技術とのかかわり合いに関する話題を取り上げよう。

　近年、とりわけAI関連技術のブレイクスルーを起因とする「AIブーム」を背景として注目されているのが、ELSI（エルシー）という言葉である。ELSIとはEthical, Legal, Social Issues（あるいはImplications）の略で、直訳すれば「倫理的・法的・社会的課題（あるいは含意）」となる。新規科学技術の研究開発や実用化の過程では、たとえばAIによる顔認証技術に潜む「バイアス」の問題（▶第9章[2]）のように、必ずしも技術的な問題には汲み尽くせないような問題に直面することがあり、そういった様々な非技術的な問題・課題を広く指す言葉として用いられている。

　ところで、しばしば法は「規制」のイメージを伴っているから、先端科学技術の法的な問題を検討すると言われると、科学技術の研究や開発等に対する法律家の横槍によって研究開発が阻害される、というようなイメージをもつ人がいるかもしれない。もちろんこうしたイメージはまったくの誤りとはいえないが、上で述べたように、むしろ法的な規制は人々の協調的な行動を可能とし、社会的な活動を活発化する側面もある（しかも、その規制は固定的なものではなく、のちに述べるように議会を通じて改変可能なものである！）。そのため、科学技術の「規制」を考えるにあたっては、どういった技術を規制すべきか、という消極的な考慮だけでなく、当該技術が社会において有効活用されるためにはどういった規制が必要か、といった積極的な視点をもつこともまた重要である。こうした視点の重要性は、たとえば「法のデザイン」の名のもとでも指摘されており（水野祐『法のデザイン』（フィルムアート社・2017年））、近年のELSIへの注目と相まって脚光を浴びている。

➡ 3 私たちの社会の法がもつ機能

(1) 法とその他の社会規範

　2でみたように、法の基礎的な機能は社会を成立させるための行為規範としての機能にあると考えることができる。だが、このような機能はひとり法のみが発揮しうるものではない。たとえば、人々が特に理由もなく受容している慣習や習律なども人々に対して一定の行為を命じるところがあるから行為規範性を有するといえるだろうし、普遍的に正しい振る舞いや不正な振る舞いを規定する規範、つまり道徳規範なども当然ながら行為規範性を有しているだろう。それゆえ、法に限らず、たとえば人々が慣習や習律を共有していたり、人々が適切な**道徳的判断**[15]のもとでそれに基づいて行動していたりする場合にも、社会は成立するかもしれない。

　実際、日本とは異なり、西洋近代的な法制度をもたない集団においては慣習や道徳などのような法以外の社会規範と法との間の区別は（さらにいえば慣習と道徳のような法以外の社会規範の間での区別も）、必ずしも明確にはなっていないだろう。また、先に挙げた「社会あるところ法あり」という法諺における「法」とは、実のところ私たちの社会に妥当している狭い意味での法のみを指すのではなく、むしろ社会規範一般を指すのだとも解される。

　そればかりか、私たちの社会においても、これらの区別はしばしば意識されない。たとえば人を非難する際、多くの人は、それが道徳に基づく非難であるのか、慣習に基づく非難であるのか、あるいは法に基づく非難であるのか、それほど明確に区別などしていないだろう。あるいは、サークルや会社など、社会のなかにある小集団においては、そのような集団の内部においてのみ妥当するような慣習が存在していて、あたかも法規範のように、そこに属する人々に対して拘束力を発揮していることもあるだろう。このように、法の基礎的な機能として位置づけうる行為規範性は、その明らかな重要性にもかかわらず法に固有な機能ではない。法が私たちの社

[15] **道徳的判断**　たとえば、ある行為が正しい行いか否かについての判断のような、道徳についての判断のこと。しばしば道徳的判断は主観的な好悪や感情の発露にすぎないとみなされるが、メタ倫理学（道徳についての主張はいったい何を主張しているのか、のような、道徳や倫理（学）とは一体何かについて研究する哲学の一分野）においては、こうした考え方は必ずしも支配的ではない。上記のような立場は「情緒説」と呼ばれる立場に相当するが、こうした立場に反対し、道徳的判断とは、人々の好悪や感情を超えた、何かしらの普遍的な「正しさ」に基づく判断だとする考え方（客観説）もまた有力な立場である。

会において道徳や慣習などのような他の社会規範とは一応区別され、それを前提に私たちの社会が運営されている以上、少なくとも私たちの社会における法の機能を十全に理解するためには、法の固有の機能、すなわち他の社会規範とは異なって法のみが発揮しうる裁判規範としての機能に注目する必要がある。

（2）裁判所による法の適用

　行為規範が十全に機能しているとき、私たちは協調的に行動することによって互いの生活を衝突させることなく共に生きることができる。だが、実際のところそのような理想的な状況はそうそう生じるものではなく、私たちの社会では互いの行動が衝突し、紛争が発生するということがしばしばある。

　たとえば、私たちの社会の構成員は、みながみな**天使**[16]のような者ばかりというわけではないのだから、一部の人は、自らの身勝手な都合のみに基づいて、あるいはいっときの激情や気の迷いによって、法が命じるところに反した行動をとることもあるだろう。あるいは、社会を構成するそれぞれの主体がそれぞれに異なった人格や価値観を有する限り、従おうとする行為規範たる法の解釈について異なった見解をもつこともあるだろう。そのため、仮に社会が天使のような者のみによって構成されている場合でさえ、それを構成する主体の行為は衝突することがあるだろう。これらの場面は、言ってみれば行為規範が機能不全に陥っているような状況である。こうした状況に対処するのが、法の裁判規範としての機能なのである。

　まず、法に違反しようとする者がいる場合には、法は裁判所による適用を通じて、そのような人に対しても法の遵守を**強制**[17]しようとする。たとえば債務不履行のように民事法上の義務が果たされないような場合には、債権者は裁判所に対して訴えを提起し、その履行を求めることができる。このとき裁判所は、法に照らしてその訴えの適否を判断したうえで相手方に対して履行を命じることになるし、仮にその命令に相手方が従おうとしない場合には**強制執行**[18]によって強制的にそ

[16] **天使**　ここでは、強制力の有無にかかわらず、常に真摯に行為規範を完全に遵守して行動しようとする行為者のことを比喩的に指す語。「聖人君子」とでも言うべきところであろうが、法と強制力との結びつきの必然性を論じる議論においては、しばしば「天使の社会における法にも強制力は必要か」という問いが設定されるので、ここではあえてこの語を使用した。

[17] **強制**　法とその他の社会規範とを分かつ重要な特徴としてしばしば参照されるのが、この強制性という特徴である。たとえばドイツの法哲学者ケルゼン（1881〜1973）（▶第2章[12]・第15章[54]）は、国家による制裁の発動条件を定めるものとして法を定義するという立場（法＝強制説）を打ち出したことで知られる。また、9頁の★でも触れたオースティンの法＝命令説もまた、強制性やそれを担保する制裁制度を法の重要な特徴とする立場である。

[18] **強制執行**　裁判所による確定判決等を得た者がそれを強制的に実現するための手続である。たとえば預金債権の差押えや間接強制（金銭的な負担を与えることで債務を履行するよう仕向けること）などがある。

の命令を実現することができる。あるいは、刑法に違反して犯罪を行った者がいた場合には、裁判所は犯罪が発生したという事実そのものをなかったことにすることはできないものの、刑罰等の制裁を科すことによってその者による再犯や別の者による新たな違反を抑止しようとする。このように、法は裁判所という国家権力の裏付けをもつことによって、自発的にそれを遵守しようとする者以外に対しても強制的にそれを遵守した行動をとるように仕向ける力がある、という特徴をもっている。

　次に、法の命じるところに関する意見の対立が生じている場合、私たちはひょっとすると交渉その他の手段によってその意見対立の解決を試みるかもしれない。だが、そのような試みが奏功しなかった場合、私たちの社会では、裁判所に対して訴えを提起し、その解決を求めることができる。このとき、裁判所は双方の主張を踏まえつつ、法が命じるところを明らかにしたうえで、それに従って紛争を解決する。このように、法は裁判官という優越的な解釈者を通じて解釈されることによって、その解釈は、最終的には統一されることが期待される。

　このように、法の裁判規範としての機能は、法に対して強制性や解釈の統一性などのような特徴を与えることになる。これらの特徴は、法の行為規範としての機能を補い、法の社会運営の道具としての役割を確実なものとしている。これが他の行為規範と比較した場合の法のもつ、ひとつの重要な特徴である。

コラム③　アーキテクチャ

　法には行為規範性があり、行為規範性のある法は人々の行動を変容させるための手段となる。だが、人々の行動を変容させるための手段は何も行為規範には限らない。行為規範以外の手段のひとつとして、ここでは「アーキテクチャ」という手段を紹介しよう。

　アーキテクチャとは、その名のとおり様々な「構造」を通して人の行動に

働きかけようとする手段のことをいう。ここでひとつの事例を考えよう。あなたが自宅で勉強に集中したいとして、もし実家で生活していたり同棲したりしている場合には、同居人に勉強の邪魔をしてほしくないと思うかもしれない。このような場合に、あなたがとりうる手段として２つのものが考えられる。ひとつは相手に対して「部屋に入らないでほしい」とお願いするという方法であり、もうひとつは部屋の扉に鍵をかけてしまう、という方法である。このうち、前者のような手段を用いた規制が法規制であり、後者のような手段を用いた規制がアーキテクチャによる規制である。

　この例からもわかるように、ひとくちに「人の行動を変容させる」といっても、法による規制とアーキテクチャによる規制にはその変容のさせ方に違いがある。たとえば、相手に対して一定の行動を要求する場合、相手がそのような要求を飲んでくれなければ規制は絵に描いた餅になってしまうのに対してアーキテクチャは相手に対して有無を言わさず一定の行動をとらせてしまう。このように考えるとアーキテクチャは法よりも優れているかにみえるかもしれないが、たとえば鍵や扉といったアーキテクチャの実効性が、それを破壊することを禁じる法規範（たとえば器物損壊罪（刑法261条））によって担保されているように、両規制の関係はそう単純なものではない。

　アーキテクチャは、アメリカの憲法・情報法学者のローレンス・レッシグ（1961～）によって提唱された概念で、もともとはハードウェアおよびソフトウェアによって構成される「コード」が情報社会において重要な規制手段として機能すること（たとえば、利用規約に「同意」しなければソフトウェアを利用することはできない！）を指摘するために導入されたものであった。だが、上記の例からもわかるように、アーキテクチャによる規制は私たちの生活の様々な場面に見出しうるものであり、今では情報社会の文脈を離れて広く用いられる概念となっている。

▲ローレンス・レッシグ（1961～）は、アメリカの憲法・情報法学者。新シカゴ学派に属する研究者であるが、クリエイティブ・コモンズ（著作物の適正な再利用を促進するようなライセンスの策定と普及をはかる団体）の発起人になったり、アメリカ大統領選挙への出馬を表明する（のちに撤回）など、活躍の場は狭い意味での学術活動にとどまらない（右画像：AP／アフロ）。

（3）議会による法の制定

　ところで、上では単に法は裁判規範としても機能するとだけ述べた。しかし、私たちの社会における法の機能を正確に

描写しようとするならば、法は排他的な裁判規範として機能する、といわなければならない。つまり、裁判において法は他の規範を差し置いて唯一の基準として機能する、ということである。このことは、私たちの社会において法（法律）は国会のみによって制定される、ということを踏まえると、重要な意味をもつ。

　まず着目すべきは、法は条文の形式を備えたうえで一定の手続を通じて制定されるという点である。このような形式を備えているため、多くの場合、ある規範が法に含まれるか否かはその手続を通過した条文を確認することによって判定することができる。このように、法の制定・改廃が一元的になされ、また裁判所がそのような仕方で明確に定められた法にのみ従って紛争を解決するということは、裁判の結果を人々にとって予見可能なものとしてくれる。このような法の特徴は、人々に対して、実際に裁判を受けずとも裁判においてどのような判断がなされるかという予想を踏まえて日々の行動を見直すことを可能とする。すなわち、法は排他的な裁判規範として機能することによって、人々の行動をより効果的かつ実効的に統制することができるようになるのである。

　次に着目すべきは、法を制定・改廃する議会という機関の性質である。議会とは私たち国民の代表たる議員によって組織される機関であるから、私たちは議員を通じていかなる規範が法に含まれるべきか否かの取捨選択をすることができる。このような法の特徴は、法を２つの観点からより良いものへとしてくれる。第１に、私たちにとって納得のいく内容をもつようになることが期待される。やや楽観的かもしれないが、法が私たち自身の代表によって取捨選択されていることそれ自体が、このように考えるひとつの理由となる。第２に、結果として私たちの一部にとって納得のいかない内容が法に含まれていたとしても、その一部の人々に対してその内容を受け容れさせる一応の理由が立つ。というのも、その内容の取捨選択がその人々を含む私たち国民すべての代表たる議員によって行われている以上、その人々に対しても、その内容の取捨選択への参加の機会は与えられていたものとみることが

できるからである。そして、こうした特徴をもつ法のみに従って裁判所が紛争を解決するということは、私たちが関与できる決定に従って裁判所が紛争を解決するということにほかならない。それゆえ、私たちとまったく無関係なところで取り決められた規定に従って、あるいは裁判官が自らの「良心」のみに従って紛争を解決するよりも、私たちにとって裁判の結果を受け容れやすい（あるいは受け容れるべき理由のある）ものへとしてくれるだろう。

このように、法はとりわけ議会によって制定・改廃され、それが排他的な裁判規範として機能する。このような性質は、法の行為規範としての機能を高めると同時に、法がよりよい行為規範として機能することを可能としているのである。

コラム④　AIによる裁判は望ましいか

ここまで述べてきたように、私たちの社会における法の重要な機能には、裁判所による権威的な紛争解決を議会によって統制する、という機能が含まれている。だが、もし議会による判断を裁判所が忠実に実現することこそが重要なのであれば、裁判所は人ではなく自動化されたシステム（こう言ってよければ「AI」）によって運営される方が好ましい、ということにはならないだろうか。すなわち、「『法の支配』が『人の支配』を退けるためのものであったことを考えると、……『法の支配』を半ば独占してきた裁判官もまた人であるわけであるから、『法の支配』を完遂するには『AIの支配』の方が徹底しているとさえ言い得る」（駒村圭吾「『法の支配』vs『AIの支配』」法学教室443号（2017年）63頁・ただし原文に含まれる明らかな誤記については修正している）のではないだろうか。

このような主張にはそれなりの説得力があるように思われる一方で、現実の裁判制度の重要な部分を捉え損なっている部分もある。というのも、現実の裁判制度は、議会によって制定された法と実際の事件との間にギャップがあることをむしろ活かして、法を解釈することを通じて制定法を微修正しながら運営されているという側面があるからである。

法解釈については**第4章**で詳しく触れているから、この問題については先の説明を読み進めたあとで（あるいはさらに第Ⅱ部の各法分野の説明まで読み終えてから）ゆっくり考えてもらいたい。

4 おわりに

　本章では、行為規範と裁判規範という法の2つの機能を軸
としながら、法のもつ様々な特徴について全体的に説明する
ことを試みた。行為規範とは人々に対して適切な振る舞いを
提示し、そのように振る舞うことを人々に対して要求するよ
うな規範であり、これは社会の成立を可能にするものだとい
う点でより基礎的な機能である。また、裁判規範とは裁判所
に対して紛争解決の際の基準を提示し、そのようにして紛争
を解決することを裁判所に対して要求するような規範であり、
行為規範を補完する役割を果たす。法は裁判規範によって補
われることによって、慣習や道徳などのような他の行為規範
とは異なった実効性や効率性を獲得しており、社会の実効的・
効率的な運営にとって重要な手段となっている。

　本章で強調したように、法のもつ裁判規範性は、裁判所や
議会といった具体的な制度を前提として発揮される機能であ
る。そのため、法の機能に関する理解をより深めていくため
には、これらの具体的な制度やその仕組みについてより詳細
に理解していく必要がある。

コラム⑤　法の「資源配分機能」

　本章において説明の中心に据えた行為規範と裁判規範という機能は、法学
を学ぶ際してまず踏まえるべき基本的な視点を与えてくれる。そのため、
本章はこれらの機能を軸として法の機能を整理してみたが、実のところ法の
機能がこれに尽きるものだと言ってしまうのも、やや不正確なところがある。

　本章で説明しなかった法の機能としては、たとえば法の「資源配分機能」
と呼ばれる機能を挙げることができる。法の資源配分機能とは、徴税などの
手段によって国家が確保した財に基づく補助や、公共職業安定所（いわゆる職
安）などのような国家が用意したサービスなどが法によって提供される場合
に法が果たす機能のことを指す。これは、単なる社会秩序の維持にとどまら
ず、より積極的に国民の生活や福利などの向上を目指すような国家（いわゆる
福祉国家）における法の役割として重要な機能である。資源配分機能を含めた

法の機能の多様性については、たとえば田中成明『法学入門〔新版〕』（有斐閣・2016年）などに詳しい。なお、これは田中成明『現代法理学』（有斐閣・2011年）を初学者向けにやさしくしたものなので、もし学習が進んで興味が湧いた人がいれば、こちらを読み進めてみるのもよいだろう。

▲田中成明『法学入門〔新版〕』（有斐閣・2016年）

　法は時代ごとに様々な機能を担わされてきており、すべての規定や機能を整合的に理解することは難しい。そのため、混乱せずに学習するためには、法や国家がどのようにして発展してきたのかといった歴史に関する理解を踏まえて、いわば立体的に理解することを心がける必要がある。

第2章

法の形式・分類・構造

＝＝＝＝＞ **はじめに**

　私たちの生活は、全容を把握するのが不可能とも思われるほどに様々な法に囲まれている。街中を歩くだけでも、周囲の街並みや踏みしめている道路は少なくとも「都市計画法」や「道路法」が関わる。百貨店で商品を買う場合は、「大型小売店舗立地法」や「民法」、さらには「通貨の単位及び貨幣の発行等に関する法律」が関わるだろうし、輸入品であれば「関税法」や種々の条約が関わる。たしかに、日常生活で法を意識することはあまりないが、たとえば自動車交通事故といった非常時には、加害者であろうと被害者であろうと、私たちは否が応でも法を意識せざるを得ない。被害者が医療費をどのように請求するのか、加害者をどのように罰するのか、加害者の運転免許をどうすべきか。1つの交通事故でも、複数の法が重なり合って規律している。

　前章では法の機能についてみたが、本章ではこのような種々の法に共通する総論的な内容を扱う。具体的には、法がどのような形で存在し、分類されるかを述べたあとに、いかなる関係で結ばれているのかを説明する。そのうえで、個々の法はどのような構造を有しているのかを説明する。

＝＝＝＝＞ **1　実定法と自然法**

（1）実定法と自然法の区別

　一般に法学では**実定法**と**自然法**[1]の区別が語られる。

　本章で扱う実定法とは、一定の時代、一定の社会に有効な

ものとして経験的事実に基づいて実証的に把握されうる形で存在する法であり、国家が定める制定法だけでなく慣習法や判例法も含まれる。他方、自然法とは、「神」や「人間の本性」のような根源的なものに基づく法である。自然法は人間が人為的に定めた実定法とは異なり、特定の時代や場所に拘束されない永遠不変・普遍のものである。

（2）古代～近代の自然法論

自然法論[2]とは、「法とは何か」という問いに対して、自然法こそが法であるとする立場である。

自然法論の歴史はギリシア・ローマ時代に遡る。古代ギリシアの哲学者**プラトン**[3]や**アリストテレス**[4]は、自然のなかに存する一定の秩序に人間も従わなければならないとした。中世になると自然法はキリスト教と結びつき、世界を創造する神の構想した法に従うことで人間は幸福になるとされた。たとえば、**トマス・アクィナス**[5]は、神の被造物にすぎない人間は神の摂理である永久法を十全に理解することはできないが、人間理性で認識した限りでの自然法こそが、人間の作る人定法（実定法）の正しさの基準となると考えた。

このような古代・中世の自然法論は、宗教改革やイスラム教などの他宗教との接触が生じ、宗教が相対化されると説得力を失っていった。そこでより多くの人々が納得できるような主張として登場したのが**近代自然法論（思想）**[6]である。それまでの自然法論が人間を超越した神に基礎づけられていたのに対して、近代ではすべての人間が理性的であり理性的に行動することが正しいとされ、人間理性によって自然法が基礎づけられた。たとえば、**グロティウス**[7]は社交性に人間の本性を見出し、そのような本性に一致することこそが人間の正しい理性であって、自然法はそのような理性の命令であるとした。また、**カント**[8]は自律的に自己決定する理性的な人間像を前提に、自律を妨げない限りでの自己決定を保障するものとして自然法を想定した。

[2] 自然法論　自然法論は法実証主義（▶本章【9】）によって拒否されるが、国際平和や国際人権など国家を超えた価値の実現の観点から現代法学においても無視できないものである。

[3] プラトン（前428/427～348/347）　西洋哲学全体の原点とも評される古代ギリシアの哲学者。生成変化する世界の背後には、人間には直接感じることのできない永遠不変のもの（イデア）があると考えた。

[4] アリストテレス（前384～322）　プラトンとならぶギリシア哲学の巨人。哲学のみならず自然科学や論理学、政治学など広範な分野で後世に影響を及ぼす万学の祖である。本質（形相）はその素材（質料）の内に宿るとし、イデアが素材から離れて有るというプラトン的な理解を批判した。

▲プラトン　　▲アリストテレス

[5] トマス・アクィナス（1225/26～1274）　イタリアの哲学者であり神学者。『神学大全』の著者としても知られ、アリストテレス哲学によって当時の神学を内容・形式ともに大成した。

▲トマス・アクィナス

[6] 近代自然法論（思想）
▶第7章2（3）・第8章【55】・第9章1（2）参照。

[7] グロティウス（1583～1645）
▶第15章【44】参照。

[8] カント（1724～1804）　自然法則に従属しない自律的な近代的人間像を描き後世に多大な影響を与えたドイツの哲学者。第7章2（3）も参照。

（3）法実証主義

このような自然法論に対して、19世紀になると人為的な実定法のみを法とする実証主義的な傾向（**法実証主義**[9]）が法学において主流となってくる。

ドイツでは古代ローマ法を論理的・体系的に再構成するパンデクテン法学（▶第7章2（4））が興り、実定法からの論理的操作によって具体的事案を解決できるとする主張を生んだ（しかしこれは**概念法学**[10]として批判されることとなる）。また、フランスでは、とりわけ法律を絶対視し、条文の厳格な解釈を旨とする**注釈学派**[11]が隆盛した。

いずれも現代では支持を失っているが、実証主義的な法学の傾向は現代においても主流である。特に多大な影響を与えているのが**ケルゼン**[12]である。ケルゼンは、〈ある法（存在）〉と〈あるべき法（当為）〉との区別を遵守し、〈ある法〉を因果的に探求する社会学的方法を拒否するとともに、〈あるべき法〉を対象とする自然法論や法政策学から離れ、実定法の純粋な体系的把握を企てた（**純粋法学**[13]）。

（4）自然法論の再生

現代の法学は法実証主義を基盤としているとしても、自然法論が捨て去られたわけではなく、現在でも重要な立場として存続している。

自然法論の再生自体は、ナチス期に先立つ19世紀末から20世紀初めに生じていたが、特にナチスにおける実定法の悪用による悲劇への反動として、実定法を超えた法が掲げられるようになる。つまり、当時の法実証主義は「悪法もまた法」であることを否定するものではないため、ナチスの合法的な成立と非人道的な施策を止めることができなかった責任の一端はそのような法実証主義にある、と目されたのである。**ラートブルフ**[14]は戦前、法実証主義に近い立場をとっていたが、戦後になると著しく正義に反する法律は無効であると主張するようになり、自然法論再生のきっかけとなったとされる。

[9] **法実証主義** 実定法のみを法とし、経験的考察と形式論理によって理論構成をしようとする法学上の立場。自然法論とは対立するものの、自然法の存在を道徳という形で容認する見解もある。なお、一般的に実証とは事実をよりどころとして証明することである。

[10] **概念法学** ドイツの公法学者イェーリング（▶第12章［2］）が19世紀ドイツの法学を批判して用いた言葉。これとしばしば対置されるのが、法源を成文法に限定せず、裁判官の自由裁量の範囲を拡大して現実の変化に適応した法適用を行うべきという自由法論である。

[11] **注釈学派** 元は市民法大全（▶第7章［13］）の文言の意味を解明する学派。のちに、実務の観点から解説（注解）を加える注解学派が現れた。

[12] **ケルゼン**（1881～1973）オーストリアの公法学者。ナチスに追われ渡米しカリフォルニア大学で教鞭をとる。「存在（～である。Sein）／当為（～べき。Sollen）」、「認識／価値判断」、「法／道徳」といった区別のもとに、世界を徹底的に法的に把握する法理論を築いた。第15章［54］も参照。

▲ケルゼン

[13] **純粋法学** 政治的・道徳的な立場を排除して法を理解することを徹底するケルゼン（▶本章［12］）の唱えた法理論。上位規範から下位規範への授権の体系をなすことなどを基本的な発想とする。

[14] **ラートブルフ**（1878～1949）ドイツの法哲学者であり刑法学者。自由法論（▶本章［10］）の影響を受け、戦後はナチスの経験からそれまでの法実証主義を修正しようとした。

➡ 2 実定法の存在形式（法源）

（1）法源とその分類

　法源[15]とは法の存在形式のことであり、通常は裁判官が法を適用し判断を下す際に用いることのできる法形式（法の種類や分類）を指す。法源たる法形式として、現代法学においては、たとえば法律や命令といった成文法のほか、慣習法や判例法といった不文法がある。なお、一般的には、抽象的な法理念や**法諺**[16]などは法源ではないとされる。また、法学者の学説は、古代ローマのように法源とされた時代もあったが、現在では裁判官に法的判断のための資料を提供するにとどまり、裁判官の判断を拘束するような法源ではない。もっとも、国際法上は補充的な法源として認められている（▶第15章2（1））。

　本章で扱うのは実定法の法源であるが、大きく分ければ**成文法と不文法**[17]とがある（▶第4章2（1））。成文法とは、文字・文章で表現され所定の手続を経て定立される法形式のことである。他方、不文法とは、そのような成文ではなく社会における実践的慣行を基礎として生成する法形式のことである。一般に成文法は、内容が文書の形で明確に示されるため法的安定性があり、内容も体系的かつ論理的なものとなる。しかし、成文法は制定や改廃に一定の煩雑な手続が必要であることから、法が固定化され流動性に欠けるほか、条文解釈が専門家に委ねられ一般人の理解から乖離するというデメリットもある。他方、不文法は、現実社会の変動に即応でき一般人の感覚に近い内容となる。もっとも、文書の形で存在しないため、体系的な法秩序の形成は困難である。

　日本における成文法としては、①憲法、②法令（法律、命令）、③議院規則・最高裁判所規則、④例規（条例、規則）、⑤条約が一般に認められ、⑥社会自治法規（就業規則など）については見解が分かれている。他方、不文法としては一般に、❶慣習法、❷判例法、❸条理があるとされる。

[15] **法源**　元来は法が流れ出る源泉と信じられるもの（たとえば、神意や自然、理性、民意）を意味していた。現在では通常は法を適用するにあたって法として援用できる法形式（特に裁判官が援用できる法形式）を意味している。具体的には、法律や命令、判例法などである。

[16] **法諺**
▶第1章[1]・第7章[6]参照。

[17] **成文法と不文法**　成文法と不文法のどちらを中心的な法源とするかについて、ドイツやフランスなどの大陸法系の成文法主義と、イギリスやアメリカなどの英米法系の判例法主義がある。日本は大陸法系の制度を継受し、国家の制定法を中心とする成文法主義を採用している。

（2）成文法源の種類

① **憲法**[18]とは、国家の統治に関する基本法である。憲法はその国の最高法規であり憲法に反する法令等は無効である。日本国憲法98条1項が「この憲法は、国の最高法規であつて、その条規に反する法律、命令、詔勅及び国務に関するその他の行為の全部又は一部は、その効力を有しない。」として最高法規性を明記しているほか、裁判所による**違憲審査制**[19]（憲法81条）によってこれを制度的に担保している。憲法については、**第9章**を参照。

② **法令**[20]とは法律と命令の総称である。憲法や後述する例規なども法令に含まれるとする用法もあるが、ここでは区別しておく。法律は国家の立法機関が制定する法であるが、日本では国会がこれを制定する（憲法59条）。他方、命令とは、国家の行政機関が制定する法であり、法律の下位にあるものとして法律を具体化する。命令は制定する行政機関によって名称が異なり、内閣が定める政令・内閣総理大臣が定める内閣府令・各省大臣が定める省令・その他各委員会の長官などが定める（外局）規則がある。

③ **議院規則・最高裁判所規則**[21]とは、衆議院・参議院および最高裁が制定することが憲法上認められている法である。各議院が制定する議院規則は、議院の自律性を確保すべく、会議に関する手続および内部組織の規律に関して規定する法である（憲法58条2項）。他方、最高裁判所規則は、法の専門職としての判断を尊重するとともに司法権に対する立法権の介入を防ぎ独立性を確保すべく、訴訟に関する手続、内部組織の規律および司法事務処理に関して規定する法である（憲法77条）。

④ **例規**[22]とは、地方公共団体が定める条例と規則の総称である。条例は、地方公共団体が法律の範囲内で制定する法である（憲法94条）。他方、ここでいう規則とは、地方公共団体の長（知事や市町村長）や委員会（公安委員会、教育委員会など）がその権限に属する事務について制定する法である（地方自治法15条1項、138条の4第2項）。

[18] **憲法** 憲法のなかには、日本国憲法のように統治機構のほかに基本的人権を定めているものもあれば、フランス第五共和制憲法のようにほとんどが統治機構に関する定めである場合もある。なお、フランス憲法の場合、基本的人権に関しては前文によって1789年人権宣言などが憲法の諸規定と同等とされる。

[19] **違憲審査制** 法令などが憲法に違反していないかどうかを判断する制度。歴史的には、アメリカのマーベリー対マディソン事件（1803年）において確立したとされる。違憲審査制には、具体的事件の解決に付随して当該事件に適用する法令の合憲性を審査する付随的違憲審査制（アメリカ、日本など）と、具体的事件を前提とせずおよそ法令が合憲か否かを審査する抽象的違憲審査制（ドイツなど）がある。**第1章[14]**および**第6章コラム㉒**も参照。

[20] **法令** 法律には、民法や刑法といった基本的なもののほかに薬機法、都市計画法、環境基本法などがある。他方、命令の具体例としては、薬機法を具体化する薬機法施行令（政令）や薬機法施行規則（厚生省令）などがある。

[21] **議院規則・最高裁判所規則** 議院規則の例としては、衆議院規則、参議院規則、両院協議会規程などがある。最高裁判所規則の例としては、最高裁判所裁判事務処理規則、刑事訴訟規則、民事調停規則などがある。**第3章[5]**も参照。

[22] **例規** 条例には青少年保護育成条例や暴走族追放条例など非常に多くの例があり、自治体によって規律内容や名称は多様である。なお、例規は「例規集」として各自治体のホームページで調べることができる。

⑤ **条約**[23]とは、国家が他の国家または国際機関と文書によって締結し、国際法によって規律される国際的合意である（条約法に関するウィーン条約2条(a)）。条約は国際法の法源であるが、日本国憲法は条約を誠実に遵守すること（憲法98条2項）および条約も法令と同様に天皇による公布を明記していること（同7条1号）から、国内法の法源である（国内的効力を有する）ともされる。

⑥ **社会自治法規**[24]とは、国や地方公共団体などの公的機関ではない団体が定めた私的な取り決めであり、具体例としては、労働協約や就業規則、定款（ていかん）、普通契約約款（やっかん）などがある。社会自治法規が法源であるかについては見解が分かれている。

（3）不文法源の種類

❶ **慣習法**[25]とは、人々が社会生活を営むうえで繰り返されてきた行為規範（慣習）のうち、それに従うべきであるという社会の法的確信を伴うに至ったものである。法の適用に関する通則法3条は「公の秩序又は善良の風俗に反しない慣習は、法令の規定により認められたもの又は法令に規定されていない事項に関するものに限り、法律と同一の効力を有する。」とし、**公序良俗**（こうじょりょうぞく）[26]に反しない限りで慣習法も法律と同等の効力を認めている。もっとも、同条は慣習法を定めた法令がある場合（民法236条〔境界線付近の建物に関する規定〕、同263条・294条〔入会権（いりあい）に関する規定〕など）かそのような法令が欠けている場合に限っており、成文法に優先するとしたものではない。しかし、商慣習に関しては商法1条2項が「商事に関し、この法律に定めがない事項については商慣習に従い、商慣習がないときは、民法……の定めるところによる」とし、「商法＞商慣習＞民法」という効力順位を定め、商慣習が民法に優先されるとしている。これは、迅速な取引が必要とされる商取引における商慣習の重要性に配慮したものである。なお、刑法においては**罪刑法定主義**[27]により慣習法は認められない。

❷ **判例法**[28]とは、裁判官が裁判所で下した裁判例のうち、先例として裁判の基準となるものであり、従前と同様の事件が起きた際に同じ判断をすることで法的安定性が確保される。

[23] **条約** 条約という名称に限らず、憲章・協定・議定書・宣言などの名称も用いられる。たとえば、国際連合憲章、世界貿易機関協定、京都議定書、世界人権宣言、国際人権規約などがある。

[24] **社会自治法規** 社会自治法規は通常の私人間の契約の一種であるとして法源であることを否定する見解もあるが、一定の関係にある人々を一律に規律するという点で法律などに近いことから、裁判の判断基準となる法源として認めるべきだという見解も有力である。

[25] **慣習法** 成文法主義のもとでは、慣習法は一定の範囲内で補充的な効力しか認められないのが通例だが、商慣習のように慣習法が成文法に優先する場合もありうる（商法1条2項）。なお、慣習法の例としては、事実婚がある。

[26] **公序良俗** 「公の秩序」と「善良な風俗」の略称。前者は国家・社会の秩序ないし一般的利益のことを、後者は社会の一般的道徳観念を指すとして区別する理解もある。もっとも、両者を区別せず、全体として社会的妥当性を意味するものとして用いられる。いずれにせよ、公序良俗は全法律体系を支配する理念であり、これに反する法律行為は無効である（民法90条など）。第10章[31]も参照。

[27] **罪刑法定主義**
▶第6章5（4）★・第13章2参照。

[28] **判例法** 「判例」という場合、最狭義には、最高裁が判決のなかで示した法的判断のうち先例として事実上の拘束力をもつものをいい、最広義には、すべての裁判所の過去の裁判例のことをいう。判例法で重要なのはやはり最高裁の法的判断であるが、そこに至るまでの下級審の裁判例も、最高裁の判断を理解するうえでは重要である。

日本においては、英米法系諸国とは異なり**先例拘束性の原理**[29]が制度的に確立されておらず、法的に先例に拘束されることはない。そのため、判例法は制度上の法源としては認められないとする見解もある。しかし、先例としての判例に従う裁判実務上の慣行は根付いており、事実上の拘束力をもっている。また、日本においては最高裁の判例と異なる判断をした場合には上告ができるとされているほか（民事訴訟法318条1項、刑事訴訟法405条2号）、最高裁が判例を変更する場合には15人の裁判官全員で構成される大法廷で審理をすることが求められる（裁判所法10条3号）など、判例は法的安定性を保つために重要な作用を果たし、事実上の拘束力を有することが制度上も担保されている。これらのことからして、判例法にも少なくとも補充的な法源としての位置を認めるのが適切である。

　❸ **条理**[30]とは、社会生活において相当多数の人々が承認している道理である。たとえば、民事調停法1条は「この法律は、民事に関する紛争につき、当事者の互譲により、条理にかない実情に即した解決を図ることを目的とする。」と定めている。また、現在も法的拘束力があるとされる1875年の太政官布告103号裁判事務心得3条は「民事ノ裁判ニ成文ノ法律ナキモノハ習慣ニ依リ習慣ナキモノハ条理ヲ推考シテ裁判スヘシ」とし、条理の法源性を認めたものされている。もっとも、条理はあらかじめ存在する規準ではなく、具体的な事件を解決するために自然の道理に基づいて裁判官が考えるものであるため、法源性を否定する見解もある。

3　実定法の分類

（1）公法・私法・社会法

　実定法はいくつかの法領域に分類されて説明されることが多い。そのなかでも**公法と私法**[31]の区別は最も基本的な分類とされる。

　公法とは国家や公共団体の内部関係および国家や公共団体

[29] 先例拘束性の原理　先例とは、以前あった例で、同種の事例の規準となるものをいい、1回だけの例も先例となる。裁判の先例は、19世紀中頃のイギリスにおいて絶対的な拘束力を有していたが（これが先例拘束性の原理である）1966年に自身の判例を変更することが可能となった。日本において裁判所の先例（判例）は事実上の影響力を有するにすぎないが、制度上、判例違反は上告理由となるほか、判例変更をする場合は最高裁の大法廷で行わなければならない。

[30] 条理　条理とは、社会生活における根本理念であり、物事の道理ともいわれる。広く捉えれば、社会通念、社会一般の正義観念、公序良俗、信義誠実の原則などもその表れといいうる（▶第4章2（1）❸）。ちなみに、「隣人訴訟」として有名な事件（津地判昭和58年2月25日判時1083号125頁）では、子が溺死した池が国の所有物でないとしても、所有者不明の不動産について条理上国には管理義務があると主張されたが、認められなかった。

[31] 公法と私法　公法と私法を区別する基準にはいくつかの見解がある。具体的には、①法が保護する利益が公益であれば公法とし私益であれば私法とする説（利益説）、②法律関係の一方の主体が国や公共団体であれば公法とし私人であれば私法とする説（主体説）、③統治関係（権力関係）を規律するものを公法とし非統治関係（非権力関係）を私法とする説（法関係説）がある。公法については第1章[6]も参照。

と私人との関係を規律するものであり、私法とは私人相互の関係を規律するものである。公法に属する代表的な法が、憲法、行政法（国家行政組織法など）、刑法、民事訴訟法、刑事訴訟法であり、私法に属する代表的な法が、民法、商法、会社法である。

　この区別はローマ法時代から存在したとされるが、近代以降、特にドイツやフランスなどの大陸法系諸国において国家と経済社会の分離が進み、**私的自治の原則**[32]が強調されるなかで重要になった。また完璧には一致しないが、フランスのように私法関係（刑事含む）を担当する司法裁判所と公法（行政）関係を担当する行政裁判所とが区別される制度を形成する場合もあり、公法と私法の区別は法制度にも影響している。

　私人間における経済的ないし社会的な格差の拡大を背景として、国家が経済社会問題に積極的に介入することが求められるようになると、格差是正のための法として、経済法（独占禁止法、不正競争防止法など）、消費者法、社会保障法、労働法などが生まれた。これらの法領域を公法とも私法とも異なる**社会法**[33]と呼ぶ場合がある。また、現実にはほとんどの分野で公法的規制と私法的規制とが交錯しており、一定の政策目的を達成するために両法がいかに適切に協働するかが模索されていることもあって、公法と私法の区分論は再検討を迫られている状況にある。

（2）民事法・刑事法

　公法と私法に並ぶ実定法の基本的区分として、**民事法と刑事法**[34]の区分がある。民事法とは、私人間の関係を規律する法であり、刑事法は国家の刑罰権の行使に関する法である。民法、商法、民事訴訟法などは民事法、刑法、刑事訴訟法などは刑事法に属する。

　この区別は、裁判が民事裁判と刑事裁判に区別されていることに対応しており、同一の行為であっても民事法と刑事法では別々の手続で各々の観点から処理される。たとえば、自動車による交通事故の場合、民事法としては被害者が加害者（運転者）を相手どって訴訟を提起し不法行為（民法709条）に

[32] 私的自治の原則　自由かつ平等な個人を拘束し、権利義務関係を成立させるものは各人の意思であるという考え方であり、契約自由の原則はその1つの表れである。現代では定款のように契約当事者の個々の意思によらず契約関係の内容が決定される場合も増えた。プラットフォーム事業における規約もその一例であろう。プラットフォーム企業については**第9章コラム㊱**も参照。

[33] 社会法　近代市民社会では、国家は私人の生活に干渉せず、その自由な意思を尊重すべきであるとされ、資本主義経済のもとで自由な経済活動がよいとされた。しかし、貧富の格差などの社会問題が発生したため、国家の干渉が求められるようになり、社会法としてまとめられる諸法が制定された。

[34] 民事法と刑事法　私法と公法の区別と似ているが、民事訴訟法と刑事訴訟法の分類が異なる。いずれも国家機関である裁判所を規律する点で公法であるが、扱う内容として民事法と刑事法に区別される。なお、交通事故についてはさらに、運転免許に関して行政法（道路交通法）が別途規律することになる。**第1章 [4]・[5]**も参照。

基づく損害賠償請求権として治療費などを請求していくが、刑事法としては自動車運転処罰法違反の被疑者として検察官に起訴され裁判所で有罪とされれば一定の刑罰が科されることになる。この両手続は別個に進められ評価も各々の法に則ってなされるため、民事上は賠償責任が認められるとしても刑事上は無罪となる場合もあればその逆もありうる。

たしかに、同一の行為でも異なる観点から評価する以上は民事責任と刑事責任とが一致しなくとも理論的には問題ない。しかし、被害者の権利利益の実効的な保護救済という観点からすれば、民事・刑事両手続の間に制度上の連携をはかることが必要である。ドイツやフランスでは、刑事訴訟に付帯して民事訴訟の審判を行う附帯私訴(ふたいしそ)という制度が存在する。日本にもかつては存在していた制度であるが、現行刑事訴訟法の制定に伴い廃止されている。しかし、2007年に、犯罪被害者保護の強化拡充政策の一環として、一定の犯罪について被害者が被った損害を回復するための損害賠償命令を刑事事件の裁判所に申し立てることが可能となった（**損害賠償命令制度**[35]。犯罪被害者等の権利利益の保護を図るための刑事手続に付随する措置に関する法律23条以下）。なお、損害賠償命令は刑事裁判の終了後に審理・判断がなされる。

（3）実体法と手続法

法の内容・性質を基準に区別したものとして、**実体法と手続法**[36]の区別がある。

実体法とは、権利義務の発生・変更・消滅や権利義務の内容・性質・所属・効果などを規定する法である。他方、手続法とは、実体法に規定された権利義務の実現方法・手続を規定する法である。

現在では、私たちはまず権利義務関係に置かれると考え、権利行使や義務履行が任意に実現されない場合や権利が害された場合には、その解決は法によってされるべきであるとされる（**自力救済の禁止原則**[37]（じりきゅうさい/じりょく））。この方法を定めるのが手続法である。したがって、手続法は実体法があるからこそ存在意義があり、実体法は手続法があるからこそ実効性が確保される

[35]損害賠償命令制度　刑事事件を担当した裁判所が、有罪の言渡し後に、引き続き損害賠償請求について審理し、加害者に損害賠償を命じることのできる制度。申立ては地方裁判所に限られ、当該事件の弁論終結時までに行わなければならない。司法統計によれば、毎年おおよそ300件前後の新規受理があるが、これは地方裁判所が扱うすべての案件の約0.1％程度である。

[36]実体法と手続法　実体法の具体例としては民法、商法、刑法などがあり、手続法の具体例としては民事訴訟法、刑事訴訟法、民事執行法、行政手続法などがある。もっとも、各法律のなかには実体法を定めている条文もあれば、手続法を定めている条文もあるため、法律単位での区分は絶対ではない。

[37]自力救済の禁止原則　民法上、私人が司法手続によらず自己の権利を実現することを自力救済というが、これを広く認めると社会秩序が混乱するため、今日では自力救済は禁止され、権利の実現は司法手続を通して行うのが原則である。そのため、相手に金銭を貸していたとしても、その金銭の支払いを命じる裁判所の確定判決（債務名義。▶第12章〔28〕）を得て、その債務名義に基づいて預金の差押えなどを執行することになる。第6章〔1〕も参照。

という関係にある。

（4）行為規範と組織規範

　法が規定する内容に関しての区別として、**行為規範と組織規範**[38]という区別がある。

　行為規範とは人間の行為に対する規律であり、組織規範とはそれらの行為の基礎または手段となるべき社会組織や法制度を定めるものである。また、行為規範のうち、ある行為の結果生じた弊害や紛争を処理するための規範を救済法と呼ぶこともある。行為規範を作用法と呼ぶこともあり、行政法では行政作用法・行政組織法・行政救済法が主な分野とされる。

　行為規範については、厳密には誰の行為を規律するかが問題となる。たとえば、刑法であっても、人々の行為を規律する行為規範ではなく、裁判所に対して一定の場合に一定の刑罰を科することを命じているという意味で、裁判所の行為を規律する行為規範と理解することもできる。裁判所に対する規範の側面に着目して**裁判規範**[39]と理解し、「行為規範・組織規範・裁判規範」の３つに分けて説明することもある。もっとも、行為規範と同時に裁判規範であることを妨げないという理解が正確であろう。行為規範と裁判規範についての詳細は、第１章も参照。

（5）強行規定（強行法規）と任意規定（任意法規）

　法の適用の効果に着目して区別したものとして、**強行規定と任意規定**[40]の区別がある。

　強行規定とは、当事者の意思にかかわらず適用される法であり、任意規定とは当事者の意思により法の適用を排除できる法である。

　人々に対して一定の行為を制限・禁止する強行規定は、**効力規定と取締規定**[41]とに区別される。効力規定とは、それに違反する法律行為の効力を無効とするものであり、（狭義の）取締規定とは、違反しても必ずしも無効にはならないが刑罰などの不利益を与えるものである。

　また、任意規定には、当事者の意思が不明である場合に一

[38] **行為規範と組織規範**　たとえば、行為制限能力者の行為の仕方、契約によって生じる権利義務関係などの規定は行為についての規範であるから行為規範であり、会社や国の組織などについての規定が組織規範の典型である（▶第１章［13]）。また、民法上の権利能力ないし行為能力、所有権制度などの規定も行為の基礎となる事柄についての規範という点で、組織規範に分類することもある。

[39] **裁判規範**　紛争処理に際して裁判の基準となる規範。裁判官を名宛人とする。裁判規範によって、不公平な裁判や恣意的な裁判を防ぐことができ、司法に対する国民の信頼を確保することができる。法は、行為規範・組織規範・裁判規範が重なり合って構成されている。第１章２（1)・第４章［9］も参照。

[40] **強行法規と任意法規**　強行法規の例としては、憲法、刑法、民事訴訟法、刑事訴訟法などがあり、任意法規の例としては、民法、商法などがある。もっとも、民事訴訟法においても第一審の管轄裁判所を合意で定めることのできる管轄合意（1条）の規定は任意法規であるし、民法においても物権に関する規定（175条以下）などは当事者の意思にかかわらず適用される強行法規である。第４章［32］も参照。

[41] **効力規定と取締規定**　強行法規のうち、その違反が無効となるかどうかの区分。たとえば、公序良俗に反する法律行為を無効とする民法90条は効力規定であり、営業免許を受けないタクシー営業を禁止する道路運送法の規定は取締規定である。

定の意味に解釈するものと、当事者の意思が欠けている場合にそれを補充するものがあり、それぞれ**解釈規定と補充規定**として区別されている。[42]

（6）国内法と国際法

以上の分類は国内の諸関係を規律する国内法を念頭に置いているが、それとは異なる法として、国際社会を規律する法である国際法がある（▶第15章）。国際法は**ウェストファリア体制（主権国家体制）**[43]を前提として、原則的に国家間の関係を規律するものであるが、限られた範囲ではあるものの国際機関や個人をも規律の対象とするものもある。なお、国際法の法源には、条約のほか、国際的な慣習に基づいて成立した慣習国際法や法の一般原則（権利濫用など）がある。

現代において世界はますます一体化しており、越境的な環境問題だけでなく、グローバル化市場においては他国で生じる児童労働などの人権問題も他人事ではなく、「ビジネスと人権」として議論されている（▶本章**コラム⑥**）。そのため国際法の重要性は増しているが、必ずしもその実効性は十分ではない。近年では強力な統治権を有する国家だけでなく非政府組織（NGO）も含めた種々の主体による**グローバル・ガバナンス**[44]が説かれるほか、条約などの**ハードロー**[45]ではない**ソフトロー**[46]にも注目が集まっている。

[42] **解釈規定と補充規定**　たとえば、手付の契約条項を解約手付と推定する民法557条は解釈規定である。他方、売買契約の費用の折半を定めた民法558条は典型的な補充規定である。

[43] **ウェストファリア体制（主権国家体制）**　主権的独立国家を構成単位として形成されたヨーロッパ起源の国際社会のあり方。18世紀から20世紀をとしてこれが地理的に拡大し、現在の国際社会を形成している。

[44] **グローバル・ガバナンス**　「ガバナンス」は多義的だが、おおよそグローバル・ガバナンスといった場合には、開発・環境・人権・感染症・国際テロなどの国際問題に対して、国家だけでなく、国際機関や地域共同体、非政府組織（NGO）、多国籍企業、個人などの様々なアクターが参与する統治形態のことをいう。

[45] **ハードロー**　伝統的な法学が対象としてきた、国家が制定し強制する規範のことであり、法令や条約が典型である。

[46] **ソフトロー**　国家権力によって強制されていない規範であり、私人や国の行動に影響を及ぼしているものをいう。ソフトローには、①国家以外が形成したもの（社会規範、企業倫理など）や②国家が形成するもの（法律上の努力規定）などがある。第10章[84]も参照。

コラム⑥　ビジネスと人権

ビジネスと人権の問題としては、1990年代、ナイキ社が東南アジアの工場で劣悪な環境で労働させていたことが発覚し世界的な運動が生じたことが、ひとつの象徴的出来事であろう。

企業の社会的責任（Corporate Social Responsibility（CSR））についてはすでに1976年に「OECD 多国籍行動指針」などが作成されていたが、転機となったのは2008年に国連人権理事会に提出された「保護・尊重・救済：ビジネスと人権のための枠組み」およびその行動指針として2011年に人権理事会に提出された「ビジネスと人権に関する指導原則」であった。

指導原則に拘束力はないが、「持続可能な開発目標」（Sustainable Development Goals（SDGs））を中核とする「2030アジェンダ」などで言及されるだけでなく、イギリスの「現代奴隷法」（2015年）やフランスの「人権デュー・ディリジェンス法」（2017）のように、指導原則に基づいて国内企業に対して人権侵害に対するリスク分析やモニタリング、防止措置といった人権デュー・ディリジェンス（相当の注意）を義務づける国家も現れている。なお、日本もまた指導原則の着実な履行確保を目指して2020年に「行動計画」を発表している。

4 実定法の効力関係

（1）上位法は下位法を破る（法のピラミッド構造）

成文法には様々な種類があることを述べたが、それらが相互に矛盾・対立・抵触していると社会は混乱してしまう。そのため、これら成文法の織り成す法秩序の一貫性を保つためのいくつかの方策がある。そのひとつが、成文法の上下関係をあらかじめ設定する**上位法は下位法を破る**という法諺（▶前述2（1）・第1章[1]）である。[47]

憲法に反する法令は無効であるとされているため、憲法が上位法であり、法令が下位法である。法律と命令の関係であるが、命令は法律の根拠があって初めて制定できる法であるから、命令は法律より下位にある。そのため、法律に反した命令を定めることはできず（法律優位の原則）、法律の委任を受けて定められる委任命令は法律の委任の範囲を超える場合には無効である（たとえば、**最高裁平成3年7月9日判決**）。なお、議院規則や最高裁判所規則は、その所轄事項については[48]

図表2-1：国内法（例規や規則除く）の基本的なピラミッド構造

[47] **上位法は下位法を破る**
異なる形式の法令相互に矛盾がある場合、上位とされた法が下位とされた法に優先し、上位法に反する下位法は無効であるという原則。「特別法は一般法を破る」「後法は前法を破る」とともに制定法相互間の優劣についての三原則とされる。なお、法律は憲法より下位であり政令より上位という具合に、「上位一下位」は相対的なものである。

[48] **最高裁平成3年7月9日判決** 民集45巻6号1049頁。死刑判決を受けて東京拘置所に未決勾留中であったXが、養親Aの孫であるB（当時10歳前後）との面会を申請したところ、旧監獄法施行規則120条（「14歳未満の者には在監者との接見をなすことを許さず」）に基づき不許可とされたため、国家賠償請求訴訟を提起した事件である。最高裁は、未成年との面会を許さないことは、原則として面会を許していた旧監獄法の委任の範囲を逸脱するとし、同条を無効とした。

原則として法律より優位するとされている。

　条例・規則に関しては、法律の範囲内で制定できるとする憲法94条および法令に反しない限りで条例を制定できるとする地方自治法14条1項から、法律および命令よりも下位にあると解される。条例が法令に反するかどうかについて、判例は、法令の趣旨・目的・内容・効果の点から検討して判断している（**徳島市公安条例事件判決**）。具体的には、①問題となっている事項について法令に明文の定めがない場合、放置すべきというのが法令の趣旨であれば、当該事項を定めた条例は違法であり、②法令と条例で同一事項について規律している場合でも、条例が法令の目的・効果を阻害しないまたは法令が地方の実情に応じた規制を容認している場合であれば合法である。この基準に照らすと、上乗せ条例（法令と同一目的であり当該法令より厳しい内容の規制を定める条例）は、当該法令が規制内容を厳しくすることを許容していない場合には違法である。また、横出し条例（法令と同一目的であり当該法令が規制していない事項について規制する条例）は、当該法令が規制していない対象を規制することが許容されていない場合には違法である。

　国内の成文法はこのような上下関係を有する、憲法を頂点としたピラミッド構造の法秩序を形成している。

[49] 徳島市公安条例事件判決
最大判昭和50年9月10日刑集29巻8号489頁。Ｘが、徳島県反戦青年委員会主催の集団示威行進に参加したところ、集団を蛇行させ交通秩序の維持に反する行為をするよう扇動し徳島市集団行進及び集団示威運動に関する条例3条3号および5号に該当するとして起訴された事件である。最高裁は、結論としてはいずれの条例の規定も道路交通法に反しないとした。第13章[15]も参照。

コラム⑦　条約の位置づけ

　日本の法体系においては、議論はあるものの、通説は憲法が最上位の法であり条約に優越するとしている（憲法優位説）。なお、違憲審査権を定める憲法81条は、その審査対象に条約を明記していないが、砂川事件判決（最大判昭和34年12月16日刑集13巻13号3225頁）は日米安全保障条約の違憲性については「一見極めて明白に違憲無効であると認められない限りは、裁判所の司法審査権の範囲外にある」としており、違憲審査の可能性を肯定していると解される。学説上も通説は条約の違憲審査を認めている。もっとも、憲法に反する条約は、その国内的効力が無効になるとしても、国際的効力には影響がなく、政府が他の締結国に対してその改廃を求めるにとどまるだろう。そ

のため、条約を違憲無効としてもそれだけでは根本的な解決とはならない。

　また、条約は、憲法が国際法の遵守を定めていること（憲法98条２項）、国際社会における条約の重要性にかんがみ、法律より上位に位置するとされる。

（2）後法は前法を破る

　法律同士や命令同士の矛盾といった同位の法同士の関係について、ひとつに**後法は前法を破る**という法諺がある。[50]これは、同一の法形式の間では時間的に後に制定された法が優先して適用されるという原則である。なぜなら、新たに制定された法の方がより現在に通用されるべき法を示していると考えるのが合理的だからである。

（3）特別法は一般法を破る

　また、**特別法は一般法を破る**という法諺もある。[51]特別法とは、より限定された対象（人、物、行為、場所など）に限って適用される法のことであり、一般法とは、そのような限定がなく、より一般的に適用される法のことである。たとえば、民法が一般法であるとすれば、労働法や借地借家法が特別法である。同じ事柄について適用される複数の規定がある場合には、特別法の規定が優先して適用されるというのが、「特別法は一般法を破る」という原則である。

　なお、「特別法は一般法を破る」の方が「後法は前法を破る」よりも優先するため、一般法が改正され旧来の特別法と矛盾した場合であっても、特別法が優先的に適用される。

［50］**後法は前法を破る**　３世紀のローマ法学者モデスティーヌスのギリシア語法文の命題に由来するとされる。時間的に前後する制定法の間に矛盾がある場合、優先関係について規定が設けられていなければ、後法に矛盾する前法の効力を失わせる趣旨の原則である。第１章［1］も参照。

［51］**特別法は一般法を破る**　６世紀に学説法となった２〜３世紀のローマ法学者アエミリウス・パーピニアーヌスの若干の命題などに由来するとされる。特別法は一般法に優先されるという原則であるが、民法の「信義則」や「公序良俗」のように、特別法が常に一般法を破るかというと一概にはいえない場合もある。

図表2-2：前法・後法と一般法・特別法の関係

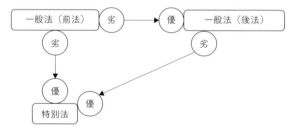

（１）実定法の基本構造と名称

　法律をはじめとした明文の実定法は基本的に同様の構造を
している。ここでは法律に代表させて説明する。

　まず、法律は本則と附則に分かれている。本則とは当該法
律の具体的な内容が定められている本体部分であり、附則と
は法律の施行に伴って必要となる内容が定められている部分
である（**経過規定**[52]、施行日など）。さらに、言葉で表現するのが
困難な場合や一覧にした方がわかりやすい場合に、別記や別
表が本則のあとに記載される場合がある。

[52] 経過規定　法令の制定・改
廃があった場合に、法的安定性
を保つ目的や新しい法律関係へ
のスムーズな移行を行うなどの目
的から、制定・改廃前後の法令
の適用関係その他経過措置を定
める規定のこと。「○○について
は、なお従前の例による」、「○
○の規定は△△については、適
用しない」といった例がある。

国旗及び国歌に関する法律　┐
　　　　　　　　　　　　　└─ 題名

　（国旗）
第１条　国旗は、日章旗とする。
２　日章旗の制式は、別記第一のとおりとする。
　（国歌）
第２条　国歌は、君が代とする。
２　君が代の歌詞及び楽曲は、別記第二のとおりとする。

　　　　　　　　　　　　　　　　　　　　　　本則

　附　　則
　（施行期日）
１　この法律は、公布の日から施行する。
　（商船規則の廃止）
２　商船規則（明治３年太政官布告第57号）は、廃止する。
　（日章旗の制式の特例）
３　日章旗の制式については、当分の間、別記第一の規定にかかわらず、寸
　法の割合について縦を横の10分の７とし、かつ、日章の中心の位置につい
　て旗の中心から旗竿側に横の長さの100分の１偏した位置とすることがで
　きる。

別記第一（第１条関係）
　日章旗の制式

一　寸法の割合及び日章の位置

縦　横の３分の２

日章

　　直径　縦の５分の３

　　中心　旗の中心

二　彩色

　　地　白色

　　日章　紅色

別記第二（第２条関係）

　　君が代の歌詞及び楽曲

一　歌詞

　　君が代は

　　千代に八千代に

　　さざれ石の

　　いわおとなりて

　　こけのむすまで

二　楽曲

古　歌
林　広守 作曲

きみがーよーは　ちよにーー　やちよに

きざれ　いしの　いわおと　なりて

こけの　むーすー　まーで

　　法律の基本的な単位は「条」であるが、「条」をまとめるグループとして単位の大きなものから「編」・「章」・「節」・「款」・「目」と分類される。たとえば、民法は「総則」「物権」「債権」「親族」「相続」の５つの編からなり、「第３編（債権）＞第１章（総則）＞第２節（債権の効力）＞第３款（詐害行為取消権）＞第１目（詐害行為取権の要件）」といった具合に階層化されている。

〔民法の階層構造（抄）〕

第一編　総則

第二編　物権

第三編　債権

　第一章　総則

　　第一節　債権の目的

　　第二節　債権の効力

　　　第一款　債務不履行の責任等

（2）条文の基本構造と名称

　他方、「条」が含む複数の内容を区分する場合には「項」が用いられ、現在では算用数字の項番号が付されている。現在の法律の原文は、第1項に「1」を振らず条名（第〇条）の下に1字空けて書き出すため、算用数字が振られるのは第2項以降からである。また、「条」または「項」のなかでいくつかの事項を列記する必要がある場合には「号」が用いられ、漢数字の番号が付される。さらに「号」のなかでいくつかの列記事項を設ける必要がある場合には「イ、ロ、ハ……」が用いられる。さらにこれを細分して列記する場合は、現在では「（1）、（2）、（3）……」を用いる（政令ではさらに「（ i ）、（ ii ）、（ iii ）……」を用いた例もある）。

　条名は基本的には「第〇条」であるが、法律を改正して条文を追加する場合に「第〇条の2」という形式が用いられる。これを枝番号（▶第4章〔24〕）という。他方、条文を削除する場合には番号を繰り上げるのではなく「削除」と記す。い

★イロハニホヘト……　参議院法制局の記事（「条・項・号・号の細分」）によれば、旧国土庁設置法4条25号が、1998年の被災者生活再建支援法の附則3条による改正によって「ス」までできてしまった例がある。そのため、その次の行方が気になるところだが、旧国土庁設置法は1999年に廃止されてしまった。

★刑法200条の削除　削除された条文としてまず挙げられるのが刑法200条だろう。本条は通常の殺人罪（刑法199条）よりも重い尊属殺人罪を定めていたものであるが、最高裁がこれを違憲としたのである（最大判昭和48年4月4日刑集27巻3号265頁）。もっとも、違憲判決が出てすぐに削除されたわけではなく、削除されたのは1995年の刑法改正でのことであった。判決が1973年であるから、20年以上そのままだったことになる。なお、その間は、運用において通常の殺人罪で処理するなどの対応がなされたとされている。

ずれの手法も、条文の挿入・削除によって他の条文番号が変更されることで連鎖的に種々の法令に影響が生じ、改正が煩雑になることを防ぐための工夫である。

「条」や「項」のなかには複数の文から成り立っているものもある。2文で成り立っているものの第1文を「前段」、第2文を「後段」と呼ぶ。3文で成り立っているものは、順に「前段」「中段」「後段」と呼ぶ。たとえば、憲法11条をみてみよう。

日本国憲法
第11条　国民は、すべての基本的人権の享有を妨げられない。この憲法が国民に保障する基本的人権は、侵すことのできない永久の権利として、現在及び将来の国民に与へられる。

このうち、「国民は……妨げられない。」が前段であり、「この憲法……与へられる。」が後段である。

また、条文の中には「ただし」から始まるものもある。これを「但書」と呼び、その前の文を「本文」と呼ぶ。たとえば、憲法44条をみてみよう。

日本国憲法
第44条　両議院の議員及びその選挙人の資格は、法律でこれを定める。但し、人種、信条、性別、社会的身分、門地、教育、財産又は収入によつて差別してはならない。

このうち、「但し……差別してはならない。」が但書であり、「両議院の……定める。」が本文である。

さらに、「号」の前に置かれる文を「柱書」と呼ぶ。柱書には「左の〇〇」や「次に掲げる〇〇」といった表現によって各号を指し示す例がみられる。

以上を踏まえて、会社法48条をみてみよう。

　会社法

　（設立時委員の選定等）

　第48条　設立しようとする株式会社が指名委員会等設置会社である場合に

　　　　は、設立時取締役は、次に掲げる措置をとらなければならない。

　　一　設立時取締役の中から次に掲げる者（次項において「設立時委員」

　　　　という。）を選定すること。

　　　　イ　株式会社の設立に際して指名委員会の委員となる者

　　　　ロ　株式会社の設立に際して監査委員会の委員となる者

　　　　ハ　株式会社の設立に際して報酬委員会の委員となる者

　　二　株式会社の設立に際して執行役となる者（以下「設立時執行役」と

　　　　いう。）を選任すること。

　　三　設立時執行役の中から株式会社の設立に際して代表執行役となる者

　　　　（以下「設立時代表執行役」という。）を選定すること。ただし、設立

　　　　時執行役が１人であるときは、その者が設立時代表執行役に選定され

　　　　たものとする。

　2　設立時取締役は、株式会社の成立の時までの間、設立時委員若しくは

　　　設立時代表執行役を解職し、又は設立時執行役を解任することができる。

　3　前二項の規定による措置は、設立時取締役の過半数をもって決定する。

　本条は３つの「項」からなるが、最初の条文が「第１項」であり、「号」がついているため柱書でもある。本条は、第１号をさらに細分化するため「イ、ロ、ハ」が使用されている。また、同条第３号では但書も存在する。なお、第３項の「前二項」とは第１項と第２項の両方を指す。

（3）パンデクテン方式とインスティトゥティオーネン方式

　日本の法律は原則的に、一般的な内容（総論、総則）が先に、個別的なもの（各論）が後にくるような体系で編まれている。このような方式を**パンデクテン方式**[53]という。「パンデクテン」はローマ法大全の「ディーゲスタ（学説彙纂）」のギリシア語名である「パンデクタイ（総覧の意）」のドイツ語である。この体系では、個別のルールの共通部分や一般的な部分を括りだしていくため、個別の条文の意味を正確に把握するためには、当該条文が全体のなかでどこに置かれているのか、

［53］**パンデクテン方式**　要するに共通部分を括りだして体系化する方式である。19世紀ドイツの法学部でのパンデクテン講義のシラバスが「パンデクテン（学説彙纂）体系」と呼ばれた。このような「総論―各論」形式は体系的であり重複が少なくなるというメリットがある反面、一般国民や初学者には理解しにくいことや、適用の場面では必要な条文が散在してしまうことがデメリットである。**第7章2（4）**も参照。

特に総則に定められることの多い目的規定や定義規定にも目を向ける必要がある。

　他方、パンデクテン方式と対比される方式として、6世紀にユスティニアヌス帝のもとで編纂（へんさん）された『法学提要』にちなんだ**インスティトゥティオーネン方式**がある。

　ここで34〜35頁に載せた日本民法典の構造をみてみよう。

　日本の民法典を大雑把に捉えると、総則から始まり各論的なルールが定められ、各々の編のなかでも総則から始まる点でパンデクテン方式が採用されている。もっとも、たとえば親族や相続の規定が後ろに列挙されるなど、必ずしも厳密にはその論理性が貫徹されていないともいわれる。

［54］**インスティトゥティオーネン方式**　『法学提要』では訴訟を念頭に置いて主体（「人」）、客体（「物」）、手段（「訴権（そけん）」）に大別されていた。その後、「訴権」は債権・債務関係（▶第1章［3］）を主な内容とする「行為」へ改変された。このように、「人」「物」「行為（権利の変動）」に大別される方式をインスティトゥティオーネン方式といい、たとえばフランス民法典では「人」「物」「所有権取得の諸態様（相続、契約など）」の3編構成がとられている。第7章2（4）・第8章［54］も参照。

コラム⑧　その他の法律構造、六法の表記、（　）【　】〔　〕

　1949年頃以降の法律には条文番号の前に「（　）」で条文見出しが付されている。見出しのない成文法としては日本国憲法があるが、市販の六法などには見出しが付されている。その場合には「（　）」以外の記号が使用されており、たとえば有斐閣（ゆうひかく）の『ポケット六法』であれば「【　】」、信山社の『法学六法』では「〔　〕」が使用されている。見出しは条文の規定内容の理解を助ける点で便利であるが、それに引きずられてはならない。たとえば、憲法25条は「生存権」を定めているとされ見出しも「生存権」と書かれていることが多いが、条文上は「健康で文化的な最低限度の生活を営む権利」であり、「生存」という言葉で直感的に把握される内容とはズレている可能性がある。

第 3 章

法の制定

═══▶ **はじめに**

　法学者の多くは、法の解釈適用に関心を集中させ、「解釈と
立法は異なるのだ」として両者を区別したうえで、法の制定、
すなわち立法に携わることを自らの学問の中心的課題として
こなかった。したがって、「立法学」を確立させる必要性は戦
後の早い時期から主張されてきたものの、現在に至るまで、
学問分野としてはいまだ生成途上にある。

　立法学が関心を向けるのは、立法の技術、立法の過程、立
法政策、立法の制度・組織など多岐にわたるが、立法の現状
を正確に「認識」するとともに、それがどうある「べき」か
を論じることまで含まれる。

　法学が対象とする「法」の中心である「法律」がどのよう
にして制定されるのかを知らずして、法学を学んだというこ
とはできないだろう。そこで本章では、立法学の知見を踏ま
えながら、法の制定についてみていくことにしたい。

═══▶ **1　立法機関──国会について**

　衆議院と参議院からなる国会（**二院制**：憲法43条）は、憲法[1]
上、「**国権の最高機関**であつて、国の唯一の立法機関」（同41[2]
条）であると位置づけられている。そこで、法律の制定を考
えるにあたって、まず、「国の唯一の立法機関」とされている
「国会」からみていくことにしよう。

（1）唯一の「立法」機関

　法と呼ばれる規範（法形式）には多くのものがあるという

[1] **二院制**　相互に独立して意
思決定を行う権限を有する2つ
の議院によって議会を構成する
という仕組み。一般に、権限の
強い方の院ないし国民に近い方
の院を第一院（ないし下院）、
もう一方の院を第二院（ないし
上院）と呼ぶ。統計によると、
2021年末段階で、一院制を採用
する国家は111、二院制を採用す
る国家は81である。

[2] **国権の最高機関**　「国権の
最高機関」は、裁判所や内閣な
ど他の国家機関よりも法的に上
位にあるという意味で「最高」と
いうわけではなく、天皇が国家の
最高機関であった明治憲法の立
場を否定し、主権者国民によっ
て直接選挙された議員によって
構成され、国家機関のなかで最
も国民に近く、国民を代表する
機関であるということを強調する
ために、修辞的に（つまりお世
辞として）「最高機関」と表現し
たのだとする「政治的美称説」
が通説である。

ことは**第2章**でみたとおりであるが、そのうち、国会の議決を経て制定される法規範が「法律」である（憲法59条）。国会が「立法」機関であるということは、まず、「法律」という形式の法規範を制定できるのは国会だけであること、言い換えれば、「立法」とは、形式的意味の法律を制定する権限のことを意味する。

　もっとも仮に、「法律」という形式ではないが「法律」と同内容の法規範を別の機関が自由に制定——たとえば、刑法とまったく同じ内容の法規範を内閣が「命令」という法形式で制定するなど——できるのだとすると、国会が「唯一の立法機関」であるというのが意味するところは、「法律」という名称を利用する権限は国会だけである、ということにすぎなくなる。これでは、国会を「唯一の立法機関」と位置づけたとの意義はほとんどない。そのため、「唯一の立法機関」に意味をもたせるためには、「立法」の意味を、〈法律という形式でなければ定めることのできない特定の内容の法規範を定める権限〉というように実質的に解する必要がある。この場合、「立法」とは、形式的意味の法律とともに、実質的意味の法律を制定する権限である、というように理解される。

　それでは、法律でしか定めることのできない特定の内容とは何か。立法の実務では、「新たに国民の権利を制限し、又は新たに義務を課すような法規範」（**法規**）[3]は法律という形式でなければならないという理解がとられている。

（2）「唯一」の立法機関

　形式的意味の法律と実質的意味の法律を制定する権限を有しているのは、「唯一」国会だけである。この「唯一」から、国会が立法権を独占するという権限の配分に関する原則である〈国会中心立法の原則〉と、法律は他の国家機関の関与を受けることなく国会のみで完結して制定することができるという手続上の原則である〈国会単独立法の原則〉が導かれる。

　❶ 国会中心立法の原則　国会中心立法の原則は、国会が立法権を独占するべきことを意味する。ここで注意すべきは、この原則が、国の行政機関が「命令」という法形式で「新た

▲ 国会議事堂（出典：参議院HP）。正面に向かって左側が衆議院、右側が参議院。

★**東京以外に国会があった⁉**
1881年の「国会開設の勅諭」に基づき、国会が設立されたのは1890年である。この当時は、現在も使われている国会議事堂は作られておらず、仮議事堂で帝国議会が開かれていた。仮議事堂は、東京で3か所、広島で1か所設けられたことがある。着工から17年の歳月をかけて1936年11月に完成した現在の国会議事堂は、同年12月24日に召集された第70回帝国議会から使用されている。議事堂内のほぼすべてが国産品であり、総工費は約2580万円（当時）。

[3] **法規**　「新たに国民の権利を制限し、又は新たに義務を課す」ような法規範のことを指して「法規（ドイツ語の Rechtssatz の訳）」と呼ぶことがある。学説では、法律で定めるべきこと（留保しておくべきこと）を「法規」に限定する立場を侵害留保説というが、より広く留保すべき事柄を解する説として、重要事項留保説や権力留保説、全部留保説なども唱えられている。

に国民の権利を制限し、又は新たに義務を課するような法規範」を制定することを否定しているわけではない、ということである。国会中心立法の原則が求めるのは、そのような命令を制定するためには、法律による個別的・具体的な行政機関に対する委任がなければならないということである。これを「委任命令」というが、委任命令の妥当性は、委任の仕方が妥当であるかという観点と、法律の委任の範囲を逸脱するか否かという観点から検討される。裁判所で違法と判断された委任命令の例も少なくない（代表的なものとして、**医薬品ネット販売の権利確認等請求事件[4]**を参照）。

　なお、**国会中心立法の原則の例外[5]**が、憲法上定められている。

コラム⑨　命令あれこれ

　行政機関が制定する法形式を総称して「命令」ということは本文でも述べたとおりであるが、命令はさらに次のように細分される。

　まず学問上の分類として、その内容が「新たに国民の権利を制限し、又は新たに義務を課するような法規範」たる性質を備えているか否かで、当該性質を有する法規命令と、当該性質を有さない行政規則とに区別される。法規命令はさらに、法律の委任に基づいて国民の権利義務について定める委任命令と、法律を執行するために必要な細則を定める執行命令とに細分される。

　次に法令上、命令は、制定主体によって異なった名称が用いられることがある。たとえば、内閣が制定する命令は「政令」、内閣総理大臣がその所掌する行政事務について発する命令は「内閣府令」、各省大臣がその所掌する行政事務について発する命令は「省令」などとされている。

　そして実務上、命令の題名（タイトル）は多様である。たとえば省令には、根拠となる法律の名前を冠して「○○法施行規則」という名称のものが多い。これはその名称からは命令とは想像しづらいところなので、注意が必要だろう。名称ではなく制定主体に着目することが大切である。

---

❷ 国会単独立法の原則　国会単独立法の原則とは、国会だけが法律を他の国家機関の関与なく完結して制定することが

できる、という原則である。これを明確にしているのが憲法59条であり、「法律案は、この憲法に特別の定のある場合を除いては、両議院で可決したとき法律となる。」と定めている。

　もっとも、この国会単独立法の原則は、他の国家機関が立法手続に関与することを一切禁止しているわけではない、ということに注意が必要である。実際、後述するように**内閣**[6]には、法律案を国会に提出する権限が認められている。

❸ **地方公共団体との関係**　憲法41条が「国の唯一の立法機関」として、「国の」という限定を付しているのには理由がある。それは憲法上、地方公共団体は、**地方自治の本旨**[7]（憲法92条）に基づき、条例という法形式による「立法」を「法律の範囲内」で行うことができるとされているからである（憲法94条）。条例は命令とは異なり、法律による個別の委任が存在しなくとも、「法律の範囲内」でさえあれば、つまり、法律と矛盾抵触するものでなければ、原則として制定することが可能である。

　また、憲法95条に基づいて制定される**地方自治特別法**[8]は住民投票が要件とされているが、これは国会単独立法の原則に対して憲法が認めた例外である。

（3）国会の活動

❶ **会期制**　国会は、常に開催されて活動しているわけではなく、**会期**[9]の間だけ活動する。したがって国会の「立法」も会期中にしか行うことができない。

　国会は会期ごとに独立して活動する。そのため、会期中に議決に至らなかった案件は次の会期に継続しない。この原則を会期不継続の原則という（国会法68条）。これにより、会期中に議決に至らなかった案件は、原則として審議未了で廃案となるが、例外的に国会閉会中に**継続審査**[10]し、次の会期に継続させることもできる。

　会期制と会期不継続の原則により、法案審議を引き延ばし、廃案や継続審査に追い込もうとする野党側と、強行採決に訴えることによる世論の反発を懸念する与党側との間で、法律の制定に向けて協議・妥協・調整する余地が生まれる。

[6] **内閣**　首長たる内閣総理大臣と、その他の国務大臣という複数人によって組織される合議体（憲法66条1項）。第5章 [20] も参照。

[7] **地方自治の本旨**　地方自治のあり方のことであり、国との関係で自律的な権限を有する地方自治体が地方自治を担うという「団体自治」と、そこでの政治・行政は、住民の責任と判断に基づいて行われるという「住民自治」からなる。第5章 [23] も参照。

[8] **地方自治特別法**　憲法95条は「一の地方公共団体のみに適用される特別法は、法律の定めるところにより、その地方公共団体の住民の投票においてその過半数の同意を得なければ、国会は、これを制定することができない。」と定めており、この規定に基づき制定された法律を地方自治特別法という。これまで地方自治特別法として制定された法律は16本ある（そのうち1本は一部改正法）が、住民投票で否決された例はない。

[9] **会期**　国会が活動能力をもつ一定の期間。1947年5月20日に召集された第1回国会から、会期ごとに番号が付されている。会期の冒頭には、総理大臣による施政方針演説（常会）ないし所信表明演説（特別会、臨時会）と代表質問が行われる。

[10] **継続審査**　国会の閉会中（会期外）に委員会で審査すること。衆議院では「閉会中審査」、参議院では「継続審査」と呼ぶ。委員会は、各議院の議決により特に付託された案件については閉会中も審査できる（国会法47条2項）。議案と懲罰事犯の件に限り、後会に継続する（国会法68条但書）。

❷ 会期の種類　憲法は**常会・臨時会・特別会**^[11]という３つの会期を規定している。

　毎年１回召集される国会を、常会という（憲法52条）。毎年１月中に召集され（国会法２条）、会期の日数は150日である（同10条）。両院の議決の一致で１回のみ会期の延長が可能である（同12条）。

　臨時の必要に応じて召集される国会を、臨時会という（憲法53条）。臨時の必要がある場合とは、①内閣が必要と判断した場合（同条前段）、②いずれかの議院の４分の１以上の要求があった場合（同条後段）、③衆議院議員の任期満了による総選挙後（国会法２条の３第１項）、④参議院議員の通常選挙後（同条２項）、の４つである。会期の日数に特に定めはなく、両議院一致の議決で定める（同11条）。会期の延長は、両議院一致の議決で２回のみ可能である（同12条）。

　衆院の解散後、総選挙が行われた後に召集される国会を、特別会という。特別会は、総選挙の日から30日以内に召集しなければならない（憲法54条１項後段）。臨時会の場合と同じく、会期の日数に特に定めはなく、両議院一致の議決で定める（国会法11条）。会期の延長は、両議院一致の議決で２回のみ可能である（同12条）。

（4）国会の構成員の選出

　国会は、「全国民を代表する選挙された議員」（憲法43条）から組織され、主権者である私たち国民は、「正当に選挙された国会における代表者を通じて行動」（前文）する。そのためここで、国会議員を選出する仕組みである選挙についても簡単に触れておく（選挙権については▶第９章２（６））。

　衆議院議員の選挙は、**小選挙区選挙**^[12]と**比例代表選挙**^[13]の２本立てで実施される。議員の数は公職選挙法で465と決められており、小選挙区に定数289、比例代表に定数176が配分されている。

　参議院議員の選挙は、**選挙区選挙**^[14]と比例代表選挙の２本立てで実施される（小選挙区比例代表並立制）。議員の数は公職選挙法で248と決められており、選挙区に定数148、比例代表に

[11] **常会・臨時会・特別会**　メディア等では、それぞれ通常国会、臨時国会、特別国会と表現されることが多いが、正式な名称はそれぞれ常会、臨時会、特別会である。

★**７条解散と69条解散**　解散とは、すべての衆議院議員の議員としての地位を任期満了前に失わせる行為。衆議院の解散は、天皇が国事行為（憲法７条３号）として行うが、天皇は「国政に関する権能を有さない」（同４条２項）ので、天皇の国事行為に「助言と承認」（同７条柱書）を行う内閣の判断によって解散権は行使されている。これがいわゆる７条解散であるが、その他、衆議院が内閣不信任決議案を可決し、または信任の決議案を否決した場合に行われる69条解散もある。

▲国会を招集する天皇（出典：宮内庁HP）。国会の召集は、天皇が国事行為（憲法７条２号）として行う。

[12] **小選挙区選挙**　１つの選挙区から１人の議員を選出する選挙制度。

[13] **比例代表選挙**　各政党が獲得した得票率に応じて議席を配分する選挙制度。

[14] **選挙区選挙**　都道府県を単位として選挙区を設置し、各選挙区の定数として、２人〜12人（偶数）を配分する選挙制度。ただし、鳥取県と島根県、徳島県と高知県は合区とされている。そのため、合計45区の選挙区となっている。

定数100が配分されている。

　有権者は、衆参ともにそれぞれの選挙に１票ずつ合計２票を投票する。小選挙区選挙と選挙区選挙は、衆参ともに候補者名を記載して投票する。衆参の比例代表選挙は、**政党**[15]を中心とした選挙であるという点では共通するが、やや異なった制度となっている。

　衆議院の比例代表選挙は、全国を11のブロックに分け、ブロックごとに各政党は、あらかじめ候補者に順位をつけた**拘束名簿式**[16]の比例名簿を作成する。有権者は、候補者ではなく政党名を記載して投票する。なお、政党の候補者に限り、小選挙区選挙と比例代表選挙の両方に立候補することできる（**重複候補**[17]）。

　他方、参議院の比例代表選挙は、全国を１つの選挙区として実施され（全国区）、各政党はあらかじめ候補者の名簿を作成するが、順位をつけない**非拘束名簿式**[18]の比例名簿を作成する。有権者は、政党名か個人名のいずれかを記載して投票する。

[15] **政党**　政治上の信条、意見等を共通にする者が任意に結成する政治結社。憲法は政党について言及していないが、最高裁判例において「憲法の定める議会制民主主義は政党を無視しては到底その円滑な運用を期待することはできない」「憲法は、政党の存在を当然に予定している」、「政党は議会制民主主義を支える不可欠の要素」、「政党は国民の政治意思を形成する最も有力な媒体」などと述べられている（最大判昭和45年６月24日民集24巻６号625頁［八幡製鉄政治献金事件］）。

[16] **拘束名簿式**　各政党があらかじめ候補者に順位をつけた比例名簿の順で当選者が決まる方式。

[17] **重複立候補**　重複立候補者は、各党の比例名簿に同一順位で並べることができる。その際、小選挙区選挙に落選した者のうち、当該小選挙区における最多投票者の得票数に対する当該落選者の得票数の割合である「惜敗率」の高い者から当選者となる。

[18] **非拘束名簿式**　各政党が候補者に順位をつけずに比例名簿を作成し、個人への投票数と政党数への投票数を合計した数に基づいて、まず各政党に按分される議席を確定させたうえで、個人として最も票を集めた候補者から順に当選する。

図表3-1：日本の選挙制度

国会の院	衆議院		参議院	
選挙権	満18歳以上の日本国民			
被選挙権	満25歳以上の日本国民		満30歳以上の日本国民	
議員定数	465人		248人	
選挙方法	小選挙区	全国289の小選挙区から289人選出	選挙区	都道府県を原則的単位として148人選出
	比例代表区	全国11ブロックから176人選出（拘束名簿式、重複立候補可能）	比例代表区	全国から100人選出（非拘束名簿式、重複立候補不可能）
投票方法	有権者は1人２票もつ。１票は小選挙区で候補者名１名を、１票は比例代表で政党名を自著		有権者は１人２票もつ。１票は選挙区で候補者名１名を、１票は比例代表区で候補者名または政党名を自著	
任期	４年。任期途中の解散あり		６年。任期途中の解散なし	
改選	一斉		３年ごとに半数改選	

2　法律案の作成と提出

　法律の制定改廃は、既存の法律が想定していなかった事態が生じたとか、社会的に重大な事件・事故・災害が起きたとか、何らかの契機によって求められる。立法の必要性を支える事実のことを〈立法事実〉といい、立法事実を正確に認識し、課題解決のためのあり方や制度を構想していくことが〈立法政策〉、それを適切かつ明確に条文という形に落とし込んでいく作業を〈立法技術〉、具体的に立法を進めている流れを〈立法過程〉ということができるが、この2では、このうちの立法過程について、その起点である法律案の作成がどのように行われるのかについてみていくことにする。

（1）法律案の提出

　国会で審議するたたき台となるのが「法律案」である。法律案を国会に提出できるのは、国会議員と内閣に限られており、制定された法律がどちらによって提出されたものかに着目して、前者を「議員立法（衆法、参法）」、後者を「閣法」と呼ぶこともある。

　❶ 議員提出法案　国会議員による法律案の提出については、国会法56条が「議員が議案を発議するには、衆議院においては議員20人以上、参議院においては議員10人以上の賛成を要する。但し、予算を伴う法律案を発議するには、衆議院においては議員50人以上、参議院においては議員20人以上の賛成を要する。」と定めている。人数要件が課されているのは、この規定を追加する国会法改正が行われた1955年当時、選挙対策として地元の選挙民に利益をもたらすような内容の法律案が多く提案され、財政を圧迫してしまう事態が起こったからだとされる（大蔵省の意に沿わない予算を伴う議員立法を抑制することが主目的であったという指摘もある）。

　なお、各議院の委員会、参議院の調査会もまた法律案を提出することができる（国会法50条の2）。委員会については後述する（▶ 3（1））。

　❷ 内閣提出法案　すでに述べたように、内閣もまた法律案

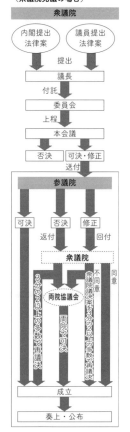

図表3-2：法律案審議の流れ
（衆議院先議の場合）

を国会に提出できる。憲法72条が「内閣総理大臣は、内閣を代表して議案を国会に提出」できる旨を規定しているが、この「議案」に法律案が含まれるとの理解を前提に、内閣法5条が「内閣総理大臣は、内閣を代表して内閣提出の法律案、予算その他の議案を国会に提出し、一般国務及び外交関係について国会に報告する。」と定めている。法律案は立法そのものではなくその準備段階の「たたき台」にすぎず、国会は自由に内閣提出法案を審議、修正、否決することができるので、内閣の法案提出権を否定する必要はない。

❸ **閣法と議員立法の制定・提出状況**　内閣提出法案は、議員提出法案と比較すると成立割合も高く、成立数も多い。

図表3-3：過去の法律案の提出・成立件数

区分／国会会期	提出件数		成立件数	
	閣法	議員立法	閣法	議員立法
第204回（常会） 2021.1.18～6.16	63	82	61	21
第203回（臨時会） 2020.10.26～12.5	7	32	7	5
第202回（臨時会） 2020.9.16～9.18	0	0	0	0
第201回（常会） 2020.1.20～6.17	59	57	55	8
第200回（臨時会） 2019.10.4～12.9	15	26	14	8

（出典）内閣法制局ウェブサイト（https://www.clb.go.jp/recent-laws/number/）をもとに作成

（2）法律案の作成

❶ **国会議員の立法の補佐**　立法機関である国会を構成する国会議員は、1（4）でみたように選挙で選出される。法律案の作成には専門技術的な能力も必要となるが、国会議員自らが条文を起草して法律案を作成するのは時間や能力の関係で困難である。

　そこで国会議員の立法を補佐するための機関が設置されている。そのなかでもとりわけ、各議院の議長のもとに置かれた **議院法制局**[19] が重要である。

　そのほかにも、各議院の議員の活動を審議内容の面から補

[19] **議院法制局**　衆議院法制局と参議院法制局が置かれている。両法制局は、各院に所属する議員が提案者になる法律案の立案や、法律案に対する修正案の立案のほかにも、それらの法律案・修正案の国会審議の際の答弁の補佐など、法律問題に関するアドバイスを行い、法制面で国会の活動をサポートしている。

佐する委員会調査室（衆議院調査局、参議院常任委員会調査室・特別調査室など）、そして、議員の活動を調査・研究面から補佐する**国立国会図書館**[20]などもある。

❷ 内閣提出法案の作成①──省庁内における原案の作成

内閣提出法案の場合、基本的にその原案を作成するのは関連省庁である。何らかの政策を実現するために**法律による行政の原理**[21]に基づき、法律の根拠が必要となるが、その政策に精通しているのは、必要な情報と専門知識をもつ官僚を擁する行政機関である。そのため、内閣提出法案のたたき台は、内閣やその構成員たる大臣自らが起草するのではなく、法律にしたい案件に最も関連する省庁に作成させるのが合理的である。中央省庁の組織は次のとおりである。

[20] **国立国会図書館** 国会の補佐機関であり、図書館としての役割のほか、国会議員からの依頼を受けて調査を行ったり、そのための環境整備として国会会議録や法令のデータベースの作成などもしている（国会図書館法2条）。立法の補佐は、主に「調査及び立法考査局」が担っている。

[21] **法律による行政の原理** 行政活動は、法律に基づき、法律に従って行われなければならないとする原理。詳細は**第5章4（1）**を参照。

図表3-4：中央省庁の組織図

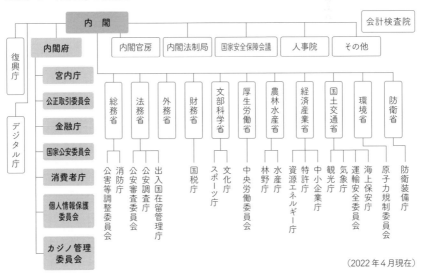

（2022年4月現在）

　具体的な法案作成については、実際に立案に関わってきた官僚が次のように記していることが参考になる。「省庁における意思決定プロセスにおいて決定権を実質的に有しているのは局長－課長ラインである。実質的意思決定の方式は、①個別了解の取り付け、②局議（局長、審議官と全課長によって構成される全体会議）での決定であり、両者の中間パターンとし

て、課長会議や一定のメンバーによる局長室での会議などがある。／こうした中で、垂直的・水平的な意見調整が図られ、最終的には局長・課長の決断によって、局としての意思決定がなされることとなる。案件の内容、性格によっては、その後……大臣官房との協議を経て、大臣の了解を得るに至る」（中島誠『立法学－序論・立法過程論〔第4版〕』（法律文化社・2020年）60頁）。

▲中島誠『立法学〔第4版〕』

そして、「その後、各省協議、内閣法制局の審査、さらに我が国特有の議院内閣制運用の形態である与党審査を同時並行的に経ることになるが、各省、内閣法制局、与党との調整がつかない場合には、内容の修正が行われたり、最悪の場合は提出を断念することとなる。こうした一連の手続を経て、法案提出が閣議決定され、晴れて国会提出となり、主として野党による審議を受けることになる。こうした一連のプロセスは、様々な関門を順次クリアーしていかなければならない『障害物競走』にも喩えられる」（同書86頁）。

❸ 内閣提出法案の作成②──各省協議 〈各省協議〉とは、他の省庁との間で行われる調整のための協議のことである。各省庁は、それぞれ所管する行政事務を管理するという**分担管理原則**[22]に基づき、提出が予定されている法律案がどの省庁が所管するのか、既存の行政事務とどのような関係にあるのかなどを明確にするために、各省協議を行うのである。

各省協議により、諸利益の調整がはかられる一方、省庁間の縄張り争い、権限争いという側面もあり、**縦割り行政**[23]の弊害を強化するという側面もあると指摘されてきた。そこで、縦割り行政による行政効率の低下を防ぎ、省庁をまたがる政策課題への対応を強化するために、2001年の中央省庁再編に伴い、**内閣官房**[24]に総合調整の役割が求められることになった。

❹ 内閣提出法案の作成③──内閣法制局の審査 各省庁で作成された法律案は、**内閣法制局**[25]による審査を受ける。内閣法制局では、憲法との適合性や他の法令との整合性、表現の統一といった内容面の審査に加え、文言・用語等のチェック、条文配列の妥当性などの立法技術の観点からの審査も行われ、法案としての形式が整えられる。

[22] **分担管理原則** 憲法上、行政権は内閣に属するが、具体的な行政事務を内閣自らが行うわけではない。内閣の統轄のもとに設置された内閣府と省、その外局として設置されている委員会や庁などが分担管理するものとされており、内閣法3条1項において、「各大臣は、別に法律の定めるところにより、主任の大臣として、行政事務を分担管理する。」と定められている。

[23] **縦割り行政** 分担管理原則のもと、各省庁は所管事務についての縄張り意識などから、他の省庁との「横」の連絡や調整なく、省庁内での「縦」の関係でのみ行政を遂行すること。

[24] **内閣官房** 内閣の補助機関であるとともに、内閣の首長たる内閣総理大臣を直接に補佐・支援する機関。内閣の庶務、内閣の重要政策の企画立案・総合調整、情報の収集調査などの職務を担う（内閣法12条）。特定の重要政策に関する内閣の補助事務を担う内閣府とは異なり、すべての事項について行政各部の施策の統一等の最終的な総合調整を担うのが内閣官房である。内閣官房の事務を統轄するのは内閣官房長官である（同13条）。

[25] **内閣法制局** 法制的な面から内閣を直接補佐する機関。主として、法律問題に関し内閣や内閣総理大臣、各省大臣に対し意見を述べるという「意見事務」と、閣議に付される法律案、政令案および条約案を審査するという「審査事務」を担う（内閣府設置法3条）。

❺ 内閣提出法案の作成④──与党審査 〈与党審査〉と
は、内閣提出法案に対する与党による審査とその了承を得る
手続のことである。法的に与党審査を行う義務があるわけで
はないが、国会提出後を円滑な審議を確保するために行われ
てきた慣行である。

　日本国憲法は**議院内閣制**[26]を採用している。議院内閣制は、
内閣が議会の信任に依拠している限りで存立するという統治
制度であるから、内閣は議会の多数派たる与党（ないし連立与
党）の支持を受けて存立しているのであり、いわば、内閣と
与党は一体である。内閣は国会の議事運営に関与することが
できないため、与党の協力のもとで国会での法案審議を行う
必要があるが、内閣提出法案についてあらかじめ与党の審査
を受け、利害調整を済ませ、了承を得ておけば、それを円滑
に行うことが可能となる。これが与党審査が行われてきた大
きな理由であるが、国会での審議に先立って利害調整が済ま
されることになるため、国会審議の形骸化や、いわゆる**族議
員**[27]が影響力を強める背景となっているなどといった批判もあ
る。ただし近時、官邸主導が強まり、与党議員の弱体化が指
摘されている。

（3）内閣提出法案の確定──閣議

　以上のように内閣提出法案は、各省庁で起案し、他の省庁
との間での協議、内閣法制局の審査、与党審査を経たうえで、
起案した省の大臣から内閣総理大臣に対して**閣議**[28]にかけるよ
うに請求される（国家行政組織法11条）。閣議での決定を経た
うえで、内閣総理大臣が内閣を代表して法律案を国会に提出
する（内閣法5条）。ここからようやく、国会での審議がスター
トするのである。

➡ 3　国会での審議

　法律案は、「両議院で可決したとき」に法律になる（憲法59
条1項）。法律案は、衆議院か参議院のどちらかに提出され、
提出を受けた議院の議長は、議院運営委員会への諮問をもと

[26] **議院内閣制**　立法権と行
政権が一応分立しているが厳格
に分離されておらず、行政権を
担う内閣が、議会（二院制の場
合にはۇに第一院）の信任に依
拠して存立し、内閣が議会に対
して責任を負う制度。

[27] **族議員**　特定の政策部門
に精通し、政策の立案と実施に
強い影響力を行使する議員。業
界や省庁の利益の代弁者として
行動するかわりに選挙における支
持や政治資金の寄付などといっ
た一定の便益を受けることもあ
る。

[28] **閣議**　合議体である内閣
が意思決定をするために開催さ
れる会議。内閣法は4条で「内
閣がその職権を行うのは、閣議
によるものとする」と定める。閣
議での議決方法についての法令
の規定はなく、慣行によって、
全会一致でなされている。

に、その法律案の内容に関連する適当な**委員会**[29]に法律案を付託し——たとえば、「プラスチックに係る資源循環の促進等に関する法律案」は環境委員会、「取引デジタルプラットフォームを利用する消費者の利益の保護に関する法律」は消費者問題に関する特別委員会に付託された——（国会法56条2項）、まずは委員会での審議が行われる（衆議院が先議する場合が多い）。このように、議案の審議や議院の運営を主導する機能を委員会が営んでいる場合を、〈委員会中心主義〉という。そこでこの3では、委員会の審議からスタートする国会での法案審議についてみていくことにする。

（1）委員会

❶ **委員会の種類と構成**　国会の各院にはそれぞれ、常設される**常任委員会**[30]と、特別に設けられる特別委員会が置かれる（国会法40条。常任委員会の種類とその人数については**図表3-5**を参照）。各議員は、少なくとも1つの委員会の常任委員となる（国会法42条）。特別委員会としては、たとえば現在、両議院各々に災害対策特別委員会、政治倫理の確立及び公職選挙法改正に関する特別委員会、北朝鮮による拉致問題等に関する特別委員会などが置かれている。委員会ごとに委員の数が決まっているので、**会派**[31]の人数に応じて委員数が割り当てられる。

❷ **委員会の公開**　国会法52条1項は、「委員会は、議員の外傍聴（ほか）を許さない。」として会議非公開の原則を定めつつ、但書で、「但し、報道の任務にあたる者その他の者で委員長の許可を得たものについては、この限りでない。」としている。もっとも、報道関係者の場合は議院の配布する記者記章があれば特段の手続を経ることなく委員会の傍聴が可能とされており、一般国民も、議員の紹介があれば、傍聴席に余裕がある限り許可する運用となっている。

（2）委員会での審議

委員会での審議は、趣旨説明→質疑→討論→採決という順序で行われる。

第1が**趣旨説明**[32]である。議員提出法案の場合は発議者であ

[29] **委員会**　少人数の委員で組織され、本会議の審議に先だって法律案などの議案の内容を詳細に検討する機関。委員会には常任委員会と特別委員会がある。

[30] **常任委員会**　衆議院・参議院ともに、省庁（47頁の**図表3-4**参照）に対応した17の委員会がある（国会法41条）。

図表3-5：衆議院と参議院の常任委員会とその人数

〈衆議院〉

内閣委員会	40人
総務委員会	40人
法務委員会	35人
外務委員会	30人
財務金融委員会	40人
文部科学委員会	40人
厚生労働委員会	45人
農林水産委員会	40人
経済産業委員会	40人
国土交通委員会	45人
環境委員会	30人
安全保障委員会	30人
国家基本政策委員会	30人
予算委員会	50人
決算行政監視委員会	40人
議院運営委員会	25人
懲罰委員会	20人

〈参議院〉

内閣委員会	21人
総務委員会	25人
法務委員会	21人
外交防衛委員会	21人
財政金融委員会	25人
文教科学委員会	20人
厚生労働委員会	25人
農林水産委員会	21人
経済産業委員会	21人
国土交通委員会	25人
環境委員会	20人
国家基本政策委員会	20人
予算委員会	45人
決算委員会	30人
行政監視委員会	35人
議院運営委員会	25人
懲罰委員会	10人

[31] **会派**　議院内で活動を共にしようとする議員の団体。国会内での議院の運営は、政党ではなく、基本的に会派に基づいて行われる。会派は、2人以上で結成できるが、多くの場合、政党単位で結成される。2つ以

る議員が、内閣提出法案の場合は、担当する大臣が趣旨説明を行う。省略される場合も少なくないが、重要な法律案については本会議での趣旨説明（国会法56条の２）が求められることもある（これを用いた**吊るし**[33]という野党戦術がある）。

第２が**質疑**[34]である。内閣提出法案の場合は、国務大臣、副大臣、大臣政務官のいわゆる**政務三役**[35]や、**政府特別補佐人**[36]、**政府参考人**[37]を相手方にして質疑が行われる（国会法69条１項）。議員提出法律案の場合は、発議者である国会議員に対して質疑が行われる。

委員会での質疑は、質問者と提案者との間で、あらかじめ会派ごとに割り当てられた時間の範囲内で、一問一答形式で口頭により行われるのが原則である。なお、質疑のあとに、学識経験者からの専門的意見を聴取したり、利害関係者からの意見を聴取したりするために委員会が公聴会や参考人質疑を開催する場合がある。

第３が**討論**[38]である。討論は反対、賛成の順で行われる。

第４が**採決**[39]である。賛成の委員が挙手または起立をして、過半数であれば可決となる。可否同数の場合、委員長が委員会としての意思を決める。採決ののち、法案は本会議へと送られることになるが、**附帯決議**[40]が付されることもある。

（3）本会議での審議

本会議とは、その議院に所属する議員全員で構成される会議であり、議院として意思決定が行われる。本会議は原則公開である（憲法57条１項）。

委員会から送られた法律案の本会議での審議は、委員長報告→質疑→討論→採決という順序で行われるが、質疑は省略されるのが通例であり、討論も重要法案の場合に限って行われるため、法律案を審査した委員会の委員長による審査経過や結果の報告である委員長報告ののち、すぐに採決が行われることが少なくない。これは、実質的な審議は委員会で尽くされているためである（委員会中心主義）。

採決は、起立採決が原則であるが、出席議員の５分の１以上から要求があった場合には記名投票となる。

上の政党が１つの会派をつくることもある（統一会派）。

[32] **趣旨説明**　法律案の提案理由とその内容を委員に対して説明すること。

[33] **吊るし**　与野党が対決する重要法案の場合、野党側から本会議での趣旨説明が求められることがある。この場合には法律案を委員会に付託することができず、議院運営委員会預かりとなり、審議が遅れる。これを「吊るし」という。「吊るし」は、野党が与党側の譲歩を引き出す手段として用いられる戦術のひとつである。

[34] **質疑**　議題についての疑問点などを質問すること。

[35] **政務三役**　法令用語ではないが、大臣・副大臣・大臣政務官を総称して政務三役といわれることがある。

[36] **政府特別補佐人**　両議院の議長の承認を得て、人事院総裁、内閣法制局長官、公正取引委員会委員長、原子力規制委員会委員長、公害等調整委員会委員長は、政府特別補佐人として、委員会等に出席し答弁することができる（国会法69条２項）。

[37] **政府参考人**　行政機関職員（局長級）も、あらかじめ委員会の決議により出頭を求められた場合に、政府参考人として委員会に出席し答弁することが認められている（衆議院規則45条の３、参議院規則42条の３第１項）。

[38] **討論**　一般に「討論」という言葉から想定される意味とは異なり、議題になっている法律案などが表決に付される前に、委員が賛成・反対の立場を明らかにしたうえで、法律案に対する意見を述べること。

[39] **採決**　多数決により委員会としての意思を決定すること。

[40] **附帯決議**　委員会が法案を可決した際に、政府に対する委員会としての要望や意見を表明すること。ただし法的拘束力はない。

（4）法律の制定

❶ 他院での審議と可決　先議した議院の本会議で法律案が可決されたら、当該法律案はもう一方の議院に送付され、そこでも先議した議院と同様に、委員会の審査、本会議の審議が行われる。なお、あとに審議する院で法律案を修正議決した場合、前の議院に回付し、その議院が修正に同意すれば法律となる。

　しかし、二院制を採用している以上、両議院の議決が一致しない場合も生じる。そのような事態に備えて、憲法は法律を制定する手段として以下の2つの方法を用意している。

❷ 衆議院の優越　第1に、「衆議院で可決し、参議院でこれと異なつた議決をした法律案は、衆議院で出席議員の3分の2以上の多数で再び可決したとき」に法律になる（憲法59条2項）。なお、「参議院が、衆議院の可決した法律案を受け取つた後、国会休会中の期間を除いて60日以内に、議決しないときは、衆議院は、参議院がその法律案を否決したものとみなすことができる。」（同条4項）。これを**衆議院の優越**というが、3分の2以上の特別多数によるとする再議決要件のハードルが高いため、**衆議院の優越の程度**[42]は低い。

❸ 両院協議会　第2に、両院協議会で協議のうえ、出席協議委員の3分の2以上の特別多数で可決された成案を両院の本議会が議決すればそれが法律となる（国会法92条）。両院協議会とは、国会の議決を要する議案について衆参両院の議決が異なった場合に、その不一致を調整するための協議の場として設けられる機関である。この場合の両院協議会は、衆議院が希望した場合にのみ開催される（憲法59条3項、国会法84条）。他方、予算案、条約、内閣総理大臣の指名の議決につき両院に不一致が生じた場合には、両院協議会の開催は必須である。

　次に、両院協議会の構成である。各議院で選挙された各々10人の委員によって組織されると国会法で定められているもの（89条）、実際は、選挙を省略して協議委員の選任を議長に一任し、議長は、各院の議決に賛成した会派のなかから所

[41] **衆議院の優越**　憲法は、法律案の議決のほか、予算の議決、条約締結の承認、内閣総理大臣の指名の4つについて、衆議院の議決が優越すると定めている（憲法59〜61条・67条2項）。

[42] **衆議院の優越の程度**　予算の議決、条約の締結、内閣総理大臣の指名については、両院の意見が一致しない場合、最終的に衆議院の単純多数での議決が国会の議決となる。そのため、法律案の場合と比べると、衆議院の優越の程度は高い。

属議員数に応じて協議議員を割り当てたうえで、会派の推薦に基づいて指名するのが通例となっている（衆議院規則250条3項、参議院規則176条）。このような委員の選任方法や、上述したように協議案を成案とするためには3分の2の特別多数が必要とされていることなどから、両院協議会によって成案を得ることは困難となっており、事実上ほとんど機能していない。このため、第1の方法がとられることになる。

（5）法律の公布と施行

　両議院で可決された法律は、最後に議決した議院の議長から内閣に、内閣から天皇に奏上され（国会法65条1項、102条の3）、奏上の日から30日以内に天皇により**公布**[43]される（憲法7条1号、国会法66条）。法律は、法律の効力を一般的、現実的に発動させる**施行**[44]によって効力が発生する。公布された法律の施行期日は、その法律の附則で定められるのが通例である。

[43] **公布**　制定した法令を一般に周知させる目的で公示する行為。国の法令については官報に掲示することによって行われる（最大判昭和32年12月28日刑集11巻14号3461頁）。

[44] **施行**　公布された法令の効力を発生させること。法の適用に関する通則法2条本文は「法律は、公布の日から起算して20日を経過した日から施行する。」と定めるとともに、但書で「ただし、法律でこれと異なる施行期日を定めたときは、その定めによる。」と規定している。後者については、その法律の附則で施行期日を定める場合と、他の法令にその定めを委任する場合がある。

コラム⑩　六法あれこれ

　現在、有効な法律の数は約2000あるとされるが、そのうち、特に重要な法律（および憲法や命令、さらには条約など）を収録した書籍は一般に「六法（全書）」と呼ばれ、『六法全書』、『ポケット六法』、『判例六法』（以上、有斐閣）、『デイリー六法』『模範立法』（以上、三省堂）などが出版されている。また、目的に沿って編集された『司法試験六法』、『社会福祉六法』、『マスコミ六法』、果ては『スポーツ六法』などもある。

　「六法」という言葉は、1873年に、ナポレオンが制定した5つの法典と憲法を収録した『仏蘭西法律書』を出版した際に、箕作麟祥（▶第8章4（1））が「はしがき」でこの言葉を使用したのが最初の使用例だとされ、それが転じて、法令集という意味で「六法」という言葉が用いられるようになったのである。なお、憲法、民法、商法、民事訴訟法、刑法、刑事訴訟法の6つを指して「六法」ということもある。

第4章

法の適用と解釈

━━▶ はじめに

（1）日常的なルールの適用と解釈

　ディズニーランドのアトラクションには身長制限のあるものがある。たとえば、スペース・マウンテンは身長102cm 以上でないと乗ることができない。あなたの身長が102cm に満たなければ乗ることができず、102cm 以上であれば乗ることができる。ルールが明確だから、それに従って乗ることができる者とそうでない者を選り分けることは難しくない。

　これに対し、「他のお客様のご迷惑になるおそれのあるもの」を持ち込むことはできない、というルールはどうだろうか。これは少し曖昧だから、人によって持ち込み禁止品かどうかの判断が分かれるかもしれない。このように、ルールが明確でないために、それを適用できるかどうかがはっきりしない場合は少なくない。こうしたときは、そのルールを適用できるかどうかを判断するために、解釈によってルール（規範）の意味内容を明らかにする必要がある。

（2）法規範の適用と解釈

　上記のことは、法規範の場合であっても変わらない。たとえば、民法4条は「年齢18歳をもって、**成年**とする。」と定める。あなたの年齢が18歳以上であれば成年であり、18歳に満たないならば**未成年**である。この規範は明確であり、その適用は難しくない。これに対し、**民法415条1項本文**の「債務の本旨に従った履行をしないとき」は、何がこれに該当するか──「債務の本旨」とは何か、「履行をしない」とは何か

[1] **成年**　自然人が完全な行為能力者となる年齢。成年年齢はかつて20歳であったが、2018年の民法改正により18歳に引き下げられた（施行は2022年4月1日）。

[2] **未成年**　成年（満18歳）に達しないこと。年齢が満18歳に達しない者を未成年者という。未成年者は、知能の発達や経験の蓄積が不十分ゆえに判断能力が不完全であるとされ、それゆえに原則として単独では有効な法律行為をすることができない制限行為能力者とされている。これは未成年者を保護するためである。第10章 [24] も参照。

[3] **民法415条1項本文**　「債務者がその債務の本旨に従った履行をしないとき又は債務の履行が不能であるときは、債権者は、これによって生じた損害の賠償を請求することができる。」債務不履行、簡単にいえば契約違反の責任を定めた条文であり、契約違反をした者に損害賠償責任を課すと定めている。引用部分は、何が契約違反になるのかを定義する文言である。

――が明確でないので、法解釈によって法規範の意味内容を明らかにしなければその法規範を適用することはできない。このように、法解釈は法の適用にとって不可欠なものであるから、法解釈こそが、法律学の中核を担うものである。

（3）本章の流れ

法の解釈は法の適用プロセスのなかで行われるものである。だから、法の解釈を理解するために、まず、問題となっている事実に「法」が適用されるまでの思考過程を概観する（▶1）。次いで、解釈の対象になる「法」とは何かを確認する（▶2）。最後に、法の「解釈」についてみる（▶3）。

以上を通じて、法解釈そのものとその背後にある法律学特有の思考形式について説明していこう。

1　法の適用の思考過程と思考形式

（1）法の適用

法の適用とは、法規範を特定の人や事実等について発動させ、作用させることである。しかし、法規範そのものは抽象的・一般的であることが多く、そのままでは事案に適用するのに適さないことも多い。そうした場合、法規範を具体化して事案に適用できるようにしなければならない。そのために行われるのが法解釈である。

法の適用は主として裁判所が担当する（▶第6章）。裁判官は、具体的事案に法規範を適用して裁判を下す。そして、その裁判において法の適用が正しく行われたことが、**裁判書**や**裁判の原本**[5]のなかに示されなければならない。法の適用が正しく行われたことを保証するのは、法的三段論法と呼ばれる判断の構造である。次にこれをみていこう。

（2）法的三段論法

法的三段論法は、法規範を事案に適用する際の判断の構造であり、法を適用する者の思考形式である。この法的三段論

[4] **裁判書**　裁判の内容を記載した文書。読み方は「さいばんしょ」だが、裁判所との混同を避けるために「さいばんがき」という読み方をされることが普通である。裁判書の種類には、判決書、決定書、命令書があるが、特に刑事訴訟の判決書を指して裁判書ということが多い。裁判書は、原則として、裁判をした裁判官が署名押印し、そのオリジナルが裁判所に一定期間保管され、原則として公開される（プライバシーや営業の秘密に関する記載は墨消しされる）。

[5] **裁判の原本**　民事訴訟の裁判書のこと。

法の形式を踏まない限り、法を適用することはできない。それでは、この法的三段論法はどのようなものだろうか。

　そもそも法は、事案に法規範を「適用」（あてはめ）することによって、発動する。そこで、法的三段論法は、法規範を大前提、具体的事案を小前提として、それらから導かれる**演繹的推論**[6]（法的決定）が結論となるという手順を踏む。図示すると、次のようになる。

①**大前提**
＋
②**小前提**
──────
③**結　論**

　まず、①大前提は、「○○ならば××」という仮定の言明の形式をとる。刑法199条「人を殺した者は、死刑又は無期若しくは５年以上の懲役に処する。」を例にとると、「人を殺した者」が「○○」にあたり、「死刑又は無期若しくは５年以上の懲役に処する。」が「××」にあたる。

　次いで、②小前提は、①大前提の「○○」の部分に該当する事案である。たとえば、次のケースを想像してほしい。

【CASE】
　Ｂから日常的に執拗な**モラルハラスメント**[7]を受けてきたＡが、Ｂを殺すつもりで階段から突き飛ばし、これによりＢは転落して頭部を床に強打し、死亡した。

　大前提の「○○」の部分は「人を殺した者」であるから、上記ケースのなかにそれに該当する事案があるかどうかが問題となる。上記のケースから抽出される、(a)ＡがＢを殺したことと(b)Ｂが人であったことが、大前提の「人を殺した者」に該当する事案（**認定事実**[8]）、つまり小前提となる事案である。

　最後に、したがって、③結論は、Ａは「人を殺した者」に含まれるから①大前提の「××」であるという推論が法的決定として導かれるということである。つまりＡは「死刑又は無期若しくは５年以上の懲役」に処されることになる。

[6] **演繹的推論**　演繹的推理とも呼ばれるが、単に演繹と略称されることが多い。前提となる命題から、経験に頼らず、論理法則のみによって必然的に新しい命題（帰結）を導き出す手続である。演繹の正しさは、前提や結論の意味内容ではなく、その形式によって保証される。演繹の代表例は三段論法である。なお、演繹と対立する手続は帰納的推理（いくつかの特殊な事例（前提）から一般的結論を導き出す蓋然的推理の手続。単に帰納と略されることが多い）である。

[7] **モラルハラスメント**　言葉や態度などによって人の心を傷つける、精神的な暴力や嫌がらせ。モラハラ。

[8] **認定事実**　訴訟において事件の内容であるとして確定された事実関係。法の適用の前提となるのは、事件に関するすべての事実ではなく、法的判断に必要なその一部の事実であり、それは事実関係の確定作業を通して認定されるものである。

これが法的三段論法による法規範の「適用」（あてはめ）で
ある。

①大前提　「人を殺した者は、死刑又は無期若しくは5年以
　　　　　　上の懲役に処する。」

＋

②小前提　「AはBを殺した」・「Bは人であった」

③結　論　したがって、Aは「死刑又は無期若しくは5年
　　　　　　以上の懲役」に処される

　この思考形式は、法律学を学ぶうえで、土台となるもので
あるから、確実に身につけてほしい。

コラム⑪　三段論法と法的三段論法

　三段論法はもともと古典的論理学で編み出されたものであり、法的三段論
法はこれになぞらえた思考形式である。法的三段論法については、大前提と
小前提が正しいならば常に結論も論理的に正しいといわれることがあるが、
それは三段論法の形式そのものが推論の正しさを保証するからである。

　しかし、近年、法の適用プロセスを論理学の三段論法モデルで捉えようと
する発想そのものに疑問を投げかける動きがある（その主唱者は法哲学者・高
橋文彦であり、その主張は著書『法的思考と論理』（成文堂・2013年）にまとめら
れている）。

　法的三段論法は、その形式に着目すると、アリストテレス以来の伝統的論理
学を踏襲しているようにみえる。しかし、厳密にみていくと、「甲野松男」と
いった特定の個人を主語とする命題を扱う点、また「AがBを負傷させた」
といった複数項の間の関係を取り扱う点で、実は、論理学の三段論法の形式
に適合していないのである。このことは民事裁判で顕著である。

　また、伝統的論理学の論証は独話（モノローグ）であるが、法的思考は対
話（ディアローグ）から成り立っている（裁判の過程において、訴訟当事者間で
対話・論争が繰り広げられていることはすぐにわかるだろう）。さらに、古典論理
学では、三段論法で出てきた結論は別の事情が明らかになっても撤回される
ことがないが、法的思考では、たとえば「AとBは売買契約を締結した」こ
とから「AはBに対し代金請求権を有する」という結論がいったんは導かれ
たとしても、「Bに錯誤があった」ために「Bが売買契約を取り消した」とい
うことが明らかになれば、先の結論は撤回される。

こうした点から三段論法モデルは法の適用プロセスと法的思考の核心を正しく捉えることができていないというわけである。

　そこで、法的思考を正しく捉えて表現するために、法的三段論法に代わる新たな法的思考モデルが求められている。とりわけ私法の領域では「要件事実論」（訴訟当事者の攻撃・防御方法と主張・証明責任の分配に焦点を当てて、法的判断の構造を分析する考え方）が新たなモデルとして注目されている。

　以上は、法適用の判断構造と法的思考そのものに関わる動きであるから、その動向から目を離すことはできない。

▶ 2　解釈の対象となる法

　先ほどは、法の適用の思考過程と思考形式を扱ったが、そこで適用される「法」とは何だろうか。「法」という言葉は多義的に用いられるが、法の適用にあたって解釈の対象となるのは、**裁判規範**としての法である。**第2章**と重複する部分もあるが、もう一度確認しておこう。

（1）法　源

　何が裁判規範としての法になるかといえば、それは**第2章2（1）**で紹介された法源（source of law）である。法源とは「裁判官が裁判をする際に拠り所とすることができる規範の形式」のことである（法の存在形式といわれることもある）。言い換えると、裁判の過程において解釈の対象となる規範である。

　日本では、①成文法、②慣習法および③条理に法源性が認められているので（古くは**裁判事務心得**3条（実際の法文については**▶第2章2（3）❸**）が民事の裁判について成文の法律、習慣および条理を法源として挙げている）、法の解釈の対象はこの3つということになる。成文法が主要な法源であり、不文法である慣習法と条理は、成文法が欠けた分野を補充したり、成文法の規定の一般的・抽象的規範に実質的・具体的な肉付けを与えたりする役割を果たしている。慣習法と条理の解釈は、そもそも法規範が文章の形に表現されていないため、規範を発見して文章の形で捉えることから始めなければならない。

[9] **裁判規範**　法規範が果たす機能のうち、裁判所または裁判官が、具体的事件を判断するに際して用いる紛争解決規準の側面のこと。なお、法規範が果たす機能のうち、一般人の日常の行為規準の側面のことを行為規範という。詳しくは**▶第1章2（1）・第2章3（4）**。

[10] **裁判事務心得**　1875年太政官布告103号。民事裁判、刑事裁判の取扱い、裁判に服さない旨を述べる者への対応、民事裁判の法源、言渡しの取扱いなど、裁判に関する諸事を定めた。その効力については、いまなお効力を有するという見解もあれば、もはや効力を失っているという見解もある。なお、裁判事務心得のような布告は、明治初期に太政官が制定した法形式のひとつであり、人民に対する命令として全国に通達されていた（**▶第8章〔44〕**）。しかし、1886年に制定された公文式（こうぶんしき）が新しい法令の体系を整備したことによって布告という法形式は廃止されることになった。しかし、現在なお法律として効力を失っていないものがあることに注意が必要である。

なお、これらに加えて、④判例が法源となりうるかが重要な関心事となる。

　それでは、法源を個別にみていこう。

　❶ **成文法**　成文法は、文書の形式で定められた法であり、その多くは、国家機関により制定された法規範である制定法である。制定法は、法を定める権限のある機関が所定の手続によって案文を確定したものであり、それには、憲法、法律、**命令**、**規則**、**条例**がある。これらの制定法の効力の強弱はあらかじめ決まっており、およそ段階構造を構成している（▶61頁の**図表4-1**・第２章４（１））。そのうち憲法は**最高法規**[14]であって、これに反する法律や命令などの法規範は無効とされる（憲法98条１項）。条約も──国家や国際機関の間の「文書による合意」なので──成文法であって、法源である（▶第15章２（１））。しかし、条約は、「文書による合意」であって、「制定」の手続によらずに成立するので、厳密な意味では制定法ではない。条約については、国内法令との効力関係や国内法への適用に関して争いがある（▶第15章４・第２章コラム⑦）。

　なお、成文法という言葉が制定法の意味（つまり、「成文法＝制定法」）で用いられることも少なくないので、注意が必要である。

　❷ **慣習法**　習慣が個人の繰り返し行う行動様式であるのに対し、慣習は個人の習慣が一社会において積み重なってその社会の成員に共有されるようになったものである。この慣習のなかで、さらに、これに従うことがその社会の秩序を維持するために必要だとその社会一般に意識されたもの、つまり、その社会の成員が法として確信したものが慣習法である（▶第２章２（３）❶）。

　慣習法は、制定法と異なり、国家が制定したものではない。その法源性を支えるのは、業種や地域などによって限定された一定の社会において繰り返され、法として認識されたという事実である。それゆえに文書の形式をもたない法規範であり、不文法である。

　特に民法の物権法の領域では、相隣関係や用益物権に関して慣習に従う旨が定められており、また、**温泉権**[15]のような慣

[11] **命令**　国の行政機関が定める法形式の総称を命令という。具体的には、政令、内閣府令、省令などがある（▶第２章２（２）②）。

[12] **規則**　国の法形式のひとつであるが、その形式的効力は、一般に法律に（地方公共団体の執行機関が制定する規則については、命令にも）劣るものとされている。規則の制定権や所轄事項についてはそれぞれの根拠法に定められており、一口に規則といっても様々な種類がある。憲法上の規則としては、議院規則（憲法58条２項）と最高裁判所規則（同77条）がある（▶第２章２（２）③）。議院規則には、衆議院規則、参議院規則、両院協議会規程等がある。

[13] **条例**　地方公共団体が制定する法形式の総称であり、地域における事務およびその他の事務で法令により地方公共団体が処理することとされているものに関して規定する。なお、条令（箇条書きにされた法令）との混同に注意すること。国語辞典のなかには、条令と条例を同義とするものもあるが、専門用語として正確に区別すべきである。

[14] **最高法規**　一国のなかで最も強い形式的効力をもつ規範のことであって、一般に憲法のことをいう（▶第２章２（２）①参照）。

[15] **温泉権**　温泉源を排他的に利用する権利である。温泉専用権や湯口権など地方ごとの呼び名がある。民法175条は、物権は民法「その他の法律」で定められたもの以外は創設できないと定めているが、温泉権は法律に明示された物権ではない。しかし、温泉権は温泉地を有する様々な地方の慣習によって認められてきた。そこで民法175条の「その他の法律」に慣習法が含まれるか否かが解釈上の問題となった。

習法上の物権、立木の**明認方法**[16]など慣習法によって形成されたものが重要な役割を果たしてきた。

　これに対し、罪刑法定主義をとる刑法では、成文化されていない慣習刑法は禁止される。行政法の領域では、限定的ではあるが、公物利用権（たとえば**水利権**[17]）などについて慣習法が認められることがある。

　❸ **条理**　条理とは、事物の道理、事物の本性、物事の筋道、もっと簡単に「常識」と説明されることもあるが、「制定法の規定や制度の根底にある、法秩序上の基本原則」のことであり、「法生活上の基本的前提・必要性や正義観念」のことである（**笹倉秀夫**[18]）。条理は、成文法の規定や慣習法、判例をみても直接に適用できるものがない場合の欠缺補充や成文法等に依拠すると不都合が生じる場合の成文法等の否認・修正に用いられ、また、成文法等の規定の解釈の方向性を得るために参照される（▶第2章2（3）❸）。

　判例などで「社会通念上」という文言が使われた場合は、条理が用いられたと考えてよい。

　かつては条理として認められていたものが、判例のなかに繰り返し登場することによって、裁判上の慣習法となり、ついには立法を通じて制定法のなかに取り込まれることがある。民法1条2項の信義誠実の原則と同条3項の権利濫用禁止の原則はその代表例であり、これらは戦前に判例において条理としてよく活用されたが、戦後の民法改正によって条文化されたという経緯をもっている。

　❹ **判例**　ここでいう判例は「裁判所が個々の裁判の理由のなかで示した法律的判断」のことである。この場合の判例は、その事件の**上級審の判断が下級審を拘束する**[19]ということを意味するだけであって（裁判所法4条）、他の事件の下級審を一般的に拘束するわけではない。だから、判例はそれ自体としては法源ではない。

　もっとも、最高裁の判決および決定に示された法律的判断を指して特に「判例」と呼ぶことがある。この場合の「判例」は、実務に強い影響力をもつ。というのも、同種の事件に関して、**下級裁判所**[20]が最高裁の判例と異なる法律的判断を示し

[16] 明認方法　慣習上用いられてきた、立木等に関する権利関係を公示する方法。明認方法の典型例は、樹皮を削って所有者の氏名を墨書するといったやり方である。判例により登記に代わる対抗要件として認められた。

[17] 水利権　水を利用する権利。普通は、河川などの公流水を排他的に利用する権利を指す。慣習法上の水利権の代表例は、旧河川法（明治29年法律71号）制定以前から存在する農業水利権である。

★**法源としての慣習法の実際**
慣習法は、一般に、法源のひとつに数えられるが、実際には、問題となる法分野で慣習法が法源とされているかどうかを確かめる必要がある。たとえば、本文で触れた刑法のほか、手続法でも慣習法は原則として法源ではない。というのも、手続法には、手続の安定性、透明性、画一性が要請されるけれども、慣習法はこれらの要請に反するからである（特に刑事訴訟法は、憲法31条との関係からも慣習法と相容れない）。また、手続法は、公法であって、私法における慣習法に関する議論が必ずしも妥当するわけではない。

[18] 笹倉秀夫（1947〜）　法哲学者。早稲田大学法学学術院名誉教授。『法解釈講義』（東京大学出版会・2009年）など多数の著書がある。

[19] 上級審の判断が下級審を拘束する　日本の裁判は三審制をとっており、訴訟事件は異なる階級の裁判所で順次審判される場合がある。その場合、上位にある裁判所を上級審、下位にある裁判所を下級審と呼ぶ。詳細は第6章2（2）参照。

[20] 下級裁判所　最高裁以外の裁判所のこと。これも下級審と呼ぶことがあるが、本章[19]の下級審とは意味が異なる点に注意が必要である。第6章コラム⑳図表6-1も参照。

ても、最高裁まで争われた場合、結局、最高裁は従来と同じ判断を繰り返す可能性が高いからである。

だから、下級裁判所は最高裁の判例を尊重する傾向にあり、同種の判例が繰り返されることになる。そのため、最高裁の判例は、無視できないほどに下級裁判所の判例に影響を及ぼしており、事実上の法源、裁判所の判断によって形成されるルール（規範）というべきものになっている（▶第2章2（3）❷）。

図表4-1：法源の分類

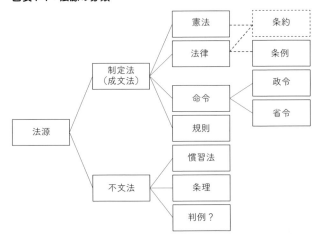

（2）条文の構造──要件と効果

法を適用するためには、成文法の条文の構造を知っておかなければならない。事案に適用されるべき法規範は条文から引き出されるからである。以下では、民法と刑法から1つずつ例を挙げて、条文の基本構造を示しておこう。

❶ **民法の例**　民法239条1項は「所有者のない動産は、所有の意思をもって占有することによって、その所有権を取得する。」と定めている。つまり、〈ある者が、所有者のない動産を自分の所有物にするつもりで占有する〉という**要件**[21]がみたされると、〈その者にその動産に対する所有権が発生する〉という**効果**[22]が発生することになる。部屋のインテリアとして

[21] **要件**　要件（法律要件）とは、権利義務関係の変動（発生、変更、消滅）の原因となるものとして定められた一定の社会関係（事実の総体）のことである。たとえば、「契約」は当事者に債権（債務）を発生させるので、要件である。

[22] **効果**　効果（法律効果）とは、法律要件から生じる権利義務関係のことである。たとえば、売買契約という要件がみたされると、そこから、「売主の権利移転義務」と「買主の代金支払義務」という効果が発生する。

使うために砂浜で貝殻を拾ったら、その貝殻は自分の物というわけである。

❷ 刑法の例　刑法199条は「人を殺した者は、死刑又は無期若しくは5年以上の懲役に処する。」と定めている。つまり、〈ある者が人を殺した〉という要件（刑法の罪については特に構成要件と呼ぶ）がみたされると、〈死刑又は無期懲役若しくは5年以上の懲役〉という効果（刑法の犯罪については特に刑と呼ぶ）が発生することになる。

★2025年6月1日からは「拘禁刑」となる。以下同じ。

すでに述べたように、法規範は「所定の要件が充足されるならば、所定の効果が発生する」という仮定言明の形をとるので、条文もそれと同じ構造で書き表されることが多い。この条文の基本構造を覚えておこう。

コラム⑫　要件と効果の関係

　要件は、実は、効果との関連で定められるのだと言うと、意外に思われるかもしれない。効果が先に構想されて、それから、その効果を導くのに適当な要件が設定されるのである。条文の構造からすると、何らかの要件が先にあって、それに効果が与えられているかのようにみえるが、逆である。このことは立法レベルであれ解釈レベルであれ変わらない。判例・裁判例をみれば、個別の事件において、妥当な結論を導くために、法解釈を通じて効果に見合った要件の加減がなされることにすぐ気がつくだろう（加減の方法は、後述 **3** で説明する）。

　ところで、要件と効果が別々の条文に書かれていることもある。たとえば、**戸籍法**121条の2（「の2」とは121条の**枝番号**であることを示す）は「電子情報処理組織の構築及び維持管理並びに運用に係る事務に従事する者又は従事していた者は、その業務に関して知り得た当該事務に関する秘密を漏らし、又は盗用してはならない。」と定めている。要するに、戸籍に関するコンピュータシステムの構築、維持管理、運用に従事する者・従事していた者に対して秘密の漏洩と盗用を禁止している。しかし、〈その従事者が業務上知ったその事務に関す

［23］**戸籍法**　昭和22年法律224号。戸籍は国民それぞれの身分関係を公証する公文書であり、戸籍法は戸籍制度に関する基本的事項を規定した法律である（▶第8章2（3）・第11章1（2））。

［24］**枝番号**　戸籍法121条の2の「の2」の部分を枝番号と呼ぶ。法改正の際、既存の条名（条文番号）を変更せずに、新規定を挿入するための立法技術である（▶第2章5（2））。なお、枝

る秘密を漏らした、または、盗用した〉という要件がみたされた場合の効果については何も定めていない。そこで戸籍法の条文を探してみると、その効果は、同法132条「第121条の2の規定に違反して秘密を漏らし、又は盗用した者は、2年以下の懲役又は100万円以下の罰金に処する。」に見つかる。かくして、ある条文に要件しか書かれていない場合には、効果が書かれている条文を探して、法規範の内容を明らかにすることが解釈の出発点になるのである（論理解釈。▶後述3（1）❷）。

番号に続けて項や号を引用する場合は、民法398条の3第1項というように、項名や号名の前に「第」を入れることよって、枝番号と項名や号名とを区別する。

コラム⑬　法的三段論法と要件・効果

　民法709条の不法行為を例に、法的三段論法の形式に沿って、法規範の要件・効果をみてみよう。

　法的三段論法を説明する際、大前提は「○○ならば××」という形式、つまり仮定言明であると本文で述べた。その「○○」の部分が条件（前件）、「××」の部分が結論（後件）を示している。後件は法規範の指示する効果であり、前件はその効果を導くための要件である。「○○」で示された前件をその構成要素ごとに分解したものが要件である。一つひとつの要件を事実と突き合わせて、要件に該当する事実がすべての要件について存在して初めて、あてはめが完成する。それにより効果が発生するというわけである。

　たとえば民法709条は「故意又は過失によって他人の権利又は法律上保護される利益を侵害した者は、これによって生じた損害を賠償する責任を負う。」と定める。その前件は「ある者が、ア故意又は過失によってイ他人の権利又は法律上保護される利益を侵害し、それにエよってその他人にウ損害を発生させた」であり、後件は「ある者は、その他人に対し、損害を賠償する義務を負う」である。

　この前件から抽出される不法行為の要件は、（現在の標準的な見解に従えば、）①故意または過失（ア）、②権利または法益の侵害（イ）、③損害（ウ）、④因果関係（エ）である（不法行為にはさらに民法712条・713条から責任能力という要件も要求されるが、ここでは省略する）。そのため、大前提を構成するのは、この4つの要件ということになり、それぞれ、該当する事実があるかどうかをチェックすることになる。

①大前提	①故意または過失＋②権利または法益の侵害＋③損害＋④因果関係
	＋
②小前提	①に該当する事実＋②に該当する事実＋③に該当する事実＋④に該当する事実
③結　論	加害者は、被害者に対し、損害賠償義務を負う

　しかし、上記の①～④の要件は抽象的であって、そのままでは事案にあてはめることができない。だからこそ、それぞれの要件の意味内容を解釈により具体的に明らかにしなければならない。

　条文から出発して、要件と効果を抽出し、結論を導く過程をきちんと示せるように法的三段論法を身につけることが法律学、特に実用法学（実務に直接役立つ法解釈学）の習熟には不可欠である。

■■■▶ 3　法の解釈

　法の解釈は、法を適用して法的紛争を解決するための手段である。

　制定法の条文の内容が具体的かつ一義的であれば、特に解釈をしなくても、そのまま適用することができる。しかし、条文の内容が抽象的かつ多義的であることは少なくない。むしろ、将来の新しい問題に対処するためにはある程度の抽象性が必要である。だから、条文は同じでも、その解釈は時代に応じて変わりうる。

　また、法によってすべての事項を定めることはできないので、どうしても法には空白部分（**法の欠缺**^{けんけつ[25]}）ができる。

　こうした場合こそが法の解釈の出番であり、その役目は、抽象的な法規範を具体化して、あるいは法の欠缺を補充して、法的紛争の事案に適用できるようにすることである。つまり、法の解釈は、法的三段論法との関係でいうと、大前提となる法規範を具体的に明らかにする作業にほかならない。

（1）法の解釈の手順

　以下では、制定法の解釈を念頭に置いて話を進める。法文が存在する場合の法の解釈は、まず**形式的解釈**^[26]を行い、その

[25] 法の欠缺　適用すべき法の規定が欠けていることを法の欠缺という。欠缺という言葉には馴染みがないかもしれないが、「欠」も「缺」も欠ける、不足するという意味であり、要するに、欠缺は同じ意味の漢字を２つ重ねただけである。法の欠缺をどのように補充するか（欠缺補充）は、私法の解釈論上の大きな関心事である。

[26] 形式的解釈　個々の言葉の辞書的な意味、文法に則って明らかになる文の意味、それぞれの文の意味から論理的に導かれる意味から、法規範の意味を明らかにしようとするのが形式的解釈である。

結果が妥当でないときは、次いで**実質的解釈**[27]を行うという手順を踏む（68頁の**図表4-3**を参照）。形式的解釈は、文理解釈と論理解釈（体系的解釈）からなり、実質的解釈は立法者意思による解釈と目的論的解釈からなる。

❶ 文理解釈　法解釈の出発点は文理解釈である。文理解釈とは、言葉の通常の意味を明らかにする解釈であって、本質的には国語辞書を調べてその意味を明らかにするのと変わらない。文理解釈を解釈の出発点に据える理由は、司法権に属する裁判官は立法者の意思を尊重しなければならないという、三権分立の思想にある。加えて、解釈の客観性を保つためには文理に忠実であることが望ましいということもある。

　しかし、文理解釈にも限界はある。まず文理解釈は抽象的な法規範に対しては役に立たない。文理に忠実に解釈しても具体的な法規範を引き出すことができないからである。次いで、法文に立法者の過誤があったり、立法時に想定しなかった事情が生じたりした場合の文理解釈は危険である。これに固執することは、過誤や想定外の結果を助長しかねない。そうした場合にはむしろ、文理から自由な解釈によって過誤や想定外の結果を是正することが必要である。こうした文理解釈の限界に突き当たったとき、別の法解釈方法を選択しなければならない。

❷ 論理解釈（体系的解釈）　民法や商法、刑法のように、その全体が体系的に構成されている法律を解釈する場合、あたかも法律が1つの論理体系をなすものであるかのように、その条文は他の条文と調和するように解釈されなければならない。法規範の意味を明らかにするという視点からは、要するに、他の条文や法命題との関連で問題の条文の意味を絞るという解釈である。これを論理解釈ないし体系的解釈という（もっとも、論理解釈の意味については理解が分かれており、後述❹の目的論的解釈を論理解釈と呼ぶ者もいる）。

　また、日本法は憲法を頂点としたピラミッド型の法秩序を構成している。それゆえに、法解釈は憲法の規定と適合するものでなければならない（▶第2章4(1)）。たとえば、**刑罰規定**[28]の定める犯罪や刑罰が不明確である場合は、憲法31条に

[27] **実質的解釈**　立法者の理解や法律の目的、制度趣旨に適合するように法規範の意味を明らかにしようとするのが実質的解釈であり、ときには言葉の可能な意味からかけ離れた意味を導くこともある。

[28] **刑罰規定**　犯罪とそれに対して科される刑罰を定める規定。刑罰法規とも呼ぶ。刑罰規定は、必ずしも刑法の規定に限定されるわけではなく、私法の規定にも存在する（たとえば、会社法960〜975条など）。

よりその刑罰規定が違憲・無効とされる（**罪刑の明確性原則**）[29]。その意味における論理解釈の例としては、**宴のあと事件**[30]や**日産自動車男女別定年制事件**[31]を挙げることができよう。

❸ 立法者意思による解釈　立法者の意思を基準として法律を解釈することを立法者意思による解釈という。つまり、立法趣旨に合致した解釈である。立法者の意思は、目的規定や立法に関与した学者や実務家による解説、さらには国会の委員会の議事録から探っていくことになる。

三権分立の思想からいっても、立法者が法律を制定した目的を実現できるように解釈することは当然であろう。しかし、立法者意思が明らかにならない場合にどうするのか、古い法律を解釈する場合に社会の変化を無視してはるか昔の立法者意思に従わなければならないのかという問題に突き当たることもある。その場合には、次の目的論的解釈によるべきである。

❹ 目的論的解釈　文理解釈と論理解釈から法規範の意味が明らかにならない場合や導かれる法規範の意味内容が妥当でない場合は、法律が実現しようとした目的を基準として解釈をすることになる。これを目的論的解釈という。法の制度趣旨に合致した解釈である。もっとも、法の制度趣旨は、結局、解釈をする者にとっての「あるべき制度趣旨」になるので、目的論的解釈をする場合には解釈が分かれやすい。

目的論的解釈は、立法者意思による解釈ではうまくいかない場合に行われるものであって、主として、社会事情の変化により法文どおりに適用したのでは妥当でない結果になる場合、法の欠缺の場合、立法に過誤がある場合に活躍する。

❺ まとめ　条文の文言に対し、文理解釈、論理解釈、立法者意思による解釈・目的論的解釈のいずれを施すかによって、そこから引き出される具体的な法規範の意味内容は変化し、場合によっては、その文言が本来もつ意味とかけ離れた意味を導くことさえできる。もっとも、解釈を通じて法文から融通無碍（むげ）に法規範を引き出すことが許されるわけではない。法の解釈は、法文の拘束力と実質的要素に基づく価値判断とのバランスがとれたものでなければならない。

[29] **罪刑の明確性原則**　通常人の理解力をもってしても、どのような行為が禁止されているかが刑罰規定から明らかにならない場合、その刑罰規定は憲法31条により違憲・無効とされる。また、刑罰規定の定める刑罰が不明確な場合、同様に憲法31条により違憲・無効とされる。このような考え方を罪刑の明確性原則または明確性の原則と呼ぶ（▶第13章2（5））。

[30] **宴のあと事件**　東京地判昭和39年9月28日下民集15巻9号2317頁。モデル小説によって私生活を公表されたことがプライバシーの侵害にあたるかどうかが問題となった事件である（▶第9章［24］）。東京地裁は、民法や刑法にもプライバシーの保護に関係する規定（民法235条1項、刑法133条、軽犯罪法1条1項23号）がみられること、私事をみだりに公開されないという保障は、今日の社会では個人の尊厳と幸福追求を保障するのに必要不可欠であることをあわせ考えて、人格権に包摂される権利としてプライバシー権を認め、その侵害は民法709条の権利侵害に該当すると判断した。ここでは、憲法13条と適合し、さらに民法や刑法、軽犯罪法の規定と整合するように民法709条が解釈されたということができる。

[31] **日産自動車男女別定年制事件**　最判昭和56年3月24日民集35巻2号300頁。定年年齢を男性従業員60歳、女性従業員55歳と定めた就業規則の規定が公序良俗に反して無効かどうかが争われた事件である。最高裁は、Y社の就業規則中女子の定年年齢を男子より低く定めた部分は、専ら女子であることのみを理由として差別したことに帰着するものであり、性別のみによる不合理な差別を定めたものとして民法90条の規定により無効であると判決した。ここでは、憲法14条と適合するように民法90条の解釈がなされたということができる。

最後に一般論として述べておきたいのが、法分野に応じて法解釈の方針に違いがあるということである。大まかにいえば、民法の**任意規定**においては比較的自由度が高く柔軟な解釈がなされるが、逆に罪刑法定主義をとる刑法や手形、遺言等においては厳格な文理解釈が要請され、憲法においては政治や歴史などの文脈をも汲み取った解釈が求められる。

[32] **任意規定** 任意規定（任意法規）とは、当事者間の特約の方が優先される規定のことである。任意規定と異なる合意や特約がされた場合には、任意規定は適用されない。任意規定は契約法に多くみられる。とりわけ条文中に「別段の意思表示がないときは」という文言がある場合は、任意規定である（▶第2章3

コラム⑭　法規的解釈と学理的解釈

　近年の立法例では、定義規定や括弧書きを活用して、用語の意味を明確化することによって、用語の多義性に由来する法解釈上の混乱をあらかじめ排除しておくことが多い。また、法令中に解釈の指針を規定する解釈規定を置いたり、既存法令との解釈上の疑義を解消するための確認規定を置いたりすることもある。

図表4-2：法規的解釈の技法

定義規定	用語を定義する規定 2条に置かれることが多い	民法85条 借地借家法2条など
括弧書き	直前の用語の定義を置いたり、用語の解釈を示したりする	民法622条の2第1項柱書括弧書きなど
確認規定	既存法令との解釈上の疑義を解消するための規定	商法515条 国家賠償法4条・5条など
目的規定	法律の制定目的を簡潔に示す規定 立法者意思による解釈や目的論的解釈の際に参照され、他の規定の解釈指針になる 1条に置かれることが多い	消費者契約法1条など
趣旨規定	法律の内容を要約した規定 1条に置かれることが多い	会社法1条など
解釈規定	解釈の指針を示す規定	民法2条など

　このように立法段階で法令の解釈を明確にしようとする手法を法規的解釈と呼ぶことがある。いわば立法による解釈である。定義規定は法令の始めの部分（2条のあたり）に置かれていることが多いので、法令を読むときには必ず確認すべきである。

　法規的解釈と対比されるのが学理的解釈である。学理的解釈は、立法そのものによる解釈ではなく、法学の専門家が学術的な観点から法令を解釈するものであり、本文で取り扱う形式的解釈と実質的解釈をあわせたものである。

図表4-3：法適用のフローチャート

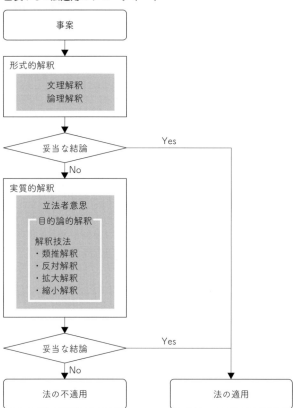

（5））。これに対し、当事者の特約よりも優先される規定のことを強行規定（強行法規）という。強行規定に反する合意や特約は無効である。強行規定は物権法に多くみられる。また、公序良俗違反の無効を定める民法90条は契約法の規定だが、強行規定の代表である。

（2）法解釈の技法

図表4-4に法解釈の概略を整理しておく。

以下、目的論的解釈の具体的な技法を簡単に紹介する。主要な解釈技法は、拡大解釈、縮小解釈、反対解釈、類推解釈の4つであって、他のものはそれらからの派生として説明できる。

❶**拡大解釈・縮小解釈**　文理解釈によっては不合理な結果が導かれる場合には、条文の文言の意味を本来のそれよりも広げたり、狭めたりして妥当な結果を引き出す解釈手法を用いることになる。文言の意味を広げるのが拡大解釈（拡張解

図表4-4：法解釈の技法

文理解釈	条文の字句に忠実な解釈のこと
論理解釈（体系的解釈）	必ずしも条文の字句に拘泥せず、法の全体的な論理体系に従って行う解釈のこと
目的論的解釈	法の趣旨や目的に沿った解釈のこと
類推解釈	ある事項についての条文がなくてもそれに近い条文を適用する解釈のこと
反対解釈	ある事項についての条文がない以上、それに近い条文であってもこれを適用しないという解釈のこと
拡大解釈（拡張解釈）	条文の文言を広げて解釈すること
縮小解釈	条文の文言を狭めて解釈すること
制限解釈	ある法規範の適用範囲を制限的に解釈すること（縮小解釈の一種）
勿論解釈	ある法規範を類似の問題に当然適用してよいとする解釈のこと

（出典）川井健『民法概説1（民法総則）〔第4版〕』（有斐閣・2008年）13-14頁をもとに作成

釈）であり、狭めるのが縮小解釈である。

　拡大解釈は、立法時に想定されていなかった新たな保護されるべき利益が発生するような場合に活躍する。たとえば、**民法85条**の「有体物」は、本来、体積のある物質、つまり気体、液体、固体のいずれかの状態にある物質を意味するが、これを排他的支配可能性のあるものという意味に拡大して、体積のない電気をも有体物に含ませるのがその例である。電気も有体物にあたり「物」であると解釈することによって、財産権の対象として扱うことができるというわけである。

　拡大解釈を用いた判例として、過失往来危険罪（刑法129条1項）に挙げられた「汽車」（蒸気を動力とする）にガソリンカーも含まれるとした**ガソリンカー事件**がある。

　縮小解釈は、立法者が大まかな規定をした場合や立法者の意図がその後の社会に適合しなくなった場合などに、利用されることが多い。

　縮小解釈がなされる典型例は民法177条の「第三者」である。同条は「不動産に関する物権の得喪及び変更は、……その登記をしなければ、第三者に**対抗することができない。**」と定める。だから、たとえば、Aが、Bから甲土地の所有権を取得した場合に、Aが、当事者であるB以外の者に対して甲土地の所有権を主張するためには、登記を備えなければならない。「第三者」とは、一般に、当事者以外の者を指す。そうすると、甲土地の不法占拠者Cや甲土地に廃棄物を投棄した

[33] **民法85条**　「この法律において『物』とは、有体物をいう。」

[34] **ガソリンカー事件**　大判昭和15年8月22日刑集19巻540頁。汽車代用のガソリンカーの運転手が、過失によって同車を転覆させた結果、乗客に死傷者を出した事件。過失往来危険罪（刑法129条1項）は過失によって「汽車、電車の転覆もしくは破壊」をなした者に罰金刑を科し得る。汽車は蒸気を動力とする機関車であって軌道上を走行するものだから、ガソリンカーはこれに該当せず、また、刑法129条1項の列挙は制限列挙であるから、汽車と電車以外のものを追加する解釈はできない。したがって、文理解釈によれば過失によるガソリンカーの転覆は過失往来危険罪を構成しないということになる。しかし、判例は、鉄道線路上を運転し、多数の貨客を迅速安全に運輸する陸上交通機関であるという理由から、刑法129条1項の「汽車」のなかに汽車代用のガソリンカーが含まれるという解釈を示した。これは目的論的解釈であり、拡大解釈の技法を用いたものということができる。

[35] **対抗することができない**　一般に、ある法律事実や法律効果が発生していても、その事実や効果を他人に対して積極的に主張することができないことをいう。民法177条に関していえば、不動産の物権変動が有効に発生

不法行為者 D なども、その意味においては「第三者」に該当
するので、文理解釈によるならば、A は彼らに対しても登記
を備えないと甲土地の所有権を主張できず、C に甲土地の明
渡しを求めたり D に損害賠償を求めたりすることができない
という結論になる。しかし、この結論は不合理であって妥当
ではない。そこで、民法177条の趣旨等を考慮して、同条の
「第三者」とは「登記の欠缺を主張する正当な利益を有する第
三者」を意味するといった具合に縮小解釈して、C や D を同
条の「第三者」にあたらなくするのである。そうすることで、
A は、登記を備えていなくても、C や D に対して甲土地の所
有権を主張することができるようになり、妥当な結論が得ら
れる。

❷ 反対解釈・類推解釈　ある事項について、類似の事項を
対象とする明文規定 P はあるが、それを直接の対象とする明
文規定がない場合を想定してほしい。このとき、P の趣旨は
規定外の事項には及ばないとするのが反対解釈であり、逆に、
P を一般化して新たな規範を作り、それを、P を適用すべき
事項と重要な点で類似する規定外の事項に及ぼすのが類推解
釈である。

　たとえば、仮に「木製サンダル禁止」という規範があった
としよう。この場合、ゴムサンダルも禁止だろうか。「木製サ
ンダル禁止」という規範そのものは、反対解釈も類推解釈も
可能であって、反対解釈ならば、ゴムサンダルは、木製でな
い以上、禁止されていないということになり、類推解釈なら
ば、サンダルである以上、禁止されているということになる。
このとき、いずれの解釈をとるべきかは、その規範の目的（制
度趣旨）によって決まる（目的論的解釈）。劇場の入口の貼り紙
であれば、履物による音を防ぐためであろうから、音が抑え
られるゴムサンダルであれば禁止されないはずなので、反対
解釈をとるべきであり、自動車教習所の貼り紙であれば、ペ
ダル操作に支障のある履物を禁止して安全をはかるためであ
ろうから、かかとが固定されておらず脱げやすいゴムサンダ
ルもまた禁止されるはずなので、類推解釈をとるべきである。
　反対解釈についていえば、最初にみたように、民法４条「年

していても、第三者に対しては、
登記を取得しない限り、その事
実や効果を主張できないというこ
とである。たとえば、A が B か
ら甲土地の所有権の譲渡を受け
ても、A が登記を備えていない
と、A は、B 以外の者に対しては
甲土地の所有者として振る舞う
ことができない（振る舞ったとし
ても、所有権を否定される）。

齢18歳をもって、成年とする。」から〈18歳に満たないならば成年ではない〉という法規範を引き出すのがその例である。また、詐欺・強迫に関する民法96条3項は「前二項の規定による詐欺による意思表示の取消しは、善意でかつ過失がない第三者に対抗することができない。」としているが、そこから〈第1項の規定による強迫による意思表示の取消しは、善意でかつ過失がない第三者に対抗することができる〉という法規範を引き出すのも、反対解釈である。

　反対解釈は、文理から当然に導き出されるが、常に許されるというわけではなく、むしろ私法の分野においては、安易に反対解釈することには慎重でなければならない。反対解釈がうまく機能するのは、一般に、**限定列挙（制限列挙）**[36]をする規定に対して行われる場合である。

　類推解釈は、私法の分野では法の欠缺を埋めるために活用されている。特に立法後に新たに生じた利益を保護するという役割を果たすことが多い。この点では拡大解釈と共通するが、拡大解釈と違って、類推解釈には文理上可能でなければならないという制限がない。それゆえに、類推解釈を考えるときは、それが濫用にならないかどうかを意識する必要がある。

　類推解釈の代表例は、民法94条2項の類推適用である。**民法94条**[37]2項は、当事者が通謀してした虚偽の意思表示の無効を善意の第三者に対抗できないとしている。不動産所有者AとBが仮装売買をして、実際には所有権を移転していないにもかかわらず、登記名義をBにした場合に、その不実の登記を信頼した第三者Cが、無権利者と知らないでBから不動産を買い受けたというケースがその典型である。本来であれば、所有権をもたないBからCが所有権を取得することはありえないが、例外的に、94条2項は、AはBとした仮装売買の無効を善意のCに対抗できないとすることで、Cの所有権の取得を認めている。ここでのポイントは、AとBが通謀したという要件である。それでは、Aと同棲しているBが、Aに無断で実印や必要書類を持ち出してA所有不動産の登記名義をB名義にし、善意の第三者Cにこれを売却した場合はどうだ

[36] **限定列挙（制限列挙）**　事由が列挙されている場合において、挙げられた事由に限定して、それ以外を認めない場合を限定列挙または制限列挙という。反対に、列挙された事由は一例にすぎず、それ以外の事由も認める場合を例示列挙という。

[37] **民法94条**　「第1項　相手方と通じてした虚偽の意思表示は、無効とする。／第2項　前項の規定による意思表示の無効は、善意の第三者に対抗することができない。」

ろうか。この場合には、A・B間に通謀がないので、民法94条2項そのものは適用できない。しかし、虚偽の外観が作出されており、Cはそれについて善意であって、事案は類似している。そこで、判例は、Aが虚偽の外観が作出されていることを知っており、かつ、それを黙認していた場合には、94条2項を類推適用することができるとしている（**最高裁昭和45年9月22日判決**）。真の権利者が虚偽の外観の存在を知ったうえで承認するのは、通謀して虚偽の外観を作出するのに匹敵する落ち度だからである。

なお、刑法は類推解釈を原則として禁止している（▶第13章2（3））。というのも、類推解釈は、ある条文を解釈してそれに含まれる行為があったかどうかを判断するのではなく、国家や社会の立場から非難すべき事実を取り出し、類似した条文をあとから探し出すという思考方法をとるからである。この思考方法は罪刑法定主義と相容れない。もっとも刑法でも、例外的に被告人に有利な類推解釈は許される。

[38] **最高裁昭和45年9月22日判決**　民集24巻10号1424頁。Xは、愛人Aが自己の不動産について不実の所有権転転登記をしたことをその直後に知ったがそのまま放置していたところ、その数年後に、Aが勝手にその不動産をYに売却して所有権移転登記を備えさせたケース。最高裁は、他人が勝手に所有者の知らない間に不実の所有権移転登記をした場合でも、「所有者が右不実の登記のされていることを知りながら、これを存続せしめることを明示または黙示に承認していたとき」は、民法「94条2項を類推適用」して、所有者は善意の第三者に対抗できないと解するのが相当と判断した。

コラム⑮　法の適用と、信義誠実の原則および権利濫用禁止の法理

　条文をそのまま適用すると妥当でない私法上の結果が生じる場合には、信義誠実の原則（民法1条2項）や権利濫用禁止の法理（同条3項）を適用して妥当な結果を導くことが検討されることがある。しかし、安易にこれらの一般条項を適用することは、解釈者の恣意を許すことになりかねない。そのため、一般条項を直接適用するのではなく、問題となっている分野の法理に内在する考え方を解釈によって具体化して対処することが望ましい。

　その好例が、賃貸借契約の解除における信頼関係破壊の法理である。賃貸借関係における信義誠実の原則の適用場面に、賃貸人と賃借人の信頼関係が破壊された局面がある。民法612条はその象徴として賃借権の無断譲渡を挙げている。そうすると、賃借権が無断譲渡された場合であっても、当事者間の信頼関係が破壊されたといえない特別の事情があるときは、同条の解除権は発生しないと解釈すべきだといえる。これは、信義誠実の原則を直接適用するのではなく、賃貸借という分野の法理に内在する信義誠実の原則を解釈によって具体化して対処するものである。

　以上から、法解釈というものが、法適用により妥当な結論を導くために法規範を操作するものであることがわかったと思う。もっとも、妥当な結論を導くために行われる操作は、法解釈に限られない。

　法適用は法的三段論法の形式で行われる。法的三段論法は、大前提の前件に該当する事案があれば、大前提の後件が生じるという結論（＝法的決定）を導くものである。

　さて、法解釈はこのうちの大前提を操作するものであるが、結論を導くためには、事案へのあてはめを操作するという道もあることに気づくだろう。たとえば、平成29年法律44号による改正前の民法145条は、「時効は、当事者が援用しなければ、裁判所がこれによって裁判をすることができない。」と定めていたが、この「当事者」の意味をめぐる判例の変化が示唆的である。判例は現在に至るまで一貫してこの「当事者」要件を「時効の援用によって直接利益を受ける者」と解してきた。そのリーディングケースである大審院明治43年1月25日判決（民録16輯22頁）は、この解釈を示したあと、続けて、消滅時効が完成した被担保債権のために抵当権を設定した第三者（物上保証人）は間接的に利益を受けるにすぎないから、時効の援用権者ではないと判断した。しかし、その後、最高裁昭和42年10月27日判決（民集21巻8号2110頁）は、同条の「当事者」につき同じ解釈を述べながら、物上保証人は被担保債権の消滅によって直接利益を受ける者であるとして、物上保証人に時効の援用権を認めた。解釈によって引き出した法規範は変えず、事案へのあてはめを変えることによって実質的に結論を変えたわけである。

　なお、上記の法改正により民法145条の現行規定は「当事者（消滅時効にあっては、保証人、物上保証人、第三取得者その他権利の消滅について正当な利益を有する者を含む。）」という括弧書きを追加することによって、判例による時効援用権者の実質的な拡大を取り込んでいる。

（3）反制定法解釈

　法を適用する者は、民主主義社会における三権分立の精神に基づいて、制定法を尊重しなければならない。しかし、制定法の規律が著しく妥当性を欠く結果をもたらすようになったにもかかわらず、それを是正する立法措置がとられていな

いというごく稀な局面においては、立法者の意思が明確であったとしても、それに反した解釈が許される余地がある。こうした解釈を反制定法解釈と呼ぶ。反制定法解釈の例としては、**利息制限法1条2項の反制定法解釈**[39]が有名であるが、いずれも法改正により手当されており、現在では問題は解消されている。

なお、法律以下の制定法の規律が極めて不合理と考えられる場合は、それが憲法違反で無効ではないかという問題が生じる。この点、憲法の人権規定は明確な要件・効果を定める規定ではないので、その具体的内容は、裁判所による判決が示す憲法解釈の積み重ねによって明らかにされるところが大きいことを注記しておく。

[39] 利息制限法1条2項の反制定法解釈　利息制限法については**第10章**[46]参照。その1条2項（平成18年法律115号により削除）は、債務者が任意に制限超過利率による利息を支払った場合は、その返還を請求することができないと定めていた。その立法者意思は、規制を超えるような無効な利息の約定をした当事者双方を支援しないというものである。しかし、最大判昭和43年11月13日民集22巻12号2526頁は、同項が元本債権の存在を前提とするものであるとし、任意に支払われた制限超過利率による利息は元本に充当され、元本完済以降に支払われた金額は、債務が存在しない以上、同項の適用はなく、借主は返還請求をすることができるとした。この判例の解釈は、借主を支援するものであるから、上記の立法者意思に実質的に反する解釈である。なお、この判決には裁判官3名の反対意見があり、反制定法解釈が解釈の限界に触れるものであることをうかがわせる。

第 5 章

法の担い手

ーーーー **はじめに**

1876年太政官布告38号は、大礼服着用の時および軍人・警察官の制服着用の時以外の帯刀を禁じる法令で、「帯刀禁止令」または「廃刀令」とも称される。わが国においては、豊臣秀吉の「刀狩り」以来、帯刀は武士の特権とされ、幕府権力によって身分を守られた武士階級の象徴でもあった。明治政府は、1871年太政官布告399号により、「散髪、制服、略服、礼服ノ外、脱刀モ自今勝手タルベシ」として、士族でも帯刀しなくてよいとの「散髪脱刀令」を出していたが、これに反発する者も多く、改めて強制的に帯刀を禁止するようになったというわけである。

今日では貴族制度が廃止され（憲法14条2項）、士族階級は存在しないが、これに代わる現代の「サムライ」が存在する。それが、弁護士、司法書士、税理士といった**士業**[1]であり、「サムライ業」とも呼ばれる。彼らは刀の代わりにペンを振るい、依頼人のために法的知識に基づいて訴訟の代理や法的文書の作成をするなどの業務を行っている。そして、たとえば、弁護士以外の者が弁護士業務をすることは、弁護士法という法律で禁止されており、違反者には刑罰が科せられる。つまり、士業は、法的知識の「帯刀」を特権的に許された現代の武士階級なのである。

そして、こうしたサムライとは別に、法という武器の「帯刀」を許された者が「官吏」すなわち公務員である。大日本帝国憲法下では天皇の官吏として、また、日本国憲法下では全体の奉仕者として、公務員は立法、行政または司法の各領域において法に関与する職務に就いている。

[1] **士業**　法律分野の資格としては、弁護士、司法書士、土地家屋調査士、税理士、弁理士、社会保険労務士、海事代理士、行政書士を指す。士を「サムライ」と読むことから、「サムライ業」などという場合がある。

本章では、そうした法の担い手である「士」と「官」に焦点をあて、法曹三者（裁判官、検察官、弁護士）を中心とした司法に関わるアクターの役割や一般的な公務員制度、国・地方の行政機構、そして行政法の基本原理・概要などに触れていきたい。

1 法曹三者

（1）法律家と司法制度

一般に「法の支配とは、かなりの程度法律家の支配である」、「裁判の質は、それを動かす法律家以上に良いものではありえない」などといわれるように、現実の法システムの実施レベルを左右するのは、法曹の素質や能力次第といってもよい。もっとも、法律家の社会的評価や役割については、各国の歴史や社会事情が影響しており、一概にいえるものではない。とはいえ、法律家には司法制度の担い手として、独特の役割が期待されていることは確かであろう。

（2）法律家の専門性（プロフェッション）

一般に欧米においては、法律家が、医師や聖職者と並ぶ特別な職業集団として社会的に承認され、高い地位と評価を得ている。これらの職業は**古典的三大プロフェッション**[2]とも呼ばれ、単なる専門的技術を有する者の集団という点にとどまらず、その活動が一般の人々の利益に資するものであって公共性が高く、独自の組織を形成して自律的な活動が保障されているといった特徴がある。専門家を意味する "professional" の語には、神への信仰告白（profess）の意味が含まれている点からも、人間や自然を超えた存在を確信し、それに従って行動するといった要素が含まれており、この点において、同じく専門家を意味する "specialist" や "expert" とは区別されることがある。

また、法律家は、社会の教育水準や識字率の低い時代にあっても、一定の高度な教育・訓練を受け、広い知識と理解力、

[2] **古典的三大プロフェッション** 医師、法律家、聖職者を指すが、これらを養成するのが大学であった。これに対応して、中世ヨーロッパの大学では、医学部、法学部、神学部が置かれることになった。これらは、いずれも紛争の予防と解決を目的とする学問を扱う学部であったといえる。すなわち、人間の身体の紛争を扱うのが医学、社会における紛争が法学、人間の内心の紛争を扱うのが神学であり、「神」のように人知を超えた存在が定める法則を見出し、様々な局面で生じる紛争の予防と解決にあたる専門家を養成していたのである。今日の法学も、そうした中世からの伝統的手法を継承しているので、独特の条文解釈方法に基づく教義学的な色彩が残っている。

問題発見・解決能力を身につけていることから、ジェネラリストとして裁判以外の様々な領域でエリートとして活動する重要な役割を果たしてきた。特にアメリカにおいては、政治家や公務員の職に多くの弁護士資格を有する者が就き、著名大学の法科大学院を修了して弁護士資格を得ることが、社会的に重要な地位を得るためのステップになっている。アメリカの大統領には弁護士出身者が多く、**タフト**[3]のように退任後、最高裁長官に就任した例もある。また、**オバマ**[4]は、法科大学院在学中から大統領か最高裁判事に就任することを考えていたといわれる。

（3）日本における弁護士の位置づけ

わが国では、明治以前に法律家がプロフェッションとして存在した伝統はなく、明治政府も国益や公益を重視して近代的司法制度を導入していったこともあり、当初から裁判官や検察官の養成に関心が向けられるという官民格差が存在していた。明治初期に弁護士の前身となる資格として「代言人」が存在していたが、そうした資格もなしに訴訟の代理人を行うものは「三百代言」と呼ばれていた。この場合の「三百」は低級という意味であるが、その後も「三百代言」は、弁護士の蔑称として用いられることがあった。ちなみに、戦前は弁護士も法廷で**法服**[5]を着用していたが、裁判官や検察官とは異なり、弁護士の法服には皇室の副紋である**桐花紋**[6]の刺繍が付されていなかった。

戦後になると、日本国憲法のもとで司法権の独立が強化されるとともに、個人の権利擁護のために弁護士の役割がより重視されるようになる。そこで、最高裁が主体となって司法試験合格者を対象とした一元的な研修制度（**司法修習**[7]）が実施されることとなり、法律家養成における格差是正がはかられることとなった。ただ、弁護士会は、裁判官を弁護士から任用する「法曹一元制度」を求めているが実現していない。むしろ、戦後長らく、裁判官と検察官との間で人事交流（**判検交流**[8]）が行われていたように、法曹三者といっても、官と民との間での「距離感」は引き続き残存していた。

（4）準法曹の存在

　わが国の法曹人口（**図表5-1**参照）は約5万人程度であり、これは他の主要国と比較しても少ないとされている。

図表5-1：法曹人口（1991年と2020年の比較）

職種		裁判官	検察官	弁護士
人数 （人）	1991年	2,022	1,172	14,080
	2020年	2,798	1,977	42,164

（出典）日本弁護士連合会『弁護士白書（2020年版）』をもとに作成

　もっとも、弁護士資格とは別に、特定の分野に限定した法律家の資格が様々存在しており（**図表5-2**参照）、それらは「準法曹」などと呼ばれている。たとえば、弁理士は特許などの知的財産権について特許庁への出願手続や紛争処理を扱う資格であり、税理士は税務書類の作成などを行う資格である。弁護士は法律業務に限定のない資格であるので、弁理士や税理士の業務を扱うことができるが、高度に専門的な知識や最新の情報が必要とされる領域では、準法曹の方が実務的に優れていることもある。

図表5-2：準法曹人口

職　種	弁理士	税理士	司法書士	行政書士	公認会計士	社会保険 労務士	土地家屋 調査士
人数 （人）	11,460	78,795	22,724	48,639	31,793	42,887	16,240

（出典）日本弁護士連合会『弁護士白書（2020年版）』をもとに作成

　弁護士は資格を有する者であっても、各地の**弁護士会**[9]に所属しないと弁護士としての活動ができないこととされている（強制加入制）。準法曹も資格に応じた団体があり、強制加入制がとられている。弁護士会の場合は、監督する行政機関がなく、弁護士会内部の自律的運営が保障されているのに対して、準法曹の団体の場合は、行政機関による監督のもとにあり、各団体も弁護士会ほどの独立性が認められていない。また、税理士の場合、税務署の職員となる公務員である国税専門官

が裁判所に出向し、刑事裁判の裁判官になる人事交流制度。戦後、人材不足を補う目的で始められたが、裁判官や検察官の視野を広める研修的要素もある。しかし、裁判官の公正中立性が損なわれるといった批判が多く、刑事裁判における交流は2012年に廃止された。ただ、法務省の民事局長などの幹部や訟務検事に裁判官が就任する慣行は継続している。

[9] **弁護士会**　弁護士会は、弁護士法に基づき設立される法人で、原則として地方裁判所の管轄単位ごとに置かれ、現在52の単位弁護士会がある。弁護士として活動するためには、いずれかの弁護士会に入会しなければならない。戦前は、司法省が弁護士への監督権を有していたが、日本国憲法下では、弁護士が公権力から独立した存在として自治的な職業集団を形成し、弁護士の指導・連絡・監督などの業務を自ら統括することとなった（弁護士自治）。第14章[23]も参照。

を23年務めると税理士試験の全科目が免除されるなど、実務経験が準法曹資格取得に結びつくといった制度も存在する。こうした制度が、士業団体と行政機関とのなれ合いを生むとの懸念もある。

　諸外国では、準法曹の業務は弁護士が一元的に担うのが一般的であり、わが国の法律家の活動を考える際には、弁護士だけでなく準法曹も視野に入れることが必要である。

コラム⑰　司法制度改革と法科大学院

　現在、法曹としての資格を得るためには、法科大学院を修了するか、司法試験予備試験に合格をしたうえで、司法試験に合格し、1年間の司法修習を受ける必要がある。

　当初、司法修習の期間は2年間で、その間、司法修習生として国家公務員待遇での給与も支給されていた。しかし、1990年代の行政改革の流れのなかで、中央省庁が規制権限を行使して後見的に紛争が生じないようにする体制から脱却し、規制緩和による民間活力の導入が必要であるとの意見が経済界を中心に主張されるようになった。そこで、事後的に紛争を解決する司法の体制が必要になるが、日本は国民1人当たりの弁護士数が諸外国に比べて少ないということで、司法試験合格者の増員と法曹人口の増加が必要ということになった。だが、単純に司法修習生を増やすことは国庫への負担になるという考えもあり、司法修習を短縮する代わりに大学院で法曹になるために必要な知識や素養を個人負担で身につけさせるべく導入されたのが法科大学院制度である。ただし、経済的に法科大学院に進学が困難な者のために、法科大学院を修了せずに司法試験の受験資格が得られる予備試験制度が置かれることになった。また、通常2年の課程に加え、基本的な法学科目を学ぶ1年の未修課程が設けられ、法学部卒業生以外の者も法曹資格を取得しやすくなった。

　ただ、法科大学院に進学しても弁護士になれるという保証があるわけではない。制度発足当初に目標とされていた年間合格者3000人に到達したことはこれまでになく（2021年度合格者は1421人）、合格率が数％だった旧来の司法試験より合格しやすくなったとはいえ、合格率も思ったほど上がらなかった（2021年度実績で約41.5％）。さらに、学費も自己負担で、大学での同期卒業者に比べて就職も遅くなるリスクがある。そこで、経済事情と関係なしに学部

時代に予備試験を経由して最終合格をするという「最短ルート」で司法試験合格を目指す者が多くなるといった、当初の制度理念に反する状況が生じることとなった。予備試験を経由した受験者は、法科大学院修了者よりも圧倒的に合格率が高く（2021年度実績で93.5％）、大手法律事務所には、予備試験合格者を「エリート」とみなし、法科大学院修了者と別に採用窓口を設けるなど、露骨に差別的扱いをする所もある。

　また、司法制度改革により、**図表5-1**で示したように法曹人口は増加した。これにより、都市部に集中しがちだった弁護士が、地方で開業する数も増えるようになったのは確かである。ただ、一連の制度改革論議では、すでに準法曹が身近な法律問題の需要に応えている状況を十分に考慮しておらず、また、「訴訟社会」の進展や規制緩和も当初より進まないなど、弁護士の需要が一気に増えることはなかった。そのため、十分な収入を得られない弁護士が生じてくるという問題も起きている。

　もともと多くの弁護士は、まず既存の弁護士事務所に就職し、先輩弁護士の指導のもとで経験や実績、人脈を積み重ねていき、固定客が得られるようになってから独立した個人事務所を開設したり、大手事務所の経営者となったりすることで安定した高収入を得られていたのである。この人材育成サイクルのバランスが崩れることで、特に都市部において、既存の事務所に就職できず、新人で個人事務所を立ち上げる例が増加しているが、弁護士の看板だけで顧客がつくほど甘い商売ではない。そのため、生活費も十分に稼げない「ワーキングプア弁護士」が生まれている。他方、大手法律事務所に就職すれば、初年次から1200万円以上の年収が得られるとされる。「弁護士資格では食えなくなった」わけではなく、格差が著しく拡大したのである。

　こうした背景もあって、法科大学院志願者や進学者が減少するとともに、司法試験受験者も大幅に減少しており、合格者の質が下がらないかといった懸念もある。

2　公務員制度

　国または地方公共団体との身分上の法的関係を有し、その公務に従事する者を**公務員**[10]という。戦前の公務員は、「天皇の官吏」とされていたが、現行憲法下では「全体の奉仕者」（憲法15条2項）とされ、主権者である国民全体の公益に奉仕する役割を与えられている。戦前の「官吏」や「吏員」には公選の議員は含まれないが、「国務大臣、国会議員、裁判官その

[10] **公務員**　明治憲法下では、公務員の語よりも、国の職員を指す「官吏」や地方公共団体の職員を指す「吏員」の語が用いられた。日本国憲法でも「官吏」（73条4号）や「吏員」（93条2項）の語が用いられている。なお、戦前の公務員制度には、私法上の契約に基づき使用される「雇員」、「傭人」の区分があったが、現行制度ではそうした「公務員」内部での区分は存在しない。

他の公務員」（憲法99条）と規定されるように、公務員には、立法、行政および司法の各機関において公務に従事する者が含まれる。

図表5-3：公務員の区分

公務員	国家公務員	一般職	特別職以外の国家公務員
		特別職	国務大臣、大使・公使、裁判官、裁判所職員、国会議員、国会職員、防衛省職員など国家公務員法2条3項に規定されるもの
	地方公務員	一般職	特別職以外の地方公務員
		特別職	知事、市町村長、議会の議員その他就任について公選または地方公共団体の議会の選挙、議決もしくは同意によることを必要とする職など地方公務員法3条3項に規定されるもの

現行法上、公務員は国家公務員と地方公務員とに区分され、国家公務員または地方公務員のうち国家公務員法または地方公務員法の適用を受けるものを一般職、それ以外の公務員を特別職として区分している（**図表5-3・図表5-4**参照）。特別職の特徴としては、①「政治」を担う職であるもの、②自由な任免を適当とするもの、③一般の任用資格を離れて広く適材を求めることを適当とするもの、④三権分立の建前から一般行政機構とは別の法制で規律することが適当であるもの、⑤職務の性質上、一般的な公務員とは異なる人事管理を適当とするもの、などが挙げられる。

公務員制度としては、一般職を原則とするので、特別職（防衛省職員を除く）よりも一般職の公務員が圧倒的に多い。2019年度の一般職国家公務員数は281,427名である（人事院『令和2年度年次報告書』）。一般職の職員は、原則として終身雇用を前提とした成績制度（**メリット・システム**）により、一定の資格要件を有する者のなかから試験によって任用されることが予定されている。この仕組みは、1885年の内閣制度の創設とともに、「官吏」の採用は原則として試験により行う方針（各省事務整理ニ関スル五綱領）が示されたことに始まる。その後、官吏は高等官と判任官とに区分され、また、高等官は勅任官と奏任官とに区分され、さらに勅任官は親任官と一等官・二等官、奏任官は三等官から九等官までとする「高等官官等俸給令」（1892年）が制定され、ピラミッド型の段階構造をと

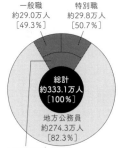

図表5-4：公務員の種類と数

一般職　約29.0万人［49.3%］
特別職　約29.8万人［50.7%］

総計　約333.1万人［100%］

地方公務員　約274.3万人［82.3%］

国家公務員　約58.8万人［17.7%］

[11] **メリット・システム**　原則として試験による選考によって任用する人事制度であり、政治的判断により自由に任用する制度である猟官制度（スポイルズ・システム）と対照される。

る官僚制が整備された。そして、翌年の文官任用令の制定により、奏任官は文官高等試験（高文）の合格者から任用されることとなり、また、1899年の改正文官任用令および文官分限令により、親任官以外の勅任官は原則として一定の有資格者に限定されるとともに、文官の身分保障が制度化された。戦後、新たに国家公務員法および地方公務員法が制定されたが、特に「キャリア官僚」と呼ばれる上級試験の合格者として採用された中央省庁の職員の扱いなど、戦前の官吏制度の名残を色濃く残す運用が行われてきた。

　一般職公務員は、その特別な法的地位から、一般国民とは異なった憲法上の権利の制限を受けることが予定されている。政治活動の自由（憲法21条）は職務の**政治的中立性**[12]から、また、労働基本権（同28条）は職務の**公共性**[13]から、それぞれ法律によって制限を受けている（国家公務員法102条・98条、地方公務員法36条・37条）。また、思想・良心の自由（憲法19条）についても、地方公務員である教員がその意に反する職務命令により間接的な制約を受けるとしても、当該職務命令が許容される場合がある（**君が代不起立訴訟**[14]など）。そして、公務員の職務については、国家の意思決定に関与するという参政権的側面があるため、憲法の国民主権原理から、外国人には当然に就任できない公務が存在すると理解されている（**当然の法理**[15]）。**東京都管理職選考試験事件**[16]で、最高裁は、公権力の行使等にあたる公務員に外国人が就任できないことを前提に、職種の限定なく管理職にある職員をローテーションで異動させる人事方針を採用する地方公共団体において、日本国籍を管理職選考試験の受験資格としても憲法違反にならないとした。

[12] **政治的中立性**　一般職の公務員は、民主的に公選された公務員の決定に従って職務を遂行する立場にあることから、公務員として政治に影響を及ぼすことは憲法上禁止される。これまで最高裁は、公務員の政治活動の一律全面的な規制も可能であるとしてきた（最大判昭和49年11月6日刑集28巻9号393頁〔猿払事件〕など）。ただ、近時の判例が「政治的中立性を損うおそれが実質的に認められる」行為のみを処罰対象としうる旨の判断を示しており、公務員団体の組織的な活動や管理職的地位にある者の活動などに限って規制されると理解される（最判平成24年12月7日刑集66巻12号1337頁〔堀越事件〕）。

[13] **職務の公共性**　公務員も憲法28条にいう「勤労者」であるが、その職務は社会的影響力が大きいこと、代替が困難であること、議会制民主主義に基づく職務遂行が求められることなどから労働基本権が制約される。また、一般職公務員については団結権と団体交渉権が認められているが、団体行動権は全面的に制約されても憲法に違反しない（最大判昭和48年4月25日刑集27巻4号547頁〔全農林警職法事件〕）。

[14] **君が代不起立訴訟**　最判平成23年5月30日民集65巻4号1780頁など。ただし、戒告の処分歴を理由に減給とした懲戒処分について、裁量権の範囲を超え、違法であるとの判例がある（最判平成24年1月16日判時2147号127頁など）。

コラム⑱　就活に「面接官」はいません

　「官」の語の用法について明確な定めはないが、明治憲法下での天皇の任官大権（およびその委任）により任じられるのが「官」であり、形式的には公式令（明治40年勅令6号）によって定められた辞令である「官記」により行われ

ることとなっていた。当時の日本は、天皇主権の中央集権国家であるので、帝国議会両院の議長や事務を取り仕切る書記官長も勅任「官」とされ、地方公共団体の職員にも「官」とされるものがあった。

1947年に公式令は廃止され、日本国憲法下で同種の法令は制定されていないが、「官記」については従来の慣例が踏襲されている。内閣府には辞令専門官が置かれ、「官記」は１枚ずつ筆書きで作成される。天皇から任命される内閣総理大臣と最高裁判所長官をはじめ（憲法６条）、天皇から認証を受けるもの（認証官、同７条５号）については、御名御璽（天皇が署名捺印）された「官記」が宮中で交付される。そして、それらの「官」との任命関係のある国家公務員も「官」に該当するといえる。

これに対して、三権分立により独立した機関となった国会については、主権者国民から直接選任される議員で構成されるので、天皇に連なる「官」のお墨付きを得る必要がない。衆参両院議長は「三権の長」ではあるが、各議院の議決のみで選出されるし、戦前の書記官長職も「事務総長」と改められて「官」とはなっていない。

同様に、地方公共団体も中央政府である国から独立した地位を与えられているため、基本的に「官」は存在しない。ただし、例外は警察官である。警察組織は都道府県単位で設置されることになっているが、警察官のうち警視正以上の階級は国家公務員とされ（地方警務官制度、警察法56条１項）、警視総監および道府県警察の本部長は「官」に該当する。そうした「官」に任命された警察職員は地方公務員ではあるが「官」と呼べる。

要するに、任命関係において天皇との何らかのつながりがある公務員が「官」と称するにふさわしいといえよう。したがって、民間企業の就職活動で「いやあ、今日は、面接官にいろいろ厳しいことを聞かれたよ」などということは、本来的にありえないのである。

3　行政組織

（1）行政官庁理論

国会で制定された法律の執行を担う行政機関は、一定のルールに従って組織される。重要な点は、法律により権限を与えられた行政機関とそれ以外の行政機関とを区別することである。当然であるが、警察官が税金の徴収をすることはないし、公立学校の教員が交通違反の取り締まりをすることも

［15］**当然の法理**　内閣法制局（昭和28年３月25日法制局一発29号）によって示された法解釈で、「公権力の行使又は国家意思の形成への参画に携わる公務員となるためには日本国籍を必要とする」もの。

［16］**東京都管理職選考試験事件**　最大判平成17年１月26日民集59巻１号128頁。国籍を理由に管理職選考試験の受験を拒否された地方公務員が、憲法14条・22条に反するとして提起した訴訟。

ない。これが当然であるのは、行政機関を一定の特徴に分けて、その役割と位置づけを明確にするルールが存在しているからである。こうしたルールを行政官庁理論という。行政を担う公務員は、そうしたルールを意識して自分のやるべきこと（やるべきでないこと）を理解し、法の執行にあたることになる。

行政官庁理論の中心となるのは、行政庁である。行政庁とは、行政機関のうちで法律により特定の権限を与えられた機関であり、国や地方公共団体といった行政主体の意思表示をする役割を担う。行政主体が人間全体だとすると、個々の行政機関は心臓や肝臓といった器官にあたる。肺が心臓の役割を代替できないように、各行政機関もそれぞれ法律によって与えられた役割が明確化されている。「行政庁」という文言には、その役割を担う行政機関がどれかを明示する意味が込められている。

行政庁以外の行政機関としては、行政庁を補助する補助機関、行政庁の意思決定に関与する参与機関・諮問機関、行政上の執行を行う執行機関の区分があり、いずれも行政庁との関係に基づいて役割が整理される。なお、具体的にどの行政機関が行政庁か、あるいは、ある行政機関は行政庁か補助機関かといったことについては、個別具体的な法律を参照する必要がある。また、行政庁がその権限を補助機関等に行使させる**委任**[17]、**代理**[18]、**専決・代決**[19]という手法がとられることもある。

国と地方公共団体とで行政組織の形態は異なるが、いずれも行政官庁理論に基づいて行政機関が組織・運営されている。

（2）国の行政組織

憲法で規定される国の最高行政機関が、**内閣**[20]である（憲法65条）。内閣は、国会議員のなかから国会の指名に基づいて天皇が任命する内閣総理大臣（同6条1項、67条）と、内閣総理大臣が任命する国務大臣とで構成される（同68条）。

内閣のもとに置かれる国の行政機関としては、主として内閣府のほか、省・委員会・庁の3種類がある。具体的には、

[17] **委任**　行政庁がその権限の一部を他の行政機関に委任すること。委任がなされると委任した機関（委任庁）は権限を失い、権限を受けた機関（受任庁）がその権限を自己の権限として自己の名で行使する。法の定める権限分配に変更を及ぼすので、委任をするためには法律上の根拠が必要である（地方自治法153条など）。

[18] **代理**　行政庁の権限の全部または一部を他の行政機関が代理行使すること。権限の委譲は生じず、代理庁は本来の行政庁（被代理庁）の代理者であることを明らかにして行為し、その効果は被代理庁に帰属する。法定の事実の発生によって、法律上当然に代理関係が生じる場合（法定代理）と、被代理庁の授権による場合（授権代理）とがある。さらに法定代理には、代理者が法によって規定されている場合（国家公務員法11条3項等）と一定の者によって指定される場合（内閣法9条等）とがある。

[19] **専決・代決**　補助機関が内部的委任を受けて行政庁の名において決定を行うこと。本来、市長が管理権を有する施設の使用許可を、施設長が市長名で行うというように、定型化された事務等で活用される。代決が、行政庁が不在の場合等、行政庁自身が決定できない場合に行われるのに対し、専決は、そうした事情の有無にかかわらず行われるものをいう。

[20] **内閣**　国務大臣により構成される合議制機関。法律上は14名以内とされるが、特別に必要がある場合はさらに3名置くことができる（内閣法2条2項）。ただし、2021年9月1日現在、復興大臣など3名がさらに時限的に置かれ、20名の国務大臣となっている。**第3章[6]**も参照。

内閣法、内閣府設置法、国家行政組織法、各省庁の設置法などの法律によって定められている。内閣府と各省は、内閣の一定のコントロールのもとで法律の執行等の行政事務を担当するが、委員会（**独立行政委員会**[21]）は、個別具体的な事案の処理について、一定の独立性が保障されている。庁は、委員会と同様に府・省の外局として置かれるが、委員会のような独立性はなく、行政機関特有の上位下達の機構の一部となっている。

国の行政組織の基本的な単位は府・省である。財務省には財務大臣、農林水産省には農林水産大臣というように、各省には責任者となる主任の大臣が置かれ、国務大臣が充てられることになっている（分担管理制、内閣法3条1項）。府・省には、主に国会議員が就く特別職である副大臣・大臣政務官のほか、「事務方」と呼ばれる一般職国家公務員で組織される官房・局・部などの内部部局が置かれる。事務方のトップが事務次官である。

（3）地方公共団体の行政組織

地方公共団体（地方政府）は、中央集権国家を前提とした明治憲法下では国（中央政府）の統制下にあって、独立した主体としての行政活動が制限されていた。これに対して、日本国憲法は「地方自治」（第8章）の規定を設けて、**地方公共団体**[22]の運営が住民自治と団体自治という「**地方自治の本旨**」[23]（憲法92条）に基づいて自律的に活動することを保障している。

地方公共団体の組織は、**執行機関**[24]としての首長（都道府県は知事、市町村は市町村長）と議事機関としての議会の議員を住民が直接選挙する二元代表制を基本とする（憲法93条2項）。首長は**独任制**[25]であり、一種の大統領制の特徴を有しているが、議会からの不信任決議とそれに対する解散権の行使を認める（地方自治法178条）など、議院内閣制的要素も取り入れられている。また、執行機関としては、選挙管理委員会や監査委員、教育委員会など首長から独立して特定の行政事務を担当する行政委員会が置かれることになっている。これは、首長への権限集中を避け、行政の政治的中立性を保つための

[21] 独立行政委員会 内閣から独立して行政権を行使する合議制機関。政治的中立性や専門技術的判断が求められる行政事務を担当する。憲法上の設置根拠（90条）がある会計検査院を除き、法律により設置されている。たとえば、人事院、公正取引委員会、国家公安委員会、原子力規制委員会がある。行政権のみならず規則制定権（準立法権）や紛争裁定権（準司法権）を有する委員会もあるが、法案提出権はなく（国家行政組織法11条参照）、財務大臣への予算要求が直接できない（財政法20条参照）といった点において、府省への従属性がみられる。

[22] 地方公共団体 都道府県や市町村といった普通地方公共団体（地方自治法1条の3）を指す。東京都に置かれる特別区（23区）は、地方自治法上、市町村に類似した組織と権限を有しているが、東京都との関係で完全な対等・独立の地位を与えられていない。また、憲法上の地方公共団体には含まれないとされる（最大判昭和38年3月27日刑集17巻2号121頁〔渋谷区区長公選制事件〕）。

[23] 地方自治の本旨 住民自治とは、地方公共団体の運営は住民の意思に基づいてされるべきとする原則であり（民主主義的側面）、団体自治とは、地方公共団体が国や他の地方公共団体から独立した地位と自主的な権限により行われるべきとする原則であり（自由主義的側面）、地方自治の本旨はこれら2つの原則により構成される理念である。第3章 [7] も参照。

[24] 執行機関 この場合の執行機関（地方自治法第7章）の意味は、行政官庁理論でいう「執行機関」とは異なり、行政事務の実施を担当する機関という意味合いであり、議事機関との対比で用いられる。

[25] 独任制 1人で機関の意思決定をする仕組みを独任制といい、複数人で意思決定するものを合議制という。

仕組みである。

　地方公共団体の運営にあたっては、住民の直接民主制的要素が国政よりも強く認められ、条例の改廃請求権（イニシアティブ）や議員の罷免請求（リコール）といった**直接請求権**[26]が法律上保障されている（地方自治法第5章）。

▶ 4　行政法の基礎理論

（1）法律による行政の原理

　行政の組織と作用に関する法令を行政法と呼ぶ。「行政法」という名称の法律は存在せず、行政に関する無数の個別法の総称であるが、国会が制定した約2000の法律のうち7割から8割が行政法に該当するといわれる。行政組織の活動は行政法という行政領域に特有の共通ルールに則って行われており、行政による恣意的な権力行使を抑制し、これをいかに民主的にコントロールして、国民の権利・利益を保護していくかということが行政法の課題となる。

　行政法の基本原理が**法律による行政の原理**[27]であり、行政活動は、法律に基づき、法律に従って行われなければならないとされている。この原理は、①法律の法規創造力の原則、②法律の優位の原則、③法律の留保の原則により構成されている。いずれの原則も、権力分立の統治構造のもとで、民主的な代表によって構成される議会が、法律を通じて行政権力を統制するための原則である。行政権力もうまくコントロールすれば、社会に大きな利益をもたらす一方、勝手に行動されれば、個人に甚大な被害を及ぼす。ちょうど番犬のようなもので、これを適切にコントロールするために、行政という「番犬」に法律という「首輪」をはめて「鎖」で行動を縛ることが重要であり、その「鎖」を主人である国民が手元に握っていることが必要になる。

（2）行政行為

　行政行為とは、行政庁が法令に基づき、公権力の行使とし

[26]**直接請求権**　イニシアティブとリコールのほか、住民投票（リコール）もこれに含まれるが、地方自治法上は認められていない。日本国憲法上、地方政治もあくまで間接民主制が基本であって直接民主制的制度はその補完と位置づけられるのである。なお、住民投票制度を条例で定めることは、投票結果に法的拘束力がない限り、許容されると解される。これは、住民を対象にしたアンケート調査と変わらないので、未成年者や外国人に投票権を認めても法的に問題がない。

[27]**法律による行政の原理**　このうち法律の法規創造力の原則は、国民の権利義務に関わる定め（法規）を議会制定法である法律のみが規定しうるとする原則である。ただし、今日では、憲法41条の要請に含まれるので、法律による行政の原理の内容として独自に論じる意義に乏しいとする指摘もある。法律の優位の原則は、すべての行政活動が法律に反してはならないとする原則である。また、法律の留保の原則は、一定の行政活動には法律の具体的な授権がなければならないとする原則である。**第3章**[21]も参照。

て個人に対して行う、個別具体的な法的規律をいう。行政行為は権力性の最も顕著な行政作用であり、行政の行為形式のうちで最も中心的な地位を占める。「番犬」の「牙」にあたる最も危険な部分であるが、これをうまく利用すれば国民全体の福利を増大させることもできる。伝統的な行政法理論は、この行政行為を適切に理解し、統制することに重点を置いてきた。

　行政行為には、12の類型があるが（**図表5-5**）、意思表示を要素とするかどうかで、法律行為的行政行為と準法律行為的行政行為とに区分され、さらに、法律行為的行政行為が**命令的行為**[28]と**形成的行為**[29]とに区分される。

図表5-5：行政行為の分類

行政行為	法律行為的行政行為	命令的行為	下命・禁止・許可・免除
		形成的行為	特許・剥権・認可・代理
	準法律行為的行政行為		確認・公証・通知・受理

　行政行為には公定力と不可争力という特有の法的効力が認められる。なお、これ以外にも、行政行為の相手方や他の行政機関等を拘束する効力（拘束力）、行政行為の内容を裁判所の強制執行手続によらずに自力で実現できる効力（自力執行力）、紛争解決のための行政行為について行政庁自らその内容を変更できなくなる効力（不可変更力）があるとされる。

　このうち公定力とは、行政行為が違法であっても、権限ある行政庁または裁判所によって取り消されるまでは、何人もその効力を承認しなければならない効力をいう。本来、違法な行政行為は無効となりうるのであるが、「とりあえず」有効として扱わなければならないとする特別な効力である。たとえば、身に覚えのない課税通知が税務署から届いたとしても、明らかに間違いといえない限りは有効なものとして納税をし、そのうえで、本当に有効かどうかを裁判などで争わなければならなくなる。そして、裁判所に訴えを起こす場合でも、行政事件訴訟法に基づく一定の方式・手続に従う必要がある（取消訴訟の排他的管轄）。

[28] **命令的行為**　国民に一定の行為をする義務を与えたり（下命）、権利や自由を制限したり（禁止）、あるいは、一般的に課せられた禁止行為を個別に解除したり（許可）、逆に、一般的に課せられた義務を個別に解除したり（免除）する行政行為をいう。下命としては、都道府県知事が衛生上問題のある飲食店に対して行う改善命令（食品衛生法61条）、禁止としては、特定の工作物の使用禁止命令（成田新法3条）、許可としては、都道府県公安委員会が行う自動車の運転免許（道路交通法84条）、免除としては、就学義務の免除（学校教育法18条）などが挙げられる。

[29] **形成的行為**　国民が本来有していない特殊な権利、能力その他法的地位を与えたり、奪ったりする行政行為をいう。特許は特定人に対して特別な法律上の地位・資格を付与する行為で、公務員の任命行為（憲法68条など）が該当する。剥権はそれらの地位・資格を喪失させる行為である。認可は、私人間の法律行為を完成させる行為で、農地の売買の許可（農地法3条）などに例がある。代理は、国民がなすべき行為を行政庁が代わって行い、その法的効果を国民に帰属させる行為で、土地収用裁決（土地収用法47条の2）などがある。

また、不可争力は、行政行為の効力を争う特別な裁判等の手続には、短い期間制限が設けられており、その期間を経過してしまうと、その効力を争えなくなる効力である。このように、欠陥品の行政行為（**瑕疵ある行政行為**[30]）も公定力が「とりあえず」有効なものとし、不可争力が一定期間の経過によりその有効性を確定する。これにより、早期に法的な権利・義務関係を安定させることができるようになるという、行政庁側に有利な仕組みといえる。もっとも、重大かつ明白な瑕疵がある行政行為は、無効な行政行為として、当初から存在しないものとして扱われるので、公定力や不可争力は働かない。

[30] **瑕疵ある行政行為**　取り消しうべき行政行為という。行政庁や裁判所によって取消しがされると、遡って行政行為の効力が失われる「遡及効」が働く。これに対して、行政行為の撤回の場合は、撤回の時点から効力が失われる「将来効」が働く。ただ、撤回も法令上は「取消」と表記される場合があるので注意が必要である。

（3）行政行為以外の行政作用

　行政機関は、様々な行政需要に応えるために行政行為以外の行政作用（**図表5-6**）も活用していく必要がある。

図表5-6：行政作用の比較

	行政行為	行政立法	行政計画	行政指導	行政契約	行政調査
主体	行政庁	必ずしも行政庁に限定されない				
内容の具体性	具体的	抽象的	具体的（原則）	具体的	具体的	具体的（原則）
名宛人	特定人	一般人 行政内部	一般人 特定人 行政内部	特定人	特定人	一般人 特定人 行政内部
法律の根拠	必要	法規命令は必要	原則として不要	一定の根拠が必要	原則として不要	強制調査は必要
法的効力	あり	あり	あり（強弱に差）	なし	あり（同意が必要）	強制調査はあり

　行政行為は、特定の行政目的を実現するために効果的な手法であるが、法律の根拠が必要になる。そうすると、法律の改正には多大な時間と複雑な手続を必要とするので、変化する行政需要に柔軟に対応できない事態が生じることもある。また、法的には正当であっても、行政権力を安易に振り回すよりも、相手方も納得するソフトな手法で、目的を達成することが可能であるならば、その方が望ましい。
　そこで、具体的な法律の根拠なしに行える**行政指導**[31]や**行政契約**[32]が多用されることになる。特に行政指導は、法の不備を補い、行政目的の実現をソフトな手法で弾力的に行える点で

[31] **行政指導**　行政機関が行政目的を達成するために、助言・指導といった非権力的な手段で特定の者に働きかけ、一定の作為・不作為を求める作用をいう。相手方の任意の協力がないと実現できない事実行為である点において、行政行為とは異なる。

[32] **行政契約**　行政主体が行政目的を達成するため締結する契約をいい、一般に私人との間で締結するものをいうが、広く行政主体間の契約を含むこともある。当事者間の合意に基づいて行われる点で、行政行為とは異なる。

優れているが、行政機関の監督権限・助成権限等を背景とし
て行われるため、相手方に心理的圧力を与え、事実上従わざ
るを得ないような拘束力をもつものとして働いている。しか
も、具体的な法律の根拠もなく、必要以上の規制を私人が甘
受しなければならないこともあるにもかかわらず、行政側の
責任の所在が不明確で、救済が困難になることもある。

　また、将来の行政活動を一般的に規定したり、方向づけた
りする行政作用として、**行政立法**[33]や**行政計画**[34]がある。現代社
会においては、福祉国家の要請により、本来、法律の執行部
門にすぎない行政が、国家の意思決定に参与すると同時に国
民の日常生活のあらゆる分野に関係するようになっている。
要するに、従来は「頭」にあたる議会が決定し、それを「手
足」である行政が実施するという関係にあったが、国家とし
てやるべきことが多くなりすぎて「頭」だけでは処理しきれ
なくなり、「頭」の代わりを「手足」にやらせるという状況に
ある（行政国家現象）。そこで、行政立法や行政計画が活用さ
れることは仕方ない面もあるが、行政行為に比べて、国民の
権利や義務に及ぼす影響は広範かつ長期的になる一方で、裁
判所による統制が困難といった問題がある。

　行政調査は、将来適切な行政作用を行うための準備として
の情報収集作用である。アンケート調査のように相手方の任
意の協力により実施する任意調査から、調査を拒否すると刑
事罰が科せられる強制調査まで様々である。

（4）私人の行政参画

　基本的に、行政の意思形成はもっぱら行政庁の一方的判断
により行われ、そこに私人が参画することは認められない。
しかし、国民主権国家として、国民の主体性を無視すること
は好ましいことではなく、可能な限り、事前に多様な民意を
反映した行政意思形成がはかられることが望ましい。また、
裁判所による事後的な権利救済には限界があることからも、
特に利害関係を有する者の意見が事前に述べられて、それが
行政意思に反映することが求められる。そこで、重要なのが、
パブリック・コメント[35]や公聴会の実施、審議会委員の公募な

[33] **行政立法**　行政機関に
よって定立された一般的抽象的
法規範をいう。国民の権利義務
に関わる定めを「法規」という
が、法規を含む行政立法を法規
命令、含まないものを行政規則
という。法規命令を定立するに
は、法律の根拠が必要となるが
（憲法41条）、行政規則は行政機
関内部でしか通用しない法令で
あるので、法律の根拠なしに制
定しうる。

[34] **行政計画**　行政上の目的
を遂行するため行政機関によっ
て作成された行政目標ないしこ
れを達成するための手段を定め
たものをいう。行政計画の多く
は、具体的な法律の根拠もなく、
法的性格も一様ではないが、都
市計画法や土地区画整理法のよ
うに私人の権利制限を伴う行政
計画を規定する立法もある。

[35] **パブリック・コメント**　行
政機関が行政立法や行政計画、
政策などの策定段階で、原案を
一般に提示して意見等を公募す
る手続。従来、法令の根拠なし
に行われることがあったが、2005
年に行政手続法が改正され、命
令（行政機関による立法）、審査
基準、処分基準、行政指導指針
等を定める際、原則として意見
公募手続を行うこととなった。
意見公募の方法としては、IT技術
が活用されることになっており、
政府のポータルサイト（https://
www.e-gov.go.jp/）から公募内
容や結果の状況などについて見
ることができる。

ど、私人の行政参画の機会を設けることである。このうちの一部は、後述する行政手続法にも規定が置かれるようになっている。

また、**請願権**[36]（憲法16条）の行使も、私人の行政参画的な機能を果たす。ただし、請願は、国家機関に受理義務を課すのみであり、一定の措置をとる義務はないので、必ずしも直接的な意思形成には結びつかない。とはいえ、一定の問題提起機能があり、参政権を補完する人権として請願権を位置づけるのが一般的理解である。

5 行政活動に伴う紛争の予防と解決

通常、行政行為によって課せられた義務は、相手方によって履行（実現）されるのであるが、何らかの事情で、その義務が履行（実現）されない場合がある。また、そうした義務を課すにあたって、相手方に十分反論の機会を与えた方が後々の紛争予防につながる場合もある。さらに、相手方が、行政行為によって不当に権利を制限されたり、義務を課されたりしているとして、その変更や取消しを求めようとする場合もある。これらの行政活動に伴う紛争は不可避であるが、それを予防し、解決していく方法としてどのようなものがあるか概観してみたい。

（1）行政上の義務履行確保

行政庁が、行政行為によって相手方に義務を負わせたにもかかわらず、相手方が履行しない場合、法律に基づき、行政機関自らが強制執行を行うことができる場合がある（行政上の強制執行）。通常、法的義務が履行されない場合、裁判所に民事訴訟を提起し、判決を得て強制執行をしなければならない（司法上の強制執行）。しかし、裁判を経ていては時間も手続の手間もかかるため、公益の実現に支障が生じてしまう。そこで、通常の市民法の原則（自力救済禁止の原則）の例外として一定の範囲で行政機関の実力行使による義務履行強制の特権（自力執行力）を認めたのである。ここに、法律―行政行

[36] **請願権** 国家機関に対して、国民が意見や苦情などを述べる権利である。近代以前の身分制社会においては、直訴を行うことで厳罰に処せられたのであるから、請願を行ったことにより不利益を被らないことが保障されている点が重要である。請願権は、イギリスの権利請願（1628年）や権利章典（1689年）などを経て、近代憲法において当然に保障されるようになったが、議会制度の発達などにより、国民の意見が統治に反映する仕組みが整備されるに従い、請願権の本来的意義が失われつつあるとの指摘もある。日本における請願権の行使に関しては、請願法の定めるところによる。

為─強制執行という行政権行使の典型的な3段階構造を見ることができる。

　行政上の強制執行としては、代替的作為義務を行政機関等が代わりに履行してその費用を強制的に徴収する代執行、将来に向かって過料を科すことで義務不履行に心理的圧迫を与える**執行罰**[37]、義務内容を直接的に実現する**直接強制**[38]、公法上の金銭債権を財産差押え等により強制的に徴収する強制徴収がある。このうち、代執行については行政代執行法、金銭給付義務については国税通則法の定める滞納処分制度があるほか、個別法に定めがあるが、執行罰や直接強制は人権侵害の度合いが強いとして、現在では一般的な強制執行方法として認められていない。

　強制執行とは異なり、何らかの義務を前提とせず、緊急の必要がある場合などに行政機関が直接国民の身体や財産に実力を加えて行政上必要な状態を実現する作用を即時強制という。即時強制の例としては、火災の延焼を防ぐための破壊消防（消防法29条3項）や感染症のまん延を防止するための健康診断の強制（感染症予防法17条2項）などがある。

　また、過去の行政法上の義務違反行為に対して、一般統治権に基づいて科される制裁として行政罰があるが、将来に向かって義務履行を実現するための強制執行とは区別される。行政罰には、行政刑罰と行政上の秩序罰とがある。

　以上のような行政強制の手段のほか、近時では、許認可等の停止・取消し、経済的負担、**違反事実の公表**[39]、給付の拒否などといった手段により行政目的を達成することがある。

（2）事前の行政手続

　行政運営における公正の確保と透明性の向上をはかり、国民の権利利益の保護につなげるためには、行政行為（処分）に先立つ事前の行政手続を置くことが欠かせない。行政手続に関する一般的な法律としては、行政手続法が制定されており、処分、行政指導、届出およびパブリック・コメント等の手続に関し、共通する事項を定めている。従来の行政法においては、行政行為の内容（実体）を重視する傾向にあり、行

[37] **執行罰**　現行制度では、砂防法36条に例があるのみである。なお、砂防法は土砂災害を防止するための施設等に関する法律である。

[38] **直接強制**　例としては、出入国管理及び難民認定法39条の収容などがある。

[39] **違反事実の公表**　法律や条例により、行政上の勧告や指導に従わなかったものがある場合、その氏名等を公表して社会的制裁を期待するとともに、そうした社会的非難を避けるべく自発的に勧告・指導に従うよう促す手法である（男女雇用機会均等法30条、障害者雇用促進法47条など）。ただ、公表は、名誉や信用等に損害を及ぼすおそれがあるが、万が一、誤った事実が公表された場合の救済が困難である。なお、新型インフルエンザ対策特措法45条5項では、都道府県知事が施設管理者に要請または命令をした事実を公表することができるとされているが、これは施設名を周知して、当該施設に行かないように呼びかけて合理的行動を期待する措置である。ただ、コロナ禍での営業自粛要請を守らない飲食店については、公表によってかえって客足が増加するといった問題点も指摘される。

政行為の決定過程に対する配慮に欠けるところがあった。し
かし、日本国憲法に**適正手続**の規定（憲法31条）が置かれる
など、手続法を重視する英米法の影響が強まり、とりわけ不
利益な行政行為を行う場合には、あらかじめその旨を相手方
に伝えて、その意見を聞く「告知・聴聞」の手続が重要であ
ると認識されるようになった。行政手続法では、原則として
不利益処分をする場合、事前に聴聞または弁明の機会の付与
という意見聴取手続を経なければならないことになっている
（12～31条）。

　また、行政手続法は、行政指導の一般原則・方式を明文化
し、責任の所在が曖昧になりがちな行政指導を防ぎ、任意の
協力を拒否した者が不利益扱いをされないようにする旨の規
定を置いている（32条～36条の2）。

（3）事後的な行政救済

　行政行為（処分）に先立って行われる事前手続に対して、
すでに実施された行政活動の違法性や不当性を事後的に争
い、侵害された個人の権利の回復（救済）を目指す手続につ
いて定める法領域が行政救済法である。行政組織について定
める行政組織法がハードウェア、行政行為などの行政作用に
ついて定める行政作用法がソフトウェアであるとすれば、行
政救済法は、違法・不当な行政活動などにより権利侵害をさ
れた者がその是正を求めるというメンテナンス・修復ソフト
ウェアの役割を果たす。

　行政行為に不服がある場合、裁判所に取消しなどを求める
行政事件訴訟を提起することができるが、判決が確定するま
でに時間と費用を要することが多い。また、裁判では政策的
判断の当否について争うことができない。そこで、訴訟手続
よりも簡易・迅速な手続により、国民が行政機関に不服を申
し立て、行政活動の是正や排除を請求する仕組み（行政不服
申立制度）が置かれている。その一般法が行政不服審査法で
ある。行政不服審査法は、**一般概括主義**を採用し、法律で特
に除外された事項を除き、広く不服申立てができることとし
ている。こうした行政不服申立制度と行政事件訴訟とをあわ

[40] **適正手続**　日本国憲法31
条は、「法律の定める手続によら
なければ」と規定するように、刑
事裁判の手続を法律で定めるこ
と（手続の法定）を求めている
にすぎず、手続の内容の適正さ
までは要求していないようにもみ
える。しかし、第三者の所有物
が含まれる密輸船の貨物に対し
て、関税法に基づく没収判決を
出すにあたり、最高裁は「所有
物を没収せられる第三者につい
ても、告知、弁解、防禦の機会
を与えることが必要であつて、こ
れなくして第三者の所有物を没
収することは、適正な法律手続
によらないで、財産権を侵害す
る制裁を科するに外ならない」
と判示し、適正手続が憲法31条
により要請される旨を述べている
（最大判昭和37年11月28日刑集
16巻11号1593頁〔第三者所有物
没収事件〕）。また、同条は「何
人も……刑罰を科せられない」
と規定するように、本来的に刑事
手続に関する規定である。これ
についても最高裁は、「憲法31条
の定める法定手続の保障は、直
接には刑事手続に関するもので
あるが、行政手続については、
それが刑事手続ではないとの理
由のみで、そのすべてが当然に
同条による保障の枠外にあると
判断することは相当ではない。」
と判示して、行政手続について
も適正手続が憲法により要求さ
れる場合があるとしている（最
大判平成4年7月1日民集46巻
5号437頁〔成田新法事件〕）。

[41] **一般概括主義**　かつての
行政不服審査制度としては、
1890年に制定された訴願法が存
在していたが、行政庁の処分に対
する不服申立ての対象事項を狭
く限定する列記主義を採用して
いたため、国民の権利救済制度
として不十分であるとの批判が
なされていた。そこで、1962年
の行政不服審査法制定により訴
願法は廃止され、一般概括主義
が採用されるに至ったのである。

せて行政争訟と呼ぶ。そして、行政争訟は、行政行為の公定力・不可力と表裏の関係にある。

行政争訟以外の行政救済としては、国家補償が存在する。これは行政作用によって損害を負わされた国民に対してなされる金銭的補てんの総称である。適法行為に基づく**損失補償**[42]（憲法29条3項）と違法行為に対する**国家賠償**[43]（同17条）が含まれる。

また、行政機関が行政上の苦情を受理し、あっせん・勧告などの必要な措置をとることがある。これらは、行政争訟のような正式な行政救済手続ではなく、法的裁断作用によって紛争解決に導くものではない。しかし、複雑な手続や日時を必要とせず、迅速に苦情処理をする点において意義がある。代表的な苦情処理制度としては、総務省が各行政機関に関する苦情について必要な対応をする行政相談制度がある。民間人が委嘱されるボランティアである行政相談委員が全市町村に置かれたり（総務省設置法4条14号・15号、行政相談委員法）、個別案件の処理が行政評価・監視制度との連携により、行政運営一般の改善につながったりするところに特徴がある。そして、その機能は、諸外国の**オンブズマン制度**[44]と共通するとの指摘もある。

[42] 損失補償 適法な公権力の行使によって加えられた特別の犠牲に対し、公平の見地から全体の負担においてこれを調節するための財産的保障をいう。道路の拡張や学校の建設のために私有地を強制的に買い上げ（公用収用）、その所有者に対して地代相当の金額を支払うといった場合が該当する。

[43] 国家賠償 違法な国家行為によって生じた損害に対する、国家の不法行為に基づく賠償責任をいう。歴史的には、イギリスの「王は悪事をなさず」というように国家の不法行為責任を認めないとする原則（国家無責の法理）が存在した時代もある。日本においても、戦前は、権力的行政分野において国家無答責の法理が妥当するとされており、これが克服されたのは日本国憲法の制定による。

[44] オンブズマン制度 議会が一般の有識者から選任するなどして、政府の活動を外部から監視させ、行政機関による国民の権利・利益の侵害に対する調査や救済の勧告をさせる独立した機関をいう。日本でも川崎市の市民オンブズマン制度のように、条例に基づき外部有識者などを「オンブズマン」として任命する地方公共団体がある。

第 6 章

法 の 適 用 機 関

はじめに

　社会は、人と人との交際（ソサイエティ）によって成立しているといえるだろう。また人が、場合によっては容易に折り合うことができないほどに他人と異なる考え方をもっていることは、間違いないだろう。そうだとすれば、人と人との間に紛争が発生するのは、当然である。

　紛争は、場合によっては第三者の助力を得つつ、当事者間で平和裏に解決されることがある。それが圧倒的多数だろう。ではそれ以外の場合、当事者はどのように紛争を解決すべきなのだろうか。

　紛争を解決する手段として、いわゆる暴力の行使が考えられる。しかし近代以降、それは原則、禁止されている（**自力救済の禁止**[1]）。暴力は国家によって独占され、国家のみが正当に行使することができるからである。したがって、紛争を解決する手段は原則、国家機関を利用することのみである。

　周知のとおり、紛争を解決する国家機関の典型は裁判所であり、紛争を解決する方法の典型は裁判である。本章では、それらに関する基本的な事項を説明する。

1　概　観

（1）裁判所とは何か

　それでは、**2**以下での説明のために、裁判所と裁判について概観しよう。

　まず、裁判所とは何だろうか。周知のとおり、憲法は、国

[1] **自力救済の禁止**　裁判によらずに実力を行使して、自己の権利を実現してはならないということである。通例、民法という題名の法律を中核とする、法領域としての「民法」（財産と家族に関する法）では自力救済といい、刑法という題名の法律を中核とする、法領域としての「刑法」（犯罪と刑罰に関する法）では自救行為という。わが国の場合、オーストリア共和国の一般民法典19条のようには明定されていないが原則禁止され、ドイツ連邦共和国の民法典229条のようには明定されていないが例外的に許容される。たとえば最大判昭和24年5月18日集刑10号231頁は、許容される「自救行為とは一定の権利を有するものが、これを保全するため官憲の手を待つに遑なく自ら直ちに必要の限度において適当なる行為をすること」と説明し、「盗犯の現場において被害者が贓物を取還す」場合を例示する。**第2章[37]**も参照。

家権力を３つの作用、すなわち、立法、行政、司法に分離している（三権分立）。それら３つの作用のうち、裁判所に関係する作用は司法である。憲法における司法とは、「具体的な争訟について、法を適用し、宣言することによって、これを裁定する国家の作用」であり（清宮四郎）、通俗でいう裁判である（法学的な意味は▶後述５（５））。そして、裁判する権能が司法権であり、それを担うのが裁判所である（憲法76条１項）。したがって**裁判所**とは、裁判する所である。

[2] **清宮四郎**（1898〜1989）京城帝国大学教授、東北大学教授などを歴任した。本章で引用した『憲法Ⅰ〔第３版〕』（有斐閣・1979年）などの著書がある。

[3] **裁判所** 本文で述べる裁判する所であるだけでなく、司法行政を行う所でもある（裁判所法80条）。司法行政とは、司法権の行使に必要な行政作用である。

コラム⑲ 「行政機関」による「裁判」？

憲法では、「行政機関」による「終審〔▶本章［11］〕として〔の〕裁判」が禁止されている（76条２項後段）。すべての者に「裁判所において裁判を受ける権利」が保障されているからである（32条。▶本章**コラム㉕**）。しかし逆にいえば、「行政機関」の判断について、裁判所へ不服を申し立てることができるのであれば、「行政機関」も「裁判」することができる（裁判所法３条２項）。たとえば、審判官（特許庁）による審判（特許法121条以下）がある。

（2）裁判とは何か

次に、（1）で言及した裁判とは何だろうか。それは、審理と判定である。では、それにはどのようなものがあるのだろうか。それは裁判の対象が何かによる。裁判の対象は、端的にいえば事件であり、通例、**民事事件**、**刑事事件**、**行政事件**の３つに大別される。したがって裁判には、民事事件に関する裁判（民事裁判）、刑事事件に関する裁判（刑事裁判）、行政事件に関する裁判の３種類があることになる。

憲法下における裁判の対象は、それらの事件すべてであるから（裁判所法３条１項）、憲法下における裁判には、民事裁判（主に民事訴訟法（民訴法）が適用される）、刑事裁判（主に刑事訴訟法（刑訴法）が適用される）、行政事件に関する裁判（主に行政事件訴訟法（行訴法）が適用される）の３種類があることになる。

[4] **民事事件** 「民法」などの適用が問題となる事件である。たとえば、認知症を罹患したＸが自己の土地をＹへ売却した場合、売買契約（民法555条）は有効かが問題となるような事件である。

[5] **刑事事件** 「刑法」の適用が問題となる事件である。たとえば、Ｘが殴ってきたＹを投げ飛ばした場合、暴行罪（刑法208条）は成立するかが問題となるような事件である。

[6] **行政事件** 行政法（▶第5章4（1））の適用が問題となる事件である。たとえば、Ｙ県公安委員会が、Ｘの道路交通法（道交法）違反の悪質性の低さを考慮せず、欠格期間を指定した場合（道交法103条7項）、その指定は適法かが問題となるような事件である。

なお、行政事件に関する裁判について、次の２点に注意しよう。第１に、行政事件に関する裁判は、特殊な民事裁判と位置づけることができる点である（行訴法７条）。したがって本章では、民事裁判と刑事裁判の２種類のみを取り上げることにする。第２に、旧憲法下における裁判は、民事裁判と刑事裁判に限定されており（**裁判所構成法２条**１項本文）、行政事件に関する裁判は、行政裁判所が行っていた点である（旧憲法61条。第12章コラム㊼）。「行政権ト司法権トノ分離ハ司法権ノ独立ヲ要求スルト共ニ行政権モ亦司法権ヨリ独立ナルベキコトヲ要求ス」るからである（**美濃部達吉**[8]）。

[7] **裁判所構成法２条**　旧憲法下の司法裁判所（行政裁判所でない裁判所）が裁判する裁判の種類などを定めた規定である。１項本文では、「通常裁判所ニ於テハ民事刑事ヲ裁判スルモノトス」と定められていた。

[8] **美濃部達吉**（1873～1948）東京帝国大学教授、枢密顧問官などを歴任した。貴族院議員でもあった。天皇機関説の主唱者のひとりで、天皇機関説事件（1935年）の当事者として著名である。また、清宮四郎（▶本章[2]）が師と仰ぐひとりである。本章で引用した『改訂憲法撮要』（有斐閣・1946年）などの著書がある。

2　裁判所①──裁判所の種類と審級

（1）裁判所の種類

　それではまず、主に１（1）での裁判所に関する概観を踏まえて、**2**と**3**で、裁判所に関する基本的な事項を説明しよう。

　裁判所は、最高裁判所（最高裁。裁判所法６条）と下級裁判所（下級裁判所の設置及び管轄区域に関する法律１条）の２つに分類される（憲法76条１項）。後者には、高等裁判所（高裁）、地方裁判所（地裁）、家庭裁判所（家裁）、簡易裁判所（簡裁）の４種類がある（裁判所法２条１項）。したがって裁判所には、５種類があることになる。

▲最高裁判所（出典：裁判所HP）

コラム⑳　裁判官の種類

　裁判官の種類は、裁判所の種類に対応する。裁判官は、最高裁の裁判官と下級裁判所の裁判官の２つに分類されるからである（憲法79条・80条）。

　まず、最高裁の裁判官には、最高裁判所長官（１人）と最高裁判所判事（14人）の２種類がある（憲法79条１項、裁判所法５条１項・３項）。前者は、天皇が内閣の指名に基づき任命する（憲法６条２項、裁判所法39条１項）。他方後者は、内閣が任命するが（憲法79条１項、裁判所法39条２項）、天皇が内閣による任命を認証（正当な手続を経た行為であることを公に証明すること）する（憲法

7条5号、裁判所法39条3項）。

　次に、下級裁判所の裁判官には、高等裁判所長官（8人）、判事（2,155人）、判事補（897人）、簡易裁判所判事（806人）の4種類がある（裁判所法5条2項、裁判所職員定員法1条。定員は2021年4月14日現在）。それらの裁判官は、内閣が最高裁の指名した者の名簿によって任命する（憲法80条1項、裁判所法40条1項）。高等裁判所長官のみ、天皇が内閣による任命を認証する（憲法7条5号、裁判所法40条2項）。

　裁判所の種類と裁判官の種類の関係は、次の**図表6-1**のとおりである。

図表6-1：裁判所の種類と裁判官の種類

裁判所の種類		裁判官の種類	根拠
最高裁		最高裁判所長官 最高裁判所判事	裁判所法5条1項
下級裁判所	高裁	高等裁判所長官 判事	裁判所法15条
	地裁	判事 判事補	裁判所法23条
	家裁	判事 判事補	裁判所法31条の2
	簡裁	簡易裁判所判事	裁判所法32条

　裁判所の種類について、次の2点に注意しよう。第1に、5種類の裁判所以外の「**特別裁判所**」[9]の設置は原則、禁止されている点である（憲法76条2項前段）。その典型は、旧憲法下で設置されていた、各種の軍法会議のような「特別裁判所」（旧憲法60条）や、「行政官庁ノ違法処分ニ由リ権利ヲ傷害セラレタリトスルノ訴訟」を裁判する、**第一審**[10]かつ**終審**[11]である「行政裁判所」（▶**第12章コラム㊼**）である（同61条）。ただし例外的に、「国会〔が〕、罷免の訴追を受けた裁判官を裁判する」弾劾裁判所の設置は、許容されている（憲法64条1項）。第2に、5種類の裁判所のうち家裁は、「特別裁判所」でないが、やや特殊な裁判所であるといえる点である。家裁の特殊さは、家庭裁判所調査官が配置される点に表れているが（裁判所法61条の2第1項）、とまれ、本章では主に、家裁を除く4種類の裁判所を取り上げることにする。

[9]　**特別裁判所**　「特殊の人または特殊の事件について裁判するために、通常裁判所の系列のほかに設けられる、特別の裁判機関」である（清宮）。知的財産に関する事件を裁判する知的財産高等裁判所は、東京高裁の特別の支部として設置されているから（知的財産高等裁判所設置法2条柱書）、「特別裁判所」でない。

[10]　**第一審**　最初に事件を裁判する審級（▶後述2（2））である。原則三審制（▶本章[14]）だから、さらに、第二審と第三審がある。

[11]　**終審**　上訴（▶後述2（2））することができないという意味で、最終的に裁判する審級である。

　家庭裁判所調査官は、裁判所の職員（ただし、裁判官を除く）のひとつで、裁判官の命令に従い、裁判などに必要な調査を行うが（裁判所法61条の2第2項・4項）、たとえば少年法9条が定めているとおり、法学だけでなく、心理学、教育学などの専門的な知識も必要とされる点に特徴がある。

　ではなぜ、家庭裁判所調査官には、法学以外の専門的な知識が必要なのだろうか。それは究極的には、家裁が裁判などを行う事件のゆえである。そのような事件には少年の保護事件（少年事件ともいう。裁判所法31条の3第1項3号）などがある。それは、少年法（▶第14章2（1）★）の適用が問題となる事件で、「罪を犯した少年」（犯罪少年。少年法3条1項1号）などの「非行のある少年」（同1条）に関するものである。そのような事件の場合、「少年の健全な育成を期し、非行のある少年に対して性格の矯正及び環境の調整に関する保護処分を行う」ことが予定されている（同条）。家裁が、少年院への送致などの保護処分（同24条1項）の要否、内容を適切に判断するためには、少年の人格、環境などを調査する必要がある（同8条1項）。そのような調査を行うのが家庭裁判所調査官であり（同条2項）、そのような調査には、法学以外の専門的な知識が必要であることは明らかだろう。

（2）審　級

　（1）で説明した5種類の裁判所があることと、**最高裁判所**、**下級裁判所**、**高等裁判所**と表記されることから推測されるとおり、裁判所には上下の階層（階級）がある。また、階級を前提に審級がある。審級とは、1つの事件が異なる階級の裁判所で裁判される順序である。さらに、審級を前提に上訴がある。上訴とは、判定を取り消すことができない状態に至る（確定）前に、裁判の当事者が上位の審級へ不服を申し立てることである。上訴には主に、**控訴**[12]と**上告**[13]の2種類がある。**三審制**[14]が原則だが、裁判の種類によって、審級と上訴の各ありようは異なる。

　まず、民事裁判の場合は、次の2つの図表のとおりである。

[12] **控訴**　三審制（▶本章〔14〕）を前提にすれば、第一審の判定に関する、第二審への上訴である。しかし、例外も含めれば、事実審（▶後述3（2））の判定に関する、上位の事実審への上訴である。そして、控訴を裁判する審級が控訴審である。

[13] **上告**　三審制を前提にすれば、第二審の判定に関する、第三審への上訴である。しかし、例外も含めれば、事実審の判定に関する、法律審（▶後述3（2））への上訴である。そして、上告を裁判する審級が上告審である。

[14] **三審制**　1つの事件が3つの審級で裁判されることを認める制度である。

図表 6-2：民事裁判①

第三審　最高裁　上告審
　　　↑**上告**
　　　　（民訴法 311 条 1 項）
第二審　高　裁　控訴審
　　　↑**控訴**
　　　　（同 281 条 1 項本文）
第一審　地　裁　第一審

図表 6-3：民事裁判②

第三審　高　裁　上告審
　　　↑**上告**
　　　　（民訴法 311 条 1 項）
第二審　地　裁　控訴審
　　　↑**控訴**
　　　　（同 281 条 1 項本文）
第一審　簡　裁　第一審

（出典）川嶋四郎＝笠井正俊編『はじめての民事手続法』（有斐閣・2020年）162頁（図表10-1）〔笠井〕をもとに作成

★**第二審や第三審が裁判する根拠**　本文では第一審にのみ着目するが、では、第二審などが控訴などを裁判する根拠はどこに定められているのだろうか。刑事裁判の場合（後述）を含めて、裁判所法7条・16条・24条を参照して、根拠を特定しよう。

以上の区別は、第一審の裁判所の種類により、また、そのいずれであるかは、事件の内容による。

まず、「訴訟の目的の価額」（訴額）が140万円を超える請求にかかる事件の場合は地裁である（**図表6-2**。裁判所法24条1号）。

次に、訴額が140万円以下の請求にかかる事件の場合は簡裁である（**図表6-3**。裁判所法33条1項1号）。

なお、次の2点に注意しよう。第1に、訴額が140万円以下の請求にかかる事件のうち**不動産**にかかるものの場合、簡裁（**図表6-3**）と地裁（**図表6-2**）のいずれもありうる点である（裁判所法24条1号）。第2に、簡裁の場合、訴額が60万円以下の請求にかかる事件を裁判する少額訴訟があり（民訴法368条以下）、その訴訟では、控訴が禁止されているから（同377条）、**図表6-3**でない点である。

次に、刑事裁判の場合は、次の3つの図表のとおりである。

[15] **不動産**　土地とその定着物である（民法86条1項）。土地の定着物の典型は建物である。

図表 6-4：刑事裁判①

第三審　最高裁　上告審
　　　↑**上告**
　　　　（刑訴法 405 条）
第二審　高　裁　控訴審
　　　↑**控訴**
　　　　（同 372 条）
第一審　地　裁　第一審

図表 6-5：刑事裁判②

第三審　最高裁　上告審
　　　↑**上告**
　　　　（刑訴法 405 条）
第二審　高　裁　控訴審
　　　↑**控訴**
　　　　（同 372 条）
第一審　簡　裁　第一審

図表 6-6：刑事裁判③

第二審　最高裁　上告審
　　　↑**上告**
　　　　（刑訴法 405 条）
第一審　高　裁　第一審

（出典）**図表6-2**や**図表6-3**と対比できるように作成

以上の区別も、第一審の裁判所の種類により、また、その
いずれであるかも、事件の内容による。

まず、「刑法第77条乃至第79条の罪」にかかる事件の場合
は高裁である（**図表6-6**。裁判所法16条4号）。「刑法第77条乃
至第79条の罪」とは、内乱罪（77条1項（最高刑は死刑）。未
遂を含む（同条2項））、内乱予備罪と同陰謀罪（78条（1年以
上10年以下の**禁錮**[16]））、内乱等幇助罪（79条（7年以下の禁錮））
である。いずれの罪も、国家の存立を脅かす非常に重大な罪
である。なお、**図表6-6**は、審級が2つだから、三審制の例
外（二審制）である点に注意しよう。

次に、「**罰金**[17]以下の刑に当たる罪」にかかる事件の場合は簡
裁である（**図表6-5**。裁判所法33条1項2号）。「罰金以下の刑に
当たる罪」とは、過失致死罪（刑法210条（50万円以下の罰
金））、軽犯罪法違反の罪（1条（**拘留**[18]または**科料**[19]））などで、刑
が比較的軽い罪である。

最後に、「刑法第77条乃至第79条の罪」にかかる事件と「罰
金以下の刑に当たる罪」にかかる事件以外のものの場合は地
裁である（**図表6-4**。裁判所法24条2号）。

なお、次の3点に注意しよう。第1に、「選択刑として罰金
が定められている罪〔たとえば傷害罪（刑法204条）〕又は刑法
第186条〔常習賭博、賭博場開張等図利〕、第252条〔横領〕若し
くは第256条〔盗品譲受け等〕の罪」にかかる事件の場合は、
簡裁（**図表6-5**）と地裁（**図表6-4**）のいずれもありうる点であ
る（裁判所法24条2号、33条1項2号）。第2に、簡裁の場合、
科すことができる刑に制限があり（同条2項）、その制限を超
える刑を科すべき事件は、地裁へ移送されるから（同条3項）、
その場合、**図表6-4**となる点である。第3に、やはり簡裁の
場合、100万円以下の罰金または科料という比較的軽い刑だ
けを科すことができる略式手続があり（刑訴法461条以下。▶
第14章2（2））、その場合、上訴が予定されていないから、**図
表6-5**でない点である。

[16] **禁錮** 刑のひとつで（刑法
9条）、移動の自由を剥奪するも
の（自由刑）のひとつである。期
限が定められていないもの（無
期刑）と期限が定められている
もの（有期刑。1月以上20年以
下）の2種類がある（同13条1
項）。懲役（同12条）とは、「所
定の作業」が課されない（同13
条2項）点でのみ異なる。

[17] **罰金** 刑のひとつで（刑法
9条）、財産を剥奪するもの（財
産刑）のひとつである。金額は
10,000円以上である（同15条本
文）。道交法における反則行為
（125条1項。たとえば一定の速
度未満の速度超過）に対する反
則金（同条3項）は刑でない。

[18] **拘留** 刑のひとつで（刑法
9条）、財産刑のひとつである。
懲役や禁錮と異なり、有期刑（1
日以上30日未満）のみで、禁錮
と同様、「所定の作業」は課され
ない（同16条）。

★**自由刑をめぐる近時の動向**
法制審議会（法制審）は2020
年、法務大臣へ、懲役と禁錮を
単一化すること（「新自由刑」）、
「新自由刑」の受刑者にその「改
善更生を図るため、必要な作業
を行わせ、又は必要な指導を行
うことができるものとする」こと
などを答申した。今後の法改正
の動向に注目しよう（**第13章1
（1）**も参照）。

[19] **科料** 刑のひとつで（刑法
9条）、財産刑のひとつである。
金額は1,000円以上10,000円未
満である（同17条）。

3　裁判所②
──裁判所の構成と裁判される問題

（1）裁判所の構成──合議制と一人制

　2（1）で説明した裁判所の種類は、裁判する裁判所の構成に関係する。裁判は原則、裁判官が行うが、その構成には合議制と一人制（単独制ともいう）の２種類がある。前者は、複数の構成員（裁判官）で裁判する制度で、そのような組織体（裁判所）を合議体という。他方後者は、１人の構成員（裁判官）で裁判する制度で、そのような組織体（裁判所）を単独体という。裁判所の種類と合議制・一人制の関係は、次の**図表6-7**のとおりである。

★裁判官以外の者も行う裁判？
　民事裁判と異なり、刑事裁判の場合、国民も裁判する裁判員制度がある（裁判員裁判ともいう）。裁判員の参加する刑事裁判に関する法律（裁判員法）２条１項。▶第14章４（1））。

図表6-7：裁判所の種類と合議制・一人制

裁判所の種類		構成	員数
最高裁		合議制	5人
			15人
下級裁判所	高裁	合議制	3人
			5人
	地裁家裁	一人制	1人
		合議制	3人
	簡裁	一人制	1人

　最高裁、高裁、地裁について、それぞれ補足しよう（家裁については、裁判所法31条の４を、簡裁については、同35条を参照しよう）。

　まず、最高裁について、それには、小法廷と大法廷がある（裁判所法９条１項）。前者は、第一小法廷、第二小法廷、第三小法廷の３つがあり（**最高裁判所裁判事務処理規則**（最事規）１条）、最高裁の裁判官５人で構成される（裁判所法９条２項本文、最事規２条１項）。他方後者は、最高裁の裁判官全員の15人で構成される（裁判所法９条２項本文）。

　事件はまず、小法廷で審理される（最事規９条１項）。しかし、**小法廷が判定できない場合**がある。まずは、次の３つの

[20] **最高裁判所裁判事務処理規則**　最高裁判所規則（憲法77条１項。▶第２章２（2）③）のひとつで、裁判の種類を問わず、最高裁による裁判に関する事項について定めている。

[21] **小法廷が判定できない場合**　本文で挙げる３つの場合のほか、次の２つの場合がある。第１に、小法廷の裁判官の意見が２つに分かれて同数だった場合（最事規９条２項２号）、第２に、大法廷で裁判することが相当と認められた場合（同項３号）である。なお、第１の場合について、小法廷が５人の最高裁の裁判官で構成されるにもかかわらず、２つの意見が同数になるときがあるのは、「裁判官３人以上が出席すれば、審理及び裁判をすることができる」（同２条２項）からである。

場合を理解しよう。第1に、当事者の主張に基づき、法律な
どが憲法に適合するかを判断する場合（裁判所法10条1号）、
第2に、法律などが憲法に適合しないと認められる場合（同
条2号）、第3に、憲法などの解釈と適用について、意見が従
前の最高裁の判定に反する場合（同条3号）である。以上の場
合、事件は小法廷から大法廷へ回付され、大法廷が裁判する。

コラム㉒　違憲審査権

　　3（1）の説明から明らかなとおり、最高裁には「一切の法律、命令、規則
又は処分が憲法に適合するかしないかを決定する権限」（違憲審査権。法令審
査権ともいう）があるが（憲法81条）、次の3点に注意しよう。第1に、下級
裁判所にも違憲審査権がある点である。最高裁が違憲審査権を行使するのは
「終審裁判所」（同条）としてであるにすぎないからである（最大判昭和25年2
月1日刑集4巻2号73頁）。第2に、旧憲法下では、裁判所に、特に法律の内容
に対する違憲審査権がなかった点である。第3に、たとえばドイツ連邦共和
国の憲法（ドイツ連邦共和国基本法）では、連邦憲法裁判所が、連邦政府、連
邦議会議員の4分の1の者などの申立てに基づき、連邦法などが憲法に適合
するかに疑義などがある場合には、判断を下すと定められているが（93条1
項2号。抽象的違憲審査制）、わが国の裁判所はあくまで、民事事件などを裁判
するなかで、違憲審査権を行使するにすぎない点である（付随的違憲審査制）。

　　次に、高裁について、合議制であるが（裁判所法18条1項本
文）、**図表6-6**以外の場合は3人の（同条2項本文）、**図表6-6**
の場合は5人の合議体である（同項但書）。

　　最後に、地裁について、**法定合議事件**の場合（裁判所法26
条2項2号・3号・4号）はもとより、「合議体で審理及び裁判
をする旨の決定を合議体でした事件」（裁定合議事件）の場合
（同項1号）も合議制である。それらの事件以外の場合は、一
人制である（同項1号）。

[22] **法定合議事件**　法律にお
いて合議体で裁判すべきものと
定められている事件である。民
事事件の場合は、**図表6-3**の控訴
された事件（裁判所法26条2項
3号）、刑事事件の場合は、死刑
などにあたる罪にかかる事件（同
項2号）などがある。

コラム㉓　判例の変更

　判例とは、裁判所が判定の理由（▶本章［37］）中で法律問題（▶後述3
（2））について下した判断である（ただしそれ以外の意味もあり、判例という用
語は多義的である。また判例とは別に、裁判例という用語もあるが、やはり多義的
である）。判例がある場合は原則、裁判所はそれに従って裁判する。しかし例
外的に、社会の意識の変化などから、判例に従うべきでない場合がある。そ
の場合に行われるのが、判例の変更である。
　変更の対象には、最高裁の判例、大審院の判例などがある（民訴法318条1
項、刑訴法410条）。また、変更の主体は最上級の裁判所である最高裁のみで
あり（大法廷の場合（裁判所法10条3号）と小法廷の場合（最事規9条6号）があ
る）、違憲審査権の行使の場合（▶本章コラム㉒）と異なる。
　なお、裁判官は「憲法及び法律にのみ拘束される」から（憲法76条3項）、
下級裁判所はあえて、判例に反して裁判することもできる（それは、違憲で
も違法でもない）。そして、その積み重ねは判例の変更を後押しする場合があ
る。その意味で、下級裁判所も判例の変更へ寄与するのである。

（2）裁判される問題——事実審と法律審

　他方、2（2）で説明した審級は、裁判所が事件に関するど
のような問題を裁判するのかに関係する。その問題には、事
実問題と法律問題の2種類がある。前者は、事実の確定に関
する問題で、後者は、法令（憲法を含む）の解釈と適用に関す
る問題である。いずれの問題も裁判する審級が事実審、法律
問題のみを裁判する審級が法律審である。裁判の種類、審級
と事実審・法律審の関係は、次の**図表6-8**のとおりである。

★**最高裁のみが有する権能**　最
高裁は、司法行政を行う所でも
あるが（裁判所法12条。▶本章
［3］）、最高裁判所規則の制定（憲
法77条1項）や下級裁判所の裁
判官の指名（同80条1項。▶本
章コラム⑳）も、最高裁のみが
できることである。

図表6-8：裁判の種類、審級と事実審・法律審

裁判の種類		第一審	第二審	第三審
民事裁判	図表6-2 図表6-3	事実審 （民訴法180条以下）	事実審 （民訴法305条）	法律審 （民訴法312条1項）
刑事裁判	図表6-4 図表6-5	事実審 （刑訴法292条本文）	事実審 （刑訴法384条）	法律審 （刑訴法405条）
	図表6-6	事実審 （刑訴法292条本文）	法律審 （刑訴法405条）	——

なお、民事裁判と異なり（民訴法321条）、刑事裁判の場合、法律審は、事実問題も裁判する場合がある点に注意しよう（刑訴法411条３号）。

4　裁判①——公正な裁判と迅速な裁判

（1）公正な裁判①——司法権の独立

それでは次に、主に１（２）での裁判に関する概観を踏まえて、４と５で、裁判の基本的な事項について説明しよう。

そもそも、裁判は公正でなければならない。では、公正な裁判は、どのように保障されているのだろうか。

まず、裁判所や裁判官がほかから口出しされては、公正な裁判は期待できない。そこで憲法は、「すべて裁判官は、その**良心**[23]に従ひ独立してその職権を行ひ、この憲法及び法律にのみ拘束される」（76条３項）と定めて、司法権の独立を保障している（裁判所法81条）。そして司法権の独立は、**裁判官の身分の保障**[24]などによって確保されている。

「独立して」とは、ほかから影響されずにという意味であるが、対外的なものと対内的なものの２つがある。前者は、裁判所以外の機関からの独立であり、他方後者は、他の裁判所や裁判官からの独立である。なお、それら２つの独立は、旧憲法下でも保障されていた点に注意しよう（旧憲法57条１項、**裁判所構成法143条**[25]）。

[23] **良心**　裁判官としての良心、つまり「裁判官が適用する法のうちに客観的に存在する心意・精神」（清宮）である。したがって、「良心に従ひ」とは結局、「この憲法及び法律にのみ拘束される」と同じ意味である。

[24] **裁判官の身分の保障**　裁判官の身分は次のような、特に罷免、懲戒、報酬に関する保障を通じて保障されている（その他の点に関する保障は裁判所法48条を参照しよう）。まず、原則「公の弾劾によらなければ罷免されない」（憲法78条前段、裁判所法48条。最高裁の裁判官の場合、国民審査によっても罷免される。憲法79条２項・３項、裁判所法48条）。次に、行政機関によっては懲戒されない（憲法78条後段、裁判所法49条）。最後に、在任中は報酬が減額されない（憲法79条６項後段・80条２項後段、裁判所法48条）。なお、旧憲法下でも、裁判官の身分は保障されていた点に注意しよう（旧憲法58条２項・３項、裁判所構成法73条以下）。

[25] **裁判所構成法143条**　旧憲法下における司法権の独立の保障について定めていた規定である。「此ノ編〔第４編の「司法行政ノ職務及監督権」〕ニ掲ケタル前各条ノ規程ハ裁判上執務スル判事ノ裁判権ニ影響ヲ及ホシ又ハ之ヲ制限スルコトナシ」と定められていた。

コラム㉔　大津事件と児島惟謙の「活躍」

司法権の独立が侵されたのではないかが問題となった事件として著名なのが、旧憲法下で発生した大津事件（1891年）である。大津事件とは、大津町（現在の大津市（滋賀県））において、巡査津田三蔵が警備中、殺意をもって、ロシア帝国皇太子ニコライ・アレクサンドロヴィチへ斬りつけたが、ニコライを負傷させるにとどまった事件である。

内閣総理大臣松方正義などは、大審院長児島惟謙〔これかた〕などへ、大逆罪（旧刑法

116条。天皇、皇太子などを殺害する行為などに死刑を科す罪）を適用するように迫った。それに対して児島は、大津事件の裁判長だった大審院部長堤正己などへ、謀殺罪（同292条。「予メ謀テ人ヲ」殺害する行為に死刑を科す罪で、殺人罪（刑法199条）に相当するもの。ただし、大津事件は未遂の事件のため、無期徒刑（旧刑法17条１項。無期懲役（刑法12条１項）に相当する刑）などを科すことができるにとどまる。旧刑法113条１項）を適用するように説得した。それが功を奏して、大審院は、大逆罪でなく謀殺未遂罪の成立を肯定したのである（大判明治24年５月27日新聞214号27頁。刑は無期徒刑）。

　たしかに児島は、堤などを説得して、松方などの圧力に屈しなかったという点では、対外的な独立は護ったといえよう。しかしそれと同時に、堤などによる裁判へ影響を与えたという点では、対内的な独立は侵したといえよう。児島の「活躍」は著名だが、両義的だった点に注意しよう。

★津田三蔵のその後　裁判後、津田は、釧路集治監（北海道）へ収監されたが、裁判から約４か月後、肺炎で死去した。

（2）公正な裁判②──「公開裁判」

　次に、裁判が公開されなければ、公正な裁判であるかに疑念が生じる。憲法では、原告や被告と異なり、被告人に、「公開裁判を受ける権利」が保障されているが（37条１項）、裁判が公開されるべきことは、民事裁判でも同様である。憲法でも、裁判の種類を問わず、その「公開」が定められている（82条）。「公開」とは、公衆が傍聴することができる状態であるが、審理に相当する「対審」[26]と、判定に相当する「判決」（▶後述５（５））で、公開に関する規律が異なる。

　まず、「対審」は、「政治犯罪、出版に関する犯罪又はこの憲法第３章で保障する国民の権利が問題となつてゐる事件」の場合は例外なく、公開される（憲法82条２項但書）。他方、それ以外の事件では原則、公開される（同条１項）。ただし例外的に、「裁判所が、裁判官の全員一致で、公の秩序又は善良の風俗を害する虞があると決した場合」は公開されない（同条２項本文）。もっともその場合、裁判所は、「公衆を退廷させる前に」公開の停止とその理由を「言い渡さなければならない」（裁判所法70条前段）。

　次に、「判決」は、例外なく公開される（憲法82条１項・２項本文）。したがって、「対審」の公開を停止した場合、裁判

[26] 対審　民事裁判の場合は口頭弁論（▶第12章１（２））、刑事裁判の場合は、公判手続から判決宣告手続を除いた審理手続である（▶第14章３（２））。

★民事裁判のIT化と口頭弁論の公開　法制審は2022年、法務大臣へ、「映像と音声の送受信による通話の方法による口頭弁論」を行うことができるようにすることなどを答申した。インターネットで中継するなどして口頭弁論を公開することは答申されなかったが、今後の法改正の動向に注目しよう。

所は、「判決」を言い渡すとき、「再び公衆を入廷させなければならない」（裁判所法70条後段）。

（3）公正な裁判③——「公平な裁判所」

さらに、裁判を行う裁判所が当事者の一方に有利または不利になりそうな構成であれば、やはり公正な裁判は期待できない。憲法では、原告や被告と異なり、被告人に、**「公平な裁判所」**[27]の裁判を受ける権利が保障されているが（37条1項）、裁判を行う裁判所が「公平」であるべきことはやはり、民事裁判でも同様である。そこで、**除斥**[28]（民訴法23条、刑訴法20条）、**忌避**[29]（民訴法24条以下、刑訴法21条以下）、**回避（民事訴訟規則**[31]（民訴規）12条、**刑事訴訟規則**[32]（刑訴規）13条）という制度が定められている。

（4）迅速な裁判

最後に、裁判は迅速に行われなければならない。迅速でない裁判は、裁判それ自体を拒否するのと同じだからである。憲法では、原告や被告と異なり、被告人に、**迅速な裁判を受ける権利**[33]が保障されているが（37条1項。刑訴法1条）、裁判が迅速に行われるべきことは、民事裁判でも同様である（民訴法2条）。なお、「第一審の訴訟手続をはじめとする裁判所における手続全体の一層の迅速化を図」ることを目的とする、裁判の迅速化に関する法律（1条）が定められている。

▶▶▶ 5　裁判②——裁判の流れ

（1）裁判の始まり

では、4で説明したようにあるべき裁判は、どのように始まり、どのような光景で、どのように終わるのだろうか。

まず、裁判は、民事裁判の場合、私人による訴えの提起（民訴法133条1項）があったとき（**処分権主義**[34]）、他方刑事裁判の場合、検察官による公訴の提起（起訴ともいう。刑訴法247条）があったときに（**不告不理の原則**[35]）、始まる。言い換えれば、

[27] 公平な裁判所　「構成其他において偏頗の虞なき裁判所」という意味である（最大判昭和23年5月5日刑集2巻5号447頁。「偏頗」の「偏」にも「頗」にも、公平でないという意味がある）。

[28] 除斥　事件の当事者であるなどの法律に定められた事情がある場合に、いわば自動的にその職務の執行から排除されることである。

[29] 忌避　公正な裁判が行われないおそれのある事情がある場合に、裁判官などが、申立てに基づき、その職務の執行から排除されることである。

[30] 回避　除斥や忌避される事情がある場合に、裁判官などが自発的にその職務の執行から離脱することである。

[31] 民事訴訟規則　最高裁判所規則（憲法77条1項）のひとつで、民事裁判に関する事項について定めている。

[32] 刑事訴訟規則　最高裁判所規則（憲法77条1項）のひとつで、刑事裁判に関する事項について定めている。

[33] 迅速な裁判を受ける権利　被告人の権利であることの意義は、「個々の刑事事件について、現実に右〔迅速な裁判〕の保障に明らかに反し、審理の著しい遅延の結果、迅速な裁判をうける被告人の権利が害せられたと認められる異常な事態が生じた場合には、これに対処すべき具体的規定がなくても……審理を打ち切る……べきことをも認め」る点にある（最大判昭和47年12月20日刑集26巻10号631頁）。

[34] 処分権主義　訴えの提起がなければ、裁判は開始されないという考え方である。ただし、処分権主義は、裁判の開始に関する考え方にとどまらない点に注意しよう（第12章[18]も参照）。

[35] 不告不理の原則　裁判の開始に関する処分権主義と同じ意味であるが、刑事裁判の場合は、不告不理の原則という。刑

裁判所はいわば勝手に、裁判を始めることができないのである。

訴法378条3号は、不告不理の原則の表れである。

コラム㉕　裁判を受ける権利

　憲法では、すべての者に「裁判所において裁判を受ける権利」が保障されている（32条）。それには、次の2つの意味がある。第1に、民事裁判の場合、裁判所は裁判を拒否してはならないという意味である。なお、裁判を拒否した裁判官はかつて、処罰されたが（旧刑法283条2項）、現在は処罰されない。第2に、刑事裁判の場合、裁判所による裁判でなければ、刑は科されないという意味である。なお旧憲法下では、警察署長などが、違警罪（拘留（旧刑法28条、刑法16条）または科料（旧刑法29条、刑法17条）の刑にあたる罪。その典型は、軽犯罪法に相当する警察犯処罰令で定められていたものである）にかかる事件について、刑を科すことができた点に注意しよう（違警罪即決例）。ただし、「当事者ガ自ラ之ニ服スルコトヲ条件トシ其ノ意思ニ反シテ之ヲ強制スルカヲ有」しないから、「裁判官ノ裁判ヲ受クルノ権」（旧憲法24条）は侵害されないとされた（美濃部）。

　また近時、「裁判所において裁判を受ける権利」は注目された。最高裁は、憲法上、「裁判官以外の国民が裁判体の構成員となり評決権を持って裁判を行うこと」それ自体は禁止されていないと判断したが、その根拠のひとつとして、「裁判官ノ裁判」でなく、「裁判所において裁判」と定められているという違いを挙げたからである（最大判平成23年11月16日刑集65巻8号1285頁）。

（2）裁判の光景

　では、裁判が始まると、どのような光景が広がっているのだろうか。次頁の2つの図表で、登場人物も確認しよう。

　まず、民事裁判（**図表6-9**）について、原告とは、訴えを提起した者、被告とは、訴えを提起された者である。

　原告代理人と被告代理人はいずれも、原告や被告（本人）に代わって裁判に関する活動を行う者（**訴訟代理人**）であり、その典型は、本人からそのような活動を委任された弁護士である（民訴法54条1項本文）。なお、訴訟代理人（弁護士）は民事裁判に不可欠でない点に注意しよう（▶第12章1（1））。

[36] **訴訟代理人**　委任による場合と法令による場合の2種類がある（民訴法54条1項本文）。前者の例として、本文で説明する弁護士、後者の例として、国が当事者である裁判の場合の、国を代表する法務大臣によって指定された者（国の利害に関係のある訴訟についての法務大臣の権限等に関する法律2条）がある。

図表6-9：民事裁判
　　　　（単独体の場合）

図表6-10：刑事裁判
　　　　（合議体の場合）

（出典）裁判所ウェブサイトをもとに作成

★**裁判長は誰？**　裁判長も裁判官だが、合議体を構成する裁判官のうち誰が裁判長になるのかは、下級裁判所裁判事務処理規則5条2項・3項に定められている。

　次に、刑事裁判（**図表6-10**）について、検察官は、民事裁判の原告に相当する。しかし検察官は、原告と異なり、「公益の代表者」であるから、検察官には「裁判所に法の正当な適用を請求」する義務がある（検察庁法4条）。したがって、無罪を主張すべき場合がある。

　被告人は、民事裁判の被告に相当する。また弁護人は、民事裁判の被告代理人に相当し、原則弁護士である（刑訴法31条1項）。しかし弁護人は、訴訟代理人と異なり、単なる代理人でない。被告人の意思にかかわらず、活動することができる場合があるからである。また、「死刑又は無期若しくは長期3年を超える懲役若しくは禁錮にあたる事件を審理する」場合、弁護人が立ち会わなければ、開廷されない（同289条1項）。

　なお、被告人には、原告や被告と異なり、弁護人依頼権（弁護人選任権ともいう。憲法37条3項前段、刑訴法30条1項）と国選弁護人依頼権（憲法37条3項後段、刑訴法36条）が保障されている点に注意しよう（▶第14章1（4））。

★**検察官の意外な職務**　検察官の職務は、刑事事件の処理全般に及ぶが（▶第14章〔8〕）、それにとどまらない（検察庁法4条）。たとえば、検察官は、家裁へ、不適法な婚姻の取消しを請求することができる（民法744条1項）。

★**刑事裁判の光景の今昔**　刑事裁判の光景は今と昔で異なる。札幌市資料館のウェブサイトを閲覧して、検事（裁判所構成法6条1項中段・後段。検察官に相当する者）の位置が異なることを確認しよう。

コラム㉖　**裁判所書記官と裁判所速記官**

　図表6-9と**図表6-10**の裁判所書記官と裁判所速記官についても、簡単に説明しよう。

まず、裁判所書記官は、裁判所の職員（ただし、裁判官を除く）のひとつで、各種の裁判所に配置される（裁判所法60条1項）。裁判所書記官は、裁判所の事件に関する書類の作成などを行うほか、裁判官による各種の調査を補助する（同条2項・3項）。

　　次に、裁判所速記官も、裁判所の職員（ただし、裁判官を除く）のひとつで、各種の裁判所に配置される（裁判所法60条の2第1項）。裁判所速記官は、裁判所の事件に関する速記などを行う（同条2項）。しかし、人材の確保の困難さなどを理由に、1998年度から新規養成は停止された。そのため、民間業者が録音された裁判を反訳する場合があるが、現在でも、裁判所速記官が速記する場合はある。

（3）判定①──狭義の評議と評決

　さて、裁判は合議体で行われる場合があるところ、その場合、審理（具体的には▶第12章1（2）・第14章3（2））したのち、裁判所が判定を下すためには、意見を統一する必要がある。そのために行われるのが広義の評議（合議ともいう）である。広義の評議は、狭義の評議と評決から構成される。前者は、評決のために、構成員が意見を交換し、相談すること、後者は、狭義の評議に基づき、合議体としての意見を決定することである。

　まず、広義の評議は、裁判と異なり、非公開で行われる（裁判所法75条1項本文）。したがって、その内容は原則、秘密である（同条2項後段）。ただし例外的に、秘密が解除される場合がある。それは、**最高裁の裁判官の意見**[37]が明らかにされる場合である（同11条）。最高裁の裁判官には、下級裁判所のそれと異なり、国民審査があるからである（憲法79条2項・3項・4項）。

　次に、評決は原則、構成員の過半数の意見による（裁判所法77条1項）。ただし、それには例外があり、それは次の3つの場合である。第1に、「対審」を公開しないと判断する場合（憲法82条2項本文。▶前述4（2））、第2に、最高裁の大法廷で法令などを違憲と判断する場合（最事規12条）、第3に、裁判員制度の場合（裁判員法67条1項）である。

★広義の評議のあり方　広義の評議を開催し、その整理を行うのは、裁判長である（裁判所法75条2項前段）。裁判官は各自、意見を述べるが（同76条）、その順序は、裁判所構成法122条と異なり、裁判所法に定められていない。

[37] **最高裁の裁判官の意見**
多数意見と少数意見の2つに分類される。前者は、裁判官の全員または多数が一致した意見である。他方後者には、補足意見、意見、反対意見の3種類がある。補足意見とは、多数意見（ただし、補足意見のみが付された多数意見は法廷意見という）に加わった裁判官が多数意見に自己の見解を付け加えたものである。意見とは、多数意見と結論（主文）は同じだが、主文に至る根拠（理由）が異なるもの、他方反対意見とは、多数意見と主文も理由も異なるものである。

（4）判定②──事実の認定と法令の解釈

　では、裁判所が下す判定は、どのようなものなのだろうか。それには主に、事実の認定、法令の解釈、法令の適用の３つの要素が含まれる。それらのうち、事実の認定と法令の解釈には、民事裁判と刑事裁判で異なる点がある。

　まず、事実の認定について、裁判所は、自由な心証（判断）によっても（民訴法247条、刑訴法318条。自由心証主義。▶第12章１（４）・第14章３（４））、事実の真否を判断することができない場合がある。しかし裁判所は、それを理由に判定を放棄することができない。そこで裁判所は、一方の当事者に不利益に判断する。そのように判断される当事者の負担を、民事裁判の場合は証明責任、刑事裁判の場合は挙証責任という。民事裁判の場合、証明責任は原告と被告に分配されるのに対して、刑事裁判の場合、挙証責任は原則、検察官にのみある。被告人はまずは、無罪の者と扱われるからである（**無罪推定の原則**[38]）。ただし例外的に、検察官が挙証責任を負わない場合がある（**挙証責任の転換**[39]）。

[38] **無罪推定の原則**　有罪判決（▶後述５（５））が確定するまで、被告人などは、無罪の者として扱われるという考え方である。古くは、人及び市民の権利宣言９条に定められていた。世界人権宣言11条１項では、権利として定められている。

[39] **挙証責任の転換**　挙証責任が検察官から被告人へ移り、その結果、被告人が挙証責任を負うことである。たとえば、公共の利害に関する場合の特例における「真実であることの証明」の場合（刑法230条の２第１項）がある。

コラム㉗　証明の程度

　原告などによって主張された事実について、裁判所は、どの程度証明されれば、それが存在すると判断することができるのだろうか。

　まず、民事裁判における証明は、「経験則に照らして全証拠を総合検討し、特定の事実が特定の結果発生を招来した関係を是認しうる高度の蓋然性」の証明であり、「通常人が疑を差し挟まない程度に真実性の確信を持ちうる」かで判断される（最判昭和50年10月24日民集29巻９号1417頁）。

　次に、刑事裁判における証明は、「『真実の高度な蓋然性』をもって満足する」「いわゆる歴史的証明」であり、「通常人なら誰でも疑を差挟まない程度に真実らしいとの確信を得」られるかで判断される（最判昭和23年８月５日刑集２巻９号1123頁。最決平成19年10月16日刑集61巻７号677頁は、「合理的な疑いを差し挟む余地のない程度の立証」といい、その内容を敷衍する。▶第14章［35]）。

　以上を単純に比較すれば、証明の程度は、民事裁判と刑事裁判で異ならな

いかのようである。しかし、証明の程度は通例、民事裁判よりも刑事裁判の方が高度であるという。後者では、刑の言渡しという峻厳な効果が発生しうるからである（刑訴法333条1項）。

次に、法令の解釈について、裁判所は、類推解釈（▶第4章3（2）❷）という解釈方法を、民事裁判ではとることができるのに対して、刑事裁判では原則、とることができない。後者の場合、罪刑法定主義（憲法31条。▶第13章2）があるからである。ただし、類推解釈すると被告人に有利な場合は例外的に、裁判所は類推解釈することができる。

（5）判定③──裁判の終わり

さて、本章ではここまで、裁判とは審理と判定であると理解してきた。しかし、法学的な意味では、裁判とは、事件に関する裁判所などの判断である。ここでは、事件に対する裁判所の判断、つまり**判定の意味での裁判**[40]を取り上げよう。

裁判の典型は判決である。判決とは、特別の規定が定められていない限り、**口頭弁論**[41]を経なければならない裁判で（民訴法87条1項、刑訴法43条1項）、裁判所が行うものである。

第一審を念頭に置けば、判決の典型的な内容は、次のとおりであるが、民事裁判と刑事裁判で異なる。

まず、民事裁判の場合、裁判所は、原告の請求を認めるとき、主文がたとえば「被告は、原告に対し、〇円を支払え。」という請求認容判決を言い渡し、他方原告の請求を退けるとき、主文がたとえば「原告の請求を棄却する。」という請求棄却判決を言い渡す。

次に、刑事裁判の場合、裁判所は、「被告事件について犯罪の証明があつたとき」、有罪判決を言い渡す。その場合、裁判所は原則、主文がたとえば「被告人を懲役5年に処する。」というように、刑を言い渡す（刑訴法333条1項）。ただし例外的に、主文が「被告人に対し刑を免除する。」というように、刑の免除を言い渡す場合がある（同334条）。他方裁判所は、「**被告事件が罪とならないとき**[42]、又は**被告事件について犯罪の証**

★罪刑法定主義の根拠の今昔
古くはマグナカルタ39条、わが国では旧刑法2条・3条1項に定められていたが、刑法には定められていない。その制定当時、旧憲法で、「日本臣民ハ法律ニ依ルニ非スシテ……処罰」されない（23条）と定められていたからである。

[40] **判定の意味での裁判**　「最高裁判所は、大法廷又は小法廷で審理及び裁判をする。」（裁判所法9条1項）、「憲法その他の法令の解釈適用について、意見が前に最高裁判所のした裁判に反するとき」（同10条3号）などにおける「裁判」である。

[41] **口頭弁論**　「対審」（憲法82条。▶前述4（2））と同じ意味である。第12章[12]も参照。

[42] **被告事件が罪とならないとき**　被告人の行為が構成要件に該当しない場合、被告人の行為に正当防衛が成立する場合（刑法36条1項）、被告人が心神喪失の場合（同39条1項）などである（▶第13章4）。

明がないとき」[43]、主文が「被告人は無罪。」という無罪判決を言い渡す（同336条）。

　なお、判決を言い渡す方法も、民事裁判と刑事裁判で異なる。主文は、いずれの裁判でも、裁判長によって朗読される（民訴規155条１項、刑訴規35条２項）。しかし、理由は、民事裁判の場合、裁判長が、「相当と認めるときは、判決の理由を朗読し、又は口頭でその要領を告げることができる」（民訴規155条２項）にすぎないのに対して、刑事裁判の場合、裁判長が、「主文及び理由を朗読し、又は主文の朗読と同時に理由の要旨を告げなければならない」（刑訴規35条２項）のである。

　以上で、第一審の裁判は終わる。

[43] **被告事件について犯罪の証明がないとき**　検察官が犯罪の成立を証明することができなかった場合である。挙証責任は原則、検察官にあるということが含意されている。

コラム㉘　判決の内容の実現と執行官

　仮に第一審の判決が確定した場合、判決の内容はどのように実現されるのだろうか。

　まず、民事裁判における請求認容判決、つまり、主文がたとえば「被告は、原告に対し、〇円を支払え。」という場合は原則、債務者（被告だった者）が任意に債権者（原告だった者）へ〇円を支払うことによって、判決の内容が実現されるべきである。しかし、債務者が任意に債務を履行しなかった場合は例外的に、債権者による申立てに基づき、執行官などが債務者の財産に対して強制執行することにより（国家による暴力の行使！▶前述**はじめに**）、判決の内容が実現される（民事執行法）。

　次に、刑事裁判における有罪判決（刑の免除の判決を除く）の場合は原則、検察官による刑の執行指揮のもと（検察官執行指揮の原則。刑訴法472条）、刑事施設職員などによって判決の内容が実現される。ただし、次の２点に注意しよう。第１に、主文が「被告人を死刑に処する。」という場合は例外的に、まず法務大臣が執行を命令しなければならない点である（検察官執行指揮の原則の例外。同475条）。第２に、主文がたとえば「被告人を罰金〇円に処する。」という場合で、支払うことができるにもかかわらず、納付義務者（被告人だった者）が任意に〇円を支払わなかったときは例外的に、検察官の命令に基づき、納付義務者の財産に対して強制執行することにより、判決の内容が実現される点である（同490条）。

　最後に、判決の実現で活躍する執行官は、裁判所の職員（ただし、裁判官を

除く）のひとつで、地裁に配置されるが（裁判所法62条1項）、強制執行以外に
も、裁判所の発する文書の送達なども行う（同条3項）。国からの給与でなく、
事件の当事者から手数料を受けるという特殊な国家公務員である（同条4項）。

6 おわりに

振り返れば、本章では最初、裁判所を、紛争を解決する国家機関とした。言い換えれば、裁判の対象は紛争だった。しかしその後、裁判の対象を事件としたが、それは、司法の定義を踏まえれば、具体的な争訟である。そして、具体的な争訟は、裁判所法でいう**「法律上の争訟」**[44]（3条1項）である。つまり、裁判所は、紛争でなく、そのうちの「法律上の争訟」を解決する国家機関にすぎないのである。しかし、それも正確でなく、裁判所は原則、「法律上の争訟」を解決する国家機関であるにすぎない。例外的に、**裁判することができない「法律上の争訟」**[45]があるからである。しかも、それには明定されていないものすらある。たとえば、地方公共団体の議会による出席停止の懲罰のような、「自律的な法規範をもつ社会ないしは団体」における「内部規律の問題」といえるものである（**山北村議会出席停止事件判決**[46]）。

以上のとおり、裁判の対象は予想外に（？）狭い。しかし近時、最高裁は、山北村議会出席停止事件判決を変更し、「普通地方公共団体の議会の議員に対する出席停止の懲罰の適否は、司法審査の対象となる」と判断した（**岩沼市議会出席停止事件判決**[47]）。また法廷意見には、「法律上の争訟については……本来、司法権を行使しないことは許されないはずであり、司法権に対する外在的制約があるとして司法審査の対象外とするのは、かかる例外を正当化する憲法上の根拠がある場合に厳格に限定される必要がある」という補足意見が付された。

岩沼市議会出席停止事件判決は、裁判の対象でなかったものを裁判の対象としたという意味で、当事者が救済される余地を広げたと評価することができ、注目に値する。今後、裁判の対象の範囲は、さらなる広がりを見せるのだろうか。

[44] 法律上の争訟 〔①〕当事者間の具体的な権利義務ないし法律関係の存否に関する紛争であって、かつ、〔②〕それが法令の適用により終局的に解決することができるもの」である（最大判昭和56年4月7日民集35巻3号443頁）。したがって、①でない紛争（たとえば「主観的意見又は感情に基〔づ〕く精神的不満」。最判昭和28年11月17日行集4巻11号2760頁）、他方①だが、②でない紛争（たとえば、錯誤（民法旧95条）の存否を判断するのに、「信仰の対象の価値又は宗教上の教義に関する判断」が不可欠な場合。前掲・最判昭和56年4月7日）は「法律上の争訟」でない。

[45] 裁判することができない「法律上の争訟」 明定されているのは、次の2つの場合である。第1に、「日本国憲法に特別の定のある場合」（裁判所法3条1項。「議員の資格に関する争訟」（憲法55条）と裁判官の弾劾（同64条）である）、第2に、国際法上わが国の司法権が及ばない場合（たとえば外国の外交官による刑事事件の場合。外交関係に関するウィーン条約31条1項前段）である。

[46] 山北村議会出席停止事件判決 最大判昭和35年10月19日民集14巻12号2633頁。事案は、山北村（現在の村上市（新潟県））議会議員X₁と同X₂が、議会によって科された出席停止（3日間）の懲罰の無効などを請求したものだった。

[47] 岩沼市議会出席停止事件判決 最大判令和2年11月25日民集74巻8号2229頁。事案は、岩沼市（宮城県）議会議員Xが、議会によって科された出席停止（23日間）の懲罰の取消しなどを請求したものだった。

第7章

法と社会の歴史——西洋と日本

━━━━▶ はじめに

> 若しも誰れか特志な人があつて現在沢山ある日本の法律
> 書を英語なり仏蘭西語なりに訳して欧米人に見せたら、彼
> 等は果して何と云ふだらう。若しも彼等の中に地理も歴
> 史も知らぬ人があつたと仮定したら、其人はきつと日本
> と謂ふ国は欧米の何所かに位する一小国に違ひないと思
> ふだらう。又彼等の中に書物を通し又は人口を介して幾
> 分なり日本の何物なるかを知つてる人があるとすれば、
> （ マ マ ）
> 其人は必ずや、僅か五六十年の短時日の間に一躍封建時
> 代から欧米と同等の文明にまで向上した「日本」は何と
> 云ふ不思議な国だらうと謂ふて驚くに違ひない。〔出典：
> 末弘厳太郎『物権法　上』（有斐閣・1922年）〕

　この文章は、今から約100年前に**末弘厳太郎**[1]という民法学者によって書かれたものである。ここには舶来の「法学」への距離感がいささか皮肉っぽく描かれているわけだが、筆者にはこれが、大学に入って初めて法学なる学問に触れたときに多くのみなさんが抱くことになるある種の違和感（拒否感？）と、結びついているように思われる。日本語で書かれているはずなのにすらすらと読み下すことのできない法律書を読むことは、まるで外国語を読んでいるかのような苦痛をみなさんに与えているのではないだろうか。

　この苦痛は主として、明治維新から「僅か五六十年」で形成された「近代法」が、西洋法の継受（レセプション）により形成されたことに原因がある（▶第8章2〜4）。約100年前の法律家・法学者たちは、複数のヨーロッパの国制を比較しながら継受して整

[1] **末弘厳太郎**（1888〜1951）東京帝国大学法学部教授。民法学を専攻したが、本文で述べるように、ドイツ法の影響の強かったその方法論を批判し、日本の法社会学の創始者となった。大正デモクラシー期には農村における地主と小作人の間の紛争や都市における労働問題にも関心を広げ、戦後改革に際しては労働法制の整備に携わったが、戦時下に体制迎合的な言動を行っていたことを理由に教職追放となった。

▲末弘厳太郎

えられた法制度を、「模範国」ドイツ（プロイセン）から受容した法解釈方法によって**演繹**的かつ論理的・体系的に解釈しようとした（**法学的摂取**[3]）。みなさんが読まされているのは、いわば「日本語で書かれてこそいるものの、実際にはドイツ由来の抽象的な概念が満載のテクスト」なのである。末弘が見出したのは、このような経緯の帰結として生じた「日本の法律書」のなかの「法」と、実際に社会において働いている「法」のズレであった（▶後述4）。

　本章では、**第1章～第6章**において叙述された法および法学の一般的なあり方について歴史的・社会的な背景から考察し、第II部において叙述される具体的な各領域の法と法学について考えるための前提を提示したい。

1　西洋法と非西洋法
——比較法からのアプローチ

（1）実定法学と基礎法学

　法学の「本体」となるのは、ある社会において現実に法として効力をもっている法、すなわち「実定法」を対象とする「法解釈」である（▶第4章）。そして法学の主な機能とは、当該社会において発生した紛争を解決するために、実定法を厳密に解釈して、紛争に対してその解釈の結果を適用することである（▶第1章）。

　このような学問を法解釈学あるいは実定法学と呼ぶわけだが、法学のなかには、これらと対置される**基礎法学**[4]という学問が含まれている。当該社会——近代においてはさしあたり**国民国家**[5]が想定されるであろう——における法的安定性の確保という観点から、法解釈学（実定法学）は「答えが一つである」かのように振る舞うことを求められ、それゆえに、「通説」や「判例」が重視されることになる。法解釈学（実定法学）は、社会を安定させるために必要なある種の「技術」としての側面があるということもできるだろう。

　このような「技術」としての法学に対して、そもそも「法」

[2] 演繹
▶第4章 [6] 参照。

[3] 法学的摂取　比較法学者野田良之（1912～1985）が提唱する日本近代における「外国法の摂取」の一段階。野田は、明治初年から中葉にかけての「立法的摂取」の時代に、初期にはイギリス法とフランス法、のちにドイツ法を模範とする立法が行われたあと、ドイツ法学を摂取して日本の法学が形作られたと論じ、その影響力の大きさを、戦後の末弘の回顧を引用して「ドイツ法に非んば法にあらず」というような状況だったと述べる。

[4] 基礎法学　しばしば誤解されるが、基礎法学は法学の「基礎」というよりも、法について学問的なアプローチを行うという応用的、もしくは理論的な性質のものであり（基礎法（学）という用語は、第二次世界大戦後に用いられ始めた日本独自のものである）、端緒的な試みは古代からみられるものの、19世紀のドイツにおいて成立を見たものがほとんどである。このことは、詩人であり歴史学者のシラー（1759～1805）により「パンのための学問（Brotwissenschaft）」と揶揄された法学の学問としてのあり方が、その後のドイツにおける大学改革の結果、質的に変化したことと無関係ではない。なお法社会学は、基礎法学のなかでも比較的新しい領域であるが、これは、デュルケーム（1858～1917）やヴェーバー（1864～1920）らによる社会学理論と同じく、19世紀末から20世紀初頭にかけて生じた社会変動に対応して成立したというその学問的性質の反映である。

[5] 国民国家　当該領域国家に居住する人々が、自分たちを当該国家に所属している「国民」であるという認識をもっている状態。アンダーソンはそのような「国民」意識がメディアを通じて人為的に構築される点に着目し、国家は「想像の共同体」であるとした（ベネディクト・アンダーソン／白石隆＝白石さや訳『定本 想像の共同体——ナショナリズムの起源と流行』（書籍工房早山・2009年））。

とは何かということを考えるのが基礎法学である。そのなかには、「法」に対する歴史的アプローチを試みる法制史（法史学）、異なる社会における「法」のあり方との差異を検討しようとする比較法（外国法）、社会における「法」の役割とその乖離について明らかにしようとする法社会学、そもそも「法」とはどのようなものなのかを探求しようとする法哲学（法理学）などが含まれる。

（2）比較法と西洋法の伝播

本章の冒頭に引用した文章で、末弘厳太郎は「日本」と「欧米」の差異を認識しているわけだが、その背景には、「日本」と「欧米」にはそれぞれ異なる「法」が存在しているという暗黙の前提がある。このような、それぞれの社会における「法」のあり方の差異について明らかにしようとするのが、比較法という学問である。法の継受（および変容）とは、異なる法体系の間に生じる影響関係を比較法的観点から検討しようとする営みであると言い換えることもできる。

「社会あるところ法あり」という**法諺**[6]が示すように、人間が複数存在しているところには必ず何らかのルールが存在する。世界史上数多く存在した様々な「文明」には、その文化レベルに応じた特色を有した「法」が備わっていたと考えられている。別の言い方をすれば、「文明」と呼ぶことができる程度に洗練された人間の集団であれば、その集団を統御するためのルールもまた整備されるのである。

しかし、現在の世界において「法」として機能しているルールのほとんどは、ヨーロッパを中心に形成された西洋法の影響を受けたものである。イスラーム法などの例外はあるものの、近代における「法」は、おおよそ西洋法を範型として形作られているといってよい。明治期以降の日本がそうであったように、非西洋社会においては西洋法の継受が「近代法」のスタンダードな形成の手段なのである。このことは、資本主義経済の広がりと軌を一にする西洋諸国の「世界分割」、すなわち、帝国主義に基づく植民地獲得競争と表裏一体の関係にあることはいうまでもない。

[6]　**法諺**　その意味については第1章 [1] を参照。法諺のほとんどはラテン語であるが、本文で述べるようにローマ法を継受した大陸法だけでなく、その影響が相対的に希薄であった英米法においても、たとえば判決の中核的な内容をなす部分（判決理由）を現在でもレイシオ・デシデンダイ（ratio decidendi）と呼ぶように、法学においてラテン語は特権的な地位を与えられた言語である。

基礎法学において、西洋法制史と独立して「ローマ法」が分野として設けられる場合があることは、上記のラテン語の特権的な地位とも関係している。このことは同時に、ローマ法についての知見が、私たちが自明のものとして捉えている「近代／近代法」の前提そのものについての深い思索をもたらす可能性をも示唆する。このことを意識的に初学者向けの著作を通じて展開しているローマ法学者として、木庭顕（東京大学名誉教授：1951〜）がいる。法学部における「学習困難者」に向けた演習を素材とした『法学再入門　秘密の扉　民事法篇』（有斐閣・2016年）、中高生との対話をもとにした『誰のために法は生まれた』（朝日出版社・2018年）などは、主著『政治の成立』『デモクラシーの古典的基礎』『法存立の歴史的基盤』（東京大学出版会・1997〜2009年）のエッセンスを踏まえながらも平易に叙述され、「法とはなにか」を改めて考えさせる著作である。

コラム㉙　イスラーム法の世界

　イスラーム世界において現在においても規範としての通用力をもっている
イスラーム法は、学者によって解釈されることにより体系化されるという点
で「学識法」としての特徴を備えている。聖典であるコーラン（クルアーン）
と預言者ムハンマドの言行であるスンナ（および、それを集録したハディース）
に現れたイスラームの生き方、すなわち、「水場に至る道」の意味をもつシャ
リーアに基づく行為規範の体系であるイスラーム法は、法学者たちの営為に
よって構築されている。明文の規定が存在しない場合に法学者が行う「努力」
を「イジュティハード」と呼び、かつては、8〜9世紀に活躍した四大法学
祖の説を敷衍することしか許されないとして「イジュティハードの門は閉ざ
された」とする立場もみられた。

　ムスリムにとって、イスラーム法は生活原理・行動原理を分かちがたく結
びつけるものであり、そのため、イスラーム法は「前近代的」なものとして
取り扱われることもある。しかし、本章で述べるように、「近代」という価値
自体はすぐれて歴史的な概念であり、17世紀におけるヨーロッパ国際社会の
成立と軌を一にして形成されたものである。イスラーム法は西洋法とは異な
る「文明」の法であり、その伝播によって、既存の法システムとのイスラー
ム法との重層性が生じた国もみられる。また、西洋型の法システムの整備に
あたっても、家族法や取引法の領域で法秩序に取り込まれたイスラーム法が
独自の発展をみせていることがある。

　西洋とイスラームの価値が衝突する場面としてしばしば取り上げられるの
が、ヴェールをはじめとする「シャリーアに則った衣服」の着用をめぐる問
題である。1979年のイスラーム革命後のイランをはじめとするムスリム社会
で女性にヴェールの着用が求められていることと、フランスの公立学校にお
いて憲法が定めるライシテ（laïcité：非宗教性）を重視して「誇示的」な宗教
シンボルの着用が禁じられたことは、この衝突の顕著な例であろう。なお、
憲法によりイスラームを国教とし、シャリーアの諸原則を「立法の主要な源
泉である」と定めるエジプトにおいては、1970年代から女性たちが自発的に
ヴェールを着けるようになり、1980年代から治安上の問題やコミュニケー
ション阻害の助長という理由でヴェールの着用が禁じられた際、複数の裁判
が発生している。興味深いことにこれらの裁判では、シャリーアの遵守と人
身や信仰の自由の尊重が同時に主張され、イスラームの価値をめぐる態度に
はゆらぎがみられる（後藤絵美『神のためにまとうヴェール──現代エジプトの女
性とイスラーム』（中央公論新社・2014年））。

（3）　日本法の比較法的位置づけの困難さ

　しかし、西洋法を継受したからといって、既存の社会にお
いて運用されていた「法」が完全に「上書き」され、塗り変
えられてしまうわけではないことは、末弘厳太郎の指摘をま
つまでもなく明らかであろう。実定法を西洋法型に整備した
からといって、その社会がいきなり西洋社会に組み替えられ
るわけではないのである。

　このことは、比較法の中心的なテーマである**法系（法圏）
論**[7]、すなわち、異なる法体系の分類・比較の方法および射程
にも結びつく。もし、比較対象をごく狭く捉えて実定法のみ
に着目するならば、世界のほとんどの法体系は西洋法に分類
されることになり、その下位分類である大陸法と英米法のど
ちらにより強く影響されているかが検討されれば足りること
になる（▶後述2（1）・（2））。しかし、これまで述べてきた
ように、実定法の背景には様々な歴史的・文化的要因が存在
しているため、非西洋法はこれらの要素——フランスの比較
法学者**ルネ・ダヴィド**[8]はかつて「イデオロギー」として取り
扱い、のちに「哲学的・宗教的」な観点を強調しようとした
——を勘案して、西洋法とは異なる法体系として取り扱われ
ることが多い。

　中華文明の周縁に位置する日本は——そもそも「日本」と
いう国号自体が中華帝国に対する外交上の文脈で設定された
ものであるが——古代において中国法（律令法）を継受して
いるが、その後武家社会において多元的な法体系が形成され、
近世にはある程度洗練された「法」を備えるに至っていた（▶
後述3（2）〜（4））。明治前期から中期にかけての西洋法継受
は、日本社会にすでに存在していた「法」を「上書き」する
のではなく、その上に重層的に積み重なるような形で行われ
たのである。その結果、比較法的な観点からは、日本法は西
洋法とも、中華文明において用いられた律令法とその背景と
なる儒教文化などにより特徴づけられる東アジア法（極東法）
とも言い切れない、分類の難しい法体系と位置づけられるこ
とになる。

[7]　**法系（法圏）論**　立法や解
釈にあたって外国の法を比較す
ること自体は古代から広く行わ
れており、法の継受が行われた
場合には、その継受元となる国
（母法国）の法を参照する必要が
生じることはいうまでもない（近
代日本におけるドイツ法および ド
イツ法学の参照はその典型であ
る）。このような研究領域を「外
国法」と呼ぶが、これに対して、
法の比較それ自体を目的とする
（狭義の）比較法の中心的な関心
となるのが「法系（法圏）論」で
ある。その研究が本格化したの
は20世紀に入ってからであり、
（狭義の）比較法もまた、基礎法
学のなかでは新しい領域といえる
であろう。このような歴史の短さ
もあって、世界の法をどのような
基準で分類し、どのようにグルー
ピングするかといった方法論につ
いては——「法系」や「法圏」、「法
族」といった用語も含めて——
現在でも一定していない。

　法系（法圏）論には様々な困難
が伴うが、その大きな要因は、法
秩序は歴史的に形成される動態
的なものであり、静態的な比較に
なじまないという点にある。この
困難さを示す実例が社会主義法
（ソヴィエト法）であろう。資本
主義と根本的に異なり、私有財
産制を否定して計画経済を実施
する社会主義法は、第二次世界
大戦後に東欧諸国、および、中
華人民共和国をはじめとする東
アジア諸国に継受され、同時代
の比較法学者は独自の法系（法
圏）を構築するに至ったと考え
られたが、冷戦の終結とソ連の
崩壊に伴い、社会主義法は急速
に消滅へと向かっている（現代中
国については**コラム㉜**を参照）。

[8]　**ルネ・ダヴィド**（1906 〜
1990）　グルノーブル大学、パリ
大学、エクス・マルセイユ大学教
授。ダヴィドは「法族」という用
語を用い、『比較民法要論』（1950
年）において西欧法族、ソヴィ
エト法族、イスラーム法族、ヒン
ドゥー法族、シナ法族の区分を提
唱し、『現代の諸大法系』（1964
年）においてはローマ・ゲルマン
法族、コモン・ロー法族、社会主
義法族、哲学的・宗教的法族（イ
スラーム法・ヒンドゥー法・極東
法）の区分へと発展させた。

このように蓄積された歴史的・文化的要因は、しかし、西洋から継受された実定法そのものの理解を妨げることにもつながる。まったく異なる歴史的・文化的背景をもつ西洋社会から——帝国主義に基づく資本主義経済に飲み込まれないようにするという必要に迫られて——いわば「ヨコのものをタテにする」ように強引に移転されてきた「法」の含意を、末弘の問いから約100年が経過した現在においても、私たちはなお十分に消化できていない可能性が高いのである。

2 西洋法のあゆみ ——法制史からのアプローチ①

（1）西洋法の淵源——「学識法」としての大陸法

　もちろん、西洋法が世界中で継受されたことは、単に世界史上の力関係のみによって説明されるわけではない。現在の日本で学ばれている法学が自明の前提とする「近代法」のあり方は、ヨーロッパにおける歴史的過程を踏まえて理念化され、権利概念を重視すること、権力の抑制をはかることなどを主要な要素とするその価値の普遍性ゆえに世界に広がったものであることは、強調して然るべきである。とりわけ、非西洋法と対比して重要なことは、西洋法においては互いに対等な立場にある人々の関係を「権利」概念を中心に規律する民法が法体系の中核的な位置を占めていることである。このことと親和性の高い法体系として、まず、ローマ市民を対象とする市民法（ius civile）を淵源にもち、成文法を主な法源して、法学者を中心とする学識者によって形成された「大陸法（Civil Law）」について概観しよう。

　紀元前500年頃に共和制へと移行した都市国家ローマにおいては、慣習法をまとめた**十二表法**[9]が制定されたが、ローマがその統治領域を拡大し、それに伴って取り扱う必要のある問題がより多く発生するようになると、**法務官**[10]による補充が行われた。さらに、ローマが地中海帝国へと変化する過程で、属州の外国人とローマ市民との間に発生する法的問題を解決

★**法律用語の翻訳**　明治初期に西洋法の継受を行うにあたって当時の人々が苦労したのが法律用語の翻訳であった。たとえば、「権利」という用語は、アメリカの外交官・国際法学者ウィートン（1836〜1848）の著作の中国語訳である『万国公法』において英語の right の訳語として、また、オランダ留学を経た津田真道（1829〜1903）の著作『泰西国法論』においてオランダ語の regt の訳語として、かなり早い段階から現れている。しかし、ドイツ語の Recht、フランス語の droit などにも含まれる「正しさ」という意味——ラテン語の ius まで遡ることができる——が、「権利」という用語には十分汲み取られていない。津田も含めて幕末の蘭学者にも認識されていたこの「脱落」について、福沢諭吉（1835〜1901）は様々に試行錯誤し、『学問のすゝめ』においては、英語の right に対応する訳語として「権理通義」という訳語を創出し「正しい理に立脚して行使する力」の意味であることを示そうとした（岩谷十郎「法文化の翻訳者—ことばと法と福沢諭吉」『福沢諭吉年鑑』30号（2003年））。

[9] **十二表法**　紀元前450年頃制定。既存の慣習法を成文化したもので「すべての公法および私法の源泉」と称され、民会の議決に基づく単行法令（法律（lex））は制定されたものの、市民法大全（▶本章[13]）に至るまでこれに代わる法典は制定されなかった。

[10] **法務官**　政務官のうち司法を管掌する者。前242年に外国人同士、および、ローマ市民と外国人の間の紛争を解決するために「外国人係法務官」が設置され、属州の増加に応じて増員された。

する必要が生じ、**万民法**[11]が形成される。帝政へと移行した後のローマにおいては、212年に帝国の全自由人にローマ市民権が付与されたことで万民法は市民法に吸収され、普遍性を帯びた市民法が形成された。皇帝によって**解答権**[12]を与えられた法学者たちの知的営為により、帝政初期のローマ法は高度な学問的発達をみせることになる。

　ローマ帝国は284年に東西に分裂し、東ローマ帝国においてはユスティニアヌス帝のもとで学説彙纂・法学提要・勅法彙纂・新勅法からなる**市民法大全**[13]（Corpus Iuris Civilis）が編纂される。このうち「学説彙纂」を示すギリシャ語をドイツ語表記にしたものがパンデクテンである（▶**第2章5（3）・第8章4（4）**）。一方、西ローマ帝国が滅亡したあと、西ヨーロッパにおいてしばらく「忘却」されていたローマ法はイタリアで再発見され、世界最古の大学であるボローニャ大学を中心とする諸大学で生じた**12世紀ルネサンス**[14]のもとで、「書かれた理性」として**注釈学派**[15]の素材となった。

　さて、特に注釈なしに「法の継受」という場合、中世から近世にかけてのヨーロッパにおけるローマ法継受を指すことが多い。しかし、同じ大陸法に含まれるものの、西ローマ帝国崩壊後に成立したフランク王国が9世紀に分裂し、その一部をなした西フランク王国の後裔であるフランスと、中フランク王国（ロタール国）と東フランク王国を経て10世紀に成立した神聖ローマ帝国の一部であるドイツでは、その継受のあり方に違いがある。中世フランスにおいては、上述した「注釈学派」の影響が大きかった南部においてローマ法が**普通法**[16]として適用される一方、北部においては既存の慣習法が実務において重視され、1510年に成立した**パリ慣習法**[17]をはじめとして、各地において慣習法の編纂事業が行われた。また、ローマ法をあくまで学問的に取り扱おうとする動きがあったこともあり、ローマ法の継受は――少なくとも全面的な形では――生じなかったとされる。

　これに対して、中世ドイツにおいては、1495年に**帝室裁判所**[18]の裁判官の半数をローマ法に通じた学識者とすることが定められたことも影響して、各地の大学でローマ法が講じられ、

[11] **万民法**　ローマ市民以外も対象とする万民法は、衡平や善といった普遍的な価値に従って運用される必要があり、のちの市民法に普遍性を付与することとなった。

[12] **解答権**　ローマにおいて元首政を確立したアウグストゥス（前63～14）が導入した、主要な法学者に有権解釈を認める制度。

[13] **市民法大全**　学説彙纂（Digesta）は解答権のある法学者の著作を精選のうえ抜粋したもの、法学提要（Institutiones）は法学教育のため作成されたもの。勅法彙纂（Codex）・新勅法（Novellae）は皇帝が発出した法令をまとめたもの。なお、市民法大全という呼称は後世のものである（▶**本章コラム㉚**）。

[14] **12世紀ルネサンス**　14世紀イタリアに先立ち、ラテン語写本の再発見とギリシャ語・アラビア語経由での伝達などにより生じた。法学は、神学・医学とあわせた専門学として、3学（文法学・論理学・修辞学）4科（算術・幾何・天文・音楽）で構成されるヒューマニティーズ（自由学芸）とともに大学で講じられるようになった。

[15] **注釈学派**
▶**第2章**[12]参照。

[16] **普通法**　理性に基づく普遍的な法原理。局地的な法が存在しない場合に適用され、ローマ法とともに教会法（▶**本章コラム㉚**）が長らくその内容を占めた。

[17] **パリ慣習法**　北部慣習法地域の普通法として、後述するナポレオン法典の素地ともなったが、慣習法を統一しようとする営為自体が、ローマ法学の影響を受けたものでもあった。その意味では、南北フランスの差異を強調しすぎることも適切ではない。

[18] **帝室裁判所**　15世紀の「帝国改造運動」を受けて、フェーデ（封建貴族や都市の間で行われた自力救済）の禁止を規定した永久ラント平和令の違反者を処罰することなどを目的として設置された。

実務を通じたローマ法の継受が行われた。すなわち、ドイツ諸領邦・都市においては、継受されたローマ法を帝国の「普通法」として第1の法源としつつ、既存の慣習法を学識化して第2の法源とする「パンデクテンの現代的慣用」が行われたのである。

コラム㉚　教会法（カノン法）

　ヨーロッパの歴史とキリスト教は不可分に結びついているが、いうまでもなく、キリスト教はもともと中東で発生した宗教である。313年にローマ帝国において公認され、392年にその国教となったキリスト教は、ローマを中心とするカトリック（西方教会）とコンスタンティノープルを中心とするオーソドクス（東方教会）に分かれていくが、このうちカトリックの教皇レオ3世は800年にフランク王カールを西ローマ帝国皇帝に任じ、フランク王国分裂後の962年に教皇ヨハネス12世がドイツ王・イタリア王であるオットー1世を皇帝に任じたことで神聖ローマ帝国が成立した。

　皇帝による領域支配と密接に結びついていた教会の権威は、しかし、教皇グレゴリウス7世と皇帝ハインリヒ4世の間で生じた叙任権闘争を頂点とする10〜12世紀の「教会改革」により変質し、1122年のヴォルムス協約によってローマ教会が叙任権を明確に獲得したことで、世俗の権力と分離された教会の権威が確立される。グラティアヌスの「矛盾教会法令調和集」（1140年頃、通称「グラティアヌス教令集」）をはじめとする教会法（カノン法）の採録が盛んに行われたのも、このことの反映である。その後編纂された教会法の法令集をあわせたものをカノン法大全（Corpus Iuris Canonici）と総称するが、これは市民法大全と対になる名称となっている。

　教会法はローマ法とともに「普通法」として適用されたほか、12世紀からローマ法とともに学問的な検討の対象となり、大学でこの双方を修めた者は「両法博士」として権威をもった。その学識は各領域の法学方法論に影響を与え（たとえば刑事法における糾問、婚姻や契約の手続など）、さらに、自然法思想にも影響を与えた。

（2）西洋法の淵源──「法曹法」としての英米法

　ところで、「大陸法」という表現は、イギリス──13世紀

のウェールズ併合、18世紀のスコットランド合邦まではイングランドのみであったが——からみた「ヨーロッパ大陸の法」という意味をもつ。これに対してイギリス、および、その植民地であったアメリカ合衆国において形成された「英米法（Anglo-American Law）」は、判例法を主な法源としたうえで、帰納的な方法（▶第4章 [6]）を用いて裁判官を中心とした法曹により形作られたものであり、大陸法とは異なる部分が多い。

　英米法の中核的な概念であるコモン・ロー（common law）は、「王国の一般的慣習」による国王の裁判権を拡大し、各地に巡回裁判官[19]を派遣して各地の慣習を淘汰することを通じて12～13世紀に形成されたものである。中世から近世にかけてのフランスおよびドイツに比較すると、イギリスにおいてはそもそもローマ法の影響が希薄であったということができるが、その背景には、11世紀のノルマン・コンクエスト以降征服王朝としてイギリスを統治した国王の権力が、ヨーロッパ大陸のものよりも相対的に強力であったという事情が存在する。一方、コモン・ローは裁判官の判決の歴史的蓄積により形成されるため、先例に従った処理が行われることに起因する硬直性が問題視されるようになる。「衡平」の観点から救済が求められるような事例に対する請願が増加した結果、15世紀には大法官裁判所[20]においてこれらの請願を処理するエクイティ（equity）が、コモン・ローから独立した法体系として確立した。

　コモン・ローの担い手である法律家は13世紀頃から出現し始めており、現在のイギリスにおけるソリシタとバリスタ[21]の起源となる人々がこの頃から活動を行っていた。また、法律家の育成機関である法曹学院[22]や、裁判官が基本的にはバリスタから選出される法曹一元制度も、同様に長い歴史をもつ。

　さて、成文法を法源としない英米法にとっての「権利」概念の重要性は、「市民法」を淵源とするローマ法が継受され、後述のように成文法の形で民法典が整備された大陸法諸国ほど明瞭ではないと思われるかもしれない。しかしこの点については、1215年という極めて早い時期にマグナカルタ[23]（大憲

[19] 巡回裁判官　ヘンリ2世（1133～1189）が派遣を開始。国王の代理人として裁判を行った。13世紀には、ウェストミンスターに固定した裁判所が置かれるようになった。

[20] 大法官裁判所　ヘンリ1世（1068～1135）が設置した尚書部が前身。衡平の観点から救済を求める請願を処理することで、国王裁判所とは別の司法機関となった。

[21] ソリシタとバリスタ　イギリスでは現在でも、日本における司法書士や行政書士などの準法曹（パラリーガル）が行う法的業務を主として担うソリシタと、法廷において弁護を行うことが許されているバリスタが分かれている。

[22] 法曹学院　もともとは訴訟代理人であるサージャントから法曹養成教育を受ける人々の宿舎であり、現在もバリスタの養成機関として維持されている。なお、穂積陳重（▶第8章 [62] およびコラム㉝）は法曹学院のひとつであるミドル・テンプルに学び、バリスタの資格を得ている。

[23] マグナカルタ
▶第9章 [4] 参照。

章）が成立したことを考えれば、必ずしもそうではないことがわかるだろう。マグナカルタの成立は、王の専横を批判して「法の支配」の理念を示し、国王の政策を議会がチェックすることを通じて、のちの「議会主権」の確立へとつながっていった。このことは、王権の強化に対峙する形で17世紀に発生した**イギリス革命**^[24]において、同時代の思想家**ロック**^[25]の自然権思想に支えられた権利請願から権利章典に至る文書が発出される前提条件となり、18世紀の**アメリカ革命**^[26]の過程で、ヴァージニア権利章典や独立宣言に盛り込まれた普遍的な「権利」概念に接続する（▶第9章1）。

　一方で、アメリカ合衆国をはじめとするイギリスの植民地以外の領域においては、英米法はさほどの広がりをみせていない。英米法の継受は「移植（transplant）」と呼ばれることがあるが、この用語法は、「太陽の沈まぬ国」であった大英帝国が植民地に対して司法制度とそれを支える人的資源を輸出し、統治手段として用いられることによって初めて英米法が形成・定着するということを示唆する。

（3）「科学革命」──神の秩序から人の秩序へ

　身分制秩序により構成された土地と人のつながりを基礎とする社会（封建社会）であったヨーロッパにおいて18世紀末、フランス革命を契機として「近代国家」が成立する。その背景には、気候変動による凶作、長期にわたってドイツを疲弊させた30年戦争や各地で勃発した農民反乱などにより、17世紀のヨーロッパが陥っていた危機的な状況がある。先述した「イギリス革命」も、この危機への対応のひとつということができる。

　これに加えて、既存の社会のあり方への懐疑のまなざしが生まれていたことが、近代市民革命を支える「啓蒙主義」の前提となった。それまでのヨーロッパにおいては、フランク王国がカトリック教会と表裏一体であったことに象徴されるように、もっぱら世界は神による調和──アリストテレス的な秩序（**コスモス**^[27]）──の現れとして捉えられていたが、16〜17世紀における知的蓄積の帰結として、世界は人間を中心

[24] **イギリス革命**　1625年にチャールズ1世（1600〜1649）がイングランド・スコットランド・アイルランドの3王国の王位を継承したことに端を発した王と議会の対立がやがて戦乱となり、チャールズ1世は処刑されて共和制が宣言された（いわゆる「ピューリタン革命」）。さらに、王政復古後に発生したクーデター（いわゆる「名誉革命」）に際して「権利の章典」が発布されることになるが（1689年）、これらの動きを「イギリス革命」と総称する。

[25] **ロック**（1632〜1704）　立憲君主制と議会主権を確立した名誉革命を自然法論の立場から理論化した。『統治二論』『人間悟性論』（1689年）などの著作がある。

[26] **アメリカ革命**　植民地であったアメリカにおいて発生した独立運動は、1775年から13植民地とイギリスの間の戦争に発展し、1783年のパリ条約においてアメリカ諸邦の独立が承認された。その後、1787年にフィラデルフィアで連邦憲法草案が起草され、1789年に憲法に基づく連邦政府が樹立された。これらの動きを「アメリカ革命」と総称する。

[27] **コスモス**　ギリシャの哲学者アリストテレス（前384〜前322）（▶第2章[4]）は、先行する学者たちにより構築された世界観を総合して、天動説に基づく天体の運行と4元素により構成される地上のあり方を体系化した。この世界観はキリスト教と結びつき、「科学革命」に至るまでのヨーロッパの世界認識を規定した。

として把握され、自然は人間が手を加えることのできる対象として捉えられるようになったのである。**コペルニクス**の『天球回転論』（1543年）による地動説の提唱に端を発し、**デカルト**[29]や**ガリレオ**[30]等の営為を経て、**ニュートン**の『プリンキピア』[31]（1687年）に至るこの認識の転換は「科学革命」と呼ばれている。このような世界に対する認識の転換がヨーロッパで発生し、産業革命につながっていったことが、西洋の非西洋に対する不可逆的な優位を築くことに寄与したことはいうまでもない。

　本源的に自立し平等な「個人」を前提として、社会契約と「リヴァイアサン」としての国家（コモンウェルス）について検討した**ホッブズ**[32]が、ガリレオやデカルトと同時代人であったことは偶然ではない。「個人」の集合体として「社会」を捉えるという知的枠組みもまた、「科学革命」の産物なのである。このような、神のあり方と距離を置いた「個人」への着目は、**プーフェンドルフ**[33]や**ヴォルフ**[34]らにより、中世ヨーロッパにすでに存在し、**グロティウス**[35]により本格的な展開をみていた自然法を「世俗化」した**近代自然法論**[36]へと合流していく。そしてその先には、自由で自立した意思主体として人間を捉えるドイツ観念論、とりわけ**カント**[37]の思惟が続いている。

（4）「法典」と「法学」

　前述した17世紀の危機を絶対主義的な中央集権化により乗り越えたフランスは、その反動として、1789年にフランス革命という大変動に見舞われる。共和制の混乱を経てナポレオンによる帝政に移行し、対外戦争の過程で「国民国家」の構築を目指したフランスにおいて、すべての市民の社会生活を規律するものとして第一帝政下で編纂されたのが「ナポレオン法典」である。そのなかに含まれる民法典（1804年）は、前述したローマ時代の市民法大全のうち「法学提要」に即した編別（**インスティトゥティオーネン方式**[38]）をもち、革命により標榜された自由と平等の理念を自然法思想により抽象化すると同時に、すでに編纂され体系化されていた慣習法を成文法化したものでもあった。「ナポレオン法典」はその制定当初

[28] **コペルニクス**（1473～1543）　天文学者。天動説に代わって地動説（太陽中心説）を唱え、世界観の刷新のきっかけを作った。

[29] **デカルト**（1596～1650）哲学者・数学者。「考える自己」を起点とする近代合理主義哲学を樹立した。

[30] **ガリレオ**（1564～1642）天文学者・物理学者。実験に基づく仮説の実証という方法で新たな力学理論を構築した。

[31] **ニュートン**（1643～1727）物理学者。万有引力の法則を中心とするニュートン力学を構築し、普遍的な科学体系を確立した。

[32] **ホッブズ**（1588～1679）哲学者。『リヴァイアサン』（1651年）において「万人の万人に対する闘争」としての「自然状態」と国家の成立について検討した。

[33] **プーフェンドルフ**（1632～1694）　ハイデルベルグ大学教授。自然法の「世俗化」に寄与した。

[34] **ヴォルフ**（1679～1754）ハレ大学教授。論理主義的方法により啓蒙主義的自然法論を構築、プロイセン一般ラント法に影響を与えた。

[35] **グロティウス**
▶第15章［44］参照。

[36] **近代自然法論**
▶第2章1（2）・第8章［55］・第9章1（2）参照。

[37] **カント**
▶第2章［8］参照。

[38] **インスティトゥティオーネン方式**
▶第2章［54］・第8章［54］参照。

は「書かれた理性」として価値づけられ、中世におけるロー
マ法と同様に、あくまで条文の注釈のみが求められ、その「解
釈」は行われないという性質のものであった。

　一方、30年戦争の講和条約であるウェストファリア条約に
よって各領邦に実質的な「国家主権」が認められるに至った
ドイツにおいても、絶対主義による秩序形成がはかられ、**プ
ロイセン一般ラント法**のような法典を編纂する動きがみられ
る。ドイツの諸領邦はナポレオンとの戦争に敗北して一時フ
ランスの支配下に置かれたが（この過程で神聖ローマ帝国は解
体された）、1814年にナポレオンを退けてナショナリズムが高
揚するなか、自然法論を背景にした早期の統一法典編纂を主
張したのが**ティボー**であった。

　これに対して歴史法学の立場から反論を行ったのが**サヴィ
ニー**であり、両者の対立は「法典論争」として知られるが、
サヴィニーは法の統一そのものに反対していたわけではない。
サヴィニーをはじめとする**歴史法学派**のうちロマニステンと
呼ばれる人々は、ローマ法を素材としつつ近代自然法論やド
イツ観念論哲学を受容し、体系を備えた法学という「学知」
によって国家と民族の統合をはかろうとした。その帰結とし
て、「学説彙纂」をルーツに高度な学問化がはかられた**パンデ
クテン法学**が19世紀後半に構築されたのである。「法学的摂
取」（▶前述はじめに）の結果、私たちが現代日本社会で「法
学 ―― ドイツ語では Rechtsdogmatik と表現するが、
Dogmatik とはそもそも「教義学」の意味である ―― として
認識している方法は、19世紀ドイツの大学において、サヴィ
ニーや**ヴィントシャイト**などの法学者たちの営為によって、
私法学方法論として確立したものをその本体としているので
ある。その高度な水準はフランスの法学に影響を与え、また、
公法・私法二元論の形成とともに、近代公法学の形成にもつ
ながった。日本の立憲主義憲法学のもとになったドイツ国法
学は、その先に生み出されたものである。

[39] **プロイセン一般ラント法**
自然法的体系に基づき、公法・
私法を区分せずに1万9000条に
及ぶ膨大な規定により社会およ
び国家についての網羅的な規定
を備えた法典。

[40] **ティボー**（1772〜1840）
ハイデルベルグ大学教授。『ド
イツにおける一般民法典の必要性
について』（1814年）により法
典論争のきっかけをつくる。主
著『パンデクテン法体系』（1803
年）において、法学の体系化を
試みた最初の世代でもある。

[41] **サヴィニー**
▶第8章［58］参照。

[42] **歴史法学派**　詳しくは第
8章［59］参照。本文で論じた
ようなロマニステンの知的操作
に対して、歴史法学派のうちド
イツ固有法の探求を行おうとす
る人々はゲルマニステンと呼ば
れた。

[43] **パンデクテン法学**　論理
性・体系性を重んじるパンデク
テン法学の方法は、その後のヨー
ロッパにおける社会変動に対応
することができない「概念法学」
（▶第2章［10］）であると批判さ
れることになった。イェーリング
（1818〜1892）による目的法学、ヘック（1858
〜1943）による利益法学などの
「概念法学」への批判的な動きは
「自由法論」と呼ばれる。後述す
るエールリッヒによる法社会学
も、その流れのひとつである。

[44] **ヴィントシャイト**（1817〜
1892）ライプツィヒ大学教授。
主著『パンデクテン法教科書』
（1862年）は自身の手で7回に
わたって改訂が施されて広く読
まれ、同時代のドイツ法学方法
論に絶大な影響を与えた。

コラム㉛　近代刑法学の成立

　ヨーロッパにおいては、神聖ローマ帝国におけるローマ法継受の帰結として公的な色彩を帯びた糾問訴訟手続が発達し、カロリーナ刑事法典（1532年）が成立をみる。職権主義により行われる刑事司法手続は、大陸法型の刑事訴訟法の前提となる。また、13世紀のイギリスにおいて証明方法として採用された陪審制度は、現在に至るまで英米法の重要な特色となっている（▶第14章4（1））。

　私たちが当たり前のように理解している近代刑法学（▶第13章）もまた、啓蒙思想の発達に導かれたものである。その中核的な価値である罪刑法定主義の思想（▶第2章［27］・第6章5（4）★・第13章2）について、イタリアの法学者ベッカリーアはその著書『犯罪と刑罰』（1764年）において社会契約論を論拠に主張し、「近代刑法学の始祖」と評される。

　罪刑法定主義を「犯罪なければ刑罰なし（nulla poena sine lege）」と表現したのは、ドイツの啓蒙思想家フォイエルバッハである。フォイエルバッハは、カントの観念論哲学の影響のもとに法と道徳の峻別を説き、個人の自由意思を認めたうえで、国家は罪を犯した際に加えられる刑罰をあらかじめ明示しておくことにより、刑罰により生じる苦痛と犯罪を思いとどまることによる不快とを比較可能としておくことが重要であるとして、罪刑法定主義と心理強制説とを表裏一体とした「一般予防」（▶第13章［6］）を提唱した。フォイエルバッハに代表される、自由意思の発露としての犯罪とそれに対する応報としての刑罰を主張する立場を「古典学派」と呼ぶ。

　これに対し、19世紀末の社会における経済的格差の拡大に伴う犯罪の激増に対応して、イタリアの医学者ロンブローゾは「生来犯罪人」という概念を提唱し、新しい科学であった人類学の知見を刑事法学に導入して、犯罪ではなく「犯罪者」に着目することを提唱した。ロンブローゾの手法は科学的には十分でなく、現在ではその考えは否定されているが、犯罪者に着目して教育としての刑罰と「特別予防」（▶第13章［7］）を主張する立場は、イタリアのフェリーやドイツのリストらに受け継がれて「近代学派」を形成することになる。

　明治初年に西洋諸国を歴訪した**岩倉使節団**[45]は、1872年12月にパリを訪問している。ちょうど普仏戦争が終わったパリにはまだ戦禍の跡が生々しく残っていた。その翌年3月にベル

［45］**岩倉使節団**　1871～73年にかけて、特命全権大使岩倉具視ほか100名を超える陣容で西欧諸国を歴訪。主たる目的な条約締結相手国元首への国書奉呈

リンに向かった使節団は、帝国として統一をすすめるドイツの姿を目にすることになる。この対照的な両国を比較した経験が、明治国家の「模範国」選定に大きく影響したことはいうまでもない。統一を果たしたドイツ帝国において、パンデクテン方式に依拠して編纂された民法典は、草案段階で明治民法の立法資料となった（▶第8章4）。

であったが、その旅程を通じてもたらされた彼我の「文明」の落差の衝撃は、その後の明治国家の富国強兵・殖産興業方針に大きく影響した。

3　日本法とは何か
——法制史からのアプローチ②

（1）「日本」はいつから「日本」なのか

　1940年の開催を予定して招致されたものの、日中戦争の激化に伴い開催が返上された東京オリンピックが「皇紀2600年[46]」にあわせたものであったことは、2021年に開催された東京オリンピックとあわせてよく知られるようになった。1872年に制定されたこの数え方は、初代の天皇とされる神武天皇の即位年、西暦に直すと紀元前660年から数え始めるものだが、考古学的に存在が確実視される天皇は5世紀の**雄略天皇**[47]（ワカタケル大王）よりも遡ることがない。すなわち、神武天皇は神話上の存在であり、「皇紀」は虚構だといえようが、それにもかかわらず、1867年12月9日の「王政復古の大号令」において「神武創業ノ始」に復古することを宣言することで、明治国家は幕藩体制と自らを切断したのである（▶第8章2）。

　神武天皇から始まる天皇の物語は、8世紀に成立した『古事記』（712年）および『日本書紀』（720年）において展開されたものである。「記紀神話」と総称されるその内容は、7〜8世紀のこの島国における支配の正統性を示すためにまとめられた「政治神話」という性質をもつものであり、6世紀ころまでの記述の信憑性は疑問視されている。このような虚構を含めた「自国史」が作成された背景には、**華夷秩序**[48]をめぐって緊張する東アジアの国際関係のなかで「国家」としての体制整備が求められたという事情がある。645年の**乙巳の変**（**大化の改新**）[49]を契機とした制度改革とあわせて、中華帝国にお

[46] **皇紀**　1872年の太政官布告第342号により、「神武天皇御即位」を「紀元」とする旨が定められた。

[47] **雄略天皇**　第21代天皇。埼玉県の稲荷山古墳から1968年に出土した金錯銘鉄剣の銘文に見られる「辛亥年」を471年、「獲加多支鹵」を「大泊瀬幼武」とする考証が有力である。478年に宋の順帝に対して上表文を贈った「倭王」の「武」も雄略天皇であるとされる。

[48] **華夷秩序**　世界の中心である自らを「中華」とし、その外側にある世界である「夷狄」との関係を朝貢の形で取り結ぶ（冊封）、中華帝国下における東アジアの国際秩序。清の滅亡により中華帝国が崩壊するまで維持された。

[49] **乙巳の変**（**大化の改新**）　中大兄皇子らによる蘇我入鹿・蝦夷の殺害というクーデターが乙巳の変、これに続けて行われた一連の改革が大化の改新と呼ばれる。

ける統治のツールとしての「法」——律令——の継受が試み
られたのは、ある意味必然であった。その最初期のものであ
る浄御原令（689年）において「日本」が国号とされ、8世紀
に中華帝国側に承認された。また、それまで「大王」と呼ば
れていた氏族の長は、遅くとも7世紀の天武朝期には「天皇」
と呼称されるようになり、「記紀神話」において神代に遡って
「皇統」が創造された。

（2）律令の継受——法の重層化

　律令制とは、行為規範（命令・禁止）と違反者への刑罰を定
める法典である「律」、および、行政組織と執務規則を中心と
する非刑罰法典である「令」を基本とし、律令を修正補充す
る皇帝の単行指令である「格」、および、律令を運用するため
の施行細則である「式」を付属させる「律令格式」の形式の
法をもち、春秋時代から様々な王朝交代を経て隋・唐の時代
に完成された、極めて高度な中華帝国の統治システムである。
大宝律令と養老律令（それぞれ701年・757年）は、これらのう
ち律と令を継受して作られたものであったが、古代社会にお
いても、明治期における西洋法継受が引き起こしたものと同
型の「ズレ」が発生する。

[50] **大宝律令と養老律令**　継
受された律令の内容は既存の社
会秩序としばしば乖離してい
た。たとえば、結婚・離婚につ
いては儒教概念を反映した細か
な規定が存在するが（戸婚律・
戸令）、これらは機能していな
かったと考えられている。

コラム㉜　現代中国法

　1949年に成立した中華人民共和国の法システムは、1978年の改革開放、
さらに、1989年の天安門事件を経て、共産党による一党独裁体制のもとでの
市場経済の導入が行われることで、社会主義と資本主義が混在した極めて複
雑なものとなっている。現行憲法である1982年の中華人民共和国憲法が規定
する「依法治国」は、市場経済の維持にとっての法秩序の重要性を意味する
が、西洋法における「法の支配」のような権力抑制とは異なる原理である。
　民事法に関しては、改革開放以降の経済活動の活発化に伴い裁判は盛んに
利用されており、これに対応して、民法通則・相続法・担保法・契約法等が
個別に制定されてきたが、2020年5月に全国人民代表大会において中華人民
共和国民法典が可決・公布され、これらの個別法令を統合した統一法典が備

えられることになった（2021年1月施行）。民法典の内容は、現在の中国における インターネットの普及に対応して、仮想通貨等の財産を民法上の権利として保護し、人格権としてのプライバシーや個人情報にも配慮した、極めて先進的な内容である。一方、社会主義国家としての構造的な制限として、土地は国家が所有するものであり、その使用権のみが認められることになっているが、この使用権は売買が認められている。

　一方、刑事法に関しては、1997年に現行刑法が制定され、その際に罪刑法定主義が明文で規定されたが、犯罪についてソヴィエト刑法を継受して「社会に危害を加える行為」と規定しており、その基準は明確性を欠くうえ、政策的な判断により運用が恣意化する傾向がある。このことは、中国法における裁判が行政の一部としての性質をもっており、かつ、「依法治国」というスローガンにもかかわらず、共産党の意向を強く受け、明文化されない裁判基準や運用方針が存在していることの反映でもある。2020年6月に香港国家安全維持法が制定され、強力な言論弾圧によって「一国二制度」の建前が崩れようとしているのは、このような構造とも関係している。

　律令の継受は、中央集権的な国家の形成にとって画期となる重要なプロジェクトであった。しかし、中華帝国の高度な「文明」の産物であるその法システムを、まったく異なる歴史的・文化的背景をもつこの島国においてそのまま運用することには無理がある。継受された律令に基づく法システムは、有力氏族により形成されるヤマト王権の支配のあり方と重層的な形で存在していたのであり、日本の古代社会においては、律や令に規定されたルールがそのまま実施されたわけではないと考えるのが妥当であろう。加えて、日本と中国の律令を比較すると、継受に際して編別が組み換えられたり、内容が変更されたりしている箇所も散見される。

　養老律令以降新たな律令は制定されなかったが、律令は公式に廃止されることはなく、後述する公家法として近世まで存在し続けた。一方、中華帝国において律令と同時に編纂される格式は、日本においては平安時代になってから**三代格式**[51]等の形で制定されることになる。このことは、中華帝国において律令の背景となっていた儒教的社会規範である**礼**[52]が取り入れられようとしたことと連動している。この時期の文化受

[51] **三代格式**　弘仁格式（820年）、貞観格式（869年）、延喜格式（907年）の総称。格についてはのちに『類聚三代格』が編纂され、式については延喜式が967年まで修訂されたことで、その内容を知ることができる。

[52] **礼**　律令を含む中華文明の社会秩序は、儒教的観念を背景とする「礼」の一部をなしており、唐では律令格式とあわせて開元礼（732年）が編纂されているが、日本の古代国家はそのすべてを一挙に受け入れることができず、その受容には時間差があった。格式法の編纂とあわせて内裏式（821年）や儀式（貞観儀式）（872年頃）といった官選の儀式書が成立し、9世紀から10世紀にかけて朝廷儀礼をはじめとする「礼」秩序が整えられた。

容の帰結として儀礼等が整備されることを通じて、日本社会は中華文明にならって一定程度「文明」化された。それまで和風諡号で表記されていた天皇の名称が、私たちに馴染みの深い漢字二文字の**漢風諡号**[53]に改められたのもこの頃である。前述の例をとれば、この段階で「大泊瀬幼武天皇」は「雄略天皇」と呼び替えられたのである。

（3）古代から中世へ──法の多元化

　古代律令国家は、理論上は、中央（京都）から地方に派遣された**国司**[54]を通じて、戸籍に登録されたすべての人々が天皇のもとに一元的に支配されるという中央集権的な国家システムを予定していた。中央においては、のちに摂政や関白が天皇制を補完する役割を果たすようになり（**摂関政治**[55]）、9〜10世紀にある程度の安定を迎える。また地方においては、9世紀末には国司が**受領**[56]として地方支配を直接に行うようになったが、11世紀半ばの院政期には受領が現地に赴任せずに目代を派遣することが常態化し（遙任）、在地の有力者が**在庁官人**[57]としてその担い手となる形で再編される。このことは、**知行国制**[58]を通じて中央と複雑に結びつきながらも「地方」の公領における独自の統治権力の形成につながる。

　院政期における政治的混乱は、やがて中央・地方における武士団の形成につながり、12世紀末には鎌倉に本拠を置く源頼朝が軍事力を基盤とした支配を拡大して各地に**守護**[59]を設置し、やがて幕府を開くに至る。「東国」における独立した国家ともみなされうるこの武士団は、鎌倉殿と御家人の間の主従関係を中心とする武家法により規律されるが、鎌倉殿に従っていない武士（非御家人）も多く存在していた。

　一方、院政期に本格的な展開をみせる荘園制もまた、私的土地所有でありつつも**立荘**[60]という公的な手続を踏むことで、中央の支配構造に接続していた。その成立の様態により多様な統治構造をもつ荘園においては、中央と地方をまたぐ「職」が複雑に折り重なって設定されていたが、その統治のあり方は、朝廷における公家法と対置される本所法により規定されていた。さらに、荘園とも密接に関わる寺社においては寺社

[53] **漢風諡号**　『日本書紀』の注釈書である『釈日本紀』によると、淡海三船（722〜785）により一括して撰進されたとされるが、758年に藤原仲麻呂の政権下において孝謙天皇・聖武天皇に唐の文化にならって尊号が贈られている。

[54] **国司**　律令制において諸国に派遣された地方官。当初、国司のもとに置かれた郡司が地方行政を担った。中世に各地に守護が置かれることで形骸化するが、建武式目において言及されるように、形式上は存置されていた。

[55] **摂関政治**　藤原道長（966〜1027）を代表とする藤原氏による専横というステレオタイプな摂関政治理解は最近ではとられず、古代の律令体制の展開の帰結、さらに、中世の権門体制の準備段階となったと位置づけられるようになってきている。

[56] **受領**　従来郡司が担っていた徴税業務が困難となったため、任国に派遣された国司が行政の責任を担うようになったもの。

[57] **在庁官人**　地方の有力者が地方国衙に集まってその行政を担うようになったもの。在庁官人の地位は世襲され、地方公領の統治の実質的な担い手となった。

[58] **知行国制**　一国の支配権を与えられた上級貴族や院が子弟や近親者を国守に任じ、代理である目代を派遣して地方統治を行わせる制度。

[59] **守護**　もともとは、源義経の追討を名目として1185年に国ごとに設置することが認められた。有力御家人が任命されて任国の地方行政および治安維持を担うことにより、鎌倉幕府の地方機関としての役割を果たす。

[60] **立荘**　荘園の成立については、かつては在地領主を主体とする「寄進地系荘園」という用語で説明されていたが、近時は中央との関係を重視した「立荘論」から説明することが多い。

法という独自の法システムが適用された。

　中世の日本においては、中央と地方の分権化が進み、公家・武家・寺社といった社会集団も多元化した。社会のあり方に従って法もまた多元的であり、当該の人物や団体が取り結ぶ具体的な関係に即して設定される**ローカルな法**の束となって現れる。中世法の代表的な存在とされる1232年に制定された**御成敗式目**は、御家人が荘園・公領においてもった「職」である**地頭**と本所との争い（本所・御家人裁判）の頻発に対応して、公平な裁判基準を設定しようとする企図がその制定の背景事情のひとつとなるが、追加法が存在することが示すように網羅的なものではなく、また、式目の制定者である**北条泰時**が明言しているように、公家法を否定するものでもなかった。すなわち、武家法は社会全体を包括するものではなく、その空隙――原則としては禁止されていたにもかかわらず――自力救済によって埋められることになる。このような分権的・多元的な秩序のもとで、なおこの島国が分裂しなかったのは、公家・武家・寺社といった社会集団が天皇という権威のもとの「権門」として国家機能を相互に乗り入れながら担っていたためであった（**権門体制**）。

（4）「公方」と「公儀」――国制史的転換

　このような「ローカルな法」により構成された社会の多元性は、しかし、13世紀末頃から変化し始める。文永・弘安の役（元寇）に対応して朝廷の承認のもとで非御家人の動員が行われ、西国への広範な人的移動――および、それに伴う紛争――が常態化すると、既存の具体的な関係に支えられたものを越えた新たな秩序が求められる。弘安の役ののちに朝廷が実施した**徳政**とこれに伴う幕府の改革以降、諸権門の「ローカルな法」に基づく裁判に、その文脈を超えた普遍的な「法」をもって対応することが求められるようになる。その担い手を示す概念として同時代から用いられるようになったのが、権門の別を横断する概念である「公方」であった。このことは、海を渡って攻め入ってくる「外部」が設定されたことにより、この島国が「日本」として意識されたということを背

[61]**ローカルな法**　中世を専門とする日本法制史家の新田一郎は、中世における「法」を「それぞれの現場ごとのローカルな水準で有用な参照基準」と捉え、それぞれの「法」が対立した際にその調整基準として「公方」（本文で後述）が機能するようになったことで、13世紀末のこの島国に社会秩序の転換が生じたと述べる（新田一郎『太平記の時代』（講談社・2001年））。

[62]**御成敗式目**　貞永式目とも。全51条。「武家のならひ民間の法」という北条泰時の書状の文言から、武家や民間の慣習を集めたものとの印象を抱かれがちであるが、編纂にあたっては『法曹至要抄』のような公家法が参照されている。

[63]**地頭**　荘園および公領に置かれ、徴税および治安維持に従事する御家人。基本的には幕府に敵対して敗れた勢力の職に代えて置かれたため、紛争が生じることも多く、その紛争が御家人を任命した幕府に持ち込まれるのが本所・御家人裁判である。

[64]**北条泰時**（1183～1242）鎌倉幕府第3代執権。御成敗式目の制定のほか、精選された御家人11名からなる評定衆を設置するなど、執権政治の強化に寄与した。

[65]**権門体制**　天皇と諸権門との関係性を踏まえて幕府もその権門の一部と捉える「権門体制論」に対して、幕府を朝廷から相対的に独立した国家と捉える「東国国家論」がかつて提起されたが、これらは結局、鎌倉時代における「国家」とは何かという問題に収斂するといえよう。

[66]**徳政**　15世紀に債権放棄を中心的な内容とする徳政令が頻繁に発出されたことが著名だが、そもそもは「徳ある政治」への回帰を志向する様々な施策を包含する概念である。

景としている。

　この点において、室町幕府の第3代将軍として南北朝の統一を果たした**足利義満**[67]が、元に代わる王朝である明との関係において1401年に「日本国王」の称号を得たことは示唆的である。足利家という武家の出身でありながら公家としてキャリアを重ねた義満は、公家と武家という権門を兼ねた「公方」の構造的な体現者であり、明との冊封関係に入ることで華夷秩序の一角をなした「日本」の代表にふさわしい存在であった。そして、このような構造に権威を供給するものとして、室町期の天皇制は機能した。

　地方における支配のあり方も変容し始める。文永・弘安の役の頃から各地に置かれた守護が公領の支配を実質化するようになり、1336年に制定された**建武式目**[68]において守護は「上古之吏務（こうこのりむ）」を担う国司として位置づけられ、荘園・公領の機能を吸収することで守護領国が形成されていった。在京を原則とする守護に代わって現地で統治を担う守護代（しゅごだい）、および、守護に統御されない在地の武士（国人（こくじん））らは、応仁の乱の過程で室町幕府が求心力を失ったため領国に戻った守護らとともに、その一部はやがて戦国大名となって領域的な支配を行った。

　戦国大名のなかには**分国法**[69]を制定し、自らを「ローカルな法」の統御者と位置づける者もみられた。このような権力の分立構造を統合する理念として用いられたのが「天下」であり、その理念のもとに既存の秩序に対する**国制史的転換**[70]を実行したのが織豊政権であった。1568年に上洛した織田信長は、その後諸大名や一向一揆などとの抗争の過程で「天下」の統一を目指すようになる。信長の死後、その重臣であった羽柴秀吉は織田政権内の抗争に勝利し、関白の位を得て豊臣姓を下賜される。朝廷の権威を得た秀吉は関白として各地の大名に停戦を命じ、従わない者を武力により従えたうえで**国分（くにわけ）**[71]を行うことで「天下」を領域的に把握し、検地の実施や**身分法令**[72]の制定により、分権的な中世社会を「中央集権化」したのである。

　中世において広範な意味に用いられていた「公方」は、近

[67]　**足利義満**（1358〜1408）室町幕府第3代将軍。各地の有力守護を束ね、幕府機構を整備することで室町幕府を安定に導く。武家出身者が太政大臣となったのは平清盛（1118〜1181）以来である。

[68]　**建武式目**　全17条。足利尊氏（1305〜1358）が幕府の政治方針を示すために制定。室町幕府は御成敗式目をそのまま運用し、追加法も蓄積されていたが、建武式目以降の追加法を「建武以来追加」と呼ぶ。

[69]　**分国法**　各地の大名が分国法を制定しているが、そのなかには、喧嘩両成敗法に代表されるような自力救済抑止を志向する規範がみられることに注意したい。その延長上に豊臣政権の停戦命令があるが、直接の支配下にない大名に発するためには、「天下」という統合概念を介する必要があった。

[70]　**国制史的転換**　法制史家の水林彪は、幕藩体制を生み出した実質的なモメントとしての豊臣秀吉による天下統一・大陸侵略に伴う大名権力の二重化「在地領主権の在地性の喪失」と、形式的モメントとしての「天皇制的な権原体系」による秀吉と諸大名の関係構築を重視する（水林彪『天皇制史論』（岩波書店・2006年））。

[71]　**国分**　軍事的に屈服させた大名の領地を、改易を含めて確定させること。1585年に中国・四国・北国、1587年に九州の国分が実施され、1591年に東北の大名の制圧と国分が行われることで、豊臣秀吉による天下統一が果たされた。

[72]　**身分法令**　1588年をはじめ複数回出された刀狩令は、百姓の武装解除よりも身分政策の側面があった。一方、1591年に出された武家奉公人が百姓になることなどを禁じた法令は、身分制度の確立のためのものと理解されていたが、現在は、1592年に出された人払令とともに、朝鮮出兵をはじめとする大規模戦争に対応した施策と考えられている。

世には江戸幕府の将軍の呼称として定着する。このことと対応して、17世紀半ばには「公儀」という用語が、中央政権である幕府のあり方そのものをも示すものとして用いられ始める。幕府は朝廷に対して**禁中並公家中諸法度**[73]を発してその権威を統治システムに組み込み、大名に対しては**武家諸法度**[74]を発して、一定の自治を認める形で国家統合を行った。こうして、中央集権と地方分権の双方の特色を有する幕藩体制が構成されることになる（▶第8章1）。

> [73] **禁中並公家中諸法度**
> 1615年制定。全17条。幕藩体制下の朝廷についての基本法令であり、のちに大政委任論の根拠ともなった。
>
> [74] **武家諸法度** 1615年に徳川秀忠により発出されたのを皮切りに、将軍の代替わりのたびに発出された。1635年に家光により発出された際に参勤交代や私的紛争禁止などの内容が規定されるなど、内容には適宜変更が加えられた。

4 おわりに
——法社会学からのアプローチ

東アジアにまで及んだ世界分割の動きに対応して、明治国家は約30年で「近代法体制」を整備し、条約改正を達成するとともに植民地を獲得するに至った。その過程で、西洋法の継受が中央集権国家の形成に際して不可欠の役割を果たしたことはいうまでもない（▶第8章3・4）。また、幕藩体制を覆すための装置として、「記紀神話」を再解釈した**国体**[75]概念が用いられたことは、最終的にアジア・太平洋戦争に敗北することにより崩壊する「帝国秩序」のあり方を規定することになる。

しかし、法の継受は既存の「法」の「上書き」ではなく、法の重層化をもたらす（▶前述1（3））。本章の冒頭で言及した文章の続きのなかで末弘厳太郎は、法律学には「あるべき法律」を説く部分と「ある法律」を説く部分があると主張し、後者は「現在此日本の社会に行はれつつある法律の何物なるかを説くことを目的とする」学問であると述べる。末弘が「判例」と「新聞雑誌」の記事から迫ろうとした「ある法律」とは、オーストリアの法社会学者**エールリッヒ**[76]の「生ける法（lebendes Recht）」に相当する概念である。

末弘にこのような視座の転換をもたらした要因のひとつは、第一次世界大戦の影響でドイツに行くことができずにアメリカを留学先としたことであった。判例法を法源とする英米法は、具体的な事例から帰納的に法にアプローチするものであ

> [75] **国体** 「万世一系」の天皇が日本を統治することの正統性を記紀神話を根拠に説明する思想。中華帝国への優越という価値を含み、アジア・太平洋戦争を正当化するイデオロギーともなった。
>
> [76] **エールリッヒ**（1862〜1922）チェルノヴィッツ大学教授。法社会学の創始者のひとり。主著『法社会学の基礎理論』（1913年）。

り、演繹的なドイツ法学の訓練を受けていた末弘の法学方法論に転換をもたらした。大陸法と英米法の比較法的な差異を認識することで、末弘は法と社会の乖離について考えようとする法社会学の重要性に気がつき、日本におけるその創始者となったのである。

　しかしそれでは、日本社会における「ある法律」とはどのようなものなのだろうか。このことにつき、末弘の次の世代の民法学者・法社会学者である川島武宜[76]が、広く読まれた『日本人の法意識』（岩波新書・1967年）において、「法意識」の観点から「権利」の観念の希薄さ──もしくは欠如──を問題化したことは、現在に至るまでなお示唆的である。もちろん、西洋法が継受される前の日本社会に「権利」主張とも理解できる「訴え」や、「法の支配」と類似した権力抑制の意識がまったくみられないわけではない。しかし、「法」をもっぱら「ローカルな法」の束として用い、そのあり方を「公方」や「公儀」という縦の権力関係によって統御する形で抽象化してきた──すなわち、私的領域における規範を国家から切り離された「法」として認識する契機が希薄であった──日本社会において、そのあり方はやはり西洋社会とは異なっていたといわざるを得ない。幕末にフランスに滞在した際にナポレオン法典に触れた幕臣栗本鋤雲[77]が、官吏として統治を行う者と統治を受ける民衆の双方が法典を知っていることにより「自ラ省ミ自ラ屈シテ健訟強訴ヲナサヽラシムルニ至」ると評価しているのは、この点で象徴的である。非西洋社会である日本において西洋法を前提とする法学を学ぶことは、「ある法律」と「あるべき法律」との「距離感」と向き合うことでもあるのである。

[76] 川島武宜（1909〜1992）
東京帝国大学・東京大学法学部教授。我妻栄（1897〜1973）とともに戦後日本民法学の牽引者となり、また、戦後啓蒙の担い手となった。主著『所有権法の理論』（岩波書店・1949年）。

▲『日本人の法意識』

[77] 栗本鋤雲（1822〜1897）
幕臣・ジャーナリスト。1867年に徳川昭武（1853〜1910）とともにフランスに渡ってパリ万国博覧会に参加。幕府の倒壊により1868年に帰国、その後新聞記者となった。引用した文章はフランスでの体験を記した『暁窓追録』（1869年）より。

▲栗本鋤雲

第 8 章

近代における西洋法の継受

はじめに

現在の日本がもっている西洋的・近代的な法律と制度は、明治時代にその基礎が形成され、ある部分はそのままに、またある部分は大きく形を変えながら、これまで継承されてきたものである。それ以前の時代にももちろん様々な法があったが、それは伝統的・東洋的な法の枠内にあり、かつ中国・朝鮮などの国々とは異なるところもあわせもつ、いってみれば日本型の**固有法**[1]というようなものであった（▶第7章1（3））。その上に積み重ねるような形で転換し、近代的・西洋的な法律と制度を受容することになったのはなぜなのか。それらはどのようにして作り上げられていったのか。歴史的な視点・思考でその理由・過程について整理・概観することが、本章の目的である。この整理・概観は、第Ⅱ部で述べられる実定法各領域の説明の、前提となるものである。

なお、ここでいう歴史的な視点・思考というのは、（現代的な視点でもって過去をみるのではなく）それぞれの法現象をその時代の社会的文脈のなかで認識するという見方のことをいっている。そのような見方を養うことで、現在の法の世界についても、より客観的な視点で相対化して捉えることができるようになるはずである。

[1] **固有法** その国家に固有の社会的な背景から生まれてきた法のことをいう。これに対して、他の国家や社会の法を取り入れて成立した法を継受法と呼ぶ。この固有法・継受法という法の分類は相対的なものであり、たとえば、奈良時代に制定された律令は中国からの継受法であるが、それらは長い時間をかけて日本社会に浸透し、明治時代以降に西洋から継受した法に対しては、固有法といえる位置づけになっている。

1 江戸時代の法と訴訟

（1）江戸幕府の法

明治時代における西洋的・近代的な法の成立について理解

するためには、もうひとつ前の時代である近世（江戸時代）の法から学び始め、対比して理解する必要があるだろう。

　江戸幕府は国内全体を統治しつつ、自らの直属の家臣や直轄領を支配する存在でもあったから、その法も全国を対象とする天下一統之御法度と、江戸幕府直属の家臣や直轄地だけに施行される御料法の2つがあった。江戸時代の前期においては、幕府は単行法令（触と達）を個別的に出す方法を採用しており、また、それらの法令や判例を集積・整理・保存しようとする意識は薄かった。しかし、17世紀末から18世紀にかけての経済発展や社会問題の複雑化のなかで、8代将軍**徳川吉宗**[3]は、法令集・判例集の編纂や司法制度の整備を進め、これ以降、幕府は法令・判例を丁寧に整理していくようになった。

　吉宗の時代に特に重要なのは、1742年に作られた『公事方御定書』である（以降『御定書』と呼ぶ）。『御定書』は重要な触や高札などを集めた上巻と、判例を抽象化する方法で訴訟手続・犯罪・刑罰を箇条書きに整理した下巻からなっており、増補・修正が繰り返されて、1754年に上巻81条・下巻103条の法典として完成した。『御定書』は、本来は幕府首脳しか見られない秘密法であったが、実際には筆写されて全国に流布し、多くの藩の藩法に影響を与えた。特に下巻は『御定書百箇条』と呼ばれて重視され、これにより江戸幕府の裁判所における刑罰決定手続はかなり厳密になった（その一方で、事実認定は厳密性に欠ける部分があった。▶後述（3））。

　また、吉宗の命令により、『御定書』を補充する目的で1745年から「例書」の編纂が始まり、増補・修正が繰り返されたのち、18世紀末に判例集『御定書ニ添候例書』が完成した。吉宗は、過去に幕府が出した触の網羅的な蒐集・編纂も目指し、1615年から1743年までに幕府が出した3500を超える触が、『御触書寛保集成』[4]としてまとめられた。さらには、刑事訴訟の判決録である『御仕置例類集』、民事訴訟の判決録『裁許留』などが**評定所**[5]で編纂され、その他の裁判所でも、判例や合議の内容、他機関との問答などを蓄積していった。

[2] **触と達**　広く一般に周知させる法令の形式を触、特定の機関や人に対して出される通達を達と呼んだ。触は多くの写しを作成して、藩・町・村という支配機構を通じて伝達され、また特に重要なものは高札として掲示された。明治政府もしばらくはこの高札を用いていた。

▲明治政府の高札（出典：『東大和市資料編7』より転載）

[3] **徳川吉宗**（1684〜1751）江戸幕府の第8代将軍。紀伊藩主から将軍となり、いわゆる享保の改革を推進して、幕政の強化に努めた。紀伊藩主時代から、法に対する強い関心をもっていたとされる。

[4] **御触書寛保集成**　1744年成立。触の整備はこのあと将軍の代替わりごとに行われるようになり、『宝暦集成』・『天明集成』・『天保集成』が編纂された。

[5] **評定所**　老中の諮問に対し、合議によって裁決し回答する幕府の最高司法機関。寺社奉行・町奉行・勘定奉行の三奉行が中心となり、大目付・目付も出席した。勘定所からの出向者を中心とする評定所留役がいわゆる幕府法曹として実務を担った。

（2）藩法・村法・町法

　幕藩体制のもとで、各藩に対しては幕府の定めた天下一統之御法度が適用されたが、各藩は自分仕置として幕府から一定レベルでの自主的・独立的な支配を認められており、領内で独自の藩法を制定して、裁判を行っていた。藩法の性格は様々で、幕府に近い立場の藩（比較的江戸の近くに配置された親藩・譜代など）は幕府法の影響を強く受けていたし、幕府と距離のある藩（江戸から遠くに配置された大規模な外様の藩など）は独自の内容をもつ藩法を作り上げる傾向があった。

　江戸時代前期には藩法も単行法令であったが、『御定書』が制定されてからは、諸藩でも特に刑事法については法典の編纂がされるようになった。『御定書』を手本とした藩法を作る藩（丹波亀山藩が1789年に制定した『議定書』など）、中国の明・清の律をもとにした藩法を作る藩（熊本藩が1754年に制定した『**刑法草書**』など）、両方を混ぜた折衷型ともいえるような藩法を作る藩（新発田藩が1784年に制定した『新律』など）があったが、特に熊本藩の『刑法草書』は明治政府の初期刑法に影響を与えたこともあって、法制史の分野で研究が豊富である（▶後述２（４））。

　また、幕府・藩は、村・町・**仲間**に対して、上位の法に触れない範囲での自治を認めており、村法・町法・仲間法と呼ばれる法が各共同体の内部で形成されていた。村法は、主に村役人によって作られたうえで、村民が遵守を誓う手続を踏むことが多く、その内容は年貢・入会・倹約など日常生活に関わるものが多くにわたり、違反した場合には村で独自の制裁を（領主の刑罰権に反しない限りで）行うことができた。制裁には、過料・追放・**村八分**などがあった。

　町法は、都市の各町で家持・家主たちの申合せによって定められた。内容は、婚礼、養子、相続、家の売買、借家の管理、夜警、防火、町役の負担など、やはり町での共同生活全般であったが、村法とは違って制裁が明記されることは少なかった。町式目、町掟などとも呼ばれた。

[6] **幕藩体制**　中央政府である幕府と各地の藩によって支配権力が分けられ、中央集権的な要素と地方分権的な要素をあわせもって構成された、江戸時代の政治的・社会的体制のこと。

[7] **刑法草書**　熊本藩で1754年に制定され、1755年に施行された刑法典。主に明律を参考にし、当初は58条であったが、修正・増補が行われ、また新たな改訂作業も行われて、1761年から95条目142条の新たな『刑法草書』が施行された。内容としては、犯罪者を施設に拘禁して労働を科し賃金を支給するという徒刑が有名で、日本における近代的な自由刑の萌芽と評価されている。

[8] **仲間**　都市部を中心に結成された、商工業者による私的な結合のこと。18世紀には、江戸幕府は江戸の各種商工業者に積極的に仲間を結成するように命じるなど、商品の品質保持や価格統制をはかるうえで有効と考えるようになっていった。

[9] **村八分**　絶交という形で村内の共同体関係から排除し、その苦痛によって改悛させようとする制裁のひとつ。日常生活内での絶交にとどまらず、地域ごとに様々な慣行があった。改悛すると、謝罪の手続を踏んだうえで、絶交は解除された。村八分にされる理由の多くは、村内での攪乱行為であったが、窃盗や暴行など刑事犯の場合もあった。

（3）江戸幕府の刑事訴訟

　江戸幕府が行う裁判については、裁判を担当するのは寺社奉行・町奉行・郡代・代官などの行政機関であり、行政と司法は未分離の状態であった。現在の三審制のような再度の審査を受けるような仕組みは基本的になく、各裁判所で判決に迷ったような場合には、老中に伺いを出して評定所からの回答を得るシステムになっていた。また、すでに述べたように18世紀半ばからは各機関に判例が蓄積されるようになり、実質的な審理を行って判決案を作成する役人たちが、一種の専門家集団（**幕府法書**^[10]）として発展した。

　江戸幕府の訴訟の主流は、吟味筋（ぎんみすじ）と呼ばれた刑事訴訟であった。吟味筋は、裁判所が捜査から審理を経て判決まで下す、糾問主義的な訴訟である。それに加えて検察官や弁護人に該当する制度がなく、訴訟の流れという点からも、人権保障という意識の面からも、現在とは大きく異なるものであった（▶第14章1（4））。事実を認定するには必ず自白が必要とされ、苦痛を与えて自白させる（せめどい）**責問**^[11]（広義の拷問）も認められていた。また未決・既決という区別がなかったために、未決囚は牢屋に入れられて非常に厳しい環境に置かれた。更生のあとに社会復帰させるという意識は極めて薄く（牢屋に入るのは基本的に未決囚であり、また現在の懲役刑にあたるような刑がなかった）、**見懲らし**^[12]と呼ばれる晒す刑罰や、社会から排除する追放刑、身体刑などが多く行われた。

（4）江戸幕府の民事訴訟

　一方、出入筋（でいりすじ）と呼ばれる民事訴訟では、当事者主義的な制度が採用されていた（なお、密通など刑罰を科すものも出入筋で裁判されていたし、出入筋で始められた訴訟が途中から吟味筋に変更されることもあって、現在の民事訴訟とイコールではない）。ただし、実際には内済（ないさい）（現在の和解）によって当事者同士で解決することが理想的と考えられ、出入筋はそれが不調であった場合に行われるものと考えられていた。幕府は、民事的な問題は共同体の内部で（有力者が間に入るなどの方法で）解決

[10] **幕府法書**　江戸幕府の法書官僚の総称。評定所の評定所留役や江戸町奉行所の吟味方与力などが挙げられる。評定所留役は、勘定奉行所からの出向で、能力主義で専門的な集団であった（▶本章［5］）。吟味方与力は、江戸の南北の奉行所に10名程度置かれ、こちらは世襲の専門職で、若い頃に見習となって奉行所で実務経験をつみ、親の引退を受けて後を継ぐのが一般的であった。

[11] **責問**　責問には、笞打・石抱・海老責・釣責の4種類があったが、前の3つを牢問と呼んで、狭義の拷問である釣責と区別されていた。牢問は町奉行の許可があれば行うことができたが、釣責には老中の許可が要り、滅多に行われなかった。また、牢問も実は頻繁に行われていたわけではなく、苦痛を与えず自白を得る「口問」ができる役人が、幕府の威厳・威光を損なわないものとして評価された。

[12] **見懲らし**　刑罰を科す際に犯罪者を晒す刑罰のことで、「晒（さらし）」・「引廻（ひきまわし）」・「鋸引（のこぎりびき）」などが代表的である。当事者に屈辱的な思いをさせると同時に、一般予防を目的とした。

▲晒

▲引廻

▲鋸引

することを望ましいと考え、その方が双方にとって納得のいく解決になると考えていたのである。また、そもそも民事的な問題の解決に対して幕府が裁判を行うのは、現代的な民事訴訟の意義とは異なって（▶第12章1（1））、幕府からの恩恵という意識が強かったとみられている。内済は、訴えが提起される前でも、訴訟が係属中であっても、両当事者の間で任意に、あるいは裁判所が主導して、行うことができた。

当事者は訴訟に不慣れなことも多かったから、宿泊させたうえで、提出書類を代わりに書くなど訴訟手続を代行したり、内済の斡旋をしたり、裁判手続について教えたり、一緒に出廷して訴訟行為を補佐するなど、弁護人的な役割を担う江戸幕府公認の公事宿が生まれた。一方で、公事宿を営むことなく同種の業務を行う、非公認の公事師も多く現れた。幕府から禁止されながらも活動を続けたこの公事師は、社会的なイメージも悪く、そのことは明治時代に誕生した代言人（現在の弁護士）にも大きな影響を与えた（▶後述2（5））。

2　開国と明治維新

（1）不平等条約改正という目的

19世紀に入る頃から、日本近海に西洋諸国の船が出現するようになった。産業革命により、西洋の国々がより積極的に海外進出をはかっていたのである。1853年のアメリカ東インド艦隊来航をきっかけに、江戸幕府は開国を決断し、1858年、アメリカ・オランダ・ロシア・イギリス・フランスの5か国それぞれと、**修好通商条約**を結んだ（安政の五カ国条約）。この条約は、神奈川・函館などの開港、居留地の設定、江戸・大阪の開市などのほかに、相手国の**治外法権**（領事裁判権）を容認し、また日本の**関税自主権**を喪失させるという内容をもっており、日本にとって著しく不利な不平等条約であった。**文明国**[16]には、半文明国の未整備な法から自国民を保護する必要と責任があり、文明国が半文明国に対して治外法権を求めることができるというのは、当時の国際法の常識であった。

[13] **修好通商条約**　1858年のいわゆる「安政の五カ国条約」に続き、江戸幕府・明治政府は、ポルトガル・プロイセン・スイス・ベルギー・イタリア・スペイン・スウェーデン＝ノルウェー・オーストリア＝ハンガリーとも同様の条約を結んだ。

[14] **治外法権**　国際法上、外国人が現に滞在している国の裁判権に服さない権利のこと。これに対して、領事が駐在国の自国民に対して、本国の法律に基づいて裁判を行う権利を領事裁判権という。

[15] **関税自主権**　国際法上、国家が主権に基づいて自主的に関税制度を定めることができる権利。

[16] **文明国**　国際法を遵守し、国境を越えた人や物の安全な交流・流通を可能にする、制度的な保障が整えられた国家のこと。

江戸幕府が締結した条約はそのまま明治政府に受け継がれ、半文明国としての日本の立場は継続したから、西洋諸国と対等に交渉できる文明国として認められて不平等条約を解消することが、明治政府の最大の政治的課題となった。そのために、明治政府は西洋的・近代的な国家制度・法制度を構築することを目指したのである。つまり、法の西洋化・近代化は、不平等条約改正という政治的な目的を実現する手段として強くイメージされたのであり、それを特に推進したのは（法律家ではなく）政治家であったという点に注意が必要である。

（2）王政復古と太政官制

　文明国となることが目指された一方で、江戸幕府的な封建体制を解体するために、天皇を中心とする王政復古を掲げていた明治政府は、太政官制を復興させるなど、古代律令制の政治体制・法制度をひとつのモデルとした。官僚機構の整備のために1869年に公布された職員令は、律令制をもとにした復古的なもので、最高行政機関である太政官の上位に神事・祭事を司る**神祇官**[17]を位置づけ、太政官には左大臣・右大臣・大納言・参議を置き、そのもとに行政事務を分掌する民部省・大蔵省・兵部省・刑部省・宮内省・外務省を設置した。

　1871年に太政官制の改革が行われて、太政官に正院・左院・**右院**[18]が設置された。正院は天皇が出席し、新設された太政大臣（天皇を輔弼する最高責任者）と左大臣・右大臣・参議で構成される、国政の最高意思決定機関である。左院は正院のもとで法案起草の権限をもち、やがて基本的な国家法制の立法は左院を中心にして行われるようになった。また、このとき省の再編も行われ、新たに設けられた司法省は、それまで刑部省・民部省など複数の省に分散していた司法権を一元的に掌握する官庁として位置づけられ、西洋的・近代的な司法制度の導入と定着に大きな役割を果たすことになる。

　このように、王政復古的な制度を基盤としながら、そこに西洋的な諸制度も盛り込んでいこうとする双方向性が、明治初期の統治構造の大きな特徴である。そもそも、1868年に明治政府が作った最初の国家機構案である**政体書**[19]は、太政官な

[17] **神祇官**　もとは古代の律令で設けられた中央官庁（二官八省）のひとつで、神祇関係の全般を担当した。明治維新により再び注目され、1868年に太政官を分けた七官のひとつとなり、1869年に太政官から独立してその上位に置かれた。しかし、1871年には神祇省となり、翌1872年に廃止されて、国民教化を進める宗教行政機関である教部省が新設された。これにより、それまで神祇省に鎮座していた天神地祇（天つ神と国つ神）と八神は宮中に移され、祭事の事務については式部寮が担当することになった。

[18] **右院**　1871年に設置された、各省の長官・次官によって構成される行政利害の調整機関。あまり機能せず、すぐに臨時の機関に改められ、1875年の元老院開設により左院とともに廃止された。

[19] **政体書**　1868年閏4月に明治政府が発表した政治組織・政治綱領を記した文書。冒頭に五箇条の御誓文を載せ、次に、太政官に権力を集中すること、三権分立をとること、官吏公選制を導入することなどが述べられている。また、官職規定には、立法府としての議政官のほか、行政の行政官・神祇官・会計官・軍務官・外国官、司法の刑法官の七官が規定されていた。起草者は副島種臣と福岡孝弟で、アメリカ合衆国憲法や『令義解』を参照したという。

どの言葉を使いながら、アメリカ合衆国憲法を参照して三権分立を盛り込んだものであった。とはいえ、双方向性とはいっても当初は復古的な色あいの方が濃く、政体書の理念が具体化に向かうのは、1875年の漸次立憲政体樹立の詔以降のことであった（▶後述3（1））。

（3）廃藩置県と戸籍法

明治政府にとって重要な課題であったのは、中央の機構の整備に加えて、藩を解体して人民を直接支配し、近代的・中央集権的な国民国家を作り上げることであった。それは、西洋諸国と対峙できる国力を得るために目指すべきものであり、また全国的・統一的な法と制度を整備するためにも必要であった。

1869年の版籍奉還により、各藩は土地と人民の支配権を朝廷に返還し、かつての藩主は政府から任命された地方長官である**知藩事**[20]となった。藩主は華族、藩士は士族と改められ、藩主と藩士の間の封建的な主従関係もなくなった。とはいえ、制度的にはまだ藩が存続している状態であったので、明治政府は1871年に廃藩置県を行って藩を廃止し、幕藩体制の解体を実現したのである。藩は**府県**[21]に統一されて、各府県には中央から府知事・県令が派遣されるようになり、天皇を中心とする近代的な集権国家体制が作り上げられた。

江戸時代の幕藩体制では、人民の支配は各藩単位で身分別に行われていた。明治政府は1870年に華族・士族以外を平民とし、1871年に戸籍法を制定して全国的な戸籍を作りあげ、「臣民一般」を把握できるようになった。なお、当初の戸籍は居住している地ごとに編成されており、家族関係にはないが生活をともにしているという者も一緒に記載された。

（4）明治初期刑法の制定

成立したばかりの明治政府は、全国的な治安維持のために、各藩の法も含めて暫定的に江戸時代の刑法をそのまま認めることにした。そのうえで、政府の管轄地域で行われる刑事裁判のための準則として、非公開の仮刑律を編纂した。この法

★**五箇条の御誓文**　政体書（▶本章 [19]）は、五箇条の御誓文の実現を目的としたものであった。五箇条の御誓文は、1868年3月に示された政府の基本方針で、以下のような内容であった。

一　広く会議を興し万機公論に決すべし
一　上下心を一にして盛に経綸を行ふべし
一　官武一途庶民に至る迄各其志を遂げ人心をして倦ざらしめん事を要す
一　旧来の陋習を破り天地の公道に基くべし
一　智識を世界に求め大に皇基を振起すべし

[20] **知藩事**　当初は世襲であるとされ、藩主らは当然ながら自分たちの統治が継続していくような制度を期待していたが、藩の解体が進められ、それは実現しなかった。

[21] **府県**　この段階では1使（開拓使、現在の北海道に相当）、3府（東京府・京都府・大阪府）、302県であったが、県は統廃合により減少した。1872年の県治条例で行政制度も整備され、1888年の市制・町村制、1890年の府県制・郡制をもって地方制度は完成することになる。それを牽引したのは山県有朋で、お雇い外国人のドイツ人法律家モッセが中心となって制度を作り上げた。

は、熊本藩の『刑法草書』の影響を強く受けた明治政府最初の刑法典であったが、社会秩序の維持のためにはこれではまったく不十分で、より充実した刑法典の編纂を急ぐ必要があった。そこで、1870年に仮刑律に代わる刑法典として新律綱領が制定され、さらに1873年には改定律例が完成して、新律綱領と改定律例という2つの刑法典があわせて用いられるようになった。近代法の基本的な考え方とは異なり、改定律例の制定をもって新律綱領が廃止されたわけではなく、2つの法が同時に施行されていた点に注意しておきたい。

新律綱領は、8図14律（6巻192条）からなる法典であったが、仮刑律と同様に熊本藩の藩法『刑法草書』や清律を参照にして、漢学者によって編纂されたと考えられ、近代的・西洋的な刑法典ではなかった。たとえば、刑罰は**五刑**[22]を採用しており、身分による刑罰の違いもあった。また、罪刑法定主義を採用せず、遡及効や類推適用を認め、条文がない場合でも「情理」や他の条文などに基づいて処罰できると明記していた。改定律例は、新律綱領を修正した多くの単行法令をまとめつつ、新たな内容も加えたもので、12図14律（3巻318条）からなっていた。形式として各条文に条数をつけるなど（律系の刑法は条数をもたないのが基本であった）、一部に西洋法的・近代的な要素が盛り込まれたが、基本的には新律綱領と同じく復古的な律系の刑法典であった（▶第7章3（2））。

（5）裁判制度の整備

司法省の設置と廃藩置県により、明治政府は全国的・統一的な司法制度を作り上げることが可能になった。領事裁判権を中心とする不平等条約改正のためには、来日した西洋人が日本の裁判権に従うことを認めるよう、近代的・西欧的訴訟手続を全国的に徹底する必要があったから、司法制度の整備は明治政府にとって重要事項であった。

1872年に**司法卿**[23]に就任した**江藤新平**[24]は、大々的な司法制度改革を推し進めたが、そのなかで最も大きな成果と評価されるのは、司法職務定制の制定である。司法職務定制は、**お雇い外国人**[25]であったフランス人法学者**ブスケ**[26]の助言を受け、フ

[22] **五刑**　答・杖・徒・流・死の5つの刑罰のこと。律における基本的な刑罰であるが、古代においては五罪と呼称していた（中国で五刑と呼んでいたものを、五罪と変更して受容した）ことに注意したい。答・杖はともに棒で身体を打つ刑であるが、打つ回数に違いがある（答は10〜50回、杖は60〜100回）。徒は一定期間の労働を科す刑、流は配所に移送して労務を科したあとそこに本籍を移す刑、生命刑である死には絞と斬があった。

[23] **司法卿**　現在の法務大臣のこと。1885年の内閣制導入により、卿は大臣と改められた。

[24] **江藤新平**（1834〜1874）もとは佐賀藩士で尊王攘夷運動に参加し、明治政府に出仕した。文部大輔、左院副議長などを歴任したあと、1872年に司法卿となった。立法に関する知識は明治政府のなかでも圧倒的で司法制度改革を推進したが、政府内での対立を生んだ。1873年に参議となって征韓論を唱えたが敗れて辞職し、1874年に民選議院設立建白書に名を連ねたあと、佐賀の乱を起こし、鎮圧されて処刑された。

▲江藤新平

[25] **お雇い外国人**　幕末から明治中期にかけて、西洋の近代的な文明を輸入するために、西洋から招聘した外国人の総称。その雇用先は政府である場合と民間である場合とがあった。

[26] **ブスケ**（1846〜1937）フランスの法律家・弁護士で、1872年に司法省の法律顧問として来日し、司法省法学校で法学教育に従事した。若い教師として学生たちから信頼され、1876年に帰国した際には、法学校の学生たちが盛大に見送りをしたという。明治初期の日本をとらえた著作『日本見聞記』がある。

ランスなどの法制度を参考にして、司法省の職務・組織を定めたものであった。

司法職務定制には、府県裁判所などの裁判機構が明示され、それまで各府県が担当していた裁判事務を司法省管轄下の裁判所が担うことになった。これにより行政と司法との分離が目指されたわけであるが、司法省が裁判所を管轄下に置いたためにその分離は完全ではなかった。また、司法職務定制には、判事・検事・代言人（のちの弁護士）・代書人（のちの司法書士）などの法律専門職が明記され、裁判機関と捜査・訴追機関の分離もここに明示された（▶前述1（3））。しかし、ここで示された裁判機構はすぐには実現できず、府県裁判所を設置できない県も多くあって、まだ判事・検事・代言人となるのに試験もなかったので、地方の行政官が判事を兼任するような状態が1877年まで続いた（判事兼任制）。

3　西洋法継受と「立憲制」の完成

（1）元老院の設置

1871年の廃藩置県によって封建制（幕藩体制）が解体したあと（▶前述2（3））、明治政府は本格的に統治機構の整備を進めた。その動きは、1875年の漸次立憲政体樹立の詔でひとつステップを上がり、1881年の国会開設の詔によってもうひとつ大きなステップを上がって、最終的には1890年の大日本帝国憲法の施行と帝国議会の開設によって結実する。本節では、この約15年間の統治機構の整備と近代的・西洋的な法の本格的な継受について、具体的にみていきたい。

1874年に元参議たちによって**民選議院設立建白書**[27]が提出され、自由民権運動が急激に広まって、明治政府に対する批判の声も全国的に高まった。これに対して、立憲政体を徐々に作り上げていくことを宣言した天皇の漸次立憲政体樹立の詔が出され、元老院と大審院が設置され、**地方官会議**[28]が開かれることになった。

元老院は左院・右院に代わる立法機関である。こののち、

[27] **民選議院設立建白書**　征韓論を唱えるも敗れて明治政府を離れた4名の前参議（板垣退助・後藤象二郎・江藤新平・副島種臣）らが、愛国公党を結成して政府に突きつけた建白書。明治政府を薩摩藩・長州藩出身者による藩閥政府・専制政府だと批判し、民選議院を設立して納税者に参政権を与えるべきだと主張した。多くの支持を集め、自由民権運動のきっかけとなった一方で、加藤弘之や西周などの知識人から、時期尚早などの批判も浴びた。

[28] **地方官会議**　1875年から1880年までの間に三度開催された、地方長官を議員とする会議。地方民会（府県会規則などが制定される以前に、各府県で独自に開設されていた府県会・区会・町村会などのこと）についての議論や、三新法（郡区町村編制法・府県会規則・地方税規則）の制定などを議論し、明治前期の地方制度改革において、大きな役割を果たした。

多くの近代的な立法に元老院は関わっていくが（▶後述（**3**）・
4（**2**））、まず重要な仕事として、領事裁判権をもつ西洋諸国
の憲法を参考にしながら国憲案（憲法案）を作る役割を担っ
た。しかし、三度作られたその案の内容に対して政府は不満
で（のちに完成する大日本帝国憲法と比べて、より民主的であっ
たとされる）、結局廃案となった。

　明治政府は各参議に立憲政体に関する意見書の提出を命じ
ていたが、1881年に参議大隈重信が、急進的な**立憲制**の導入
や、政党を重視したイギリス型議院内閣制の採用などを主張
した意見書を提出した。これに対し、明治政府の中心にいた
岩倉具視は、**井上毅**の助けを借りて、漸進的な立憲制の形成
（プロイセン型の憲法を最適のモデルとする）、強力な天皇大権、
議院内閣制ではなく**大権内閣制**の採用、などの考え方を示し、
この方向性が政府内で確認されたうえで、10年後の1890年に
国会を開設するという国会開設の詔が出された。

（2）大審院の設置

　漸次立憲政体樹立の詔により、元老院と同時期に設置され
たのが大審院である。大審院は、フランスの**破毀院**をひとつ
のモデルとし、上等裁判所以下の審判の不法なものを破棄し、
他の裁判所に審判させるか自ら判断する、最上級の裁判所で
あった。裁判所の構成は大審院・上等裁判所・府県裁判所と
体系的に整理され、上等裁判所は控訴審を担当府県裁判所は
第一審を担った。判事兼任制が廃止され、各地方に裁判所を
置いて訴訟実務を担当させることになり、司法制度の整備が
飛躍的に進んだ。

　とはいえ、裁判官の独立はまだ保障されておらず、府県裁
判所が終身懲役刑の判断をする際には上等裁判所の許可を得
なければならなかったし、上等裁判所が死罪の判断をする際
には大審院の許可が必要であった。司法行政事務を管轄する
司法省と、裁判実務を管轄する大審院以下の裁判所という機
構上の分離が実現したが、国家機構における大審院の位置づ
けは司法省より低く、司法省の指揮を受ける可能性も残され
ていた。

[**29**] **立憲制**　憲法に基づいて
統治を行う制度のことをいうが、
この時期に使われた「立憲制」
という言葉は、特に議会を開設す
ることを重要な要素としていた。

[**30**] **井上毅**（1843〜1895）
明治政府の官僚・政治家。1872
年の司法省の調査団に加わり、
フランス・ドイツを中心に司法制
度などを調査して、歴史法学の
影響を強く受けた。岩倉具視や
伊藤博文からブレーンとして信
頼され、多くの草案作りや意見
書の提出に関わった。

▲井上毅

[**31**] **大権内閣制**　内閣は君主
に対してのみ責任を負い、議会
に対しては責任を負わない制度
のこと。

[**32**] **破毀院**　裁判所による法
解釈の統一をはかることを最大
の任務とする、フランスの司法
訴訟における最高裁判所。上告
された場合、原判決の法律問題
についてのみ審理する法律審で
ある。原判決を破棄する場合に
は、原審の裁判所と同種同級の
別の裁判所に送る。

▲フランス破毀院（出典：同HP）

同じ頃に、法曹の制度についても整備が進んだ。1876年には代言人規則が制定され、代言人に免許制度が導入された。遅れて1885年から**判事登用試験**[33]も始められ、**代言人試験**[34]もこれに歩調を合わせて、ともに試験問題の内容が整備されるなど（「法理問題」として、近代法の理解が求められるようになった）、法曹に求められる能力が徐々に明確にされていった。これと連動して、1880年代には私立の法律学校が複数作られてイギリス法・フランス法の教育が始められ、これらの学校の卒業生たちが判事登用試験や代言人試験の多くを占めるようになっていった（▶本章**コラム**㉝）。

[33] **判事登用試験** 1885年から始められ、1890年の裁判所構成法制定を受けて整備された。1891年制定の判事登用試験規則によれば、当初の試験は筆記（民法・商法・民事訴訟法・刑法・刑事訴訟法）と口述（前記5科目のうち3科目）の2段階であった。合格後は、試補としての修習と2回目の試験を経て、判事・検事となることができた。

[34] **代言人試験** 1893年制定の弁護士法により、弁護士になるには弁護士試験規則による試験の合格が条件と変わった。判事登用試験と異なり、試補の制度と2回目の試験はなかった。

コラム㉝　法学教育の萌芽

　近代的な法を継受するためには、近代的な法学を受容する必要もあったから、法学教育を行う学校の整備が進められた。1869年に設置された大学南校が1873年に開成学校となり（翌年から東京開成学校）、5学科のうちのひとつに法学が入って、法学教育が始められた。その内容は、もっぱらイギリス法であった。一方、司法省に設置された明法寮でも、司法官の養成を目的とした法学教育が開始されていた。こちらの教育内容はフランス法中心で、お雇い外国人のブスケ（▶本章[26]）とボアソナード（▶本章[35]）が講義を行ったことがよく知られている。明法寮は1875年に司法省法学校となり、継続してフランス法教育が行われた。

　1877年、東京開成学校は東京医学校と統合され、法学などの4学部をもつ東京大学が設立された。ここでの講義は、英語で教授されるイギリス法が中心であったが、日本法・フランス法を学ぶ科目なども置かれ、1880年代には日本語で行われる講義も徐々に増えていった。その中心にいたのは、穂積陳重（▶本章[62]）や鳩山和夫など、留学帰りの若い法律家であった。穂積・鳩山のふたりは貢進生として大学南校に入り、東京開成学校で学んだあとに留学を経験するというキャリアを歩んでおり（貢進生とは、各藩から推薦され、学費免除で大学南校で学んだ学生のことである）、留学は、近代的な法学を西洋から受容するうえで、極めて大きな価値をもっていた。

（3）刑法と刑事訴訟法の制定

　不平等条約を改正して文明国となるためには、近代的・西欧的な司法制度の確立と法典編纂を進める必要があった。国内的にも、急速な社会変化のなかで律系の刑法では限界があることが徐々に明らかになり、西欧の近代刑法を継受することが望まれるようになっていた。もちろん、この時期には民法に関する議論なども進んでいたが、主要な各法典が有機的に関連づけられて立法されていったという形跡は乏しく、明治政府の法典編纂は個別の法典についてそれぞれの事情のなかで展開していた。

　そのようななかで、明治政府は新律綱領・改定律例に代わる刑法典の編纂を進め、当初はお雇い外国人であるフランス人法学者**ボアソナード**[35]の講義や助言を受けつつ、日本人の委員が案を作った。しかし、西洋の刑法について理解が足りない日本人委員の案では結局不完全であったので、1876年に政府はボアソナードに起草を依頼した。

　ここでの議論は、ボアソナードが作った案に対して日本人委員から質問が寄せられ、それにボアソナードが回答しつつ日本人委員と意見の交換を重ねるという方法で進められ（**単独起草合議立案方式**[36]）、歴史的・伝統的な日本の社会観念や律型刑法の考え方も多く取り入れながら編纂が進められ、1877年に「日本刑法草案」として完成した。その後、太政官に設けられた刑法草案審査局や元老院などでの審査を経て、1880年に日本最初の西欧型近代法典である刑法が成立した（以下「**旧刑法**」[37]と呼ぶ）。旧刑法は、1810年制定のフランス刑法を基礎としつつ、ドイツ・ベルギー・イタリアなどの刑法や刑法草案も参考にし、新律綱領・改定律例の内容も踏まえて作り上げられた、4編21章430条の法典であった。

　実体法と手続法は車の両輪のようなものであるから（▶第2章3（3））、実体法としての刑法が制定されるだけでは意味がなく、手続法としての刑事訴訟法の制定も連動して行われる必要があった。そこには、社会秩序の維持という目的だけでなく、不平等条約改正のためには、日本にやってきた西洋

[35]　**ボアソナード**（1825〜1910）　元パリ大学法学部教授。1873年の来日後、22年間も滞在して、司法省を中心に多くの機関に助言や提案をし、複数の立法に携わった。また、司法省法学校や東京法学校などで法学教育に尽力して、多数の法律家を育成した。日本近代法制史上の最重要人物のひとり。

▲ボアソナード

[36]　**単独起草合議立案方式**
穂積陳重（▶本章[62]）が1890年に出版した最初の単著『法典論』にも、法典編纂の技術として紹介されている。明治政府は刑法以外の制定でもこの方法を採用することにより、日本人の側に法学の知識がなくても、最終的な判断権を日本人の側に持ち続けるようなやり方で、立法を進めていくことに成功した。民法・商法の制定においては、単独起草をするお雇い外国人の責任が強まり、大きな論争を呼び起こすことになる。

[37]　**旧刑法**　刑法は1907年にドイツの影響を強く受けたものに改正されるため、1880年制定の刑法を「旧刑法」あるいは「明治15年刑法」と呼ぶ。ボアソナードは、19世紀前半にフランスで主流となったオルトランの折衷主義刑法理論の考え方を「旧刑法」に採用した。この折衷主義刑法理論は、正義と公益の2つを刑法の本質とし、道徳的に悪であると同時に、公益に害のある行為が犯罪として、それに見合った応報としての刑罰を科されるという考え方である。しかし、1907年の改正では、ドイツなどで唱えられていた、応報よりも罪を犯した者の社会的矯正に重点を置くいわゆる「新派」の刑法理論が採用された。

人に適用できるような近代的・西欧的訴訟手続を作り出さな
ければならないという要請もあった（▶前述 2（5））。1880
年、旧刑法と同日に治罪法が制定され、ともに1882年から施
行された。治罪法は6編480条の法典で、刑法と同じくボア
ソナードが原案を起草し、フランスの刑事訴訟法を基礎とし
つつ、ドイツやオーストリアの刑事訴訟法も参考にされた。

（4）内閣制度の創設と大日本帝国憲法の編纂

　こうして、フランス法の影響が色濃い刑法・治罪法が完成
したが、憲法については、1850年に制定されていた君主権の
強いプロイセンの憲法をモデルとする方向で、制定に向けて
スタートが切られていた（▶前述（1））。明治政府は、天皇を
君主とする明治政府の構造・性質と共通性をもち、模倣する
べき体制をもっているのは、法の後進国ながら1870年代に急
激に整備を進めたドイツ（特にそのなかでもプロイセン）であ
ると判断したのである。この時期のドイツでは、裁判所構成
法や訴訟法が整備され、刑法・民法など実体法の編纂も進ん
でいた。このことは、この後の民法の制定や司法制度の整備
などに対しても、また法学教育に対しても、大きな影響を与
えることになっていく（▶本章コラム㉞）。

　憲法起草の担当者に任命された伊藤博文は、憲法について
学ぶために1882年に渡欧し、プロイセンの**グナイスト**[38]、**モッ**
セ[39]、オーストリアの**シュタイン**[40]などから憲法や統治機構につ
いて学んだ。1883年に帰国した伊藤は、1884年の華族令制
定、1885年の内閣制度導入（太政官の廃止）などを通して、
統治機構を作り上げていくことに尽力した。特に内閣制度の
導入は、立憲制創設に向けた大きな転換であり、自ら初代総
理大臣となった伊藤の果たした役割は大きかった。

　内閣[41]は、内閣総理大臣と大臣による合議機関であり、内閣
総理大臣と各大臣の職権を示した「内閣職権7カ条」が定め
られた。当初は内閣総理大臣に非常に大きな権限が与えられ
たが、こののち大日本帝国憲法を受けて1890年に定められる
内閣官制では、大日本帝国憲法55条の**単独輔弼責任制**[42]との関
係から、内閣総理大臣は**同輩中の首席**[43]と位置づけられて、そ

[38] **グナイスト**（1816〜1895）
当時ベルリン大学教授。最高裁
判所裁判官・帝国議会議員など
も務めた。憲法調査で訪れた伊
藤博文らに対して憲法について
教授をし、お雇い外国人となっ
た弟子のモッセを通じて、間接
的にも憲法制定に影響を与えた。

[39] **モッセ**（1846〜1925）　グ
ナイストの弟子で、ベルリン市裁
判所判事・日本公使館顧問など
を務めた。伊藤博文の憲法調査
の際にドイツ憲法学を講義し、の
ちにお雇い外国人として来日。
1888年にドイツの地方制度を基
礎とした市制・町村制を作り上
げ、また井上毅の質問に回答す
るという形で憲法制定にも大き
く貢献した。

[40] **シュタイン**（1815〜1890）
当時ウィーン大学教授。経済
学・行政学などの分野で活躍
し、憲法調査で訪れた伊藤博文
らに、君主権の重要性を教えた。

[41] **内閣**　この段階で置かれて
いた省は、外務省・内務省・大蔵
省・陸軍省・海軍省・司法省・
文部省・農商務省・逓信省（工
部省に代わって創設された）・宮
内省の10省であるが、皇室が政
治から影響を受けることがないよ
う、内閣に宮内大臣は入らず、
内閣総理大臣と9大臣で構成さ
れた。

[42] **単独輔弼責任制**　輔弼と
は、大日本帝国憲法のもとで、
天皇の権限行使について国務大
臣・宮内大臣・内大臣などが行っ
た助言のこと。各国務大臣は、こ
の助言について、天皇に対して個
別に責任を負う仕組みであった。

[43] **同輩中の首席**　同輩者中
の第一人者の意味。内閣官制第
2条に、内閣総理大臣は「各大
臣ノ首班トシテ」と規定されて
いたが、この「首班」は同輩中
の首席を意味した。大日本帝国
憲法において内閣総理大臣は他
の大臣と同格で、また内閣につ
いては規定がなかった。

の権限は縮小された。また、内閣制度の発足とともに、法令などの公文書の形式が整理された。太政官のもとでは**布告・布達・達**という形式が用いられていたが、1886年に制定された公式令に、法令は法律＋命令（勅令・閣令・省令など）と定められ、その制定手続が規定された。

　1886年から、憲法の編纂作業が開始された。伊藤のもとで井上毅とお雇い外国人の**ロエスレル**がそれぞれ原案を作り、伊藤の別荘で伊藤、**金子堅太郎**、**伊東巳代治**らが極秘に議論を進めていわゆる**夏島草案**を完成させ、その際には、プロイセン憲法だけでなく領事裁判権をもつ西洋諸国の憲法を参考にしながら検討が進められた。1888年には憲法や皇室典範などの基本法典の草案審議をする機関として、天皇の「至高顧問」の機関である枢密院が設置され、ここでの議論・修正を経て完成し、翌1889年に発布、1890年から施行された。

（5）大日本帝国憲法の内容

　7章76条からなる大日本帝国憲法は、明治維新以来の復古的方向性（「王政復古」）と西洋的方向性（西洋的・近代的な法の制定）の2つのベクトルが、交差したところにあった。それは、強力な君主制を採用する一方で、近代憲法の構造や諸制度を取り入れたものでもあり、**外見的立憲主義**と呼ばれることがある。

　大日本帝国憲法は天皇主権を採用し、天皇大権と呼ばれる様々な権利（官制大権、任免大権、統帥大権、編制大権など）を定めた。立法は帝国議会の「協賛」を得て行われるが、天皇は両議院を通過した法律案を裁可しないことができた。行政については、各国務大臣の「輔弼」を得て天皇が行い、司法もまた天皇の名において行われた。このように、三権分立を採用しながらも、そのすべてが君主である天皇によって制約を受ける構造をもっていたのである。天皇の大きな権限の正統性は、「皇祖皇宗ノ神霊」によって保障されており、そもそも憲法の発布も、天皇が皇祖皇宗に対して誓約したうえで、憲法を「臣民」に与える形式をとっていた。

　とはいえ、本当に天皇がすべての権限を実際的に握ること

[44] **布告・布達・達**　全国一般に伝える法令のうち、太政官から出されるものを布告、各省などからのものを布達といい、各官省から下級の機関に対して出されるものを達と呼んだ。

[45] **ロエスレル**（1834〜1894）ドイツ人の法学者・経済学者で元ロストック大学国家学教授。1878年に外務省のお雇い外国人として来日し、貿易や経済政策の検討にあたり、太政官でも兼務して立法に深く関わった。

[46] **金子堅太郎**（1853〜1942）ハーバード大学法律学科卒業。伊藤博文に重用され、明治憲法の調査・起草にあたったほか、衆議院議員選挙法・貴族院令などの憲法附属法を立案した。

[47] **伊東巳代治**（1857〜1934）長崎出身で、工部省電信寮の修技教場で学んだ。長崎電信局・兵庫県訳官などを経たのち、伊藤博文の目にとまって重用され、伊藤の憲法調査にも随行し、帰国後は大日本帝国憲法の起草に従事した。

[48] **夏島草案**　1887年8月に完成した草案。夏島（神奈川県横須賀市）にあった伊藤の別荘で作られたのでこの名がある。この草案は繰り返し修正され、最終的に1888年4月に案が完成して明治天皇に捧げられた。

[49] **外見的立憲主義**　憲法や議会をもち、形式的には近代立憲主義の形をとるが（憲法で統治機構の権限を制限し、国民の権利や自由を守る形であるが）、実質的には近代立憲主義の理念を実現していない統治形態のこと。

が期待されていたわけではないことに、注意しておきたい。議会を通った法律案を天皇が裁可しなかったり、大臣（内閣）の輔弼を否定して天皇が判断したりというようなことが現実に想定されていたわけではなかったし、天皇大権は天皇の権限というよりも、議会が関与することのできない政府や軍の権限という意味合いが強かった。天皇の存在意義はあくまでも新国家を正統化することにあり、言い換えれば、幕藩体制とは違って一人の君主を中心にして国民国家が運営されるということの宣言として、天皇と天皇主権の意義があったのである。

「臣民」の権利については、「法律ノ範囲内ニ於テ」というような制約の文言が記載されるのが普通であった。このような規定は、現在の視点からは人権の制限と説明されることが多い。しかし、政府によって恣意的に「臣民」の人権は制限できず、議会が作る法律によらなければ制限できないということの表明であったという点にも注目するべきで、大日本帝国憲法が新たに設けられる議会の存在を相当に意識して作られたものであることを示している。

このほか、裁判所については、司法権の独立、裁判官の職務上の独立、裁判官の地位の独立が定められた。また、皇室に関する事項については、帝国議会で審議しないで制定・改廃される**皇室典範**[50]によって定められた。大日本帝国憲法と皇室典範の2つが並び立ち、ともに最高の形式的効力をもつこの時代の体制を、明治典憲体制と呼んでいる。

（6）裁判所構成法の制定

1880年制定の治罪法や、1886年制定の司法省官制・裁判所官制によって、裁判制度は繰り返し改められ、1890年に公布・施行された裁判所構成法で一定の完成をみることになる。

1889年に発布された大日本帝国憲法において、司法権は天皇の名において法律により裁判所が行うことが明確に定められた。これをもとにして制定されたのが裁判所構成法で、通常裁判所と検事局の組織・権限、そこで働く職員の資格や職責などを定めていた。裁判所構成法は、それまでに整備され

てきた司法制度を受け継ぎつつも、フランス型であった司法
制度を大きく改めて、ドイツの裁判所構成法をもとにして作
られた基本法であった（▶前述（**2**））。その起草は、お雇い外
国人であったドイツ人法学者ルドルフらが担当した。

　裁判所構成法により、民事訴訟・刑事訴訟を担当する通常
裁判所として、前述した大審院をはじめ、**控訴院・地方裁判**
所・区裁判所 が設置された（司法権の範囲は刑事・民事に限ら
れ、行政事件に関しては別に **行政裁判所** が設けられた）。具体的か
つ新たな訴訟手続については、1890年に制定された民事訴訟
法（ドイツ人のお雇い外国人であるテヒョーが中心となって起草
した）と、同じ年に治罪法を廃止して制定された新たな刑事
訴訟法に定められた（▶前述（**3**））。新たな刑事訴訟法は、ド
イツ法の影響が色濃い裁判所構成法に対して、原則的には治
罪法を引き継いでフランス法系のままであったが、このよう
に法によってルーツが異なる混在的な状況が、日本近代の法
継受のひとつの特徴である（さらに大きな特徴といえるのは、
一つひとつの法の継受の際にも、フランス法やドイツ法を基本に
据えつつも多くの西洋諸国の法を取り入れた「混合継受」となっ
ていることである）。

　裁判所構成法では、判事・検事の任用方法が整備され、試
験制度も整って、その専門的素養の重要性が高められた。こ
れ以降、かつて無試験で任用されていた西洋の法学の知識を
もたない判事・検事たちが、「老朽司法官」と呼ばれて整理さ
れていくことになる。司法制度の近代化は、西洋法の教育を
受けていない古い世代に、厳しい現実を突きつけたのである。
また、裁判所構成法では代言人が弁護士と改められ、1893年
施行の弁護士法によって、弁護士の職務も整えられた。とは
いえ、弁護士に対する国家権力の干渉は強く、現在のような
「弁護士自治」も認められていなかった。任用方法などをみて
も、弁護士の地位は制度的に判事・検事よりも低い位置づけ
であった（▶第5章1（**3**））。

▲1909年頃の大審院（出典：国
立国会図書館所蔵『最新東京名
所写真帖』）

[51] **控訴院・地方裁判所・区裁**
判所　控訴院は現在の高等裁判
所に該当し、地方裁判所も現在
のそれにつながるものである。区
裁判所は全国300か所に置かれ、
最下級の裁判所であり、形式的
には現在の簡易裁判所にあたる
が、扱っていた事件内容の多く
は現在の地方裁判所が担当する
ものである。

[52] **行政裁判所**　行政事件の
裁判をするために、司法裁判所
とは別の系統で（行政機関とし
て）設置される特別裁判所。プ
ロイセンやオーストリアの制度を
もとに採用され、大日本帝国憲
法61条と、1890年制定の行政裁
判法等で規定された。行政裁判
所は東京の1か所に置かれ、一
審制をとっていた。特別裁判所
の設置を禁止する日本国憲法の
施行により廃止された。**第12章**
コラム⑰参照。

（1）明治初期における民法編纂

　本章の最後に、少し時間を戻して、民法の制定過程についてみていくことにしたい。

　明治初期に司法卿として司法制度の整備を進めた江藤新平（▶本章 **[24]**）は、民法の編纂にも熱心であった。まず、1869年に**箕作麟祥**に命じてフランス法典の翻訳作業を始めさせ、箕作は刑法・民法・憲法・民事訴訟法・商法・治罪法（刑事訴訟法）のいわゆる「六法」を翻訳し、これは『仏蘭西法律書』として刊行された。また、1872年に日本最初の総合的な民法典草案といわれる皇国民法仮規則（全1185条）が作られ、さらに江藤が主催する司法省民法会議において、司法省のお雇い外国人ブスケが中心となって、1873年に民法仮法則が完成した（序章6条＋88条の全94条）。

　民法仮法則は施行の予定であったというが、江藤が明治政府を離れたこともあって結局施行されずに終わった。その内容は「身分証書」に関するものに限定されていたが、フランス法的な個人主義的傾向は薄められ、当該期の日本人にとって馴染みやすい保守的な家族主義的性格をもつものであった。

　この個人主義かそれとも家族主義かという問題は、このあと民法が完成していく過程でも繰り返し登場してくる。その点を少し意識しつつ、1880年代以降の民法編纂過程をみていこう。

（2）ボアソナード民法の制定

　1880年、元老院に民法編纂局が作られ、明治政府はお雇い外国人のボアソナードに草案の作成を依頼して、民法草案の作成が始められた。ボアソナードは民法のなかでも財産法に関する部分の起草を担当し、1886年に完成した。一方、日本の長い歴史のなかで積み上げられてきた風俗・意識を重視する必要があると考えられた家族法の部分については、（現在では不明なところも多いが）ボアソナードの指導を受けた日本人

[53] 箕作麟祥（1846〜1897）　幕末から明治時代にかけての洋学者・法学者・官僚。江戸時代末期に、蕃書調所英学教授手伝並出役や外国奉行支配翻訳御用頭取などを経て、1867年に徳川昭武のパリ博覧会見学に随行し、フランス語を身につけた。明治政府の官僚として、江藤新平などのもとでフランス法の翻訳に尽力し、また様々な法典の編纂委員も務めた。**第3章コラム⑩**も参照。

★「**法典**」について考えるために　本節のタイトルは民法典論争であるが、そもそも法典とはなんだろうか。法典という言葉は、本書のほかのページでも登場するが（▶**第7章2（1）**）、この言葉の意味と正面から向き合ったのが、岩谷十郎＝片山直也＝北居功編『法典とは何か』（慶應義塾大学出版会・2014年）**【画像】**である。ここでは、近代日本の法典編纂などについて歴史的に、またドイツやフランスにおける法典編纂やその後の展開について比較法的に検討されている。重要で本質的な問題が平易な表現で説明されていて、法学の入門書として読むこともできる。

委員が中心となって起草されたと考えられている。

　この民法草案は、フランス民法に加えて、イタリアやベルギーの民法草案も踏まえ、進歩的・市民法的な性格の強いものであった。しかし、1888年に元老院で可決される頃には、繰り返しの修正によって、そのような性格はかなり削られたものになっていた。財産法部分・家族法部分ともに1890年に公布され、その施行は1893年と決まった（これを「ボアソナード民法」と呼ぶ）。

　ボアソナード民法はフランスの**インスティトゥティオーネ****ン方式**[54]を採用し、その編別構成は人事編・財産編・財産取得編・債権担保編・証拠編の5編であった（人事編に婚姻・親子・親権などが入り、財産取得編に売買・贈与・遺贈などが入っている）。生まれながらに人は等しく権利をもつというフランス法的な**近代自然法思想**[55]を基礎に、私的自治の原則、所有権の自由など、近代的な諸原理が導入された。

（3）民法出テ忠孝滅ブ

　しかし、ボアソナード民法の施行をめぐって、法学者を中心に激しい論争が起こった。これを民法典論争と呼んでいる。そのきっかけとなったのは、まだボアソナード民法が正式に公布される前の1889年に発表された、「法典編纂ニ関スル意見書」であった。この意見書は、東京大学法学部の卒業生で構成される法学士会が作成したもので（この頃までの東京大学法学部の教育はイギリス法を中心としていた）、民法の制定にあたっては日本の慣習や実情を重視することが主張され、フランス法の基盤にある自然法思想に対して否定的な姿勢を示し、また法典編纂を急ぐ明治政府を強く批判していた。その後、主にボアソナード民法の施行延期を主張する延期派（イギリス法学派）と、ボアソナード民法を肯定する断行派（フランス法学派）に分かれて、激しい論戦が展開していった。

　論争のなかで、延期派の主張として特に有名なのは、延期派の帝国大学教授**穂積八束**[56]が1891年に発表した論文「民法出テ忠孝亡ブ」であった。穂積八束は、ボアソナード民法のもつ個人主義的・キリスト教的な家族像は、日本の伝統的な

[54]**インスティトゥティオーネン方式**　ナポレオンが自ら編纂に関わって1804年に制定されたフランス民法典は、第1編「人」・第2編「物」・第3編「所有権取得の諸態様（相続、契約など）」という構成になっていた。ボアソナード民法もこれを踏襲したが、全体が5編からなるなど、フランス民法と異なるところも多い（イタリア民法の影響なども受けながら、ボアソナードが独自性を発揮した構成になっているとされる）。第2章5（3）および[54]、第7章2（4）参照。

[55]**近代自然法思想**　人間の自然的な理性によって構成されている、普遍的な法。17世紀のロック（▶第7章[25]）などによる自然法思想は、自由・平等の権利は自然法によって認められていると説明し、18世紀末の近代憲法の成立に大きな影響を与えた。第2章1（2）・第7章2（3）・第9章1（2）も参照。

[56]**穂積八束**（1860〜1912）東京大学文学部政治学科を卒業後ドイツに留学し、グナイスト（▶本章[38]）などから指導を受けた。帰国後は帝国大学教授となり、憲法学を担当した。1910年に刊行した『憲法提要』などにみられるその憲法理論は、国体（主権の所在を意味する）と政体（その主権を行使する態様を意味する）とを区別し、国体は不変、政体は可変として日本を「君主国体立憲政体」と説明するなどかなり独特で、学界の主流ではなかった。穂積陳重の弟。

「家」を破壊するものだと考えていた。また、1892年発表の穂積八束・江木衷・奥田義人などによる「法典実施延期意見」も重要で、個人主義を重視した自由取引への批判、資本主義に対する危機感が込められており、その解決方法として「村」・「家」という共同体が意識されていたが、これは当時のドイツの新しい学説から影響を受けたものであった。

　一方、明治法律学校（現在の明治大学）と和仏法律学校（現在の法政大学）は1891年に共同で法治協会という組織を作り「法典実施断行意見」を発表した。彼らは、ボアソナード民法の実施を延期することの方が国家の秩序を乱し倫理を頽廃させるものだと、延期派を激しく批判した。

　この論争は、1814年にドイツで起こった論争（ドイツ全体での統一的な民法編纂の必要性を主張したハイデルベルク大学教授の**ティボー**[57]に対して、ベルリン大学教授の**サヴィニー**[58]が**歴史法学**[59]の立場から批判した論争）に重ねられたりもしたが、実際には学派の対立という観点だけで説明できるほど簡単ではなく、また、留学先の違いや所属の違いなどで整理できるほど単純でもなく、かなり多様な立場から多様な意見があって、その構図は極めて複雑であった。また、ちょうどこの民法典論争の時期に大日本帝国憲法が公布・施行されたことの重要性も指摘されている（▶前述**3**（**4**））。そこで規定されていた天皇から与えられる「臣民」の権利と、ボアソナード民法がもつ自然法思想はそもそも相容れないものであったから、やはりボアソナード民法の施行には現実的にかなり大きな障壁があった。このことは、日本近代における混在的な法の継受が生み出した、ひとつの矛盾であったとみることもできるだろう。

（4）民法の完成

　結局、1892年に帝国議会でボアソナード民法と、ボアソナード民法と同じく論争を巻き起こしていた旧商法の、施行延期が決定された（旧商法の延期をめぐる論争は、**商法典論争**[60]という）。これを受けて、内閣のもとに**法典調査会**[61]が設けられ、首相の伊藤博文が総裁、西園寺公望が副総裁となり、帝国大

[57] ティボー
▶第7章［40］参照。

[58] サヴィニー（1779〜1861）
1810年にベルリン大学教授時代のローマ法教授となり、1812年にはベルリン大学の総長となった。1814年、早期の民法編纂を主張するティボーに対して、『立法と法学に対する現代の使命について』を発表して反対し、法の歴史的研究（歴史法学）の重要性を主張し、『歴史法学雑誌』を刊行した。イギリスの法学者メインや、穂積陳重など明治時代の日本の法学者たちに、非常に大きな影響を与えた。第7章2（4）も参照。

[59] 歴史法学　法の歴史的な性格を重視し、法を言語と同様に民族の共通の確信によって有機的に生まれるものと捉える立場、あるいは、このような方法で行われる研究のことをいった。第7章［42］も参照。

[60] 商法典論争　商法はロエスレルを中心に編纂され、日本の商慣習は採用されず、ドイツ・フランス・イギリスなどの商法をもとにして、1884年に完成した。1890年に民法と同時期に公布され、1891年に施行されることになっていた。しかし、独自の商慣習をもつ大都市部の商人たちから様々な意見が上がり、施行延期派と断行派に分かれて論争が繰り広げられ、結局、施行延期された。

[61] 法典調査会　施行が延期された民法・商法の改正のために、1893年に内閣のもとに置かれた立法調査・審議機関。内閣総理大臣伊藤博文が自ら総裁となって発足した。活動期間は約10年で、多くの立法に関わった。

学法科大学の教授であった**穂積陳重**[62]・**富井政章**[63]・**梅謙次郎**[64]の３名が民法起草委員に任命されて、ボアソナード民法の改正作業が始められた。穂積はドイツ・イギリスに留学した延期派、富井はフランスに留学したがドイツ法に詳しくやはり延期派、梅は司法省法学校でボワソナードの教えを受けフランスに留学した断行派であり、バランスのとれたラインナップであった。

法典調査会は、新たな民法の編別構成を**ドイツ民法草案**[65]と同じ**パンデクテン方式**[66]に基づき、総則・物権・債権・親族・相続に改めた。フランス法的な定義規定や同じ内容を繰り返しているような規定を積極的に整理し、総則・各編という構成を採用したのである。このことによって、新しい民法はドイツ民法から非常に強い影響を受けたというイメージが流布していくことになるが、この作業はあくまでもボアソナード民法の「修正」であったから、ボアソナード民法のまま残された条文も複数あったし、イタリア・オーストリア・ベルギーなど様々な国の民法も広く参照されていた。法典論争は延期派の勝利に終わり、これによって民法からフランス的で普遍主義的な自然法思想が排除される方向性が定まったのは確かであるが、とはいえフランス法の影響が完全に除かれたのではなく、混合継受の性質が深められることになった点に注意しておきたい。

1896年に総則・物権・債権部分が公布され、1898年に残る親族・相続編が公布されて、同年７月16日に施行された。明治政府は1894年にイギリスと日英通商条約を結んでおり、その発効条件として、1899年７月17日の条約発効の１年前までに、民法を実施することとなっていた。新しい民法の施行は、この発効条件をぎりぎりでみたすものであり、明治政府による法の近代化・西洋化が「不平等条約」改正という悲願に向かって進められたものであったことを、象徴的に表しているといえるだろう。

[62] **穂積陳重**（1856～1926）
明治・大正時代を代表する法学者。国学者の家に生まれ、大学南校で学び、イギリス・ドイツに留学した。帰国後は東京大学教授として主に法理学を教え、英吉利法律学校（現在の中央大学）の設立に関わり、また東京大学におけるドイツ法学の定着に努めた。進化論の影響が強いその学説は、現在では継承されていないものも多いが、法哲学・法制史・比較法学などの諸分野の開拓者とみることもできる。

[63] **富井政章**（1858～1935）
明治時代・大正・昭和時代の民法学者。東京外国語学校を卒業、フランスへ留学し、帰国後は東京大学教授。フランス留学組でありながら民法典論争では延期派に属するなど、独特かつ重要な存在であった。

[64] **梅謙次郎**（1860～1910）
明治時代の民法・商法学者。司法省法学校でフランス法を学び、フランス・ドイツへ留学した。法典調査会では商法の起草委員も務めた。帝国大学教授として業績を残し、和仏法律学校（現在の法政大学）の校長や、韓国法律顧問も歴任した。

▲穂積・富井・梅（左から富井・梅・穂積）

[65] **ドイツ民法草案** ドイツでは1874年から民法典の編纂が始まり、1888年に体系的で厳密性をもった第１草案が完成した。法典調査会で参考とされたのは、この第１草案である。その後第２草案が完成し、1896年にドイツ民法典として公布された。

[66] **パンデクテン方式**
▶第２章[53]・第７章2（4）参照。

　1884年に廃止された司法省法学校は翌年に東京大学法学部に合併され、ま
た1886年の帝国大学令により東京大学法学部は帝国大学法科大学となった。
このような組織改編のなかで、東京大学法学部（帝大法科大学）は、明治政府
の方針転換に対応して、ドイツ法教育を進めるようになった。さらに、法典
編纂事業がある程度形になった1890年代には、日本法を対象とした法学を体
系的に学ぶことができるようになった。体系的という意味では、帝国大学で
は1893年に講座制（一教授が一講座を担当する、西洋の大学にならった仕組み）
が導入され、そこで行われた専門的な研究と教育は、法学をより体系的なも
のにした。

　1880年代には、私立の法律学校の創設も多くみられた。イギリス・アメリ
カ法の法教育を行う学校として、専修学校（専修大学）・東京専門学校（早稲
田大学）・英吉利法律学校（中央大学）、フランス法系の学校として明治法律学
校（明治大学）・東京法学校（法政大学）などが挙げられる。その背景には、
まだ講義の多くが外国語で行われていた帝大法科大学は難関であったこと、
代言人となるには国家試験に合格しなければならなくなった（専門的な勉強が
必要になった）ことなどが挙げられる。こうして、高級官僚や判事・検事を養
成する帝大法科大学と、一般官僚や弁護士を社会に送り出す存在としての私
立学校という構図ができあがった。1890年代には、私立の法律学校は民法典
論争における論戦の中心となり、学校経営への影響もあったが、学術雑誌の
充実などの副産物も生んだ。

5　おわりに

　本章では、江戸時代の法を概観したうえで、それを克服す
べく西洋的・近代的な法が整備されていく明治前期・中期の
様子を追いかけてきた。「不平等条約」を改正して西洋諸国と
対等な関係に立つという政治的な目標が、近代的・西洋的な
法典を編纂し司法制度を樹立して、西洋法にならった国家の
法的基盤を構築する原動力となり、そのなかで、①規範を作
ること（法典の編纂）、②機構を整えること（司法制度の樹立）、
③それを運用する人を育成すること（法学教育を行う環境の整

備）という3つが特に進められた（①・②については本文で、③についてはコラムで示したつもりである）。

　明治政府による法典の編纂や司法制度の樹立は、西洋法の継受という形で行われ、そのなかでも特に継受の前半期（明治初年から明治10年代にかけて）はフランス法が中心的な母法となり、後半期（明治10年代から明治20年代にかけて）はドイツ法が中心的な母法であった。しかし、一つひとつの法についてみれば、決してフランス法・ドイツ法だけが模範とされたわけではなく、各国の法の内容を自由に選択して継受する、混合継受と呼ばれる方法で行われたことを強調しておきたい。また、とはいえ中心的母法の大きな転換が起こったことによって、母法の異なる各法が混在するという状況も起こった。しかし、これらのことは決して否定的に認識するべきではなく、明治期の日本はその時代の日本に合う形で西洋法を取り入れたのであり、多様な取捨選択を積極的に行うことによって、日本独自の近代法が形成されたとみるべきであろう。もちろん、西洋法を継受する過程で、歴史的・伝統的に日本に存在する法文化・法意識も重視された。それらのなかには、制定された法のなかに取り入れられたものもあったし、その後の運用・解釈において生かされた場合も多かった。

コラム㉟　歴史をたずねて I——帝国という視点からみる「日本法」

　明治期以降、日本は絶えず「普遍妥当」なものとして西洋法体系を継受してきた。もっとも天皇制や「家」制度のように、日本固有の要素がないわけではなかったが、それも敗戦を機に大幅改編された。西洋型の法社会をつくり条約改正を達成するという明治政府の悲願のため、極めて短期間に「法の継受」が行われたのに対し、従来の社会がそれにどう反応したかという問いは興味深い。この点について法哲学者の長尾龍一は、社会の生活全般が欧米のように法によって支配されるようになったわけではなく、それまでの共同体が都会型の「第二のムラ」として再編され、その補完的役割として西洋法が利用されたと説明する。

　さて、日本における近現代法は、西洋法をインプットするにとどまらなかっ

た。台湾割譲（1895年）以降、朝鮮半島や中国大陸、ロシアの一部、南洋群島を事実上の植民地として帝国領土に組み込み、法を制定・運用した。植民地には本国の「法律」が当然に適用されず、各地域に独自の法体系（法域）が築かれた。法社会学者の利谷信義は植民地法の性質について「本国法の本来もっている性格が、植民地法においてより明確に現われ、本国法の潜在していた性格をつよく打ち出す」と述べたが、植民地法と本国法である日本法は相互に影響を与えあっていたと考えられる。

　日本法の影響は、植民地だけにとどまらなかった。中国大陸で成立した「中華民国民法典」（1929年以降に公布）は、明治民法（1898年までに施行）以降の日本で展開された学説が立法化されたものだと評価されているし、明治民法と中華民国民法典に加え、中国東北部での慣行調査を踏まえた「満州国民法典」（1937年公布）は、当時の日本の「（判例・学説）理論の最高水準を規定化」したものといわれ、戦後の大韓民国民法典（1958年公布）にも影響を与えた。さらに植民地で展開した法理論が、戦前戦後にかけて本国へ「還流」し、立法・裁判実務に供されることもあった。ただし西洋法の継受のあとに展開された日本近現代法の実相は、まだ解明されていないことも多い。

　このように、近現代の「日本法」は、現在の国境線では捉えきれない、世界規模の空間で成立・展開してきたことが見てとれるのである。

第 II 部

実定法の主要領域

第 9 章

憲法（人権概論）

➤ はじめに──ビッグデータ・AI の時代に「人権」を考える

　2020 年 6 月、IBM は、法執行機関に対して、汎用顔認識・分析システムの提供を停止すると、アメリカの連邦議会への書簡で明らかにした。同社の CEO であるアルビンド・クリシュナ氏は、書簡のなかで次のように述べている。

> *IBM は、大量監視、人種プロファイリング、基本的人権および自由の侵害、または我々の価値ならびに信頼および透明性原則と一致しないあらゆる目的のために、他のベンダーにより提供される顔認識技術を含む、いかなるテクノロジーの使用も許容せず、断固として反対する。*〔出典：IBM CEO's Letter to Congress on Racial Justice Reform, June 8, 2020 at https://www.ibm.com/blogs/policy/facial-recognition-sunset-racial-justice-reforms/〕

　この声明は、そのひと月前にアメリカ・ミネソタ州で起こった、**ジョージ・フロイド氏の死亡事件**[1]と無関係ではない。ジョージ・フロイド氏の死後、アメリカでは、社会からの人種差別の根絶を訴える BLM（ブラック・ライヴズ・マター）運動が盛り上がった。この 2 つは、「平等／差別」という人権問題で根深く結びついているのである。

　顔認識システムとその分析ソフトウェアのアルゴリズムには、かねてから有色人種（アフリカ系を含む）に対する「バイアス」が潜んでいることが指摘されていた。かつて Google フォトが、アフリカ系の女性を「ゴリラ」と誤認識してタグ

[1]　ジョージ・フロイド氏の死亡事件　2020 年 5 月 25 日、ミネソタ州のミネアポリス郊外において、アフリカ系男性のジョージ・フロイド氏が、白人の警官デレク・チョーヴィンにより、約 8 分の間、首を圧迫され続けたことにより死亡した事件。BLM 運動のきっかけとなった。

▲ ジョージ・フロイド氏の肖像を描いた壁画（ベルリン・マウアーパーク）（出典：Wikipedia〔CC0 1.0〕）

付けして批判の声が上がったこともあった。こうしたバイアスが潜む顔認識システム（「**AI のバイアス**」[2] **問題**）を、警察などの法執行機関が用いた場合、誤認逮捕や冤罪をひき起こす危険がある。

　また顔認識システムが、私たち市民の「監視」に用いられるとどうなるだろうか？ 屋外での集会やデモ活動などに対して、警察などの法執行機関により顔認識システムが用いられ、一人ひとりがきめ細かに監視されることがわかれば（そして、「そうした活動に参加したことで、いつか不利益を負うことになるのではないか？」という不安が増大すれば）、人々はそうした活動を「萎縮」させていくことになるだろう。こちらも、やはり「表現の自由」という人権問題と結びつくことになる。

　このほかにも、ビッグデータ・AI が普及した社会においては、プライバシー権や、平等権といった人権との問題が生じることになるだろう。この点についてさらに詳しい話は最後に語るとして、ここではまず、問題となっている「人権」という概念について、その歴史的背景を紐解き、その意味するところを学んでいくことにしよう。

1　「人権」とは何か
——その概念と歴史的意味

（1）「人権」という言葉の使われ方

　そもそも、普段、「人権（human rights）」という言葉を耳にするとき、それはどのような使われ方をしているだろうか？ 身近なところでは、「人権問題について考える作文を書く」といった、一種のスローガンとして啓発活動で使われているし、またアメリカの **ACLU** [3] (American Civil Liberties Union) が有名なように、いわゆる人権問題を社会に訴えていく「人権団体」という組織にも用いられることがある。これらは、人権と呼ばれる思想が、社会において普遍的に語られ、重要視されるようになった証でもある。

　しかし、「法学」という学問のうえで語られる、特に憲法の

[2]「AI のバイアス」問題　このほかにも、ビッグデータによって、罪を犯した者が再び罪を犯してしまう「再犯」のリスク予測を行う COMPAS と呼ばれるプログラムが、アメリカの一部州で使用されている。このプログラムは10段階スコアで再犯リスクを評価するものであるが、黒人のリスクを白人の2倍高く見積もってしまうことが指摘されている。そして、あとでみるように、こうした「バイアス」は人種だけに限られない。

[3] ACLU　日本では「アメリカ自由人権協会」と呼ばれることが多いが、直訳すると、「アメリカ市民的自由連合」となる。1920年に設立し、以後、アメリカの市民社会のなかで、非常に強い政治的・社会的影響力をもつ人権団体のひとつである。なお、ACLU の創始者であり、理事長であったロジャー・ボールドウィンが、1947年5月に来日し、それをきっかけとして日本でも同年11月に「自由人権協会（JCLU）」が設立した。

解釈学において語られる「人権」という言葉は、こうした思想的な意味合いとしてよりも、もっと限定的な使われ方をしている。そこでここではまず、憲法学における「人権」の用法を学んでいきたい。

（2）「人権」がもつ歴史的意味①
──マグナカルタの成立

　この際に重要となるタームが、「近代」という時代区分である。少し西洋の歴史の話をしよう。人権という概念の成立と普遍化の歴史をみてみると、まず近代以前、すなわち「中世」の時代におけるイギリスの**マグナカルタ**[4]が紐解かれることが多い。そして、このマグナカルタは、王権の制限、つまり権力の濫用防止を意図したものであった。しかし同時に、当時の中世ヨーロッパ社会は、貴族や騎士、それに商人といった「身分制」がしかれた封建社会でもあった。そのため、マグナカルタで確認された権利は、現代における人権がもつ「あらゆる人間は平等」という普遍さを兼ね備えたものではなく、むしろそれぞれが所属する身分に応じた「特権」としての意味合いを帯びていた。とはいえ、その後のイギリスにおいては、マグナカルタは国法体系の基礎となり、1628年の権利請願、その後のピューリタン革命、王政復古から名誉革命に至る「革命の時代」を経るなかで、1679年の人身保護法、そして、1689年の権利章典へと発展を遂げていった。やがてこうしたイギリスの権利と自由の発想は、17世紀のグロティウスに端を発する**近代自然法思想**[5]との合流をアメリカで果たし、現代にも通ずる人権観が形成されていくことになる。

（3）「人権」がもつ歴史的意味②──アメリカ革命

　中世ヨーロッパ社会に根付いていた、生まれによる「身分」や所属する「（中間）団体」に基づく秩序が解体に向かうのは、「市民革命」を経た「近代国家」の登場を待たねばならない。こうした近代市民革命の代表格として語られるのが、アメリカ革命（▶第7章[26]）と、フランス革命である。そのアメリカ革命のさなか、1776年6月12日に、ヴァージニア権

[4] **マグナカルタ**　1215年に制定され、「大憲章」とも呼ばれる。当時のイギリス国王ジョンによる特に軍役代納金や課税に関する権力の濫用にしびれをきらした諸侯らが、王に署名を迫ったものとされ、主として、王権を「法」と「議会」によって制限するという思想を内包していた。マグナカルタは直後にいったん無効とされたうえ、その後、1216年、1217年、そして1225年に改正がなされている。しかしそうした苦難を乗り越え、マグナカルタはなんと現代においても「イギリス憲法」の一部として生き続けている。2015年6月15日には、成立から800周年を迎え、成立地ラニーミードで記念式典が行われている。**第7章2（2）**も参照。

▲マグナカルタ

[5] **近代自然法思想**　▶第2章1（2）・第7章2（3）・第8章[55] 参照。なお、グロティウス（1583～1645）は、近代自然法、そして国際法の「父」と評される（▶第15章[44]）。

利章典が採択された。そのなかには、「すべて人は生まれなが
らにして等しく自由であり、かつ独立しており、一定の生ま
れながらの権利をもつ」という、現代の人権概念に通ずるも
のが含まれており、その意味では、世界で初めての「人権宣
言」といってもよいだろう。同年の７月４日の有名な**独立宣
言**[6]を経て、ここで語られた意味での人権は、1791年に合衆国
憲法（合衆国憲法自体の発効は1788年）の**修正条項**[7]において「権
利章典」として結実する。

（４）「人権」がもつ歴史的意味③
──フランス革命と身分制秩序の解体

　こうして新大陸で結実した革命と人権の萌芽は、今度はヨー
ロッパ社会にも影響を与えることとなった。絶対王権に対す
る反発の高まりから、ヴァスティーユ牢獄事件に端を発し、
フランス全土における平民による革命が勃発した同時期、
1789年にフランスでも人権宣言（「人及び市民の権利宣言」）が
憲法制定国民議会によって制定された。その背景には、ルソー
らによる自然権、社会契約説、人民主権といった啓蒙思想の
考え方が控えていた。そして、フランスは市民革命を経て**共
和制**[8]をしくことになるわけだが、それに伴い、それまでの生
まれによる身分や中間団体、封建領主を解体した。そしてそ
れらが有していた権力を、「国家」のもとに集積し、それと対
峙する存在として、国家権力に対して平等に権利（自由）を
もつ「個人／国民」に統一したのである。

　こうして、現代にまで通じる普遍的な人権概念ができあがっ
た。現行の日本国憲法も13条で「個人の尊重（尊厳）」を基本
原理のひとつとして掲げている。これは、憲法が定める「人
権」は、特定の「身分」に付属する「特権」ではなく、あり
とあらゆる「個人」に普遍的に与えられるものだということ
を宣言したものなのである。また個人主義と呼ばれることも
あるこの「個人の尊重」原理からは、個人の自由よりも、国
家共同体の利益が優先されてしまい、個人の自由がないが
しろにされてきた戦前の大日本帝国憲法下の政治への反省の
意味を、読み取ることができる。

[6] 独立宣言　1776年７月４
日に大陸会議で採択された。こ
の宣言を執筆したトマス・ジェ
ファーソンは、個人の不可侵な
権利と、そうした権利を守るた
めに、人々の合意に基づいた政府
を樹立することを重要視してい
たことがわかる。

[7] 修正条項　アメリカ憲法
は、憲法改正に際して、最初に
作られた条文（１条から７条）
をそのまま残し、新たな条文が
付け加えられる形で行われる。
こうして付け加えられた条文を、
修正条項（Amendments）と呼
ぶ。実際、修正条項のなかには、
1933年の修正21条で廃止され
たにもかかわらず、禁酒法時代
に飲用目的での酒類の製造・販
売・輸送などを禁じた修正18条
が残っている。現在、修正条項
は（廃止されたものも含め）27
条あり、そのうち修正１条（The
First Amendment）が、表現の自
由、信教の自由、集会の権利、請
願権等の権利を定めている。な
お、アメリカ憲法の修正（改正）
手続は５条で定められ、両議院
の３分の２か、州議会の３分の２
で要請される憲法会議によって
修正発議が認められ、さらに修
正が成立するためには、４分の３
の州議会または４分の３の憲法
会議の同意が必要となり、日本の
ように国民投票を必要としない。

[8] 共和制　世襲による君主で
はなく、国民（人民）が国政の最
高決定権（主権）を有し、代表
者を選出して立法や行政といっ
た各部門を統制する政治体制の
ことである。なおフランスでは、
市民革命で王政が廃止され、第
一共和制が1792年から成立する
ものの、1804年にナポレオンが
皇帝の座についたことで終焉を
迎える。その後、２月革命によ
る第二共和制（1848〜1852年）
が成立するが、ルイ・ナポレオ
ン（３世）の退位による第三共
和制（1870〜1940年）、第二次
世界大戦後の第四共和制（1946
〜1958年）、ド＝ゴール政権によ
り起草された憲法に基づく第五
共和制（1958年〜）を経て今日
に至っている。

（5）人権の発展──「国家からの自由」から「国家による自由」へ

　以上のような歴史の流れから、人権は、私人同士の間の争いに用いるものではなく、まずもって個人が国家権力に対抗するための武器として発展した。具体的にいえば、国家権力が「個人」の諸活動に対する介入（典型的には法律による規制）を行う場合の防御的機能を有することになる（「国家からの自由」という）。こうした人権（＝自由権）を核としてできあがった新たな「近代」的な秩序では、国家と個人（社会）を区分する公私二分論が前提とされ、私的領域への介入は国家といえども最小限度にとどめられるべきという**消極国家**が推奨されることになった。この文脈において、国家は法律等を用いて私たちの人権（自由）を制限する「主敵」として現れる。市民社会（＝経済市場）に、経済活動の自由を放任的に委ねることを推奨したこの国家観は、資本主義経済を進展させたが、その結果として市民の間、特に資本家と労働者の間に貧富の格差を生み出していくこととなった。

　やがてこうした格差の是正のために、国家がより積極的に介入を行っていく**積極国家**[10]化が進められることになる。同時に、これまでの近代的な国家からの自由もまた変容を迫られた。代表的なものとして1919年のドイツにおいて、**ワイマール憲法**[11]は153条で「所有権は義務を伴う」ものと定め、同時に企業に対する労働者の権利の保障を謳う労働基本権や社会保障制度を定めるに至った。戦後の日本国憲法も、25条において「生存権」を、28条において「労働基本権」を定めている。こうした諸権利は「国家による自由」（＝社会権）と呼ばれ、むしろ国家の制定する法律等の力を借りて自由を実現していくことが求められる。典型例でいえば、憲法の労働基本権をより具体的に実現していくために、日本においては**労働三法**[12]と呼ばれる法律が制定されている。こうした「国家による自由」（とその裏面としての「積極国家」化）において、国家は、私たちの自由にとっての「味方」として現れる。また表現の自由やプライバシー、平等権なども、単に国家からの自

[9] **消極国家**　何よりも市民社会（≒市場）における個人の「自由」を重視し、そうした「市場」に国家が介入することを拒否する国家観である。この考え方のもとでは、市場においてはレッセフェール（自由放任主義）が推奨され、国家の任務は、外敵からの防衛、国内の治安維持、そして一部の公共事業といった最低限のものに限定される。やがてこうした近代ブルジョアジーによる国家観は、ラッサール（1825～1864）によって「夜警国家」と批判されることになる。こうした国家観に基づく政府は「小さな政府」と呼ばれることもある。

[10] **積極国家**　国家が国民の間で行われている経済活動に介入を積極的に行っていく国家観である。特に、消極国家観における最小限の国家任務を維持しながら、労働意思と能力をもつすべての者が雇用される完全雇用を目指し、さらに各種社会保障や福祉政策の充実をはかっていく場合には、「福祉国家」と呼ばれる。またこれら国家観に基づく政府は「大きな政府」と呼ばれる。なお最高裁は、日本国憲法について、「全体として、福祉国家的理想のもとに、社会経済の均衡のとれた調和的発展を企図しており、その見地から、……経済的劣位に立つ者に対する適切な保護政策を要請していることは明らかである」と判示している（最大判昭和47年11月22日刑集26巻9号586頁〔小売市場距離制限事件〕）。

[11] **ワイマール憲法**　1918年に起きたドイツ革命を経て開かれた国民議会で可決され、1919年に公布された。統治機構と人権規定（と国民の義務）による2部構成で、国民主権を採用し、社会権規定を定めるなど先進的な部分もあったが、のちにナチスの台頭により、形骸化された。

[12] **労働三法**　労働者が過剰な長時間労働や低賃金労働などを強いられないようにするため、労働の最低基準を定めた「労働基準法」、労働者が団結し、雇用者に対して労働条件についての交渉を行えるようにするための「労働組合法」、労働者と雇用

由としてだけではなく、現代においては「国家による自由」としての側面が必要になってきている（政府情報の公開請求、芸術活動のための助成、プラットフォーム企業（▶本章**コラム㊱**）による監視資本主義への対応、アファーマティブ・アクション（▶後述**2（4）**）や合理的配慮等）。

　ただし、こうした社会国家・積極国家の推進は、諸刃の剣として「管理国家」化の顔をもつことも忘れてはならない。たとえば日本における個々人に個人番号を振り分けた「マイナンバー制度」は、「行政運営の効率化」と並んで「行政分野におけるより公正な給付と負担の確保」を目的に掲げている（マイナンバー法1条）。たしかに個人の生活実態に関する情報（収入等）をよりきめ細かく国家が一元的に管理することによって、本当に福祉を必要としている人を見つけ出し、個々人により適切な給付を届けることが可能となるだろう。だがその代償として、私たち個々人の諸活動はよりきめ細かく国家に監視され、管理されていくことにもなるだろう。

（6）「人権」と「憲法上の権利」の違い

　ところで憲法学では、「人権」という言葉と「憲法上の権利」という言葉は、意識的に区別して用いられるのが普通であるが、それには理由がある。本来、人権というものは、人が人であるということだけを根拠に生まれながらに有する、誰に対しても主張できる普遍的な権利のことを指す。他方、憲法とは、国家の統治に関する基本について定める法であり、あくまでも国家を名宛人とした規範であり、あくまで国家権力を制限するための規範である。憲法尊重擁護義務について定める憲法99条は、「天皇又は摂政及び国務大臣、国会議員、裁判官その他の公務員は、この憲法を尊重し擁護する義務を負ふ。」と定め、義務を負う主体に国民を含めていないことが、その証拠といえる。そのような憲法のなかに人権が取り込まれたことで、普遍的な、誰に対しても主張できる「人権」は、国家に対してのみ主張でき、裁判所による違憲審査制度によってその実現を担保された規範である「憲法上の権利」へと変化することになる。

それゆえに、憲法学において、誰が「憲法上の権利」の保障を受けるのかという「人権の享有主体性」という問題や、私人間において「憲法上の権利」はどのように保障されるのかという問題（私人間効力論）が、議論されているのである。

「人権の享有主体性」とは、憲法が保障する権利は、国民ではない「外国人」にも保障されるのかという「外国人の人権」という問題をはじめ、どこまで、あるいはどの程度まで憲法上の権利の保障が及ぶのか、に関する議論である。人であることだけを理由に保障される権利であるはずの「人権」と異なり、憲法第3章の標題が「国民の権利及び義務」であることや、11条が「国民は、すべての基本的人権の享有を妨げられない」、12条が「この憲法が国民に保障する自由及び権利」などと定めており、文言上、保障の対象を「国民」に限定しているようにも捉えられることから、こうした問題が生じている。外国人の人権以外にも、法的には人として扱われるが、生身の人間ではない「法人」（例：企業）に憲法上の権利の保障は及ぶのかという「法人の人権」という問題、さらには、一般国民とは異なる地位にある「天皇・皇族」や、成熟した人ではないと考えられてきた「未成年」、国家との関係で特殊な地位にある人である「公務員」などに対しても、同様の問題が生じている。

また、上述のとおり、憲法は国家権力と個人との関係において適用されるのが原則である。しかし、今日において「人権侵害」とされる事例の多くは、学校での生徒間のいじめであったり、企業内のハラスメントであったりと、「私人間」で起きている。こうした場合には、私人間に憲法を直接適用せず、民法の公序良俗（90条。▶第2章［26］）や不法行為（709条。▶第10章8）の規定などを解釈する際に、憲法の趣旨を読み込んで適用する間接適用説が多く支持されている。最高裁も、日産自動車男女別定年制事件（▶第4章［31］）などにおいて、間接適用説を採用することを明確にしている。

いずれも、普遍的な権利として「人権」を捉えた場合には問題とはならず、「憲法上の権利」ゆえに生じる論点であるということがわかるだろう。

★外国人に憲法上の権利は保障される？　外国人に憲法上の権利の保障が及ぶのかについて、最高裁は、いわゆる権利性質説を採用しているとされる。マクリーン事件（最大判昭和53年10月4日民集32巻7号1223頁）において、「憲法第3章の諸規定による基本的人権の保障は、権利の性質上日本国民のみをその対象としていると解されるものを除き、わが国に在留する外国人に対しても等しく及ぶものと解すべきであり、政治活動の自由についても、わが国の政治的意思決定又はその実施に影響を及ぼす活動等外国人の地位にかんがみこれを認めることが相当でないと解されるものを除き、その保障が及ぶものと解するのが、相当である」と判示したためである。権利性質説に立つ場合、権利ごとにその性質を検討して、外国人に対する保障の有無を検討することになる。

★権利が保障されない特別の関係？　明治憲法下では、公務員や、国公立施設等の利用者、在監者（現在の刑事施設被収容者）など、国と特別な法律関係（特別権力関係）にある者については、一般の法律関係（一般権力関係）にある国民が有する権利が当然に制限されるとする「特別権力関係論」という考え方がとられていた。特別権力関係論は日本国憲法のもとで否定されているが、上記の関係にある者に対して特別の制約が及ぶことは認められている。それぞれの法律関係ごとに、いかなる人権が、いかなる根拠から、どの程度特別の制約に服するのか、具体的に検討していくことが求められる。

（1）人権の具体的保障

　各人権をみていく前に、その具体的保障のあり方について
触れておきたい。日本国憲法は「一切の法律、命令、規則又
は処分が憲法に適合するかしないかを決定する権限」である
違憲審査権を最高裁（その他の下級裁判所も含む）に与えてい
る（81条）。そのため、主として国家からの介入が原則として
禁じられる国家からの自由の文脈においては、国家が私たち
の人権（自由）を不合理に制限しようとした場合には、人権
を侵害された個人が裁判所に訴え出て救済を求めることが可
能となっている。最高裁が「憲法の番人」と呼ばれるゆえん
は、まさに人権救済の最後の砦としての、その強力な機能に
こそあるのである。

　こうした違憲審査において、戦後直後の裁判所は憲法12条
や13条に定められた「公共の福祉」という非常に抽象的な文
言を振りかざし、安易に自由の制限を認める傾向があった（**食
糧緊急措置令違反事件**[13]）。しかし後述するいくつもの判決をみ
ればわかるとおり、近年むしろ重要となっているのは公共の
福祉の具体的な中身であり、最高裁も（まだ十分ではない部分
もあるものの）規制の目的や手段を詳細に検討するようになっ
てきている。他方、国家による自由に関しては、むしろその
具体化のためには、国家が法律等によって制度を構築せねば
ならない。そのためこの文脈では、特に法律を形成する国会
にはある程度の立法裁量（後述）が与えられている、という
ことになる。

　たとえば、憲法25条で生存権が保障されているとしても、
具体的にどういった人々を救貧の対象とするのか、また救貧
のためにどの程度の金額を給付すべきかということについて、
憲法典は何も規定していない。そのため、実際に生存権を実
行していくための基準を法律（やそれを解釈するために必要な
行政機関の命令）で具体的に定める必要がある。もちろんこの
文脈での人権についても救済を裁判所に求めることはできる

[13] 食糧緊急措置令違反事件
最大判昭和24年5月18日刑集3
巻6号839頁。戦後直後の昭和
21年2月に、旧憲法下で制定さ
れた緊急勅令である食糧緊急措
置令11条には、「主要食糧ノ政
府ニ対スル売渡ヲ為サザルコト
ヲ煽動」した者を罰する規定が
あった。新憲法下での本措置令
の合憲性が争われた本件で、最
高裁は新憲法の表現の自由を評
価しながらも、「国民はまた、新
憲法が国民に保障する基本的人
権を濫用してはならないのであっ
て、常に公共の福祉のためにこ
れを利用する責任を負うのであ
る（憲法12条）。それ故、新憲法
の下における言論の自由といえど
も、国民の無制約な恣意のまゝに
許されるものではなく、常に公共
の福祉によつて調整されなけれ
ばならぬのである」とし、措置令
は憲法に違反しないと判示した。

が、その場合には裁判所は、国家（国会や行政機関）が**立法裁量と行政裁量**[14]をもつことを前提にしたうえで、その裁量の行使が濫用といえるかどうかを判断していくことになる。

では次に、日本国憲法第3章に定められた個別の人権について代表的なものを抜き出してみていくこととしよう。

（2）表現の自由

憲法21条が定める表現の自由は、私たち個人の人格形成や発展に寄与するという点で、他の人権と同様に「個人」にとって必要不可欠なものである（自己実現の価値）。同時に、表現の自由は、憲法が定める民主政治システムとも深くつながっている。市民同士が他者の多様な異見に触れながら、理性的な議論を積み重ねていくこと（「熟議」）によって形成される世論は、民主政治システムにとって必要不可欠な存在である（**北方ジャーナル事件**[15]）。こうした民主政治システムにとって不可分な社会的性質（自己統治の価値）ゆえに、しばしば表現の自由は、人権のなかでも**優越的地位**[16]を占めるといわれることがある。

もちろん表現活動が社会に危害（違法な暴力・破壊行為等）をもたらすような場合はあり、そうした類の活動を国家が規制し、取り締まることはありうる。しかしながら、政権や議会を掌握する権力者・多数派側が、自分たちの権力維持にとって不都合な表現活動（たとえば、現政権に対する批判や抗議活動）を自らの権限を濫用して取り締まろうとすることは、歴史的にみてもしばしば起こりうる。そのため、過激な表現活動を規制する場合にも、単なる漠然とした危険では理由として不十分であり、実際に危害を確実に引き起こす明白で差し迫った危険があることが、本来ならば求められる（「明白かつ現在の危険」基準）。しかし日本の裁判所においては、破壊活動防止法が定める「せん動」の規制に関し、表現活動と認めながらも「公共の安全を脅かす現住建造物等放火罪、騒擾罪等の重大犯罪をひき起こす可能性のある社会的に危険な行為」として、上記のような厳しい違憲審査は行われず、緩やかに規制が認められてしまっている（**破壊活動防止法違反事件**[17]）。

[14] **立法裁量と行政裁量** ここでいう「裁量」とは、ある機関（や人）がある決定をなす際に有する一定の「判断の余地」のことを意味する。その意味でいえば、立法機関である国会は憲法の範囲内で法律を制定しなければならないが、憲法が許容している範囲内では様々な選択肢を実行することができる（＝立法裁量）。同じように行政機関は、国会が定めた法律の範囲内で行政活動を行わなければならない（「法律による行政の原理」という。▶第3章[21]）が、法律が許容する範囲で様々な選択をとることが可能となっている（＝行政裁量）。いずれにせよ、あくまでこれら各機関の裁量権は、その判断が憲法や法律の範囲内と裁判所に認められなければならず、裁判所により事後的に裁量権を逸脱・濫用したと判断された場合には、その判断は、違憲または違法となる。

[15] **北方ジャーナル事件** 最大判昭和61年6月11日民集40巻4号872頁。北海道知事選の立候補予定者が、自身の名誉権を侵害することを理由に雑誌販売等の差止めを求めた（仮処分申請という）事件で、そうした裁判所による表現行為への事前差止めが表現の自由に違反しないかが争われた。最高裁はこの判決で「主権が国民に属する民主制国家は、その構成員である国民がおよそ一切の主義主張等を表明するとともにこれらの情報を相互に受領することができ、その中から自由な意思をもって自己が正当と信ずるものを採用することにより多数意見が形成され、かかる過程を通じて国政が決定されることをその存立の基礎としているのである」として表現の自由の重要性を謳って、裁判所による事前差止めは原則認められないとしつつ、例外的に事前差止めが認められる基準を示し、結果的に本件における差止めは基準をみたすために違憲とはいえないと判断した。

[16] **優越的地位** 表現の自由は他の人権、特に職業の自由や財産権といった経済活動の自由よりも、特に手厚く保護されるべきであり、国家による規制は極め

また自由な表現活動が、名誉権やプライバシー権（▶後述（**3**））といった他者の権利を侵害する場合もある。この場合には、どちらも重要な人権という等価な利益であるため、これらの利益間を調整する手法が採用される。ただし、名誉毀損は、かつて政敵弾圧などに用いられた過去があるため、公職者などを対象としたものや、公共の利益を促進する内容に対する適用は、慎重に行う必要がある。この点、刑法は「公然と事実を摘示し、人の名誉を毀損した者」は、事実の有無に関係なく処罰する（230条1項）としているが、他方で「公共の利害に関する事実に係り、かつ、その目的が専ら公益を図ることにあったと認める場合には、事実の真否を判断し、真実であることの証明があったとき」は免責する規定（230条の2第1項）を置き、表現の自由と名誉権の間の調整をはかっている。さらに判例（**夕刊和歌山時事事件**）[18]は、仮に摘示された事実が虚偽であった場合でも、表現者が「その事実を真実であると誤信し、その誤信したことについて、確実な資料、根拠に照らし相当の理由があるとき」は、名誉毀損罪は成立しないとしている（誤信相当性の法理）。

加えて、表現が発信され、言論空間（思想の自由市場）に流通している情報を、人々が自由に「受領」する自由（**知る自由**）[19]も保障しなければ、多様な意見が他者に伝達されない。この点、最高裁も「およそ各人が、自由に、様々な意見、知識、情報に接し、これを摂取する機会をもつこと」が、自己実現や自己統治にとって不可欠なものであり、「それゆえ、これらの意見、知識、情報の伝達の媒体である新聞紙、図書等の閲読の自由が憲法上保障されるべきこと」が、憲法21条の規定の「派生原理として当然に導かれる」と判示している。この判決で、最高裁は知る自由に対する規制は、規制目的を達成するために「真に必要と認められる限度にとどめられるべきもの」とし、「具体的事情のもと」で、そうした自由を許可することが「規律及び秩序の維持上放置することのできない程度の障害が生ずる相当の蓋然性があると認められることが必要であり、かつ、その場合においても、右の制限の程度は、右の障害発生の防止のために必要かつ合理的な範囲にと

て慎重に行わなければならないという考え方である。同時に学説では、裁判所の違憲審査に際して、アメリカの判例法理を参考に、表現の自由等の精神的自由権に関する審査は、経済的自由の審査に比べて厳格な基準を用いるべきとする「二重の基準」という考え方も指摘されている。なおこの考え方をアメリカから日本に輸入した第一人者が、芦部信喜である。

[17] 破壊活動防止法違反事件 最判平成2年9月28日刑集44巻6号463頁。武装闘争以外に政府打倒の手段があると考えた者が、警察官に対する職務執行の妨害に関する罪の「せん動」を行い、これを規制する破壊活動防止法39条と40条が表現の自由等に違反するとして争った事件である。

[18] 夕刊和歌山時事事件 最大判昭和44年6月25日刑集23巻7号975頁。ある新聞社経営者が、別の新聞社の記者が役人の汚職を追及した際の恫喝じみた内容を記事にして、自社の夕刊紙に掲載した行為が、刑法230条1項の名誉毀損罪に該当するかが争われた事件である。

[19] 知る自由 仮に発信と流通の自由が完全に保障されていたとしても、その情報にアクセスしようとする個人の受領行為を国家権力が遮断することができるのであれば、表現の自由の自己実現や自己統治の価値は何ら保障されないことになる。そのため知る自由は、そうした情報受領過程における政府介入を排除する消極的な権利ということができる。なお情報受領の権利のなかには、知る自由のような消極的権利のみならず、政府が保有している情報をより積極的に公開することを請求する権利（情報開示請求権）も含まれると考えられているが、こちらは情報公開法などの具体的な立法によって実現されることになる。

どまるべき」という厳しい基準を設けている（**よど号ハイジャック記事抹消事件**[20]）。

　また表現の自由は、それを実行する「場」がなければ絵に描いた餅になってしまう。特に社会において不人気な表現は、そのままでは表現空間に流通しにくい。そこでこうした表現にも政府や自治体が設置し管理している道路、公園、国立劇場、市民会館のような場を利用させることで、表現空間により「多様」な表現が流れることになり、民主政を支える健全な世論形成につながっていく。こうした場は**パブリック・フォーラム**[21]と呼ばれ、利用者に公平に使用させる責務が、管理者たる政府などに求められる。日本では、地方自治法244条で「公の施設」については「正当な理由がない限り」、住民の利用を拒否してはならず（同条2項）、「不当な差別的取扱いをしてはならない」（同条3項）とし、国や自治体にとって好ましくない表現活動に使われる場合も、利用を拒否してはならないことを定めている。問題は、管理者である自治体が拒否しうる「正当な理由」が何か、である。不人気な表現に対しては、同じ市民のなかから反対派による抗議や嫌がらせ行為が行われることも少なくない。そうした「敵対的な聴衆」による危険を理由に自治体は、利用を拒否できるだろうか。この点、最高裁は利用を正当に拒否できるためには、「単に危険な事態を生ずる蓋然性があるというだけでは足りず、明らかな差し迫った危険の発生が具体的に予見されることが必要であると解するのが相当」としており、利用拒否にはかなり高いハードルが課せられているといえる（**泉佐野市市民会館事件**[22]）。

[20]　よど号ハイジャック記事抹消事件　最大判昭和58年6月22日民集37巻5号793頁。未決拘禁状態に置かれていた人々が、拘置所内において私費で新聞購読を行っていたが、旧監獄法31条2項等の規定に基づいて拘置所の所長が「よど号」ハイジャックに関する記事を墨塗りにしていたことが、知る自由などに違反しないかが争われた事件である。本文中の基準に基づき、結果として当時の状況下では、拘置所長の行為は違法ではなかったと判示された。

[21]　パブリック・フォーラム　アメリカの判例から生まれた表現の自由に関する法理であり、政府が所有・管理する場において、表現活動を行わせる際にたとえば政治的立場の見解（viewpoint）に基づいて差別的に扱ってはならないとするものである。アメリカでは、公園などの伝統的パブリック・フォーラム、国立劇場などの指定的パブリック・フォーラム、それ以外の非パブリック・フォーラムの3つの形態に分かれると考えられている。

[22]　泉佐野市市民会館事件　最判平成7年3月7日民集49巻3号687頁。関西国際空港建設に対する反対決起集会を市民会館で開催しようとした者が、市長から使用許可に関して不許可処分を受けたことに関し、国家賠償法に基づく損害賠償請求を行った事件である。市民会館の不許可が表現の自由や地方自治法244条に違反しないかが争われたが、結果として最高裁は本文に述べたような基準に照らし、憲法に違反しないと判断した。

コラム㊱　表現の自由とプラットフォーム企業

　私たちは、現代において日常的にソーシャルメディアや検索エンジン、ニュースポータルサイトを活用している。それらは、いまや社会における日常的な情報収集・発信のための「場」として機能している。こうした場の重要性について、アメリカの連邦最高裁は「現代のパブリックスクエア」（パッ

キンガム対ノースカロライナ判決）と評しており、日本の最高裁も「インターネット上の情報流通の基盤」（Google 検索結果削除事件）と指摘している。

　ところでこうしたデジタル空間における「場」を管理しているのは「プラットフォーム企業」である。プラットフォームは、私たちに場を自由に利用させる代わりに、広告枠を広告主に販売して収益をあげている。そのため、情報過多の時代にますます稀少になる私たちの「注目」をいかに引きつけ、ページビューやクリック数を稼ぐかが重要となる（アテンション・エコノミー）ため、プラットフォームは自社の「場」を利用者がより長く、繰り返し利用してくれるように「デザイン」し、「管理」している。たとえば動画共有サイトにおいて利用者ごとの趣味に合う動画がおすすめされる推薦アルゴリズムも、利用者の「注目」を確保するための方策のひとつといえよう。同時に、プラットフォームは利用規約を設定し、流通するコンテンツのモデレーション（削除等）を日々行っているが、こうした「管理」も自社の「場」をより安全に利用者に利用してもらうためのものである（アメリカのトランプ前大統領の SNS アカウントが凍結された一件は記憶に新しいだろう）。私たちの表現活動の多くがデジタル空間にシフトしつつある現在、こうしたプラットフォームのデザインや管理を行う力は、国家権力と同様にますます無視できないものになりつつある。たとえば、推薦アルゴリズムをはじめとするパーソナライズ・フィルターは自分の「見たいもの」や「知りたいもの」で囲うことで、「フィルターバブル」（イーライ・パリサー）を引き起こし、人々が民主政システムにとって不可欠な世論を形成する際に自分と異なる意見に触れにくくなるといわれているし、プラットフォームのコンテンツ・モデレーションは、自分の投稿がどのようなプロセスで削除されたり、アカウントが停止されたりといったことを引き起こすか、非常に不透明な部分が多く、反論の機会や救済手段が十分に確保されているとはいいがたい状態である。

　デジタル社会到来以前、表現空間ではマスメディアが幅をきかせていたが、今ではプラットフォームこそがゲートキーパーであり、ある論者はプラットフォームのコンテンツ・モデレーションの実態を踏まえて、「新たな統治者（The New Governors）」と評している。しかしプラットフォームは、あくまで民間企業であるため、憲法上の人権として「表現の自由」を国家と同じように守る責務はない。一方で、その機能は明らかにマスメディアとも異なるものである。こうしたプラットフォームの機能を、私たち「個人」の表現の自由という「人権」のためにどのように憲法学のなかに組み込んでいくかが、今後の大きな課題となるだろう。

（3）プライバシー権

▲ルイス・ブランダイス
（1856〜1941）

「プライバシー」という言葉は今では一般的にもよく使われる言葉となったが、この用語は戦後になって「輸入」されてきたものである。当然、憲法の条文を見ても見つけることはできず、憲法が制定されたあとに判例などをもとにして形成されてきた**新しい人権**[23]のひとつである。プライバシー権という法的概念は、アメリカでルイス・ブランダイスとサミュエル・ウォーレンの2人の若い弁護士によって書かれた論文から発展し、当時のマスメディアの急速な発達に対し、私生活をのぞき見されないという意味で「一人で放っておいてもらう権利」として提唱された。日本では戦後にこの概念が輸入され、モデル小説『宴のあと』をめぐる民事裁判（**宴のあと事件**[24]）のなかで、「私生活をみだりに公開されないという法的保障ないし権利」が認められることとなった。ここで認められたプライバシー権は、対国家的な憲法上の人権としてのものではなく、あくまで私人間の紛争において適用される民法上の権利（民法709条・710条）にすぎないとされているが、他方でこの権利は、「今日のマスコミュニケーションの発達した社会では個人の尊厳を保ち幸福の追求を保障するうえにおいて必要不可欠なもの」ともされており、直接引用はされていないが、その根拠が憲法13条の「生命、自由及び幸福追求に対する国民の権利」（いわゆる幸福追求権）にあることを匂わせるものであった（▶後述3（1）も参照）。

「一人で放っておいてもらう権利」としてのプライバシー権は、個人の私生活上の秘密にされている情報が、メディアなどを通じて「暴露」されることで侵害されるが、情報技術の発展はそうしたプライバシー権の考え方に再考を迫った。監視カメラをはじめとする情報収集技術の高度化により、そうした私生活上の情報が暴露されることなく、収集され、保存・管理され、利用され、特定の第三者に提供されたりすること

[23] **新しい人権**　プライバシー権以外にも、環境権や自己決定権といったものが学説上、挙げられているが、判例はこうした新しい人権を認めることには慎重である。「人権」は時に民主的なプロセスを経て作られた法律を違憲無効にしてしまうだけの強力な力をもっている。そのため、憲法の条文にはっきり書かれていない人権を新しく裁判所の解釈で作り出すと、それに関する領域については民主的議論を行う余地を奪ってしまうことにつながりかねないからである。

[24] **宴のあと事件**　東京地判昭和39年9月28日下民集15巻9号2317頁。戦前から外務大臣などを歴任し、戦後、二度にわたって東京都知事選で落選した人物とその妻をモデルにした三島由紀夫のモデル小説『宴のあと』の描写をめぐり、モデルとなった人物がプライバシー侵害を理由に損害賠償請求を行った事件である。この判決で、プライバシー情報は、①私事性、②秘匿性、③非公然性を要件とすることが示された。第4章 [30] も参照。

がありえ、そうした行為が個人に許諾なく行われる場合には、プライバシーにとって大きな脅威となりえた。そこで新たに**自己情報コントロール権**[25]と呼ばれる考え方が学説で提唱されるようになった。この意味でのプライバシー権は、単に私生活上の情報を暴露されることを防ぐにとどまらず、いつ、どのように、どの範囲で自身の情報を、誰に伝達するかを個人が自身で決定することを目指したものであった。またその際には、前科や病歴に関わる情報のようなセンシティブ情報は、氏名や住所のような単純な情報に比べてより手厚く保護する必要があるとされた。最高裁の判例は自己情報コントロール権という言葉は使っていないものの、「学籍番号、氏名、住所及び電話番号」を「単純な情報」で、「秘匿されるべき必要性が必ずしも高いものではない」が、「慎重に取り扱われる必要がある」としている（**早稲田大学江沢民事件**[26]）一方、前科情報を「人の名誉、信用に直接かかわる」情報として、こちらはその取扱いに「格別の慎重さが要求される」としている（**前科照会事件**[27]）。

（4）平等権

憲法14条が定める**法の下の平等**[28]は、個人の尊重に並ぶ憲法の基本的原理のひとつである。現代の日本において、こうした「差別」はほとんどみられないように思われるかもしれないが、差別は私たちの社会や制度のなかに常に潜んでいる。実際、戦後日本において、最高裁が初めて法律を違憲と判断した裁判（**尊属殺重罰規定事件**[29]）は、刑法に残っていた尊属殺をめぐる差別的な規定を取り扱ったものであった。しかし、ここでいう「平等」の意味合いは、様々に捉えうる。たとえば、現実の個人には様々な差異があるが、それを一切無視して機械的に同じように扱う（絶対的平等）ことが憲法14条の求めるところなのか。この点、最高裁は、「国民各自には具体的に多くの事実上の差異が存するのであつて、これらの差異を無視して均一の取扱いをすることは、かえつて国民の間に不均衡をもたらすもの」であるため、14条は「国民に対し絶対的な平等を保障したものではなく、合理的理由なくして差

[25] 自己情報コントロール権　佐藤幸治によれば、自己情報コントロール権としてのプライバシー権とは、「自己の存在にかかわる情報を開示する範囲を選択できる権利」であり、これは「人間にとって最も基本的な、愛、友情および信頼の関係」にとって必要不可欠な権利とされる（佐藤幸治『憲法［第3版］』（青林書院・1995年）453〜454頁）。なお自己情報コントロール権については、アメリカのアラン・ウェスティンやチャールズ・フリードの議論が参考にされている。

[26] 早稲田大学江沢民事件　最判平成15年9月12日民集57巻8号973頁。早稲田大学が開催した江沢民氏の講演会に参加を申し込んだ学生の氏名、住所、学籍番号等の情報が、無断で大学から警察に開示されていたことについて、学生らが、早稲田大学に対して損害賠償請求を行った事件である。

[27] 前科照会事件　最判昭和56年4月14日民集35巻3号620頁。弁護士からの照会に応じて、区長が前科犯罪歴を報告したことが、公権力の違法な行使にあたるとして争われた事件である。最高裁は、本文中にあるような前科情報の性質にかんがみ、「市区町村長が漫然と弁護士会の照会に応じ、犯罪の種類、軽重を問わず、前科等のすべてを報告することは、公権力の違法な行使にあたる」と判断している。

[28] 法の下の平等　ここでいう「法の下」という言葉の理解をめぐっては、それが単に法律を平等に適用するという意味（法適用平等説）にとどまるのではなく、適用される法律それ自体の内容も平等であることを要請する意味（法内容平等説）があると考えられており、最高裁も判決では後者の立場をとっている。

[29] 尊属殺重罰規定事件　最大判昭和48年4月4日刑集27巻3号265頁。当時の刑法200条では尊属殺人は、通常の殺人罪に対して刑罰の加重が行われ、無期懲役または死刑のみとなっていたため、当該規定は平等権に違反するとして争った事件であ

別すること」を禁じたもの（相対的平等）であると指摘する（**サラリーマン税金訴訟**[30]）。つまり憲法が禁じているのは、あくまで不合理な差別であり、正当な目的と手段の範囲内である「合理的区別」ではないということになる。

　それでは、差異を設ける理由が合理的といえるかはどのように判断されるのだろうか。この点、最高裁はかねてより、14条は**事柄の性質**[31]に即した合理的な取り扱いを禁じているわけではないとしている。ここでは日本の制度に残る男女間の異なる取り扱いを例にとってみよう。

　かつて日本の民法733条には、女性に対してのみ、6か月の再婚禁止期間が設定されていた。最高裁はこの規定について、「そのような区別をすることの立法目的に合理的な根拠があり、かつ、その区別の具体的内容が上記の立法目的との関連において合理性を有するものであるかどうかという観点」から判断するとした。そして、この差異の目的は、「女性が前婚の解消等の日から間もなく再婚をし、子を出産した場合においては、その子の父が前夫であるか後夫であるかが直ちに定まらない事態」が生じて父子関係をめぐる紛争によって子供の利益が損なわれることを防ぐために民法が設けた、子の父親が誰かを推定する仕組みであると判示している。他方、民法772条1項は「妻が婚姻中に懐胎した子は、夫の子と推定する。」としつつ、同条2項で「婚姻の成立の日から200日を経過した後又は婚姻の解消若しくは取消しの日から300日以内に生まれた子は、婚姻中に懐胎したものと推定する。」と定めていることから、父性推定の重複を避けるためであるならば、「計算上100日の再婚禁止期間を設けること」で、十分に目的は達成可能であった。6か月もの期間は、この規定（旧民法767条1項）がつくられた当時は「専門家でも懐胎後6箇月程度経たないと懐胎の有無を確定することが困難であり、父子関係を確定するための医療や科学技術も未発達であった状況」があり、当時としては合理的だったものの、最高裁は「医療や科学技術が発達した今日においては、上記のような各観点から、再婚禁止期間を厳密に父性の推定が重複することを回避するための期間に限定せず、一定の期間の幅を設ける

る。最高裁は、当該条文の立法目的である「尊属に対する敬愛」等の維持は正当なものとしたものの、刑罰加重について、「合理的根拠に基づく差別的取扱いとして正当化することはとうていできない」として違憲判決を下した。

[30] **サラリーマン税金訴訟**　最大判昭和60年3月27日民集39巻2号247頁。所得税の確定申告を行わず、税務署長から課税処分を受けた市立大教授が、旧所得税法の規定が、他の事業所得者などと比して給与所得者を不公平に扱っているとして憲法14条違反を争った事件である。最高裁は、旧所得税法の「区別は、合理的なもの」として合憲判断を下している。

[31] **事柄の性質**　たとえば、高齢者であることを理由とした地方公務員の待機処分について争った最大判昭和39年5月27日民集18巻4号676頁の最高裁判決は、憲法14条は「国民に対し絶対的な平等を保障したものではなく、差別すべき合理的な理由なくして差別することを禁止している趣旨と解すべきであるから、事柄の性質に即応して合理的と認められる差別的取扱をすることは、なんら右各法条の否定するところではない」と判示している。

ことを正当化することは困難になった」と断じ、100日を超える部分（80日）は平等権違反と判断するに至っている（**再婚禁止期間規定事件**）。

[32] 再婚禁止期間規定事件
最大判平成27年12月16日民集69巻8号2427頁。女性にのみ6か月間の再婚禁止期間を課している民法の規定が平等権に対する侵害として争われた事件。

　このように合理性は、常に時代状況によって変化しうるのであり、各種制度を構築する国会には、その時代状況にあわせて制度をアップデートしていく責務があるということでもある。もっとも、父親が誰かについては現代ではDNA検査で確定できることから、残された100日の期間の合理性も疑わしいところではあるのだが、この判決では「父子関係の確定を科学的な判定に委ねることとする場合には、父性の推定が重複する期間内に生まれた子は、一定の裁判手続等を経るまで法律上の父が未定の子として取り扱わざるを得ず、その手続を経なければ法律上の父を確定できない状態に置かれ」てしまうため、そうした手続を経ずとも父性推定の重複を避ける制度の維持には合理性があるとされている（なおこの判決では、憲法14条1項のほかに、婚姻の自由と両性の平等を定めた24条も争点となっているが、ここでは省略している）。

図表9-1：再婚禁止期間の改正前後での変化

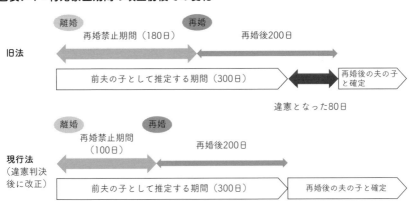

（出典）毎日新聞2016年6月1日記事「女性の再婚禁止　100日に期間短縮、改正民法成立」（https://mainichi.jp/articles/20160601/k00/00e/010/219000c）の図を参考に作成

　また憲法に根差した真に平等な社会を実現していくためには、個人を法律上、均一なものとして扱い、「機会の平等」だ

けを保障する形式的平等のみでは不十分である。現実社会に
おいては事実上劣位な状況に置かれている個人（例：性別や人
種）が存在しており、そうした個人を社会のなかで有利に取
り扱うことで「結果の平等」をも保障する実質的平等も視野
に入れる必要がある。

　たとえば、女性にも男性と同じように十分な教育が施され
ていない社会では、いくら就業について男性と女性の間で等
しい機会を保障したとしても、能力主義的な評価で結果的に
男性が優遇されることになりうる。こうした実質的平等の担
保に関して、積極的な差別是正措置（いわゆる**アファーマティ
ブ・アクション**[33]）を制度として導入するといった試みが国家を
通じて必要となってくるだろう。ただし、こうした積極的差
別是正措置を過剰に敷いた場合には「逆差別」が生じる危険
があるほか、そもそも「自由」が個々人の個性や能力とそれ
に付随する努力によって生じた結果に対する社会からの正当
な評価を前提とすることを考えるなら、結果の平等の過度な
保障は果たして本当に憲法からみて最適解なのかという点に
は注意が必要となる。

　なお、2013年に制定された「障害者差別解消法」は、民間
事業者に対して「障害者から現に社会的障壁の除去を必要と
している旨の意思の表明があった場合」で、「その実施に伴う
負担が過重でないとき」には、「当該障害者の性別、年齢及び
障害の状態に応じ」、そうした障壁を除去する合理的配慮を行
うよう努力義務を定めている（8条2項）。

（5）職業の自由

　憲法は、22条1項で「職業選択の自由」を保障している。
この自由は、個人が職業を始めたり、継続したり、廃業した
りする選択の自由を保障しているが、それに加えて、どのよ
うな内容の職業活動も自由に行うことができるという職業遂
行の自由を保障しているとされている。加えて、営利目的で
事業活動を行う「営業の自由」も保障範囲に含まれていると
考えられている。

　こうした職業の自由に関しては、普段あまり意識されるこ

[33] **アファーマティブ・アク
ション** ポジティブ・アクション
ともいう。大学入学や就業の際
に、アフリカ系をはじめとする特
定の人種や女性に対する優先的
な枠を設ける試みのことで、アメ
リカの一部州などで採用されて
いる。もっともこの優先的な枠の
存在で、マジョリティ（たとえば
白人男性）の一部は不利な扱い
を受けることになる（逆差別）。
この点、アメリカにおいては、多
様な学生を受け入れることで教
育にとってのやむを得ない利益
があることを理由にしたアファー
マティブ・アクションは平等条項
に反しないとして、一部認めた
判決もある（Grutter v. Bollinger,
539 U.S. 306（2003））。

とはないが、いわゆる業法と呼ばれる類の法律によって様々
な規制がかかっている。たとえば、飲食店を営む場合には食
品衛生法上、各都道府県知事の許可を得なければならない場
合がある（55条１項）。これは食中毒の発生防止など公衆衛生
の観点から設けられた規制である。他方、電気やガスといっ
た公益事業には**特許制**が敷かれてきた。これ以外にも、よく
知られているところでは医師や弁護士といった特定の業種に
は、資格制が設けられているし、許可制や資格制などに比べ
れば緩い規制であるが、国や自治体が実態把握等を行うため
に、旅行業などの業種には、届出制や登録制が敷かれている
場合がある。

　職業の自由は経済活動の自由のひとつであり、その根拠と
なっている22条１項の文言には、表現の自由を保障した21条
と異なり、「公共の福祉に反しない限り」という留保がついて
いる。また25条ほかの条文からもわかるように憲法が想定し
ている福祉国家観からも、規制が憲法上認められやすい。か
つて最高裁も、「職業」について「各人が自己のもつ個性を全
うすべき場として、個人の人格的価値とも不可分の関連を有
するもの」としながら、「その性質上、社会的相互関連性が大
きいものであるから、職業の自由は、それ以外の憲法の保障
する自由、殊にいわゆる精神的自由に比較して、公権力によ
る規制の要請がつよく」働くことを指摘している（**薬局距離
制限事件**）。

　では、職業の自由に対する規制の限界はどのようなものだ
ろうか。旧薬事法に設けられていた薬局の設置についての距
離制限（適正配置規制という）が職業の自由を侵害するとして
争われた前記の判決のなかで、最高裁は、職業の前記のよう
な性質を踏まえたうえで、「その種類、性質、内容、社会的意
義及び影響がきわめて多種多様」とし、その規制目的も、**積
極目的**から**消極目的**のものまで様々であるため、規制が憲法
上認められるかの判断に際して**事の性質**が重要となり、裁判
所は「具体的な規制の目的、対象、方法等の性質と内容に照
らして」決定すると判示した。この判決で最高裁が「事の性
質」として重視したのは、①規制の方法が許可制であったこ

[34] 特許制　規制には様々な
手法があり、学問上は下表のよ
うに分類できる。

図表9-2：事業規制の分類

許可	本来ならば自由に行うことのできる事業を安全性などの理由で法律により一律禁止し、基準をクリアしたもののみ「自由の回復」を行うもの。
特許	もともと公益性の高い事業で、当該私人にその独占的な事業運営を行う権利や地位を与えるもの。
免許	免許制のなかには、上記の許可に該当するものと特許に該当するものがある。たとえば、医師免許は「許可」にあたるが、漁業免許は「特許」にあたる。
届出	国や自治体に対し、事業者等が事業内容の通知を行うことを義務づけたもの。

[35] 薬局距離制限事件　最大
判昭和50年４月30日民集29巻
４号572頁。薬局を設置する際
の距離制限が、職業の自由への
不当な制限として争われた事件。

[36] 積極目的　経済活動の自
由に対する規制の目的のうち、
主として福祉国家観に基づき経
済的弱者を保護するといった類
を目的とする規制（政策目的規
制ともいう）のこと。

[37] 消極目的　経済活動の自
由に対する規制の目的のうち、
市民社会の安全を確保する消極
目的規制（警察目的規制ともい
う）のこと。

[38] 事の性質　かつて、最高裁
が経済的自由に対する規制を違
憲審査する際に、積極目的の場
合には「明白性の原則」という
緩やかな基準、消極目的の場合
には「厳格な合理性の基準」と
いう厳しい基準を選択するとの
学説（規制目的二分論）、その後
の判例の展開などもあって、現
在では規制目的のなかに含まれ
る一要素と考えられている。

とと、②規制目的が消極目的であったことにあると考えられる。まず①の点について、許可制が職業選択の自由への制約を課す強力な制限であることと評価され、規制が認められるためには「原則として、重要な公共の利益のために必要かつ合理的な措置であること」が必要とされた。加えて、②について、消極目的規制の場合には許可制よりも緩やかな規制では十分に目的を達成できないことが必要とされた。そのうえで適正配置規制の目的や手段の合理性等を検討した結果、距離制限がなかった場合、薬局間の競争が激化して、経営の不安定な薬局が出現し、そうした薬局が法規違反の不良医薬品を供給する危険が相当程度発生しうるというような理由は、「単なる観念上の想定にすぎず、確実な根拠に基づく合理的な判断とは認めがたい」とし、この規制は違憲と判断されるに至った。

　また職業の自由をめぐる最近の事例としては、厚生労働省の通知によってタトゥーの施術行為が「医行為」にあたるとされた事案が挙げられるだろう。大阪高裁の判決ではタトゥー施術業について、「正当な職業活動であって、憲法上、職業選択の自由の保障を受けるもの」とし、医師免許の取得が必要とされることは「職業選択の自由を制約するもの」とした。そして、前記の薬局距離制限事件判決で示された基準を採用して、他にも緩やかな制限が可能であるにもかかわらず、タトゥー施術業に「医師免許という厳格な資格制限」を課すことは、職業選択の自由の観点から、規制範囲が必要な範囲を超えているとして、被告のタトゥー彫師を無罪と判断している（**タトゥー彫師医師法違反事件**[39]）。

　経済活動の自由は、表現の自由などに比して規制が認められやすいとはいえ、逆にいえば規制の是非は、その分私たち国民の間の、そしてその代表者が集う国会においての熟議に委ねられているといっても過言ではない。現在、タトゥー施術行為には法律上の規制がないことは確かであり、行政機関による法律の解釈に頼るのではなく、私たち国民とその代表者たる議員がしっかりと議論したうえで、新たな立法によって解決を目指すべきであるという点を忘れてはならない。

[39] **タトゥー彫師医師法違反事件**　大阪高判平成30年11月14日判時2415号132頁。この事件では、これまで合法に認められてきたタトゥー施術業が、突如として医師法の解釈変更により、医師免許が必要な「医行為」であるとされてしまい、タトゥーの彫師が医師法違反に問われることになった。なお高裁判決後、最高裁は高裁判決を支持しつつ、タトゥーの施術行為が歴史的にみても医師免許をもたずに行われてきたことなどを理由に、タトゥー施術行為は「社会通念」上、「医行為」にはあたらないと判断し、憲法違反かどうかの判断は行わなかった（最決令和2年9月16日刑集74巻6号581頁）。もっとも草野裁判官の補足意見では、タトゥー施術業の保健衛生上の危険性が指摘され、何らかの規制が必要であることが示唆されている。

▲タトゥー彫師医師法事件の当事者（増田太輝氏）の施術の様子（出典：本人提供）

（6）選挙権

　憲法は、「民主政（あるいは民主主義）」という文言を条文のなかで用いていないが、前文において「国政は、国民の厳粛な信託によるもので」、「その権威は国民に由来」するとしつつ、「その権力は国民の代表者がこれを行使し、その福利は国民がこれを享受する」と定めており、さらに43条1項は国会について「全国民を代表する選挙された議員でこれを組織する」として、間接民主制を採用していることがうかがえる。同時に、15条1項は「公務員を選定し、及びこれを罷免することは、国民固有の権利」と定め、国民に「選挙権」を保障している。

　もっとも選挙権はその性質上、日本国内におけるすべての人々が享受しうるわけではなく（国民≠有権者団）、議員（被選挙人）や有権者（選挙人）の資格や「選挙区、投票の方法その他両議院の議員の選挙に関する事項」は、法律で定められることとなっている（47条）。しかし特定の人種や身分に限定した資格を設けてしまえばそれは**制限選挙**[40]となってしまい、**公正かつ効果的に**[41]国民全体の意見等を国政へとする民主政システム本来の理念に反することになる。そこで15条3項は「公務員の選挙については、成年者による普通選挙を保障する」とし、そのうえで44条但書は選挙人・被選挙人の資格について「人種、信条、性別、社会的身分、門地、教育、財産又は収入」による差別を設けることを禁じている。こうした「日本国憲法の精神」を踏まえ、国会議員、地方議会議員や首長を「公選する選挙制度を確立し、その選挙が選挙人の自由に表明せる意思によつて公明且つ適正に行われることを確保し、もつて民主政治の健全な発達を期することを目的」（1条）とした公職選挙法は、「年齢満18年以上の者」に選挙権を与えている（9条）が、同時に「禁錮以上の刑に処せられその執行を終わるまでの者」（11条1項2号）や一定の選挙犯罪を犯した者（同項4号・5号）等の選挙権（と被選挙権）を制限し、有権者団から除外している。加えて、こうした有権者団に属する者であることを公的に証明するためには、各市町

[40] **制限選挙**　選挙権の行使に、人種や性別、納税額などの資格制限を設けた形態を制限選挙と呼ぶ。逆に、そうした事項を要件とせず、原則としてすべての成人が選挙権を有する形態を普通選挙と呼ぶ。かつて明治憲法下で初めて行われた1890年の衆議院議員選挙は、有権者を満25歳以上の男性のうち税金15円以上を収めた者に限っていた。もちろん、女性に参政権は与えられておらず、その実現は1946年4月10日に現行憲法下において行われた戦後初の衆議院議員選挙を待たねばならなかった。

[41] **公正かつ効果的に**　たとえば、衆議院議員選挙の小選挙区制を定めた公職選挙法が憲法に違反するとして争われた裁判（最大判平成11年11月10日民集53巻8号1704頁）で、最高裁は、「代表民主制の下における選挙制度は、選挙された代表者を通じて、国民の利害や意見が公正かつ効果的に国政の運営に反映されることを目標とし、他方、政治における安定の要請をも考慮しながら、それぞれの国において、その国の実情に即して具体的に決定されるべきものであり、そこに論理的に要請される一定不変の形態が存在するわけではない」と判示している（下線筆者）。

村の選挙管理委員会が調整・保管している「選挙人名簿」に登録される必要があり、この名簿に登録されていなければ選挙権を有する者であっても実際に投票することができない（42条）。

　この点、かつて海外に居住している日本国民（在外国民）は、日本国内に住所を有していないため、選挙人名簿に登録されず、選挙権が制限されていた。1998年に公職選挙法が改正され、在外国民の選挙権が認められたものの、附則により、在外国民に投票日前に情報を伝達することが困難であること等を理由に、当面の間は衆参両院の議員選挙のうち比例代表選挙のみに限られることとなっていた。これに対して憲法訴訟が起こり、最高裁は、在外国民も「憲法によって選挙権を保障されていることに変わりはなく、国には、選挙の公正の確保に留意しつつ、その行使を現実的に可能にするために所要の措置を執るべき責務がある」と断じた。そのうえで、改正後に「在外選挙が繰り返し実施されてきていること、通信手段が地球規模で目覚ましい発達を遂げていることなどによれば、在外国民に候補者個人に関する情報を適正に伝達することが著しく困難であるとはいえなくなった」とし、在外選挙の対象選挙を限定している附則部分について「憲法15条1項及び3項、43条1項並びに44条ただし書に違反する」との判決を下している。なお同判決のなかで、最高裁が「国民の選挙権又はその行使を制限することは原則として許されず」、「選挙の公正を確保しつつ選挙権の行使を認めることが事実上不能ないし著しく困難であると認められる場合」に限らなければその制限は憲法に違反するとしたことは、選挙権に対する制限の限界を検討するうえで欠かすことができない視点といえるだろう（**在外日本人選挙権訴訟**）。なお、この判決ののち、2006年に公職選挙法が改正され、在外国民の対象選挙の制限は解消されている。

[42] **在外日本人選挙権訴訟**
最大判平成17年9月14日民集59巻7号2087頁。公職選挙法の改正により在外国民に選挙権を認められたにもかかわらず、衆参議員選挙のうち比例代表選挙のみに限られていたことについて、選挙権への不当な制限であるとして争われた事件。

（1）「自由」か「尊厳」か
──日本版の人権論の確立を目指して

　最後に、ここまでみてきた「人権」と呼ばれる概念が、憲法学でどのように捉えられているかについて、もう少し詳しくみていくことにしよう。ここまでの議論をみれば、人権という概念が、西洋社会に端を発し、戦前と戦後を通じて日本に輸入されてきたものであることがよく理解できると思う。ただし、そうした西洋社会が一枚岩で人権を理解しているかといえば、そうともいえない部分がある。

　アメリカの法学者ジェームズ・ホイットマンは、アメリカの人々が「（国家からの）自由」を重視する一方で、ヨーロッパ（特にドイツ）の人々が「尊厳」を重視するという、文化の違いを指摘する。この文化の違いは、もともとヨーロッパで身分制秩序が近代市民革命によって解体された際に、社会のなかでの尊厳や名誉を重んじた高い身分の地位を、すべての人々に拡張して付与したことに由来する。他方、新大陸のアメリカにおいては、そもそもそうした身分制秩序はなかった。実際、こうした法文化の差異は、プライバシーの捉え方で決定的に浮かび上がっている。ヨーロッパではプライバシーは、まさに（高い身分としての）個人の名誉・尊厳と結びつくため、国家のみならず社会の成員すべてがその権利を尊重することが求められる。そのため、ヨーロッパにおいては世界的にみても企業に対して個人データの保護を強力に要請する「一般データ保護規則（GDPR）」が制定された。他方で、2021年現時点においても、アメリカにおいては連邦レベルで個人情報保護のための法律は存在しない。そればかりか、アメリカにおいては（国家からの）自由が重視されることで、個人情報保護を理由に企業を含む私人間の情報流通（表現の自由）を国家が規制することには忌避感があるように思われる（**プライバシー文化の違い**[43]）。つまり同じ人権の捉え方も法文化によって大きな違いが存在するということであり、またどちらの概

[43] **プライバシー文化の違い**
もっともプライバシーに関するこうした区分の捉え方は、近年になって相対化しつつあるともいえるかもしれない。たとえば、カリフォルニア州においては、企業に個人データの保護を求める非常に強力なプライバシー保護法が制定されているし、他の州でも同様の動きがある。

念が一概に正しいとは言い切れないところがある。

　では翻って人権概念を「輸入」してきた私たち日本はどう
か。私たちはたしかに戦後になってこの憲法を「与えられた」
のかもしれないが、同時にこの憲法の奥底にある基底的な価
値を熟議し、発掘する時間は十二分にあったはずである。日
本固有の「憲法」を考えようとすると、ともすれば「敗戦」
という致命的な大失敗を犯したはずの戦前の憲法体制への回
顧をめぐる議論が賛否含めて目につくが、しかし本当に私た
ちが腰を据えて議論しなければならなかったのは、「主権者」
たる日本国民が目指すべき日本国憲法の基底的な価値観では
なかっただろうか。それは次にみるように、人権論の将来的
な展望を考えるうえでも欠かせないものになってくるはずで
ある。

（2）「人権」論のミライ

　冒頭でも触れたとおり、現代、そしてこれからの人権問題
は、単に国家権力による侵害だけを考えていればよいわけで
はない。技術の発展は、私たちの社会を善き形に進展させる
ために必要不可欠なものであるが、その一方で、使い方を誤
れば私たちの社会にディストピアを招きこむかもしれず、そ
うした際に人権の理論や思想は、社会をより善き方向に導く
指標になりうる。

　たとえば、アメリカで実際にこんな問題が起きている。大
手小売量販店が、顧客の購入履歴から、妊娠時期を予測する
アルゴリズムを開発し、それによって妊娠を予測した顧客の
家に、ベビー用品のクーポン配布を行っていた。そのクーポ
ン券を配布した顧客のなかに女子高生がおり、その父親が抗
議にきたものの、後日になって実際に女子高生が妊娠してい
たらしいということが発覚した。ビッグデータ・AI 技術を用
いた**プロファイリング**[44]は、ときに父親にすら明らかにされて
いなかった妊娠というセンシティブな情報を、単純な商品の
購買履歴等のデータから暴き出すことができる。これは私た
ちのプライバシー権にとっても死活問題となりうる。自分が
いくらセンシティブな情報を守ろうとしても、それ以外の単

[44] **プロファイリング**　行動科
学等の観点から、個人情報を含
む様々なデータを解析し、ある
人物の行動を予測する手法のこ
と。AI によるプロファイリング
は、まずスマートフォンをはじめ
とするデバイスから多種多様な
データを大量に収集し、それを
プール（ビッグデータ化）した
うえで、これを AI 等を活用して
分析し、人間では気が付かなっ
た相関関係等のパターンを抽出
し、そうした分析結果をデータ
ベース上の個人にあてはめるこ
とで、その個人の様々な姿（性
格や心理状況など）を予測する
ことで行われる。

純な情報から迂回してそうした情報を取得されてしまう可能性があるからである。

　また Amazon は、**人材採用 AI**[45] を使おうとしたが、これを断念している。というのも、この採用 AI は、技術職の採用において女性の評価を下げ、男性の評価を好ましいものにする傾向があることが判明したからである。この AI の学習に用いられたデータは過去の履歴書であったが、もともと男性が技術職に多く応募していたために、AI は技術職には男性が好ましいと学習をしてしまったと考えられている。このように AI が学習をする際に用いるデータが、もともと構造的な差別を内包している私たちの社会からとられたものであるために、AI はそれを忠実に学習し、差別を再生産・強化してしまう可能性が指摘されている。これでは、本人がいくら努力をしても、本人の力ではどうすることもできない属性から、社会で不利に扱われることになる。本章では、「平等権」において女性差別的な制度を取り扱ったが、国家が作る制度上の差別を解消するだけでは、このような問題に対応しきれないだろう。

　このように本章で学んできた人権をより社会で浸透させていくためには、「国家」の役割はより重要さを増していくことになるだろう。たとえば、EU の「一般データ保護規則（GDPR）」には、上記のようなプロファイリングに対応し、データ主体となった個人が、そうしたデータの取扱いに異議を申し立てること（21条）や、自動化された決定のうち特に重要なものについては人間を関与させること（22条）を権利として認めている。同時に企業にも、こうした各種技術を人権に配慮して社会実装していくことが求められることになる。日本のいくつかの企業においても、すでに **AI ポリシー**[46] が作られ始めていることは、その第一歩として評価できるが、単にポリシーをつくれば終わり、というわけではないところに注意が必要である。実際にポリシーで掲げた理念を現場でどのように落とし込み、運用していくのかという点が欠かせないことはいうまでもなく、ポリシーの形成・運用に際して消費者団体をはじめとするより多くの利害関係者からの意見を吸い上げていくマルチステイクホルダー・プロセスが重要なス

[45] **人材採用 AI**　人材採用 AI には様々なものがあるが、たとえば日本のソフトバンクは、保有していた過去数年分のエントリーシート（ES）の文章データを AI に読ませて合格した ES と不合格の ES の特徴を学習させ、そうした過去のデータと比較することで、合否判定の自動化を行っているという。人事採用に AI を用いることは、人事部の人間による「カン」よりも、より科学的な根拠をもつようにみえるうえ、採用業務を効率化し、コストを削減できることから、今後も多くの企業が採用していくのではないかと思われる。

[46] **AI ポリシー**　企業内部の各部門が、AI の開発や利活用に際して配慮すべき事項を自主的に定めた指針である。単なる法令遵守と異なり、たとえ違法でなくとも、倫理上の観点から必要な事項を定めていることが多い。また企業内部のみならず、外部の有識者等が策定に携わることもある。たとえば、ソニーグループの「AI 倫理ガイドライン」、富士フイルムグループの「AI 基本方針」、NEC グループの「AI と人権に関するポリシー」などが挙げられる。

キームとなっていくだろう。私たちの社会に「人権」をどれ
だけ実装していけるかは、こうした取り組みにかかっている
といっても過言ではない。

コラム㊲　歴史をたずねてⅡ──戦後日本におけるアイヌの先住権

　少数民族がもつ文化や信仰、言語は、国家によってそれらが否定されない
よう、十分に配慮される必要があることは、今や国際的な共通認識となって
いる（たとえば自由権Ｂ規約27条）。ところが日本では、憲法において少数民
族に関する規定を置いていないし、また国民の間でも、日本国内の少数民族
の権利をめぐる関心や問題意識が広く共有された経験はほとんどなかったの
が実情である。

　たとえば、内閣府が2020年11月に実施した世論調査によれば、「アイヌと
いう民族を知っている」と答えた人は93.6％にのぼる一方、アイヌの歴史に
関して「知っている」と答えた人は、そのうちの半数にみたない（**図表9-3**参
照）。とはいえ、2010年代に相次いで提起されたアイヌ関連訴訟（たとえば遺
骨返還訴訟やサケ漁をめぐる先住権訴訟）を理解するには、かれらの歴史をひも
とくことが不可欠である。

　アイヌは本州北部からロシアの一部にかけて生活圏をもつ民族で、コタン
と呼ばれる集団で居住し、各集団独自のルールや経済、言語、生活様式、宗
教観をもつ。明治初年、国防と資源開発のため北海道・サハリン一帯を重視
した政府は、開拓民や屯田兵、囚人など内地からの移民を奨励した。また移
民と生活圏が競合したアイヌを同化対象として、経済手段を含むかれらの伝
統的なライフスタイルを「陋習」として禁止した。生活・文化基盤を失った
アイヌに対しては、「北海道旧土人保護法」（1899年公布）により外形的な保
障を行ったが、「旧土人」という侮蔑的な呼称から察せられるように、実際の
保障内容にはアイヌに不利な条件が課され現実的な保障効果は乏しかった。
この影響は現在まで続いている。

　1997年に至って北海道旧土人保護法は廃止され、また同年の二風谷ダム訴
訟判決（札幌地判平成9年3月27日判時1598号33頁）では、アイヌを先住民族と
認定しその固有の文化に由来する権利（文化享有権）を認めるなど、基本的人
権を規定した新憲法公布から実に半世紀を経過して、「古くて新しい」問題と
して先住民族の権利（先住権）がようやく議論されはじめた。

　先住民族であるアイヌがかれららしく生きるためには、生活単位であるコ

タンの自決権を確保し、本来の経済活動に応じた生活様式をいかに先住権とし
て認めてゆくかという観点が重要で、個人主義に立脚した従来型の「人権」
の枠組みでは捉えきれない。「アイヌ新法」（2019年公布）はアイヌの先住権
に言及していないが、国際的な人権諸条約や先住権を積極的に認めるニュー
ジーランド・台湾などの動向を注視しながら、人権の「その先」を考える時
にさしかかっている。

図表9-3：「あなたは、アイヌについてどのようなことを知っていますか。」

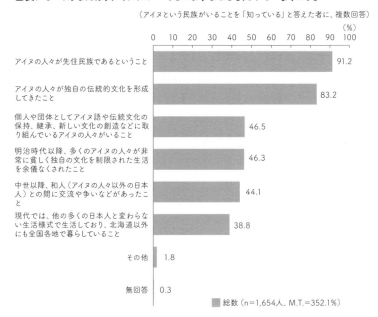

（アイヌという民族がいることを「知っている」と答えた者に、複数回答）

項目	割合
アイヌの人々が先住民族であるということ	91.2
アイヌの人々が独自の伝統的文化を形成してきたこと	83.2
個人や団体としてアイヌ語や伝統文化の保持、継承、新しい文化の創造などに取り組んでいるアイヌの人々がいること	46.5
明治時代以降、多くのアイヌの人々が非常に貧しく独自の文化を制限された生活を余儀なくされたこと	46.3
中世以降、和人（アイヌの人々以外の日本人）との間に交流や争いなどがあったこと	44.1
現代では、他の多くの日本人と変わらない生活様式で生活しており、北海道以外にも全国各地で暮らしていること	38.8
その他	1.8
無回答	0.3

■ 総数（n=1,654人、M.T.=352.1%）

（出典）内閣府政府広報室「『アイヌ政策に関する世論調査』の概要」（令和3年3月）3
頁をもとに作成

第 10 章

民法①──財産法

==> **はじめに**

　「大学に入学する」ことは、法律用語で表現すると**在学契約**^{〔1〕}
と呼ばれる（ただし、民法中の用語ではない。195頁の**図表10-3**
参照）。第一志望のＡ大学に繰上げ合格が決まる前に第二志望
のＢ大学に学納金（入学金や授業料等）を払っていた場合、一
般入試だったなら通常は、Ｂ大学から入学金は返金されない
ものの、授業料は返ってくる。今では普通のことだろう。し
かし、「いかなる場合も返金しません」という注意書きを理由
に授業料が返ってこない時代があった。事態が一変したのは、
一連の**学納金返還訴訟**^{〔2〕}を契機に在学契約の性質と内容が見直
されたからだった。入学金が入学できる地位の対価であるの
と異なり、授業料等は教育等の対価だから、辞退者が支払う
必然性はない。それにもかかわらず授業料等の返還がないと
いう特約は、損害賠償額の予定または違約金（民法420条。以
下、断りのない限り条文は民法のもの）の趣旨だった。しかし、
入学辞退や繰上合格が織り込み済みの一般的な入試形態では
辞退者が出てもふつうは損害が生じないので、特約が消費者
契約法（▶後述3（4））9条1号に照らして無効（つまり、お
金を取りすぎだった）と判断されたのである。

　次に、けがをした人が病院で手術を受ける場面をみてみよ
う。緊急処置でなければ通常は、けがの状態、可能な術式、
今回用いる術式や薬とその理由、見込まれる術後の経過など
の説明を受け、納得したうえでいくつかの書類にサインをす
る。これも、昔は違った例のひとつである。「インフォーム
ド・コンセント」という言葉が市民権を得るまでに、数々の
訴訟や研究があった。

★**おすすめの基本書**　道垣内弘
人『リーガルベイシス民法入門
〔第3版〕』（日本経済新聞出版・
2019年）。寄り道しながらもっと
民法を学びたい人に。

シリーズもの（山野目・民法概
論など）や分野別の本（窪田・
不法行為法など）もぜひ！

〔1〕在学契約　学生が授業料等
を支払うのと引き換えに授業を
はじめ各種の役務（サービス）
の提供を受けられる契約。コロ
ナ禍の遠隔授業で授業料の一部
返還が争われたケースは、想
定外の不可抗力的事情、安全配
慮義務、学校側の裁量や社会通
念（最判平成21年12月10日民集
63巻10号2463頁参照）、日本の
教育費負担の高さなど、多くの
問題を反映していた。

〔2〕学納金返還訴訟　最判平
成18年11月27日民集60巻9号
3437頁など、同日付の別々の事
件に関する判決が複数ある。本
文で説明した判断内容は、一般
入試の合格者に関するもので、
入学が確実になる4月1日よりも
前の辞退であれば授業料等を返
還するべきだとされた。他方、
専願入試では異なる判断がされ
ている。なお、医学部のケース
では返還が認められなかったも
のの、これはその事件が消費者
契約法（▶本章〔33〕）の施行前
のものだったためである。

このように、社会を構成する人（**権利能力**[3]を有する者、つまり生身の人間（自然人）と**法人**[4]）同士の関係のなかで生じる様々な取引や事件を、お互いの権利・義務という視点から考えるとどうなっているのか。現状どのような問題があり、どう対応する道があるか。民法（と関連する民事の法律）を学ぶことで、こうしたことを考えることができる。

▶ 1　民法
──人と人の権利義務関係を扱う法律

（1）様々な内容の権利

民法をはじめとする民事法の分野では、個人も団体も登場するし、生活関係も取引関係も取り扱われるので、関係する権利も財産的なものと非財産的なもの（あるいはその両方の側面をもつもの）にわたって多様である。

まず、不動産や車や本などの**所有権**[5]をはじめとする**物権**[6]と、売買代金支払請求権や貸金返還請求権などの**債権**[7]との区別は、民法の構造（▶後述（3））を理解するためにも重要である。ただし、その両方の性質を備える権利もある（**知的財産権**[8]の一種である**特許権**[9]や**著作権**[10]など）。

また、生命・身体だけでなく幅広い利益を含む概念である**人格権**[11]のように、まだ外延が定かでない権利もある。たとえば、この人格権の一種である肖像権（容貌等にかかる権利）には、プライバシー的な意味、経済的利益の源としての意味もあり、利用上の制約などが議論されている。人の状態や行動に関するデータ（▶第9章2（3）・3）の帰属・利用・消去のあり方も問題である。

さらに、家族法上の立場による権利である身分権もある。権利の性質や内容が条文から明らかでない部分は、判例や学説が調整をはかっている。たとえば、認知請求権（▶第11章[61]）は、それを放棄させる契約をしても無効だし、長年行使しなくても消滅しない。

[3]　**権利能力**　私法上の権利義務の主体となる資格（民法上1人の「人」と扱われる資格）。自然人（権利能力平等の原則。出生：3条〜死亡：882条）と法人（▶本章[4]）がある。生まれる前後で差が出ないよう、不法行為・相続・遺贈の3場面では胎児にも認められる（721条・886条・965条）。国籍による差異（3条2項）はほぼなく、通常は差異を設ける意味も乏しい。

[4]　**法人**　人の集合体（社団）・財産の集合体（財団）のうち、法律に従って設立され、権利能力（法人格）が付与されたもの。個人では難しい活動でも、個人と団体の財産を分離した形で行える（株式会社が典型例）。

[5]　**所有権**　物を自由に使用・収益・処分する権利（206条）。すべての侵害者に対して主張できる（所有権絶対の原則）。ただし、おのずと制約はある（土地の所有者なら、隣との譲り合いが必要な場合、相続時の手続の義務、権利放棄の制限など）。

[6]　**物権**　人が物を支配する権利。所有権のほか、地上権（土地に建物を建てて使う）などの用益物権や、抵当権などの担保物権（▶本章[59]）がある。

[7]　**債権**　人が特定の他人に対して一定の行為を請求する権利（対応する義務が「債務」）。物の引渡などの作為（〜すること）も、秘密保持などの不作為（〜しないこと）も対象になる。

[8]　**知的財産権**　創作や発明などの知的活動の成果に対する権利で、無体財産権ともいう。

[9]　**特許権**　登録された発明を独占的に実施できる権利。特許法は、発明を保護し奨励する一方、一定期間経過後には誰でも利用可能として社会に還元する。

[10]　**著作権**　表現とその創作者を保護する権利であり、著作財産権と著作者人格権からなる。

[11]　**人格権**　法的に保護される人格的利益を指す概念。

（2）権利変動の原因

　権利変動、つまり、私法上の権利義務関係の変化が起きるのは、どういうときだろうか。人の意思が原因となるのが、契約などの**法律行為**[12]である。このうち、一方的なもの（遺言など）が単独行為であり、複数の意思表示の合致によるもの（雇用契約など）が契約である。たとえば、本の売買契約により、売主から買主へと所有権が移り、売主は代金債権を、買主は本の引渡債権を取得する。また、婚姻や遺言などの家族法上の行為（身分行為）によって、親族関係や財産関係などに変化が起きる（▶第11章）。私的自治の原則（▶第2章［32］）は、法律行為の仕組みの根幹であり、特に契約の場面では**契約自由の原則**[13]（521条・522条）として表れる。

　民法上の時効（▶後述**7**）や不法行為（▶後述**8**）など、人の意思とは無関係な原因もある。（「被害者」が当たり屋でない限り）交通事故で損害を被った際や、物を他人に不注意で壊された際などに損害賠償（日常用語でいえば弁償）の権利や義務が当然生じるのも、不法行為の一種である。

[12] **法律行為**　意思表示により法的な効果を発生させる行為。新川帆立『元彼の遺言状』（宝島社・2021年）【画像】では、遺言や、個人や企業間の多様な契約が登場し、法律行為の妙に触れられる。

[13] **契約自由の原則**　締結の自由（するかしないか）、相手方選択の自由（誰とするか）、内容の自由（どういう契約をするか）、方式の自由（契約書なしで口頭でもできる）からなる。

（3）民法の構造

図表10-1：民法の構造

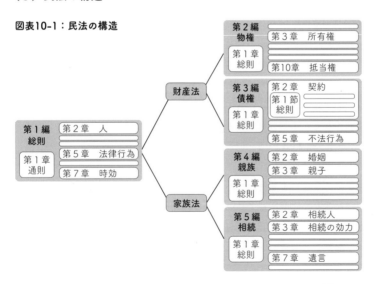

民法の構造はパンデクテン体系（▶第2章［53］・第8章4（4））で、第1編（総則）では、第2編以下で共通する前提や、あとの章の基本になるようなこと（法律行為の成立や有効性など）を先にまとめて規定している。各編の第1章と第2章以下の関係も同様である（さらに、各章の第1節、各節の第1款^(かん)、各款の第1目^(もく)も）。したがって、第1編第1章は基本中の基本ということになる。このうち、私権と公共の福祉の関係（1条1項）は、理念的な規定にとどまり、実際に使われることはない。それに対して、**信義誠実の原則**[14]（1条2項）・**権利濫用の禁止**[15]（1条3項）は、**一般条項**[16]の一種として、規定の穴を埋めたり、形式的に妥当でも実質的には不当な結論を回避したりする重要な役割を果たしている（▶第4章コラム⑮）。**個人の尊厳および両性の本質的平等**[17]（2条）は、家族法（▶第11章）分野ではもちろん、財産法分野でも当然重要な前提である（▶後述**9**）。

第2編（物権）（175条以下）は、物権の移転などの変動や、機能に応じた物権の種類・内容を規定する。第3編（債権）では、発生した債権の性質など（種類や効力、譲渡、消滅など）に関する第1章（399条以下）のあと、第2章以下（521条以下）で債権の発生原因ごとに定めが置かれている。民法の前半部分は、財産法と呼ばれる。

第4編（親族）（725条以下）は、法律上の親族関係の形成・解消（夫婦、親子、扶養など）に関わることを規定している。第5編（相続）（882条以下）では、亡くなった人の法律上の立場（財産など）をどう処理するかを定める。民法の後半部分は、家族法と呼ばれる。

こうした構造のなかで、民法（特に財産法）は、対等な者たちの自由な接触を想定して各場面のルールやデフォルト・ルールを定めている。以下、**2**～**6**では主に契約（以下、法律行為一般を指す場合にも「契約」という言葉を使うことがある）のことを、**7**・**8**ではそれ以外をみていこう。そして、最後の**9**では、全体を見渡しながらさらに考えを進めてみよう。

[14] **信義誠実の原則** 信義則ともいう。矛盾行為の禁止、クリーンハンズの原則（法は不法に助力しない）を含む概念である。2通り以上に読むことができてしまう契約書の文言の意味をどう理解するべきかを裁判所が判断する場合や、契約書には書かれていない一定の権利義務の発生を認めようとするときにも利用される。

[15] **権利濫用の禁止** 形式上は正当だが実質的には不当な権利行使を、権利の濫用という。権利濫用となるかどうかは、利益と負担のバランスや、権利行使の目的などを踏まえて判断される（大判昭和10年10月5日民集14巻1965頁〔宇奈月温泉事件〕）。たとえば、借地借家法（▶本章［43］）で保護されている賃借人を合法的に追い出そうとするような行為を否定した事例がある（最判平成25年4月9日判時2187号26頁）。

[16] **一般条項** 要件効果が抽象的な、基本的な考え方を表した規定。「公の秩序又は善良の風俗に反する法律行為は、無効とする。」とだけ規定している民法90条（▶本章［31］）もその例。

[17] **個人の尊厳および両性の本質的平等** 戦後（1947年）の家族法（▶第11章）全面改正の際に、民法の解釈指針とされた。

2　契約の成立

　私的自治・契約自由が民法の土台だから、人（自然人・法人）は法律行為の当事者となるかどうかを選べる。契約は、当事者となる二者（以上）の間で、申込みと承諾の意思表示が合致する（噛み合う）ことで成立する（522条1項）。そうはいっても実際には、契約の成立に当事者本人以外が関わることもあるし（▶（1））、本人同士での完全に自由な交渉が不可能なこともある（▶（2））。

（1）代理人を通じて行われる契約

　赤ちゃんは自力で預金契約などできないし、株式会社は生身の人間の手を借りないと取引できない。そこで、**代理**[18]という仕組みが本人の私的自治を助けている。親権者と未成年の子の関係など、誰が何に関する代理権を有するかが法律上決まっている場合を法定代理という。そうではなく、弁護士に示談の委任をする場合など、本人が誰に何に関する代理権を授与するか決める場合を、任意代理という。

（2）定型約款を利用して行われる契約

　契約から生じる効果は、契約をする人の意思表示の内容により限りなく多様である。ただし、実際には多くの取引で約款（一方だけが用意する一連の契約条項）が用いられている。特に、**定型約款**[19]（たとえば、アプリ取得の際に「同意」するあの長い利用規約もその一種）は、基本的にその内容で契約を成立させることに注意が必要である（548条の2第1項）。もっとも、定型約款準備者（上記の例ではアプリの提供元）が提示した内容を受け入れるか否かしか相手方（上記の例では利用者）の選択肢がないため、不当な内容の条項には拘束力を認めないといったルールもある（548条の2第2項）（不当条項についてはほかにも、消費者契約法を参照。▶後述3（4）・本章［33］）。

[18] **代理**　代理人が手助け（代理行為）をして、本人自身が法律行為をしたのと同じ状態（本人が法律行為の当事者となる状態）を作り出すことができる制度。もっとも、代理人は、与えられた代理権の範囲内なら何をしてもよいわけではない。代理権は本人の利益のために行使されるべき権限なので、不適切な代理行為の効果は否定される（107条・108条・826条など。▶本章［66］）。

[19] **定型約款**　定型取引（不特定多数を相手方とする取引で、契約内容の全部・一部の画一性が当事者双方にとって合理的なもの）を行う合意があるとき、一方当事者が準備する約款。電車の乗客は、どの程度遅延してどう影響が出たらどういうサポートがあるか（マニア以外は）細かく知らない。しかし、周知されている旅客運送契約約款が（すべてを意識しなくても）契約内容になっている。

3 契約の有効性

　成立した法律行為が有効なら、その内容どおりの権利変動が生じる。しかし、以下の（1）〜（4）のように、いくつかの理由で法律行為が**無効**[20]だったり**取消し**[21]の対象となったりすることがある。無効な契約や取り消された契約は守らなくてよいし、もし当事者間で契約を根拠とする給付がされていれば互いに**原状回復義務**[22]（121条の2）が生じる（たとえば、無効と気づかずに支払っていたお金を返金してもらえる）。

（1）判断能力と無効・取消し

　赤ちゃんが自力で契約をできないことなどは、**意思能力**[23]（3条の2）のない者の契約は無効だという理屈による。3歳の子が店のレジにおもちゃを勝手に持っていったところで、売買契約の効果を理解できていない以上、有効な申込みとはいえない（親の使者として行動することは可能だが、その場合は自ら契約しているわけではない）。意思能力が備わるのは小学生程度の年齢と考えられ、個人差や契約の内容（難易度）を考慮して個別に判断される。同様に、重度の認知症を抱える者や、一時的に酩酊状態にある者の契約も、無効となることがある。

　もっとも、意思能力があっても年齢からして知識・経験が未熟と思われる場合や、年齢にかかわらず財産管理面で継続的に援助が必要な場合がある。さらに、取引の相手方としても、ある程度法律の枠組みがあった方が安心である。そこで、**未成年者**[24]と、家庭裁判所の審判により**成年被後見人・被保佐人・被補助人**[25]となっている者について、**行為能力**[26]を一定の範囲に制限し（制限行為能力者）、同時に財産管理の支援者を用意している（未成年者に対しては親権者または未成年後見人、ほかはそれぞれ成年後見人・保佐人・補助人）。被後見人が勝手に借金をしてしまったなど、制限されている契約をひとりでしてしまった場合、取消権が認められている。通信回線や銀行口座の開設など、本人に必要な契約は、法定代理人を通じて行うことができる。

[20] **無効**　はじめから法的な効果が生じないこと。

[21] **取消し**　取消権の行使によって、はじめの時点に遡って（遡及的に）無効だったものと扱われる（121条）こと。取り消すことができる行為であっても、取消権が行使されない間は一応有効な行為として扱われる。取消権を行使せずに追認（122条）して、有効と確定させることもできる。

[22] **原状回復義務**　相手方を原状（もとの状態）に復する義務。121条の2などは、「不当利得」（法律上の原因のない給付）の返還義務に関する一般規定（原則的な規定）である703条・704条の特則（場面が限定された例外的な規定）である。

[23] **意思能力**　法律行為とその効果を理解できるだけの判断能力。

[24] **未成年者**　成年年齢（4条）に達していない者。成年年齢は、2022年4月に、20歳から18歳に引き下げられた（婚姻適齢の平等化も参照。▶第11章[26]・図表11-8）。若年者の意思決定がより尊重され、親権者等による適切な支援がない状態の者が自立する際の障壁も下がった一方、消費者被害の増加も懸念されている（消費者契約法の改正。▶本章[33]）。第4章[2]も参照。

[25] **成年被後見人・被保佐人・被補助人**　家庭裁判所の手続を通じて後見人等をつける制度が民法上の成年後見であり、本人の判断能力の状態に応じて3種類ある。なお、判断能力が十分なうちに準備しておく制度も別にある（任意後見契約に関する法律）。本人の判断能力の状態等によっては、日常生活自立支援事業（社会福祉協議会の制度）も選択肢のひとつである。

[26] **行為能力**　単独で有効な法律行為を行うことができる資格。制限行為能力者は、本来単独ではできない契約をしてしまった場合の取消権などを通じて、法律上保護されている。

（2）意思表示の不完全さと無効・取消し

上記（1）とは別に、①申込みや承諾の意思表示の内容に対応する意思がなかった、②意思の形成過程に問題があった、という理由で無効や取消しが導かれる場面がある。

①について、あえて意思と異なる内容の表示をした場合（心裡留保（93条））には、相手方が事情を知っていた（**悪意**。この反対が**善意**[27]）か、過失により知らなかった（**有過失**[28]）場合に、無効となる（相手方が善意かつ無過失だった場合は、相手方の保護のために有効となる）。表意者（意思表示をした者）が相手方と通謀して行った虚偽の意思表示（虚偽表示（94条）。資産隠しのための不動産の仮装譲渡など）は、一律に無効である。意図的でないミスによる意思と異なる内容の表示（95条1項1号の錯誤。値段のケタを書き間違えた場合など）は、一定の要件のもとで取り消すことができる。

②について、法律行為の基礎とされていた事情と実際の状況が異なっていた場合（95条1項2号の錯誤。商品の性能を誤解した場合など）は、やはり一定の要件のもとで取り消すことができる。また、詐欺・強迫（96条）という他人の不当な介入があった場合、意思表示の取消権が生じる。

ただし、無効や取消しの効果を、取引に関与したために影響を受ける別の人（**第三者**[29]）にまで及ぼせるか（**対抗**すること[30]ができるか）は、別問題である。表意者と第三者との利害を調整する規定がある（93〜96条それぞれの最後の項を参照）。

（3）社会的に許されない契約の無効

上記（1）・（2）のように判断能力や意思表示としてのあり方に問題がなかったとしても、法律行為の内容を理由として無効とされることがある。「トイチ」（10日で1割の利息を取るという隠語）での貸金など、**公序良俗**[31]に反する法律行為（90条）や強行規定（▶第4章[32]）に反する法律行為（90条・91条）は無効である。これらは、私的自治・契約内容決定の自由の限界といえる。

[27] **悪意・善意** 「悪意」（ある事情を知っている・知っていた）と、これと対になる「善意」（知らない・知らなかった）は、日常用語と意味が異なる法律用語の典型例である（例外も稀にある（509条1号参照））。「善意」のなかでも、「善意かつ重過失」・「善意かつ無過失」（順に範囲が狭く厳しくなる）をさらに区別する場面がある（▶本章[28]）。

[28] **有過失** 対概念は「無過失」。善意だったとしても、過失により善意だった場合を区別するときに用いる概念。たとえば、「この試験に合格したら1億円あげるよ」という心裡留保による意思表示は、通常なら受け手が「本心ではない、ありえないことだ」と知っていておかしくないので（有過失）、無効であろう。ただし、財産状況や関係性などによっては相手方が信じてもやむを得ず、有効となる余地がある。

[29] **第三者** 当事者やそれと同視される当事者の包括承継人（相続人など）以外の者のこと。

[30] **対抗** 法的な効果を主張する（主張してそれが認められる）こと。

[31] **公序良俗** 公の秩序または善良の風俗。基本的人権を害する契約や、暴利行為（他人の窮迫・軽率・無経験を利用して著しく過当な利益を得ること）などが90条を根拠に無効となる。この場合、原状回復義務（▶本章[22]）に関する特則があり、不法性の高い側は返還請求できない（708条）。法律行為の成立・実現の両面で、「法は不法に助力しない」ことが表れている。第2章[26]も参照。

（4）消費者保護のための無効・取消し

　上記（1）〜（3）に該当しなくても、無効や取消しを認めるべきなのが、消費者が事業者と契約する場面である。両者の間には、民法上の対等な当事者同士と異なり、情報の質・量と交渉力の面で圧倒的な格差がある。そこで、**特定商取引法**や**消費者契約法**などの特別法が用意されている（なお、具体的におかしいと思うことがあったら、公的機関による消費生活相談をぜひ利用してほしい。消費者ホットライン☎「188」（いやや！）へ連絡すると、公的な窓口につないでもらえる。国民生活センターのサイト（https://kokusen.go.jp）の相談例は豊富で、有用である。経験不足や孤独、就活の不安などにつけ込む業者は少なくない。日用品から情報商材まで幅広いラインナップのマルチ（まがい）商法（「ネットワークビジネス」「MLM」）などでは、学生まで加害者になってしまっていることがある）。

　消費者契約法4条では、事業者の勧誘行為が（民法上の詐欺や強迫には該当しないものの）不適切だった場合について、消

[32] **特定商取引法**　訪問販売、通信販売、連鎖販売取引などトラブルの多い取引が対象となっている、消費者保護のための法律。勧誘側に対する規制や、クーリング・オフ（一定期間内での無条件での解除）などを規定している。**図表10-2**以外に、この法律などにも取消権の規定がある。

[33] **消費者契約法**　事業者の不適切な勧誘行為等から消費者を保護する法律。割賦販売法（分割払い・信用購入あっせんが対象）、特定商取引法と異なり、事業者と消費者の間の契約一般が対象。成年年齢（民法4条）の引下げ（2022年4月。▶本章【24】）を前に、さらに充実がはかられた。

図表10-2：消費者契約法上の取消権や無効に関する規定（※改正あり）

事業者の不適切な勧誘行為による取消権（4条）	誤認	不実告知（1項1号）　例）「あなたの持病に効く」と言い普通のサプリを販売する
		断定的判断の提供（1項2号）　例）「投資用物件を購入すれば必ず利益が出る」
		不利益事実の不告知（2項）　例）住宅の眺望悪化の予定を隠し、眺望を売りにする
	困惑	不退去（3項1号）　例）顧客に帰るよう促されてもしつこく勧誘し、契約させる
		退去妨害（3項2号）　例）顧客が断ってもしつこく店に引き留め、契約させる
		不安の利用（3項3号）　例）就活の不安をあおり、セミナーの契約をさせる
		恋愛感情等の利用（3項4号）　例）恋人だと客に思い込ませ、絵画を買わせる
		判断力の低下の利用（3項5号）　例）「年金では食べていけない、この投資を」
		霊感商法（3項6号）　例）「この印鑑に替えないと、近いうちに不幸が起きる」
		契約前の勝手な実施（3条7号）　例）見積もりのはずが、勝手に工事を完了する
		勝手な販促活動の費用の請求（3項8号）　例）「買わないなら手間賃を払え」
	過量販売	過量販売（4項）　例）1人暮らしの高齢者に、健康食品を1年分も販売する

不当条項の無効（8〜10条）	任意規定より消費者に不利で、信義則に反し消費者の利益を一方的に害する条項（10条）	
	事業者の損害賠償責任の不当な制限（8条）	消費者の解除権の不当な制限（8条の2）
	成年後見制度の利用による解除（8条の3）	消費者の賠償額を不当に高くする条項（9条）

費者の取消権を規定している。故意ではなくても、事業者が実際とは異なる説明をしていたり、利益をアピールするだけで不利益な事実を告げていなかったりして消費者に誤認をさせた場合や、消費者が望まないのに勧誘し続けたり、経験不足や不安につけ込んで契約をさせたりした場合などである。

同法8条以下では、（民法上の公序良俗違反とまではいえないものの）民法等の任意規定（▶第4章［32］）よりも消費者に不利であって信義則に反するレベルの契約条項（**不当条項**[34]）を無効としている（10条が包括的な規定）。

4　契約の効果

不要になった物を友人に譲る（贈与契約）、賃金を得るためにある会社で働くことに決める（雇用契約）、自治体の公共工事を落札した建設会社が改めて契約を締結する（請負契約）といったように、社会は契約であふれている。民法上の契約（典型契約）だけでなく、契約自由の原則からもわかるとおり、ほかに多様な種類の契約（非典型契約）も存在する（**図表10-3**参照）。また、個別の契約で付される**特約**[35]の内容や、各種の特別法も重要である。たとえば、雇用契約を契約自由に任せておくと、食べるために働く労働者が足下を見られ、使用者が提示する内容で働かざるを得ず、待遇が悪化してしまう。そのため、**労働法**[36]分野の各種特別法が労働者を保護している。また、請負契約では、業界の標準約款（契約書の共通ひな形）が重要な機能をもっており、**下請負人**[37]の保護制度もある。

（1）売買契約

物や権利を売買すると、売主には対象の財産権を移転する債務が、買主には代金支払債務が生じる。債権なども売買の対象になる（ただし、扶養請求権などの一身専属権（その人だけの権利）は性質上、取引の対象外）。

物の売買では、特約がない限り、契約が成立した時に所有権が移転すると理解されている（176条参照）。そのため、通常、売主は目的物の引渡債務を負うことになる。さらに、買

[34] **不当条項**　たとえば、損害賠償の額を契約で定めること自体は可能で、よく行われている（民法420条）ものの、事業者が自らの損害賠償責任を不当に軽くしようとしたり（「一切賠償責任を負わない」など）、消費者の損害賠償責任を不当に重くしようとしたり（事業者が被る平均的損害を超える額を払わせるなど）する条項は無効である（消費者契約法8条・9条）。

[35] **特約**　任意規定と異なる内容を契約のなかで定めた場合における、その個々の取り決め。また、生命保険契約における災害死亡特約のように、ある基本契約に上乗せして付随させた別の契約を指すこともある。本章では前者の意味。

[36] **労働法**　賃金・休日・休憩などの最低限度を定めた片面的強行規定（限度までは有効だが、超えた部分は自動的に無効）を含む労働基準法や、労働契約法、最低賃金法などからなる法領域。アルバイトでも有給休暇があることなど、一般に周知される必要があるだろう。労働法について知るには「東大TV」の「ワークルール入門」がおすすめ（https://todai.tv/contents-list/2021FY/work-rules/01）。

[37] **下請負人**　建設や情報成果物（プログラムなど）作成の請負契約などでは、注文者から受注した元請負人は結果を達成できるならば他人に仕事をさせることも許されるから、しばしば元請負人が下請負人との間でさらに請負契約を締結してその構造が何重にも及び、末端にいくほど立場が弱くなる。下請代金支払遅延等防止法（下請法）では、親事業者による弱い下請負人への不当な扱いや圧力を禁じている。

図表10-3：様々な契約

非典型契約の例（典型契約の枠に入らないもの）

旅行契約　　　宿泊契約　　　出版契約　　　ライセンス契約（特許の利用など）

財産権の移転	物の貸し借り
贈与（549条）例）お年玉、プレゼント	消費貸借（587条）例）住宅ローンを組む
売買（555条）例）本の購入、家の購入	使用貸借（593条）例）友達に本を借りる
交換（586条）例）土地の交換	賃貸借（601条）例）賃貸物件を借りる

典型契約
（13種類）

雇用（623条）例）アルバイトをする	組合（667条）例）事業共同体を結成
請負（632条）例）家の建築を発注する	終身定期金（689条）（あまり使われない）
委任（643条）例）弁護士に事件を依頼	和解（695条）例）訴訟をやめ、手を打つ
寄託（657条）例）鞄を預ける、預金する	

役務（サービス）の提供　　　　　　　　その他

在学契約　　　診療契約　　　フランチャイズ契約（コンビニ経営など）

主が確実な形で財産権を得るには**対抗要件**[38]というものを備える必要があるため、売主が協力する義務も出てくる（560条）。動産（不動産以外の物）の物権変動では**引渡し**[39]が、不動産の物権変動では**不動産登記**[40]が対抗要件である（177条・178条。ただし、自動車など一部の動産には登記・登録の制度があるので、それらが対抗要件となる）。売主が同一の物を複数の者に譲渡してしまった場合や（誰が先に契約したかや高く買ったかは関係ない。全員が売主に対して平等に債権を有する）、その物を売主の財産だと考えて差し押さえた者（売主の債権者）がいる場合などは、買主は対抗要件を備えていないと権利取得を法的に主張できない結果、権利を失ってしまう。

引き渡された物の種類・品質・数量がおかしい場合、買主はそれぞれ要件をみたせば、追完請求（修補・代替物の引渡し・不足分の引渡し・562条）や代金減額請求（563条）、損害賠償請求や契約の解除（564条・415条・541条・542条）をすることができる（**契約不適合責任**[41]）。

（2）賃貸借契約

賃貸物件に住むときやレンタカーを借りるときは、賃料を支払う代わりに目的物を使える。こうした有償の賃貸借契約

[38] **対抗要件**（特に第三者との関係で）権利関係を法的に主張する（対抗。▶本章[30]）ための要件。なお、債権譲渡の第三者対抗要件は、確定日付のある証書（民法施行法5条。内容証明郵便など）を用いた、譲渡人（もとの債権者）から債務者への通知または承諾（467条2項）だが、法人は特例法上の債権譲渡登記制度も利用できる。

[39] **引渡し**　占有（意思的な事実上の支配）の移転。現実の引渡し（182条1項）以外にも、物を移動せず意思表示により引き渡したことにする方法がある（182条2項～184条）。動産への譲渡担保権（▶本章[62]）の設定では、占有改定（183条）が使われる（譲渡人が占有したまま、以後は譲受人の代わりに占有する）。

[40] **登記**　法律上の状態や関係を公示する制度。不動産登記（所有権の所在、移転の経緯、抵当権の設定の有無・内容などの権利関係を公示）のほかにも、商業・法人（▶本章[4]）登記、成年後見登記などがある。

[41] **契約不適合責任**　562条以下の売主の責任（買主の救済）であり、債務不履行責任の一種として位置づけられる。

（601条）では、無償の使用貸借契約（593条）とは異なり、賃貸人が得る賃料のなかにリスクを織り込めるから、原則として賃貸人が**修繕義務**を負い（606条）、また、賃借人が負う契約終了・目的物返還時の原状回復義務の内容から通常損耗・経年劣化が除かれる（621条）（借家なら、家具を置いた床の凹みや、畳の焼けなど。ただし、特約で一部賃借人の負担とされていることがある）。

特に不動産賃貸借は、人が安定した条件で住んで暮らしたり事業を営んだりすることに直接関わる。対抗要件を備えた賃借人であれば、不動産の所有者が当初の賃貸人から別人に変わってもなお借り続けられる（新所有者との間に契約が引き継がれる。605条の2）。**借地借家法**では、この対抗要件を簡単に備えられるようにしたり、安定的な契約内容で長期間借り続けられるようにしたりして、賃借人が不当な追い出しに遭わないよう配慮している。また、**敷金**に関するデフォルト・ルールもある（622条の2）。さらに、無断での賃借権譲渡・無断転貸（612条）や賃借人の債務不履行（541条）の場面における賃貸人からの解除に、判例が制限を加えている（信義則・権利濫用および**信頼関係破壊の法理**。▶第4章コラム⑮）。

（3）消費貸借契約

賃貸借や使用貸借と異なり、物の消費を前提に（主に金銭を）貸し借りするのが、消費貸借契約（587条）である。原則として元本（借りた額）だけを返還すればよく、利息の特約がある場合にだけ利息支払義務も生じる（約定利率、または、約定がなければ法定利率（年3％を基準とする変動制。404条）による）。通常、近い間柄の少額の貸し借りでは利息を約定しない。経済的取引では、利息と利率の特約がされることが多い。

期限までに返済できなかった場合はどうなるのだろうか。債務不履行に基づく損害賠償（415条。▶本章〔53〕）の特則（419条）により、金銭債務の不履行（履行遅滞のみ。世の中どこかには金銭があるので不能にはならない。▶本章〔50〕）の場合、債権者は、賠償金（遅延損害金という）を当然に請求できる。この遅延損害金の率は、約定利率（約定がなければ法定利

〔42〕**修繕義務** 目的物の使用収益に必要な修繕をする義務。ただし、賃借人の責めによる損傷は対象外（賃借人が原状回復義務や債務不履行に基づく損害賠償責任（▶本章〔53〕）を負う）。

〔43〕**借地借家法** 建物所有目的の借地と、建物賃貸借（借家）を保護するための法律。定期借地・定期借家でなければ、基本的に更新が予定される。イギリスなど、民間賃貸業では定期借家が主流で、公共セクターが困窮者等の住宅確保を担う国もある。対して、日本では普通借家の役割が大きく（生活保護制度の住宅扶助は、住宅を借りられて初めて機能する）、公営住宅の不足がひずみを生んでいる。

▲古い公営団地
（W_P_O／イメージマート）

〔44〕**敷金** 賃料の滞納や目的物の（賃借人の責めによる）損傷などに備えた、賃借人の金銭債務の担保のための金銭。債務不履行があればその分を差し引いて、なければ全額が、契約終了後不動産の明け渡し時に返還される。もっとも、一定の額を当然に差し引いて返還するという敷引特約が付されることがある。なお、敷金は賃貸人のためのものなので、滞納などをした賃借人からは充当を主張できない。

〔45〕**信頼関係破壊の法理** 一連の判例は、2つの面を併せもつ。共同事業者に店舗の一角だけを使用させた場合や、賃料滞納でも少額で1回目などの場合、賃貸人は解除できない。他方で、借家の建具の破壊が1回目でも酷い態様だった場合などは、催告もせず直ちに解除できる。一部の判例の内容は、現行法下では軽微な不履行（541条但書）か否かの判断に置換できる。

率）によって計算される。

　上記のような借金の利息や遅延損害金の約定利率を法が規制しないと、借主が返しきれないほど高い設定がされ、多重債務者が増え、搾取的な貸主がはびこる。そこで、**利息制限法**[46]が約定できる上限を規制しており、刑事法上の規制（出資法5条）との間のギャップ（民事ではアウト・刑事ではセーフの「グレーゾーン」）などにつき判例や法改正が対処してきた（▶第4章3（3）も参照）。また、**貸金業法**[47]が業者に各種の制約を課している。ただし、貸金業者以外（銀行など）が提供するカードローンや、商品やサービスのクレジット購入時に利用可能なリボルビング払い（毎月定額払い。▶本章［86］）などは同法の対象外で、過剰貸付けの防止などを自主規制に頼らざるを得ない問題がある。

[46] **利息制限法**　一般の金銭消費貸借の場合の上限（利息：1条〈年15〜20％〉、遅延損害金：5条〈利息の1.46倍〉）と、営業的金銭消費貸借の場合の上限（利息：5条、遅延損害金：7条〈年20％〉）を規定し、超過する部分を無効とする。

[47] **貸金業法**　貸金業の適正化のための法律。貸金業者が年109.5％を超える利息の契約をすると、消費貸借契約自体が無効とされる（利息がまったく取れなくなる。貸金業法42条）。また、貸付けの前に顧客の返済能力を調査する義務（同13条）、個人向け貸付けでは原則（他社分を含めて）年収の3分の1までにとどめる義務（同13条の2）など過剰な融資を防ぐ総量規制や、取引履歴開示義務（同19条の2）も規定されている。

コラム㊳　形を変え続けるヤミ金融

　搾取的な貸主の最たるものであるヤミ金融（違法な貸付けをする業者）と、判例や法改正による規制強化とのいたちごっこが終わる気配はない。

　企業間の金融手段としての債権売買では、手数料を支払う代わりに売却によって現金を早く得られるメリットが活用されている。そうした本来の適法なファクタリングの手法とは異なる、中小企業向けのファクタリングを装った暴利の貸付けも存在する。さらに、消費者向けの「給料ファクタリング」などと呼ばれる違法貸付スキームは、生活に困った人に「来月分の給料を買い取る（前払い・現金化）」などと誘いかけて代金を振り込むもので、手数料と称して結構な額を差し引くから実質的には暴利の貸金である（例：手数料率〈月利〉20％＝年利240％）。こうした脱法的な行為のバリエーションは多く、たとえば、株取引で儲けを出すシステムと謳う商品を買えば（むろんそんなうまい話などない）、Web上のレビュー執筆の対価として4万円を支払うと誘って、クレジットカードで5万円を決済させる（他人への詐欺の片棒まで担がせる）手法がある。SNSでの個人間送金を悪用して暴利を得る行為、インターネットオークションで一万円札を折鶴にして4羽5万円でクレジットカード決済させる行為などもみられた。

▲お札折り紙

■■■■▶ 5 債務の履行（弁済）と担保

（1）債権・債務の消滅

　債務の本旨に従った履行（債権者側からみれば弁済の受領）、つまり、予定どおりのきちんとした履行により、円満な形で債権・債務が消滅する（473条）。ほかに、債権者による債務免除（519条）で債務が消滅することもある。二者が互いに金銭債務を負っている場合には、**相殺**（505条以下）[48]で消滅させることもできる。相殺は、債権の担保として、将来的に債務者との間で金銭債権同士を相殺できるような状況を作り出しておき、債務不履行の際にはいち早く相殺して債権を回収するといった形で活用されている（**預金担保貸付**[49]など）。

　債権者が弁済を受領しない（または、できない）場合、いくら債務者が履行しようとしても債務を消滅させられないと困る。そこで、要件をみたせば、債務者が法務局などに供託（492条）することで、債務を消滅させることができる（債権者は供託物（供託金）の還付請求をすればよい）。供託までできなくても、弁済の提供（492条・493条）をすれば、債務者は次にみるような債務不履行責任を負わなくて済むようになる。また、追加的に生じる負担への配慮もある（受領遅滞。413条）。

（2）債務不履行

　債務がその本旨に従って履行されない場合（**債務不履行**[50]）、債権者にはいくつかの救済手段が用意されている。

　債務の履行が可能なのに何らかの理由で履行されていない場合、裁判所の手続を通じた**履行の強制**[51]（414条、民事執行法）が可能である。具体的な方法（▶本章［51］）として、たとえば、金銭債務や物の引渡債務は直接強制を通じて、また、サービスの提供などの債務は代替執行を通じて実現できる。さらに、上記の方法が使えても使えなくても、間接強制の方法も使える。金銭債務は原則として直接強制によるが、例外的に養育費等の一定の金銭債務（▶第11章4（4）など）では間接強制も使える。

[48] **相殺**　二者が互いに有する同種の（主に金銭）債権が弁済期にある（互いに支払うべき状態である）場合（相殺適状という）、一方的な意思表示により対当額（重なる額）で両者を消滅させること。日本では相殺に遡及効があり（506条2項）、相殺の担保的機能が重視されている。

[49] **預金担保貸付**　金融機関が融資先の定期預金を担保として行う貸付け。履行遅滞や所在不明などの一定の事由により債務者が期限の利益（弁済期までは履行が不要な状態）を当然に失うとの約定（期限の利益喪失特約）が付いており、金融機関は自己の債務の期限の利益を放棄して相殺できるから、預金を差し押さえた他の債権者よりも優先して債権を回収できる。

[50] **債務不履行**　履行が可能なのに履行期（履行するべき時期）を過ぎている状態（履行遅滞（412条））、履行が不可能な状態（履行不能（412条の2））、その他の債務不履行（履行したが履行の態様が不完全な場合や、履行を明確に拒絶している場合など）がある。第1章［8］も参照。

[51] **履行の強制**　裁判所での強制執行手続による債権の実現。直接強制（本来的内容の実現）、代替執行（第三者（別の業者など）に実現してもらい、費用を債務者から取り立てる方法）、間接強制（債務者による任意の履行を待つ代わりに、不履行が続く一定の期間・回数ごとの金銭の支払義務を課す方法）がある。もっとも、時間と費用はかかる。また、強制できない性質の債務もある。

債務の履行がなお可能でも、もはや不可能でも、債権者に損害が生じており債務者に**免責事由**[52]がなかったならば、債権者は**債務不履行に基づく損害賠償**[53]（415条。金銭債務の不履行の場合の特則については▶前述4（3））請求をすることができる。**通常損害**[54]は当然に、また、**特別損害**[55]は予見するべきだったものに限り、賠償するべき範囲に含まれる（416条）。たとえば、購入した家の引渡しが遅れた場合、代替の宿泊施設代や引越業者の再手配で余分にかかった費用は、通常損害に該当する。また、売買目的物の転売利益は、転売が予定されていたなら通常損害に、そうでなければ特別損害に該当する。

契約上の債務の不履行の場合には、債権者が**契約の解除**[56]権を行使し、契約関係から離脱することが考えられる。一般的には、軽微な債務不履行でない限り、相当期間を定めて催告（履行せよとの請求）をしたのになお履行がなければ解除できる（541条）。催告しても無意味（契約目的を達成できない）といえる場合には、直ちに解除できる（542条）。解除により、一回的契約なら契約時に遡って、継続的契約なら解除時から将来に向かって、契約関係が消滅する。

（3）担保（人的担保・物的担保）

債務不履行があっても債権を回収できるようにする手段、つまり債務の担保として、債務者とは別の人の責任財産を債務の履行に用いることを予定しておく方法（人的担保）と、何らかの物の価値を債権者が把握しておく方法（物的担保）がある。

人的担保の代表例は、保証（446条以下）である。債権者と保証契約をした保証人は、主たる（本来の）債務者が債務を履行しない場合に、代わりに履行するべき立場になる（日本では、通常の保証よりも重い保証形態である**連帯保証**[57]が多用されている）。企業間の取引や不動産賃貸借などから生じる一定の範囲の債務をまとめて保証するパターン（根保証）もある。民法は、すべての保証で契約書面またはデータ（電磁的記録）の作成を必須とするだけでなく、**個人（根）保証人**[58]を中心とした保護の規定をいろいろ設けている。人間関係上断りにく

[52] **免責事由**　「債務者の責めに帰することができない事由」（415条）。「契約その他の債務の発生原因及び取引上の社会通念に照らして」判断されるから、同じ事象が起きても個別の関係ごとに存否（債務者がどこまでの責任を引き受けたか）が異なる。購入した家が想定外の自然災害で滅失した場合、通常は免責される。

[53] **債務不履行に基づく損害賠償**　当事者間にすでに債権債務関係があったケースで、債務者が債務の本旨に従った履行をしないときに問題となる損害賠償責任。なお、不法行為（▶本章8）に基づく損害賠償責任は、当事者間に債権債務関係がなかった場合でも問題になる。

[54] **通常損害**　それぞれのケースで債務不履行により通常生じる損害。たとえば、店舗の賃借人が賃貸人の修繕義務違反による営業利益の賠償を請求する場合、移転営業できたはずの時期以降の分は、通常損害といえない（最判平成21年1月19日民集63巻1号97頁）。

[55] **特別損害**　その事案で特別な事情により生じた損害。特別な事情を当事者が（一般的な見解としては、債務者が不履行時までに）予見していたとき、または予見するべきだった場合に、賠償するべき範囲に含まれる。

[56] **契約の解除**　契約の取消し（▶本章21）と異なり、完全に有効に成立した契約について、一方的な意思表示により、契約の効果を消滅させること。

[57] **連帯保証**　催告・検索の抗弁権（452条・453条）も分別の利益（456条）もなく、主たる債務者と似たような立場に立たされ、保証人が複数でも保証債務が軽減されない保証形態。

[58] **個人（根）保証人**　主たる債務者の親族などの個人がなった（根）保証人。これに対して、保証会社などの法人がなる場合を法人保証（機関保証）という。

い、無償で引き受けがち、最終的な負担が保証人の生活まで脅かすなどの事情があるからである。

担保物権[59]を設定する契約によって、債務者が自分の家や車など特定の財産を物的担保として提供する場合や、債務者ではない第三者が提供する場合（物上保証）もある。たとえば、不動産の購入・建築の際の借入資金を担保するため、購入・完成した不動産に抵当権（369条以下）が設定される。抵当権者（債権者）は、債務が履行されない場合、**担保権の実行**[60]や、目的不動産から発生する賃料債権などへの**物上代位**（372条・[61]304条）により、着実に債権を回収できる。ほかにも、**譲渡担保権**[62]などの担保物権がある。

[59] **担保物権** 債務の担保として機能する物権。抵当権などは、設定契約により発生する。他方、留置権と先取特権は法定の制度で、公平の確保などのため一定の債権者を優先させる。

[60] **担保権の実行** 民事執行法上の手続と、私的実行（債権者による目的物の取得、または第三者への任意売却）を含む概念。抵当権の実行には、不動産の競売や任意売却の代金から優先的に配当を受ける方法と、担保不動産収益執行手続で賃料から債権回収する方法がある。

[61] **物上代位** 担保権者が目的物の賃料や滅失時の保険金などにまで権利行使すること。

コラム㊴　保証をめぐって──奨学金、事故物件、養育費

個人保証では過大な負担が保証人に集中する。そこで、（特に事業用債務の）個人保証人の保護強化と、個人保証の抑制がはかられてきた。また、以前は貸与型奨学金や借家人の賃料・損害賠償債務の連帯保証を親族や知人が担ってきた（個人根保証の一種）が、近年は保証料を払えば利用できる保証会社などの法人による保証が増えた。ただ、今なお少なくない個人根保証契約では、極度額（上限額）を書面で定めなければ無効であるものの（465条の2）、極度額自体に制限がないため、事業用の保証債務や、いわゆる事故物件が生じた際の借家人の保証人の債務も高額化してしまうことがある（なお、貸与型奨学金については、そもそも「奨学金」を給付ではなく貸与の形で普及させることの問題がある。また、事故物件については、個人の尊厳などの観点から、そもそも事故物件という捉え方が適切か自体について問題提起されている）。

他方、「保証」という名前でありながら、債務者への求償がうまくいかなければ保証人がノーリスクで保証を終了できる（保証の実質を欠く）契約も問題である。離婚後の子の養育費（▶第11章4（4））の支払「保証」を謳いながら、実質的には非監護親の資力を監護親（債権者（！））に保証させたうえでの債権譲渡（あるいは、受領権限の授与か、求償権保証か）をさせる業者もいる。本来は、法とその実現を支える法曹や裁判所が機能するべき場面である。

6　無権利者・無権限者との取引

本来、権利や権限をもたない者は、勝手に取引を行うことができない。もっとも例外的に、無権利者・無権限者と取引してしまった人でも権利を得ることができる場面がある。以下のような利害調整の方法は、**権利外観法理**[63]と呼ばれる。

（1）無権利者との取引

他人に貸したパソコンがいつの間にか売り飛ばされていても、所有権者は自分だと主張して取り戻せるはずである。しかし、そうでないこともある。動産の取引では、無権利者からの譲受人でも**即時取得**[64]（192条）の要件をみたせば保護され、権利を取得できる。不動産の取引では同様の規定がないものの、判例は、無権利者が登記名義人になっている状況（不実の登記）を作り出した原因が権利者側にあった場合に、善意（または善意かつ無過失）で無権利者から不動産を買ってしまった人を保護している（**94条2項（・110条）の類推適用**[65]）。

（2）無権限者との取引

代理権がないのに代理人として取引した**無権代理**[66]人の行為は、ふつうは本人に影響を与えない。しかし、代理権があるかのような状況が本人のせいでできあがってしまい、取引の相手方が事情を見抜けなくても仕方なかった（善意かつ無過失）といえる場合は、**表見代理**[67]が成立し、例外的に通常の代理（有権代理）と同様、本人と相手方との契約が成立する。

弁済受領権限をもっているのは債権者（とその代理人）だから、ほかの者に対していくら履行しても債務は消滅しないはずである。しかし、誤ってされた弁済でも、弁済者が善意かつ無過失だったことを要件に、例外的に有効になる（478条）。さらに、判例は**478条の類推適用**[68]を認め、誤って別人に貸付けをしてしまった金融機関を保護している。ただし、盗難・偽造カードによる被害については、金融機関に責任がなくても、預貯金者保護法の要件をみたせば預貯金者の損害が補填される（預貯金者の落ち度の程度により、補填額は異なる）。

[62] **譲渡担保権**　例外的に条文なしで認められている担保物権。たとえば、債務者の在庫商品を形式的に債権者に譲渡すると、債務不履行時に債権者が商品をほかに売却処分して債権を回収できる一方、平常時は債務者が利用し続けられる。債権の譲渡担保もある（▶本章[38]）。

[63] **権利外観法理**　表見法理ともいえる。真の権利者が不実の（無権利者・無権限者に権利・権限があるかのような）外観の作出に関与していて帰責性（落ち度）があった場合、不実の外観を正当に信頼して無権利者・無権限者と取引した相手方を保護する（結果、真の権利者が権利を失う）。

[64] **即時取得**　取引行為により平穏・公然に善意かつ無過失で動産の引渡し（▶本章[39]のうち占有改定以外（判例））を受けた者は、所有権を取得する（結果、元の所有権者が権利を失う）。

[65] **94条2項（・110条）の類推適用**　権利者本人と無権利の登記名義人との間に通謀（94条）はないものの黙認などがあれば、権利者本人の帰責性の高さに着目し、94条2項を類推適用して善意の譲受人を保護する。帰責性がやや弱いケースでは、110条をあわせて参照し、善意かつ無過失の譲受人に限って保護する。第4章3（2）❷も参照。

[66] **無権代理**　代理権がないのに（あっても、その範囲を超えて）された代理行為。原則、追認がなければ、本人に効果が生じない。本章[18]参照。

[67] **表見代理**　代理人かのような振舞いを黙認されていた者の行為や、白紙委任状（一部が空欄で、のちに適宜補充されるはずの委任状）の濫用では、109条が問題になる。与えられた代理権の範囲外の行為では110条、代理権消滅後の行為では112条の適用が考えられる。

[68] **478条の類推適用**　無権限者との間でされた預金担保貸付（▶本章[49]）の際に金融機関が善意かつ無過失だったならば、

▶ 7 　時効による権利変動

　刑事法の分野における時効（▶第13章［13］）とはまったく別に、民法にも時効という制度がある。継続した事実状態に法律関係を合わせる、権利の存否に関する証明の困難を避ける、権利を放置していた者に不利益が生じても仕方ないといった趣旨で、一定期間の経過（時効の完成）と時効の利益を受ける意思表示（時効の援用）により、他人の権利の取得（▶（1））や自己の権利の消滅（▶（2））の効果を生じさせる制度である。

（1）取得時効

　所有の意思をもって平穏・公然に他人の物を占有し続けた者は、他人の所有物であることにつき善意かつ無過失で占有を開始した場合には10年で、悪意または有過失で開始した場合には20年で所有権を取得する（162条）。その結果、本来の所有権者が権利を失う。所有権以外の財産権についても、同様の規定がある（163条）。

（2）消滅時効

　（所有権以外の）権利をいったん取得すればいつまでも行使することができるとは限らない。債権を行使することができると債権者が知った時から（主観的期間）5 年間の経過か、債権を行使することができる時から（客観的期間）10年間の経過のいずれかにより、債権が消滅時効にかかる（166条 1 項）。その結果、債務者が時効を援用すると、債権者はもはや請求できなくなる。ただし、各種の特則があり、たとえば、不法行為（▶後述 8 ）に基づく損害賠償請求権の時効は、主観的期間 3 年、客観的期間20年である（724条）。生命または は身体の侵害による損害賠償請求権は、415条と709条のいずれによるものでも共通して長く保護される（167条・724条の 2 ）。

　消滅時効期間は単調に進行するとは限らず、権利行使などに伴う**時効の完成猶予**や、権利が確認されることによる**時効の更新**がある（147条以下）。また、信義則による援用の制限や、時効の起算点（カウント開始の基準時）の後倒しなどによ

その後に事情を知った（悪意となった）としても、金融機関による定期預金と貸付債権との相殺が許される（本来の権利者は預金を失ってしまう）などの例がある。

［69］**時効の完成猶予**　権利者の怠慢があるとはいえない場合に、本来完成するはずの時効を一定期間完成させなくすること。催告（1 回のみ。150条）や、天災（161条）などが完成猶予事由である。

［70］**時効の更新**　それまで進行していた時効期間のカウントをゼロに戻すこと。権利を認める判決（147条）や、債務者による承認（152条）などが更新事由である。

り、債権者が保護されることがある。

ほかにも特別な消滅時効（126条、消費者契約法7条等）や、そもそも存続期間・行使可能期間が定められている場合などもある（566条・777条等）。

8　不法行為

（1）不法行為に基づく損害賠償

事件や事故の場合の被害者と加害者の間の賠償（「損害の公平な分担」の制度であり、罰ではない！）に関する一般的なルールが、709条である。**故意または過失**[71]により（**過失責任の原則**[72]）、**他人の権利または法律上保護される利益**[73]を侵害した者は、これによって被害者に生じた**損害**[74]（**因果関係**[75]のある損害）を賠償する責任を負う。不法行為が成立すると、契約関係にない者たちの間でも債権債務関係が生じる（契約上の債務の不履行と競合（両立）する場合もある）。他人の物を壊してしまった、他人をけがさせてしまった、夫婦の一方が浮気をしてしまった、ネット上で人格攻撃を繰り広げてしまった、企業が個人情報を勝手に集めた挙句に漏洩（えい）してしまったなど、幅広いケースが不法行為に該当する可能性がある。

本来、賠償責任を負うのは加害者その人だけである。また、不法行為の要件の充足については、原則、請求側（被害者）が立証責任（証明できないと主張を認めてもらえない不利益）を負う。ただし、加害者以外の者が賠償責任を負ったり、被害者の立証責任が緩和されたりするような、特殊な不法行為責任のルールもある。たとえば、**責任能力**[76]のない者（責任無能力者。未成年者の一部（小学校卒業程度まで）（712条）と、行為時に判断能力を欠く状態にあった者（713条））が加害者となった場合には賠償責任を負わないものの、その**法定監督義務者**[77]が（免責事由を立証しない限り）責任を負う（714条）。また、事業のために他人を使用する者（雇用主など）は、**使用者責任**[78]として、被用者（労働者など）が事業の執行に関連して第三者に加えた損害を、被用者と**連帯して**[79]賠償する責任を負う（715条）。

[71] **故意または過失**　加害者の故意（結果の意欲または認容）・過失（一定の注意義務違反。結果を予見するべきだったのに回避措置を怠ったこと）のどちらでも賠償額は変わらない。

[72] **過失責任の原則**　自分の行為に起因する損害の賠償責任は、少なくとも何らかの注意義務違反があった場合にだけ生じるという原則。

[73] **他人の権利または法律上保護される利益**　人格権（▶本章〔11〕）、患者が十分な説明のもと意思決定する権利、婚姻共同生活の平和の維持（不貞行為（▶第11章〔40〕の事案））など、多様な権利・利益を含む概念。

[74] **損害**　積極的損害（財産の減少）と消極的損害（将来得られたはずの利益の減少。逸失（いっしつ）利益）、財産的損害と非財産的損害がある（精神的損害の賠償金を指す概念が「慰謝料」）。

[75] **因果関係**　行為と損害（または、行為と権利侵害・権利侵害と損害）との、原因と結果の関係。自然科学的証明がなくても、経験則に照らし高度の蓋然（がいぜん）性の証明があれば認められる（最判昭和50年10月24日民集29巻9号1417頁〔ルンバール事件〕）。

[76] **責任能力**（民法）　自己の行為の是非に関する判断能力。刑法（▶第13章4（4））とは別。

[77] **法定監督義務者**　監護教育の権利義務が広範囲な親権者・未成年後見人でも免責される一場面を示した判例がある（最判平成27年4月9日民集69巻3号455頁）。なお、713条の場合、義務者は基本的に存在しない（最判平成28年3月1日民集70巻3号681頁。ただし、「準監督義務者」がいる可能性を示唆）。

[78] **使用者責任**　被用者の不法行為について、報償（利益に応じた）責任などを理由に使用者が負う賠償責任。免責されにくく、運用上は無過失責任に近い。

[79] **連帯して**　連帯債務（436条）という意味。連帯債務者の

同条の使用者責任と、土地工作物の設置・保存の瑕疵に関する工作物責任（717条）とについては、国・地方公共団体の責任に関する**国家賠償法**[80]のなかに関連する規定がある（公務員の行為に関する同法1条、営造物責任に関する同法2条参照）。

　さらに、過失の有無を問わず、危険を作り出して利益をあげている加害者に賠償責任を負わせるべき場合がある。これを、過失責任と対置して、無過失責任という。上記の717条による責任のうちの所有者の責任、国家賠償法2条のほか、製造物の欠陥により消費者に生じた損害について製造業者などの無過失責任を規定する**製造物責任法**[81]や、自動車事故による生命・身体侵害のケースで事実上の無過失責任を導く**自動車損害賠償保障法**[82]（自賠法）などもある。

うち誰に対しても最大で全額請求できる。ただし、使用者責任では、求償の制限（判例）により、使用者が相応の負担をする。

[80] **国家賠償法**　憲法17条の内容を具体化している。

[81] **製造物責任法**　製造物の欠陥により人の生命・身体・財産（製造物本体を除く）に損害が生じた場合に被害者を保護する法律。「製造又は加工された動産」が対象で、ソフトウェア自体や電気、未加工の農林畜水産物は対象外である。対して、EU各国のPL法は、後二者を対象に含む。

[82] **自動車損害賠償保障法**　自動車事故の被害者を保護する法律。自賠責保険・共済への加

コラム㊵　損害賠償額はいくらになるか

　被害者の生命や身体が侵害されてしまったケースでは、被害者が将来得られたはずの収入分が逸失利益（▶本章[74]）として損害にカウントされる。被害者が収入を維持し続けられるとは限らないのにこうした一種のフィクションを認めるのは、特に死亡した被害者の賠償額を極端に低くしないためである。

　逸失利益の算定のための計算式には基本的に、被害者の収入か、未就労者などの場合には統計上の数字が組み込まれる。そのため、同じ不法行為でも被害者によって賠償額が異なる。被害者が未就労者だった場合だけをみても、性別、障がいの有無と程度、学歴（の見込み）といったカテゴリ別の統計が用いられ、差別的効果が生じてきた。たしかに、生活費控除（不法行為と同じ原因で損害と同質性のある利益を受けたときに賠償額から差し引く、「損益相殺」の一種）の率（30〜50％が多く、女性の控除率を低くする傾向にある）や慰謝料額によるバランスの調整も努力されてきたし、近年は性別で分類しない全体の統計を用いる事例も増加し、また、重度障がい者の将来収入を最低賃金基準（一般的な工賃に比較して多い）や全体の賃金統計で算定した例も出てきた。しかし、なお大きな格差がある。さらに、「過失相殺」（722条2項。被害者の過失に応じた賠償額の割合的減額）の類推適用という形で行われる「素因減額」（損害の発生や拡大に影響した性質を理由とする賠償額の割合的減額）によって、疾患を抱えていた被害者への賠償額が減額される。

このような賠償額の格差は、必然的にもたらされるものではない。統計や損害拡大への影響度といった一見客観的ではあるものの差別的な基準、障がいや疾患が「個々人の個体差の範囲として当然にその存在が予定されている」（疾患とはいえない身体的特徴に関する最判平成8年10月29日民集50巻9号2474頁〔首長事件〕）ものだと裁判所が捉えていないこと、あるいは、逸失利益として将来収入分の賠償を認めてきた構成自体の問題とも考えられる。

（2）差止請求[83]など

　騒音や有害物質の排出などの生活妨害をはじめ、前述（1）の損害賠償による事後的な救済だけでは十分でない場合がある。私人間における権利侵害行為の差止め（場合によってはさらに原状回復）まで709条を根拠に認めてよいか、よいならその要件は何かについて、争いがある。各種の下級審裁判例は、受忍限度を超える生活妨害について、差止めを認めている。また、判例は、名誉毀損による不法行為のケースで、名誉回復のための処分（723条）のほかに、人格権としての名誉権に基づく現在の侵害行為の排除・将来の侵害の予防のための差止請求を認めている（北方ジャーナル事件。▶第9章[15]）。

入義務、自賠責保険・共済事業、ひき逃げや無保険車による事故の救済（政府保障事業）も規定する。

[83] **差止請求**　権利侵害行為をやめることの請求。明文規定を置く特別法もある（特許法100条参照）。

■■■▶ 9　個人の尊厳・本質的平等と私的自治

　1では、民法（特に財産法）が「対等な者たちの自由な接触を想定」しているとした。しかし、民法とその特別法のなかで対等と自由が貫徹され、必要な修正が十分に施されていると思えるだろうか。もちろん、他領域との相互補完（公法と私法の協働。▶第2章3（1））あるいはソフトロー[84]の形成・発展も重要だろう。しかし、民法自体、そして、特別法のなかでも消費者保護の領域で、まだまだ対応するべきことがある。

[84] **ソフトロー**　拘束力はないものの、自主的に参照されたり基準とされたりするルール。第2章[46]も参照。

（1）尊厳と平等？

　たとえばタレントを用いたコンテンツ制作のように、身体・肖像などの人格的利益の利用を他者に許すような契約が締結されたあとで、当初は本人が許容していなかったことが契約

を根拠に強要されたり、意図しない態様の利用が発覚したりすることがある。また、アイドルの「恋愛禁止」など、イメージ戦略などを理由に、一定程度生活上の制約が課されることもある。ほかにも、教育・福祉・介護施設などの利用契約で、そこでの生活上必要とはとてもいえない過度な制約や、自由な意思によるとはとてもいえない「合意」もみられる。人格的利益を制約する契約では、合意形成において特に慎重になるべきことはもちろん、意思に反する拘束が生じないような法の適用・解釈が必要であろう。

　尊厳と平等が確保されて初めて私的自治の原則が機能するのだとすればなおさら、契約自由（▶本章［13］）の名のもとに行われる私人間の**差別**の違法性の確認と被害者の救済が不可欠である。国籍や性別などを理由とする差別的言動による人格権侵害や契約締結拒否などで、不法行為に基づく損害賠償が認められている。しかし、さらなる理論的発展や立法が必要だろう。たとえば、医学部入試差別訴訟では、消費者団体訴訟制度が力を発揮したものの、判決は〈差別的な点数操作の説明義務違反〉という構成によらざるを得なかった（在学契約の相手方を選ぶ際に「女性と再受験生は不利に扱う」と説明すればよかった、という事案ではないのに）。また、根強い差別により被害者の損害賠償請求権が実際上行使できず、権利行使期間の制限にかかってしまうケースもある（民事事件ではなく行政（国家賠償）事件だが、ハンセン病訴訟や旧優生保護法訴訟など。「医療」や「同意」などの名のもとで、凄惨な人権侵害があった）。さらに、加害者と被害者のいずれかが認識できる差別だけでなく、顧客の選別などに用いた AI のバイアス（▶第9章はじめに・3（2））への不対応も、民事責任を生じさせる可能性がある。

（2）消費者の保護？

　これまでも消費者保護法制の拡充により、私的自治の名のもとでの搾取が抑制され、消費者の私的自治の基盤が強化されてきた。また、定期購入であることや支払総額を意識させないような契約が特定商取引法により取り消し可能になった

［85］**差別**　合理的理由による正当化がされえない言動や不利益処遇である。第9章2（4）も参照。マイノリティへの抑圧は、同時にマジョリティへの抑圧としても働いている。今は当たり前のことがどう実現されてきたか、今後どう変わるべきかを考えさせられる作品のひとつである、ルース・ギンズバーグ判事とマーティン・ギンズバーグ弁護士に関する映画『ビリーブ 未来への大逆転』（"On the Basis of Sex"）には、ACLU（▶第9章1（1））も登場する。

▲『ビリーブ 未来への大逆転』
（Photofest／アフロ）

り、架空のビジネスを並べ立てて利益を謳う販売預託商法が原則禁止されたりもしている。

　ただし、まだ課題は多く、そもそも禁止や制限がされておかしくない危険な契約や取引方法がある。割賦販売法上の消費者保護は、翌月一括払いのクレジットには及んでいない。特定商取引法上要求される契約書面につき電磁的方法（オンラインでのデータ送付）が認められたことで、消費者被害が周囲から見えにくくなるとの懸念もある（消費者からのクーリング・オフの通知が依然電子化されていないこととアンバランスでもある）。**リボルビング払い**[86]によるトラブルや債務負担の相談も増加している。消費者契約の場がインターネット上に移行してきて、**デジタル・プラットフォーマー**[87]の責任も問われている。

（3）私的自治とその存立基盤の保障

　私的自治は私法の世界の基本である。それなのに一見、個人の尊厳と両性の本質的平等（2条）が、誰かの私的自治を制約しているように思えるかもしれない。また、消費者保護法制は、事業者の契約自由を不当に害しているように映るかもしれない。しかし、これらは、私的自治の「制約」というよりむしろ「前提」と考えた方がよいだろう。**基本的人権**[88]としての財産権や幸福追求権によって基礎づけられる私的自治は、契約当事者の一方にだけでなく、双方に対して実質的に保障されなければならず、個人の尊厳と平等処遇が保障されて初めて、社会参加と自己決定が可能になるからである。

　個人の尊厳と両性の本質的平等を解釈指針としている2条は、昭和時代前半に、男女という区分に着目して作られた。性の多様性（性自認と性的指向のグラデーション）を認識している現代の私たちは、「両性の」という当時の文言に囚われずに、私法の分野における実質的な平等を考える必要がある。こうした視点で、次章で扱われる家族法（婚姻や特別養子縁組の要件など）はもちろん、本章で扱った契約や不法行為の話（いまだに、同性カップルの新居探しや、入院しているパートナーとの面会などで困難がある実情）についても考えてみてほしい。

[86] **リボルビング払い**　リボ払いと略称される。毎回の支払額を決まった額に据え置いて少しずつ支払っていく方式。完済するまで支払いが長引く、リボ払いを多用しすぎて資金計画が立てにくくなるといったことが比較的簡単に起きる。定額で無理のない支払方法だからと説明されて、意識的・無意識的にリボ払いを利用した結果、実際には利息が高く残高が減らない、あるいはむしろ残高が膨れ上がる、といったリスクがある。

[87] **デジタル・プラットフォーマー**　インターネット上で取引や交流の場を提供する事業者。通常、プラットフォームの利用規約には、個別の取引でのトラブルに関する免責条項が入っている。しかし、出品者と購入者のトラブルで、プラットフォーマーが何の責任も負わないのは不適切だろう。プラットフォーマーが場を提供しなければ取引が成立しないこと等にかんがみ、一定の責任や義務を導けるかなどが議論されている。表現の自由との関係については、**第9章コラム㊱**参照。

[88] **基本的人権**　すでに学んだとおり（▶**第9章2**）、憲法上、基本的人権は、国家との関係で保護されるべきものとして規定されている。それにとどまらず、一般人同士の間でも、民法の規定（90条や709条など）を通じて、基本的人権が保護され（場合によっては衝突を調整したうえで）実現される必要がある（間接適用。▶**第4章**[30]・[31]）。

コラム㊶ 歴史をたずねてⅢ──「環境法」の端緒と不法行為法

　2015年、国連サミットで採択されたSDGs（持続可能な開発目標）の理念の
もと、「環境にやさしい」取り組みを通じて、わたしたちのライフスタイルは
少しずつ変化している。こうした理念が広く共有され、また「環境法」とい
う法分野で議論されるようになったのは比較的最近である。日本では、公害
経験を含め、様々な環境問題をめぐる被害者救済のための裁判が、長い年月
をかけて積み重ねられてきた。この過程では、特に財産法（不法行為法）が重
要な役割を果たしていた。またこのことは、日本における財産法理論の発展
にとっても、大きな意味をもつ出来事であった。

　ところで"環境"とはなにか？ 実は日本の環境法には明確な"環境"の定
義がないため、さしあたって人間をとりまく状況、と可変的に捉えるのが
いかもしれない。したがって環境法は、人間をとりまく状況の悪化を防止し
（良好な状況を維持し）、仮に被害が生じた場合の回復と救済をはかる法制度の
総称といえよう。特に日本では後者の法制度、すなわち民法上の不法行為に
基づく公害被害者の救済を端緒として「環境法」が発展した。

　「公害第一号の判決」といわれ、その後の公害裁判におけるリーディング
ケースとして重要な役割を果たした戦前の〈大阪アルカリ事件〉をみてみよ
う。この事件は、硫酸製造等を行う大阪アルカリ株式会社の工場から排出さ
れた亜硫酸ガスにより、農作物に被害を受けた周辺農民らが民法709条（不法
行為）に基づき損害賠償請求したものである。大審院は被告会社の「過失」
を認めず控訴審（大阪控訴院）に差し戻したものの、大阪控訴院は、事件当時
（1906年頃）にあっては高い煙筒を設置することが最善の防止策にかかわらず
これをしなかったことに「過失」が認められるとして、改めて原告らの請求
を認めた（大阪控判（差戻）大正8年12月27日法律新聞1659号11頁）。大審院と
大阪控訴院で判断が分かれたのは、国益のための産業優先思想と、産業発展
に伴う煤煙被害の深刻さに対する両裁判所の認識の違いに起因していた。

　本事件では原告らが勝訴したが、政府や大企業の公害被害に対する経済優
先の姿勢は戦後まで続き、1950～60年代には激甚な四大公害を引き起こすに
至った。皮肉にも四大公害訴訟を含むその後の公害裁判での企業責任の追及
が、不法行為法の理論的発展を一面で促したのである（たとえば新潟地判昭和
46年9月29日判時624号96頁、大阪高判昭和50年11月27日判時797号36頁、横浜地
川崎支判平成6年1月25日判時1481号19頁、最判平成18年3月30日民集60巻3号
948頁など）。四大公害と民事訴訟については**第12章2（4）**も参照していただ
きたい。

第 11 章

民法②──家族法

はじめに

人と人が出逢い、結ばれ、支えあいながらともに暮らし、子をなして守り育む。やがて、子は長じて老親の世話をする。このような「家族」の営みは、読者にとってごく身近で自然なものであるため、法による規律からは遠いところにあると思われるかもしれない。あるいは、「家族」のもつ感情的で生々しい側面と、法というものがまとう合理性や客観性を追求するイメージとの間には、ギャップさえも感じられるのではないだろうか。

しかしながら、法は「家族」を規律対象とする。それはなぜだろうか。法は「家族」のために何ができるのか。「家族」の法はどうあるべきか。これらの問いを抱きつつ、一見相性の悪そうな「家族」と法との結びつきをひもとくことを、本章は試みる。それによって、そもそも「法とは何か（どうあるべきか）」を考えるうえでの手がかりを得られるとともに、家族問題の背景にある現代社会の課題への理解も深められよう。何よりも、読者一人ひとりにとって、自身の家族生活の助けとなる学びを見つけてほしい。

そのような筆者の願いから、本章は総論部分に紙幅の多くを割いている。まずは家族法の想定する家族像、家族法の意義や期待される働きを、社会的背景も踏まえつつ整理することで、家族法をみるための基本的な視点を示す（**1・2**）。そのうえで、各論として、家族法条文の具体的内容を、婚姻法と親子法を中心に簡単に説明する（**3～6**）。最後に、家族法の未来について、子の利益の保護という最重要課題を素材に展望する（**7**）。

★**おすすめの基本書** 二宮周平『家族法〔第 5 版〕』（新世社・2019年）

なお本章の執筆には、上記のものをはじめ家族法分野の概説書を参照した。下記にその一部を紹介する。犬伏由子ほか『親族・相続法〔第 3 版〕』（弘文堂・2020年）、窪田充見『家族法 民法を学ぶ〔第 4 版〕』（有斐閣・2019年）、大村敦志『家族法〔第 3 版〕』（有斐閣・2010年）。

1 日本家族法の基本的家族像とその変遷

(1) 家族法とは、「家族」とは

家族法[1]というと、一般には、民法の「第4編　親族」および「第5編　相続」を指す。民法は、日常生活における私人間の関係を規律する私法の基本法である。人々は財産的利益のみで結びつくわけではなく、愛情や信頼、血縁などに基づいて親密な関係を築く。そうした関係のなかから、「家族」という特定の関係にある人々を取り出して、人格面も含めた規律を行うのが家族法である。

それでは、**家族**[2]とは何か。様々な研究領域で挑まれてきた難問であるが、民法は団体としての「家族」の概念をもたず、直接に定義しない。かわりに、夫と妻、親と子、**親族**[3]相互といった個人間の権利義務関係を規定することで、家族のあり方を示す。民法「第1編　総則」は、民法の解釈指針として「個人の尊厳と両性の本質的平等」を掲げる（**民法2条**[4]）。この基本理念は親族・相続編にも及び、個人に基礎を置く家族法の特徴を決定している。

(2)「家」制度から婚姻家族モデルへ

家族法の沿革は、1898年に施行された「明治民法（正式には民法旧規定）」にまで遡る。日本初の統一民法典である明治民法は、親族・相続編をもっていた。そのなかには、「戸主ノ親族ニシテ其家ニ在ル者及ヒ其配偶者ハ之ヲ家族トス」（旧732条1項）という「家族」の定義も置かれていた。この「家族」概念は**「家」制度**[5]に依拠していた。「家」制度とは、明治民法の骨格をなしていた家父長制的な家族制度である。

しかし、「家」制度は戸主の支配的地位と男女不平等を特徴としていたことから、第二次世界大戦後の改革により廃止された。1947年、新憲法24条の唱える「〔家族生活における〕個人の尊厳と両性の本質的平等」の理念が、民法の解釈指針としても掲げられ（前掲2条（当時は1条の2））、親族・相続編は、上記の「家族」の定義規定を含む「家」制度に関わる

[1]　**家族法**　家族法の分類定義は、本文に示した見解が一般的であるが、民法「第4編 親族」のみを「狭義の家族法」とし、これに同法「第5編 相続」や社会保障法等の家族政策法を加えたものを「広義の家族法」と呼ぶ立場もある。

[2]　**家族**　「家族」の定義は、たとえば社会学では、「夫婦・親子・きょうだいなど少数の近親者を主要な構成員とし、成員相互の深い感情的係りあいで結ばれた、幸福（well-being）追求の集団」（森岡清美＝望月嵩編『新しい家族社会学〔4訂版〕』（培風館・1997年））、文化人類学では、「居住の共同、経済的協働、生殖によって特徴付けられる社会集団」（G. P. マードック（内藤莞爾監訳）『社会構造─核家族の社会人類学』（新泉社・1978年／新版2001年）などと定義される。

[3]　**親族**　血縁関係、配偶者、配偶者との血縁関係（姻戚関係）にある人々を指す総称。血縁関係にある人を血族、姻戚関係にある人を姻族と呼ぶ。民法725条は、6親等内の血族、配偶者、3親等内の姻族を親族と定める。親等とは、親から子、子から孫へという1世代ごとに1親等と数える親族関係の遠近の単位である（民法726条）。たとえば、親子は1親等の血族、祖父母と孫は2親等の血族、叔父と姪は3親等の血族、嫁と姑は1親等の姻族関係にあたる。

[4]　**民法2条**　「この法律は、個人の尊厳と両性の本質的平等を旨として、解釈しなければならない。」

[5]　**「家」制度**　「家」とは、家長である戸主と家族員から構成される家父長制的親族団体である。「家」制度は、戸主の地位と家産を長男子優先の単独相続制（家督相続）を通じて代々継承させ、「家」の安定的存続をはかる仕組みであった。家産は戸主のみに帰属し、戸主は家族員に対して婚姻の同意権や居所指定権等の諸権利（戸主権）をもつ一方、扶養義務を負った。妻は無能力とされ、相続権を実質上もたず、家督相続の順序も嫡出女子より

条文すべての削除などの全面的な改正を受けた。

その結果、親族編は、総則、婚姻、親子、親権、後見、保佐および補助、扶養という7つの章により構成される現在の形となった。冒頭の総則はわずか6条で、その直後に、婚姻の成立・解消の要件・手続、および、効果についての規定が置かれている。そのうえで、夫婦の間に生まれた子らの親子関係成立の要件・手続が定められ、さらに、その効果としての親権の規定が続く。未成年後見は親権との連続性を有し、扶養も夫婦・親子関係を基礎とする権利義務が中心となる。こうした構造から、現在の家族法は、「婚姻」と「親子」を家族の中核としてみていると考えられている。つまり、家族を個人間の権利義務関係として描きつつも、夫婦とその間の未成熟子からなる家族、いわゆる**婚姻核家族**[6]を現実的な生活共同体として重視し、標準的な家族モデルとして位置づけているのである。

このような民法の示す家族像が社会に定着する過程では、**戸籍**[7]制度が大きな役割を果たしてきた。戸籍法は民法の付属法であるが、その成立は1871年と民法より古い。成立当時の戸籍は「家（戸）」を編製単位とし、「家」制度を体現する仕組みであった。戦後改革を経て、現在の編製単位は「氏を同じくする夫婦と子」からなる家族となっている（戸籍法6条・18条）。「家」にせよ婚姻核家族にせよ、民法の想定する「家族」の境界を、戸籍は紙面上で可視化する。そこに描かれる

庶出男子を優先した。

[6] **婚姻核家族** 婚姻核家族は、戦後、「家」からの解放および「家族」の民主化という文脈において、単なる現実の世帯単位にとどまらない、「近代家族」としての理念的・規範的特徴を帯びるものとして扱われた。つまり、婚姻核家族においては、夫婦が愛情により排他的関係を築き、その間に生まれた正統な子を慈しみ育てる。子の養育をはじめとする家事労働は女性が担うという性別役割分担が敷かれる。こうした近代家族としての婚姻核家族の特徴を強調する見方が普及したが、その一方で、婚姻核家族に特定の規範的価値を与えず、単純な分析単位として扱うべきとの考え方もある（森岡＝望月・前掲書（本章[2]）参照）。

[7] **戸籍** 民法の定める個人の身分関係や属性に関わる事実を登録・公証する制度。出生・婚姻・離婚・死亡等の個人の身分変動は戸籍への届出を通じて把握され、社会に公示される。家族単位の一括的な身分登録制度をとる日本の戸籍に対し、英米仏等における身分登録制度は個人別編製で、出生、婚姻、死亡といった事実ごとに個別の登録簿を作成する。日本の戸籍制度と同様または類似の制度は中国、台湾、ベトナム等にみられるが、韓国は2007年に戸籍制度を廃止し、個人単位の制度となった。

図表11-1：世帯構造別にみた世帯数・割合の推移

	総数	単独世帯		夫婦のみの世帯		夫婦と未婚の子のみの世帯		ひとり親と未婚の子のみの世帯	
	推計数（千世帯）／割合（％）								
1975年	32,877	5,991	18.2(%)	3,877	11.8(%)	14,043	42.7(%)	1,385	4.2(%)
1980年	35,338	6,402	18.1	4,619	13.1	15,220	43.1	1,480	4.2
1990年	40,273	8,446	21.0	6,695	16.6	15,398	38.2	2,060	5.1
2000年	45,545	10,988	24.1	9,422	20.7	14,924	32.8	2,592	5.7
2010年	48,638	12,386	25.5	10,994	22.6	14,922	30.7	3,180	6.5
2019年	51,785	14,907	28.8	12,639	24.4	14,718	28.4	3,616	7.0

（出典）厚生労働省『令和3年版厚生労働白書』をもとに作成

鮮明な家族像は日本人の規範意識に強力に作用し、堅固な家族観を培ってきた。

実際のところ、戦後の昭和期において、婚姻家族世帯は全世帯の6割弱、子を伴う**核家族世帯**[8]は同4割強に上った（**図表11-1**）。これら婚姻家族世帯のうち6割強を占めたのが専業主婦世帯であった（**図表11-2**）。男性が基幹労働者として長時間労働に従事する一方、女性が家事・育児・介護などの無償のケア労働を負担した（**図表11-3**）。性別役割分担は昭和の高度経済成長を支えた一方、従来の女性の社会的経済的弱者としての立場を固定化し、男女の不平等を温存してしまった。また、子の生殖・養育について、婚姻と結びつける規範意識が非常に強く働いていた。婚外子出生率は2％未満と、極めて低位で推移してきた（厚労省『人口動態統計』）。

（3）婚姻家族モデルの相対化と個人の尊重

しかし、昭和から平成、そして令和へと時代が移るなか、**晩婚化・非婚化**[9]による婚姻の減少や離婚の増加により婚姻家族世帯は減少している（**図表11-4～6**）。とりわけ専業主婦世帯が数を減らしているが、とはいえ、男女間のケア労働の不均衡はなおも残存している（**図表11-2・11-3**）。同じく依然根強いのは、結婚を伴わない出産を回避する意識である。それゆえ、晩婚化・非婚化が少子化に直結する一方で（**図表11-7**）、**父母の離婚・再婚**[10]を経験する子は大幅に増加している。不安定な家族関係に翻弄される子の利益は、従来の婚姻家族

図表11-2：専業主婦世帯と共働き世帯の世帯数の推移

	専業主婦世帯（万世帯）	共働き世帯（万世帯）
1980年	1,114	614
1990年	897	823
2000年	916	942
2010年	797	1,012
2020年	571	1,240

（出典）総務省「労働力調査特別調査」（2001年以前）および総務省「労働力調査（詳細集計）」（2002年以降）をもとに作成

図表11-3：男女の家事関連時間の推移

	1日のうちの家事等に従事する時間	
	男性	**女性**
1986年	18分／日	4時間／日
2011年	43分／日	3時間45分／日

（出典）総務省『社会生活基本調査』をもとに作成

[8] **核家族世帯** 1955年から75年の間、女性は24歳、男性は26歳でほとんどの人が結婚し、2～3人の子を産んでいたとされる。ただし、戦前においても、核家族世帯は1910年以降、都市中間層を中心に現れ、次第に主流を形成していったとの見方もある。森岡＝望月・前掲書（本章[2]）のとおり、婚姻核家族を過度に理念化することで、そうした実態を見逃さないよう注意が必要である。

[9] **晩婚化・非婚化** 晩婚化とは、平均初婚年齢が上昇する現象。非婚化とは、生涯において結婚を経験しない人の比率（生涯未婚率は50歳時点での未婚率）が上昇する現象。

[10] **父母の離婚・再婚** 未成年の子をもつ夫婦の離婚件数は、昭和期を通じて10万前後から約15万件へと増加し、平成に入っても増加を続け、2002年の約28万件をピークとする。現在も20万件を超え、離婚全体の約6割を占める（厚労省「人口動態統計」、データは**図表11-6**参照）。また、「夫妻とも再婚又はどちらか一方が再婚」が全婚姻に占める割合は約4分の1にも上ることから（前掲・厚労省）、子を伴う再婚の増加傾向も推測される。

を軸とする固定的な制度枠組みでは守りきれない。さらに、生殖補助医療といった科学技術の進展や性的少数者（**LGBTQ**）[11]の顕在化等が、立法当時には想定されなかった新たな家族のあり方を提示している。

　こうして個人と家族のあり方が変容し、複雑化していくなかで、婚姻家族という特定の家族形態を標準モデルとする制度枠組みが、標準から外れる人々を阻害し、生きづらさをもたらす側面は無視できないものとなっている。改めて、「家族生活における個人の尊厳と両性の本質的平等」の理念のもとでの、婚姻家族モデルの再定位が迫られている。

[11] **LGBTQ**　性的志向や性自認における少数者の総称で、Lesbian（女性同性愛者）、Gay（男性同性愛者）、Bisexual（両性愛者）、Transgender（トランスジェンダー、性自認が出生時に割り当てられた性別とは異なる人）、Queer や Questioning（クイアやクエスチョニング）といった各語の頭文字をとって表記される。

図表11-4：生涯未婚率の推移（将来推計含む）　　（単位：%）

	男性	女性
1970年	1.7	3.3
1980年	2.6	4.5
1990年	5.6	4.3
2000年	12.6	5.8
2010年	20.1	10.6
2015年	24.2	14.9
2020年	26.6	17.8

（出典）厚労省『平成27年版厚生労働白書－人口減少社会を考える－』図1-3-2をもとに作成

図表11-5：婚姻数と婚姻率の推移　　（単位：%）

	婚姻数（万組）	婚姻率（1000人当たり）
1950年	72	8.6
1960年	87	9.3
1970年	103	10.0
1980年	77	6.7
1990年	72	5.9
2000年	80	6.4
2010年	70	5.5
2014年	64	5.1

（出典）厚労省『平成27年版厚生労働白書－人口減少社会を考える－』図1-3-1をもとに作成

図表11-6：離婚件数・離婚率の推移

	離婚件数	離婚率（1000人当たり）
1950年	83,689	1.01
1960年	69,410	0.74
1970年	95,937	0.93
1980年	141,689	1.22
1990年	157,608	1.28
2000年	264,246	2.10
2010年	251,379	1.99
2019年	208,496	1.69

（出典）厚労省政策統括官付人口動態・保健社会統計室「人口動態統計」をもとに作成

図表11-7：出生数・合計特殊出生率の推移

	出生数	合計特殊出生率（%）
1950年	2,337,507	3.65
1960年	1,606,041	2.00
1970年	1,934,239	2.13
1980年	1,576,889	1.75
1990年	1,221,585	1.54
2000年	1,190,547	1.36
2010年	1,071,305	1.39
2020年	840,832	1.34

（出典）厚労省『令和3年版厚生労働白書』をもとに作成

（4）家族法の激動の時代
──相次ぐ最高裁判決と大型法改正の動き

　平成末期から令和冒頭にかけて、家族法分野の最高裁判決とそれに伴う法改正が相次いでいる。一連の最高裁判決の基本的家族観としては、法律婚夫婦とその嫡出子からなる婚姻核家族に家族モデルとしての規範的価値と憲法上の保障を認める傾向にある（▶後述3（3））。一方で、婚外子の法定相続分規定（改正前民法900条4号但書）等の差別を含む条文について違憲判断を下し（▶後述5（4））、その改廃を実現させた。

　家族法は従来、改正が少なく、安定した法領域と考えられていた。しかし、この10年間、立法的検討が活発化し、違憲判決に伴う単発の条文改正以外にも、諸領域における大型改正が重ねられている（**図表11-8**）。

図表11-8：2010年代における主な民法（家族法）改正一覧

2011年	親権法改正（親権停止制度導入、面会交流および監護費用分担の明記等）
2013年	婚外子相続分差別規定の削除（民法900条4項但書、違憲判決を受けて）
2016年	女性のみの再婚禁止期間を100日に短縮（民法733条、違憲判決を受けて）
2018年	婚姻適齢の18歳統一（民法731条、施行は2022年）
2018年	相続法改正（配偶者居住権や特別の寄与の導入、遺産分割、遺言制度等をはじめ諸制度の見直し）
2019年	特別養子制度の改正（養子の年齢制限上限の引き上げ、家事事件手続法および児童福祉法改正による手続の見直し）

コラム㊷　炭治郎少年にとって「家」がもつ意味
──『鬼滅の刃』における家族像、その1

　　「俺はもうほんとにずっと我慢してた!!……すごい痛いのを我慢してた!!
　　俺は長男だから我慢できたけど次男だったら我慢できなかった」

　この台詞。ピンときた読者も多いのではないだろうか。そう、コロナ禍に苦しむ現代日本社会を席巻した漫画『鬼滅の刃』（吾峠呼世晴）の主人公・竈門炭治郎（かまど・たんじろう）少年の台詞である。

『鬼滅の刃』は、人を喰う「鬼」に家族を殺され、妹を「鬼」にされた炭治郎の、「鬼」を倒し、妹を人間に戻すための闘いを描いた長編漫画およびアニメ作品である。

　13歳の炭治郎は6人兄弟の長男で、父親の死後、家業の炭焼きを営み、一家を背負って生きていた。心優しくて真面目で責任感が強く、弟妹たちを可愛がり、慕われる良き兄であった。そんな炭治郎にとって、「長男であること」は、実は現代の私たちの想像以上に重要な意味をもっていたことが、家族法を勉強することによって深く理解できる。

　というのも、本作の時代設定は大正である。つまり、「家」制度の時代である。長男の炭治郎は竈門家の「戸主」として特別な立場にあった。そのことは端的には、名前の「炭」の文字とともに物語の鍵を握るある重要なモノを、竈門家の先祖代々から炭治郎のみが継承しているという形で表現されている。

　また、作中には、『鬼殺隊』という鬼と闘う組織集団が登場する。産屋敷（うぶやしき）家という「家」の戸主（「お館様」と呼ばれる）を頂点とする組織で、この「お館様」の地位は何百年にわたり、産屋敷家の長男子に継承されてきた。当代の「お館様」は齢若干20歳前後にして驚異的なカリスマ性を備え、隊士たちと疑似親子的な関係を築く。

　とはいえ、本作で描かれる家族像は、家父長制的な強者（戸主）の支配を正当化するどころか、そうした非対称的な関係のもたらす犠牲を正面から否定する。それは、『鬼殺隊』の対となる組織集団ともいえる、「鬼」の始祖と配下の「鬼」たちとの間の暴力による支配に満ちた関係との対比において鮮やかに描かれる。炭治郎の他者への思いやりと共感性に溢れる人物像や、個性豊かな仲間たちが各々に全うする生き様、そして、闘いの重大局面で決定的な働きをみせる女性たちの美しい強さには、現憲法の掲げる「個人の尊重と両性の平等」の価値が感じられる。もちろん本作はファンタジーであり、民法の「み」の字も出てこないので、それでもまったく問題はないのである。

▶ 2　家族法の意義と機能

（1）家族法の意義——契約および制度としての家族

　家族としての結びつきや助け合いは、相互の愛情や信頼があってこそ成り立つ。それらは財産法の対象となる売買や賃貸借などとは異質で、法による規律からは程遠いもののよう

に感じられる。しかし、そうであるからこそ、家族を法により規律することの意義や目的を考えることが重要となる。

　愛情や信頼という要素を煮詰めると、家族とは、個人間の愛情や信頼に基づく合意（契約）により形成される関係であると捉えたうえで、個人の私生活の領域としての家族における個人の自己決定を尊重するべきとの考えにたどり着く（**契約的家族観**[12]）。この考えによれば、家族への法の介入は抑制的であるべきであり、家族法は当事者の合意がない場合の補充的な任意規定として機能するべきこととなる。個々人の自己決定により形成された多様な家族のあり方についても、法は尊重するべきだということになる。

　このような自己決定の尊重は、個人一人ひとりの独立・平等・自由を前提とする。しかし、子や高齢者などは、これらの前提を欠く。自由競争社会における合理的な利益追求が困難で、自立できない弱者である。そこで、弱者の保護・養育や生活基盤の提供を担うのが家族である。そうした家族の働きは社会秩序の安定や労働力の再生産をもたらし、社会が成り立つうえでも欠かせないものである。そこで、社会の運営統治の必要性から、国家は家族に公序的性格を与え、法はあるべき家族の姿を定めるとともに、その安定的維持をはかるものと考えることができる（**制度的家族観**[13]）。このような観点からは、家族法は当事者個人の意思によって自由に変えられない、強行規定として機能するべきだということとなる。

（2）家族における当事者自治の重視と公権力による介入の補充性

　これら2つの家族観の、家族法の解釈・適用における位置づけをめぐっては、両者のせめぎ合いを調整し、使い分けるべきという考え方が主流である（多元的家族観）。たとえば、子の養育や保護に関わる条文は、制度的家族観に立って理解される。民法は、未成年の子の親権者として、父母は共同で監護教育する権利義務を担うと定めている（**民法818条**[14]・**820条**[15]）。父母はともに子を守り育てる立場を担うが、それは父母が自由に放棄できない責任として捉えられるべきものだとい

[12] **契約的家族観**　代表的な提唱者である憲法学者・安念潤司教授は、個人の自由への権利を基本とするリバタリアニズム的な社会観に立ち、家族関係を個人の私的な契約関係として捉える考えを突き詰め、「各人の自己決定権を尊重するのであれば、個人が誰といかなる結合関係を取り結ぶかを各人の自由に委ね、ある特別の結合関係だけを抽出して特別の法規整を加えることを断念すべきなのではなかろうか」とし、法律婚制度自体を否定する。なお、憲法24条については「家族が、究極的には平等で自由な個人間の結合であるほかないと示すもの」と解する。（安念潤司「家族形成と自己決定」『岩波講座現代の法14　自己決定権と法』（岩波書店・1998年）134頁以下等）。

[13] **制度的家族観**　1950〜70年代の家族社会学において隆盛をきわめた構造機能主義（家族という集団が社会のなかで一定の機能を果たすことにより社会構造のなかに位置づけられるとする考え方）に連なる。なお、法学協会編『註解日本国憲法（上巻）』（有斐閣・1953年）469頁以下は、憲法24条の解説にて、「婚姻を基礎とし、夫婦が幼少の子女を養育する共同消費生活態」として家族を捉えたうえで、「民主主義の発達確立に絶対に必要な国民各自の教養の向上と自主的性格の養成のためには、国家として、その家族生活に対して、充分関心をもつのが当然である」とする。

[14] **民法818条**　「第1項　成年に達しない子は、父母の親権に服する。／〔第2項省略〕／第3項　親権は、父母の婚姻中は、父母が共同して行う。ただし、父母の一方が親権を行うことができないときは、他の一方が行う。」

[15] **民法820条**　「親権を行う者は、子の利益のために子の監護及び教育をする権利を有し、義務を負う。」

うことになる。

　ただし、共同親権は父母の婚姻中に限られ、父母の離婚後は単独親権に移行する。このとき、父母のどちらが親権者になるかの決定は、一次的には当事者の協議に委ねられ、協議が不可能な場合等に、家庭裁判所の決定によるとされる（**民法819条**[16]1項・5項）。つまり、親権者の決定においては当事者の合意が優先され、公権力による介入は合意が困難な場合に、これを補うにとどまる。

　このように家族問題の解決に際しては、まずは当事者（夫婦）間の協議や合意に委ね、合意できない場合に国家機関である家庭裁判所の関与を認める。これは家族法の規定の多くにみられる構造である。家族の私的自治を大きく認める点で、1947年当時は世界でも先進的な家族法との評価を受けた。しかし、実際には当事者自治の前提として求められる当事者間の対称性を伴っていないことも多かった。それに対して、法による具体的な紛争解決基準の提示や手続整備が不十分であったために、公権力による介入、とりわけ弱者保護の実効性に乏しかったとの批判がある。たとえば、親権者を決定する際の判断基準や具体的考慮事由について、民法は提示せず、家庭裁判所の実務の蓄積に頼るばかりである。そもそも、婚姻中の共同親権行使の具体的な態様をめぐっても父母間の対立が生じうるが、これを解決する手続や基準の定めも置かれていない。

（3）家族紛争解決手続の特色

　以上にみたとおり、家族法の機能としては、人々の日常生活における望ましい家族像を提示する（行為規範性）とともに、家族紛争が生じたとき、解決の基準を提供すること（紛争解決規範性）がある。このうち前者については、日本家族法は戸籍法の力を借りて、強力な統制を及ぼしてきたのに対し、後者については、長らくその貧弱さが指摘されてきた。

　とはいえ、家族紛争解決の仕組みについては、近年、**家事事件手続法**[17]や**人事訴訟法**[18]等が新たに整えられ、充実化が進んでいる。具体的な手続としては、**家事調停**[19]、**家事審判**[20]、裁判

[16] **民法819条**　〔第1項　父母が協議上の離婚をするときは、その協議で、その一方を親権者と定めなければならない。／第2項　裁判上の離婚の場合には、裁判所は、父母の一方を親権者と定める。子の出生前に父母が離婚した場合には、親権は、母が行う。ただし、子の出生後に、父母の協議で、父を親権者と定めることができる。／〔第3・4・6項は省略〕／第5項　第1項、第3項又は前項の協議が調わないとき、又は協議をすることができないときは、家庭裁判所は、父又は母の請求によって、協議に代わる審判をすることができる。」

[17] **家事事件手続法**　2011年、従来の家事審判法および家事審判規則が改められて制定された。当事者の主体的な参加を促す観点から手続保障を進めるとともに、子の手続上の地位や子の意思への配慮を強化した。

[18] **人事訴訟法**　2003年、従来の人事訴訟手続法が全面改正されて制定された。人事訴訟を家庭裁判所の管轄とし、調査官等の家裁の資源・機能を活用できるものとした。

[19] **家事調停**　家庭裁判所において、調停委員2名と裁判官1名で構成される調停委員会が、紛争解決に向けて当事者の話し合いを支援し、合意を促す手続である（家事事件手続法248条）。

[20] **家事審判**　裁判官の決定（審判）により紛争を解決する非訟手続である（家事事件手続法39条）。争訟性のない事項（例：未成年養子縁組等の身分行為の許可）も、対立関係を含む争訟性のある事件（例：子の監護事件）も対象となる。

手続である**人事訴訟**[21]および民事訴訟が用いられる。どの手続によるかは、紛争の対象となる権利義務関係や紛争の進展段階に応じて、各法が定める。当事者の自由意思に基づく主体的な決定を重視する観点から、ほとんどの家族紛争解決の第一段階に家事調停が置かれている。

　いずれの手続においても、裁判所の支援介入のもとで、民法の定める権利義務関係に従った紛争解決をはかる。ただし、家族紛争は通常の民事事件とは異なり、個人の人格や感情に関わる対立を含み、子や高齢者等の弱者も当事者になる。そのため、将来に向けての人間関係調整に力点を置き、専門の家庭裁判所で、家裁調査官等の専門スタッフと医学・社会学・心理学等の諸科学の知見を積極的に活用し、当事者を支援する観点から後見的な解決がはかられる。

▶ **3　婚姻法**

（1）婚姻法の基本原理

　婚姻は結婚の法律用語であり、法律をはじめとする社会規範によって支持・承認される性的結合関係を指す。性的結合関係という社会現象および概念は、人類の原初からみられたという。それを規範的に統制する仕組みが婚姻制度であり、婚姻法はそのひとつをなす。

　現代日本の婚姻法は、「家」制度を克服した**近代市民社会**[22]の基本法としての婚姻法の諸原理に立つ。それらの原理は主に民法典の外側で提示されている。

　第1に、憲法が、婚姻は**両性の合意**[23]のみに基づいて成立するとして、婚姻における私的自治の原則を掲げる（憲法24条1項）。その基礎には、婚姻を契約としてみる婚姻観がある。第2に、同じく憲法は、夫と妻は平等な法的地位に立ち、互いの人格を尊重して協力しあうべきとする（同条1項・2項）。このことを前提として導かれるのが、第3の基本原理としての一夫一婦制である。パートナー同士が個人として等しく尊重しあうためには、パートナー関係の独占排他性が前提とな

[21] 人事訴訟　訴訟手続の特別類型で、身分関係の形成や存否の確認（例：離婚・嫡出否認・認知・離縁）を目的とする一定の訴えを指す（人事訴訟法2条）。

[22] 近代市民社会　近代において、封建的社会体制から解放され自由と平等を獲得した自立的個人である市民によって成り立つ社会。「近代家族」としての婚姻核家族モデルの特徴は本章[6]参照。これに対し、明治民法の婚姻法は「家」制度を基礎とし婚姻を「家」間の嫁（婿）の出入りとみた。婚姻の成立に第三者である戸主の同意を求め、婚姻の効果も戸主である夫と妻の不平等を前提とした。なお、一夫一婦制は明治民法より維持されているが、世界的にみれば、一夫多妻制を採用する地域・社会は現在も存在する。私たちにとっての「当たり前」は必ずしも「当たり前」ではないことを知ったうえで、現代家族法の基本原理の意義を考える必要がある。

[23] 両性の合意　憲法24条の「両性の合意」との文言には、婚姻が異性間のものであるとの含意を読み取れる。しかし、近年、LGBTQ（▶本章[11]）に対する理解や権利保障が進むなかで、同性愛関係についても共同生活の安定化や社会的承認の付与を求める声が高まっている。そこで、先進諸国をはじめ世界各国で、同性婚の承認や制度化が進み、比較的動きの鈍いアジア圏でも、2019年、台湾が初めて同性婚を導入した。日本でも渋谷区等30以上の自治体が登録パートナーシップ制度を導入し、東京都も2022年に導入を予定しているなどの動きがみられている。これらは、婚姻の正統性や婚姻と生殖を一体視する規範意識の見直しを伴うものでもあり、大いに注目される。

るとの考えに立つ原理である。重婚は民法上禁止されるだけでなく、刑法上の犯罪とされる（**刑法184条**）。

民法の婚姻に関する定めは、731条〜762条に置かれ、主に婚姻の成立と効果からなる。婚姻の成立の仕組みは、他の身分関係の成立・解消の仕組みのひな型となる。婚姻の効果として生ずる夫婦関係の存在は、親子法や相続法の様々な仕組みの前提となる。このように重要な意味をもつ婚姻の成立と効果について、以下、説明する。

（2）婚姻の成立

婚姻を結ぶか否かの選択は個人の人格の本質に関わる。民法はこれをもっぱら当事者の自由意思に委ね、国家その他いかなる第三者からの否定も強制も許さない（憲法24条1項参照）。とはいえ、数多あるカップル関係のなかから、一定の関係を婚姻関係として特別に承認し、法的保護を付与するためには、それにふさわしいカップルというための条件と手続を充足する必要がある。その条件および手続が婚姻の要件である。日本の民法は婚姻の要件を法律上規定し、それに従うことによって婚姻は有効に成立するという仕組みを採用する（**法律婚主義**）。

婚姻の具体的な要件としては、①婚姻意思の合致（民法742条1号）、②婚姻障碍の不存在（同731〜737条）、③婚姻の届出（同739〜742条）が求められる。

このうち、①②は婚姻に伴う権利義務の発生にふさわしいカップルとしての内実に関わる条件である（実質的要件）。①婚姻意思の合致の要件は、契約としての婚姻の自由を保障する趣旨に立つ（憲法24条1項）。これに対し、②婚姻障碍は、制度としての婚姻の観点から、婚姻の成立を妨げるべき事由を意味する。つまり、たとえ当事者が婚姻を望んでいても、婚姻障碍があると、その夫婦関係は社会において望ましくないと考えられ、婚姻は許されない。具体的な**婚姻障碍事由**の設定は倫理的・生物学的理由に基づくが、婚姻の自由を制約する以上、合理的な最小限のものに限られるべきとされる。

以上に対し、③婚姻の届出は、実質的要件の充足確認およ

[24] **刑法184条**「配偶者のある者が重ねて婚姻をしたときは、2年以下の懲役に処する。その相手方となって婚姻をした者も、同様とする。」

[25] **法律婚主義** 法律婚主義に対しては、事実婚主義（挙式・同棲などの一定の事実の存在をもって婚姻の成立を認める立場）もある。また、法律婚主義のなかにも、日本のような届出婚主義（本文後述参照）以外に、民事婚主義、儀式婚主義等をとる国もある。民事婚主義のもとでは、国家機関である市役所等に証人とともに直接出向き、身分登録官に対し、婚姻意思の存在を表示し、確認されることで、婚姻が成立し婚姻登録が行われる。

[26] **婚姻障碍事由** 具体的な事由は、次のとおりである。婚姻適齢（男性は18歳、女性は16歳）に達していないこと（民法731条、2022年の改正により、女性も18歳に変更予定である）、重婚（同732条、一夫一婦制違反として）、女性の前婚解消から100日以内であること（同733条1項、再婚禁止期間の未経過）、近親婚（たとえば、親子間・兄妹間・叔父姪間の婚姻）（同734〜736条）。

び夫婦関係の公示や登録管理の要請に基づく形式的な手続として求められている（形式的要件）。法的拘束力を受ける夫婦関係は他の男女と明確に区別される必要がある。そこで、届出により夫婦の戸籍が作成されることで、夫婦関係が社会に対して明示される。届出は市区町村長に対し、当事者らの署名を付した書面または口頭で行う（民法739条1項、戸籍法74条）。届出は審査のうえで受理され（民法740条）、それにより婚姻は成立する（同739条、届出婚主義）。審査に際し、②婚姻障碍等の法令違反があれば、届出は受理されない。しかし、審査は書面の記載内容に関する形式的なものにとどまる。したがって、届出により婚姻が成立したとしても、①②の要件を実は充足していない場合が生じうる。この場合、婚姻は無効または取り消しうる（同742条1項・747条・744条）。

図表11-9：婚姻届のサンプル（東京都オリジナル婚姻届）

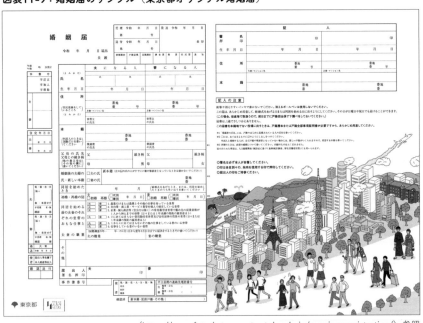

〈https://www.futari story.metro.tokyo.lg.jp/marriageregistration/〉参照

（3）婚姻の効果

　婚姻により、夫婦は配偶者としての地位を取得し、それに伴って権利義務が生じる。現行民法は、夫婦といえども、独立・自由・平等を前提とした個人間の権利義務関係であることを基本とする。他方、婚姻関係は夫婦相互の協力によって維持されるべき共同関係としての側面ももつ。個人性と共同性との調和という視点が、婚姻の効果をみるうえで重要となる。

　婚姻の効果は、①人格的効果と②財産的効果に大別される。

　①人格的効果は強行規定とされ、違反は許されない。一般に最も有名なのは、**民法750条**の定める夫婦同氏制であろう。[27] これは夫婦共同生活体を氏において表現する趣旨に立つが、**氏**をめぐる個人の人格的利益の保障の観点から、異論も強力[28] である。というのも、条文は文言上、夫婦の共通氏として夫・妻いずれの氏を選択してもよいとしつつ、その選択を夫婦の協議に委ねている。その結果、実際には約96％の夫婦が夫の氏を共通氏とし（厚労省『人口動態統計特殊報告』）、妻ばかりが改氏に伴う社会生活上・職業上・人格上の不利益を被っている。

　そこで、1996年民法改正案要綱において、選択的夫婦別氏（姓）制度の導入が提案された。それによれば、婚姻に際して、夫婦は同氏または別氏を自由に選択できる。しかし、改正案は「家族の一体性」を破壊するとの激しい批判を受け、国会へ上程されず、実現に至っていない。近年は若年層を中心に**改正賛成論**が高まりをみせるが、最高裁大法廷は、夫婦[29] 同氏制を憲法13条・14条・24条に違反しないと判断した（**夫婦別姓訴訟判決**）。ただし、**岡部裁判官意見**をはじめ５名の裁[30]　　　　　　　　　　　　　　　[31] 判官の意見および反対意見において、違憲の判断が示された。法廷意見も立法的対応の必要性を示唆したが、国会での本格的議論には遠く、膠着状態にある。

　ところで、夫婦の本質的な共同性や親密さは、同氏制よりも、これに続く**民法752条**の定める夫婦の同居・協力・扶助[32] 義務において表現される。これらは婚姻の本質的義務であり、

［27］**民法750条**　「夫婦は、婚姻の際に定めるところに従い、夫又は妻の氏を称する。」

［28］**氏**　氏は明治民法のもとでは「家」の呼称であり、妻は婚姻により夫の「家」に入り、夫の「家」の氏を称する結果として、夫婦同氏となっていた。1947年の民法改正により「家」制度は廃止され、氏は個人の呼称とされた。その意義について、最高裁は、氏は個人識別機能をもつとともに、人が個人として尊重される基礎であるとしたうえで、氏名を正確に呼称されることは法的保護を受ける「人格的な利益」であると認めた（最判昭和63年2月16日民集42巻2号27頁）。

［29］**改正賛成論**　内閣府の調査では、選択的夫婦別氏制導入容認は42.5％、反対は29.3％で、18〜39歳は容認が5割超であった（内閣府『家族の法制に関する世論調査』4頁（2018年2月））。

［30］**夫婦別姓訴訟判決**　最大判平成27年12月16日民集69巻8号2586頁の法廷意見は、氏には個人の呼称に加え、社会の自然かつ基礎的な集団単位である家族の呼称としての意義があるから、家族同氏には合理性があり、婚姻等の身分関係の変動に伴う変更は氏の性質上予定されていると述べた。そのうえで、子も含めた婚姻家族の同氏による利益を同氏強制による個人の不利益と対置させ、その正当化根拠として位置づけた。

［31］**岡部裁判官意見**　岡部喜代子裁判官は、妻のみが改氏により個人の尊厳の基礎である氏の個人識別機能を損なわれ、社会経済的損失や自己喪失感を被ること、その回避のために法律婚を選択しない者が生じ、婚姻の自由が制約されていることを認めるとともに、婚姻家族の氏としての意義や機能は、離婚・再婚の増加などで家族形態が多様化する現代においてそれほど重視できないなどと述べた。

［32］**民法752条**　「夫婦は同居し、互いに協力し扶助しなければならない。」

たとえば、夫婦間で**別居の合意**をしても効力はない。なお、^[33]貞操義務も、明文の規定はないが、婚姻生活の本質に関わる義務として認められている。

　夫婦の相互協力は婚姻維持のために必要不可欠なものであり、これらの義務は婚姻の効果全体の基礎に置かれる。ただし、その具体的な強制は困難な場合が多い。たとえば、不和を原因として別居に至った夫婦に裁判所が同居を命令したとしても、関係改善ははかれない。したがって、同居義務違反による同居命令は実際にはまずなされない。代わりに、これら義務違反は離婚原因としての悪意の遺棄や不貞に該当する（民法770条1項2号・1号）という形で法的な意義をもつ（▶後述**4（3）**）。

　②夫婦に生じる財産的効果の仕組みを総称して、夫婦財産制という。任意規定であり、別段の旨の夫婦の合意をすれば、合意が優先される（夫婦財産契約、民法756条）が、実際にはほとんどなされない。

　具体的には、夫婦財産の帰属（**民法762条**）、婚姻生活にかかる費用の夫婦内部の分担（**民法760条**）、婚姻生活に関わる第三者への債務に対する夫婦の連帯責任（**民法761条**）の3つを内容とする。前一者が財産的個人性を強調するのに対し、後二者は共同性を補う。

　つまり、夫婦財産の帰属は別産制を採用している。夫婦が居住する土地・建物や家財道具等の所有権、銀行預金債権から住宅ローン債務に至るまで、夫婦の財産は原則として夫婦個別の固有財産として単独に帰属する（判例・通説）。しかし、たとえば、専業主婦の妻の場合、夫が得た収入はもっぱら夫に帰属するため、妻は家事労働の対価を受けられない。そこで、無（低）収入の妻や未成熟子の生活費も含めた婚姻共同生活を維持するための費用を夫もともに担うとされる（婚姻費用の分担義務）。婚姻費用は、家族の食料・水道光熱費・医療費・保険・娯楽・子の教育等に関する費用等が該当する。家族が日常生活を営むために必要な契約を妻が結んだ場合、夫も原則として、支払い責任を連帯して負うものとされる（日常家事債務の連帯責任）。

［33］**別居の合意**　とはいえ、実際は、相当数の夫婦が合意により別居している。別居すべてが同居義務に違反するわけではなく、夫婦共同生活の維持向上の観点からみて、職業・健康・教育等の正当な理由で別居する場合は同居義務に違反しないと解される（同居義務の弾力性）。

［34］**民法762条**　「第1項　夫婦の一方が婚姻前から有する財産及び婚姻中自己の名で得た財産は、その特有財産（夫婦の一方が単独で有する財産をいう。）とする。／第2項　夫婦のいずれに属するか明らかでない財産は、その共有に属するものと推定する。」

［35］**民法760条**　「夫婦は、その資産、収入その他一切の事情を考慮して、婚姻から生ずる費用を分担する。」

［36］**民法761条**　「夫婦の一方が日常の家事に関して第三者と法律行為をしたときは、他の一方は、これによって生じた債務について、連帯してその責任を負う。ただし、第三者に対し責任を負わない旨を予告した場合は、この限りでない。」

4　離婚法

（1）離婚法の意義

　婚姻は、夫婦の一方の死亡または離婚により解消される。家族法は婚姻家族の安定的維持をはかる一方で、離婚法を置き、離婚を許容する。それは破綻した婚姻から当事者を解放し、再出発の自由を保障する趣旨に立つ。しかし、離婚した女性や子を引き取って育てる単親の生活は、経済面を中心に困難を伴う。そこで、法は離婚成立のために一定の要件・手続を求め、離婚に伴う不公正な結果を防止するとともに、離婚の効果として、夫婦としての権利義務の解消に伴う家族関係の再構築や当事者の保護もはかる。

（2）離婚の成立手続

　複数ある離婚の成立手続（**図表11-10**）のうち全体の9割弱を占めるのが、**協議離婚**である（民法763〜765条）。成立要件[37]は婚姻に準じ、離婚意思の合致（同742条類推）、および、離婚届の提出（同764条・739条）である。離婚を当事者間の合意に委ね、国家による関与を届出のみにとどめることで、当事者の自主的解決を尊重し、プライバシーを守ることができる。しかしその反面、前提として求められる両当事者の対等性が確保されない場合、弱者側の保護が不十分となってしまうという問題がある。

　当事者間で協議がまとまらないときは、いきなり離婚の訴えを提起できるのではなく、その前に、家庭裁判所の**調停**を[38]

図表11-10：離婚手続の概略

[37] **協議離婚**　日本の協議離婚のように当事者の合意だけで裁判所を介さずに離婚できる制度は、比較法的にみると珍しい。たとえば、英独仏等のヨーロッパ主要国はすべて裁判離婚による。協議離婚制度をもつ韓国においても、家庭法院（日本の家庭裁判所に相当）による離婚意思確認の手続を経なければ、協議離婚できない。なお、ヨーロッパでも、破綻主義導入や離婚手続の簡易化の流れはみられ、そのなかで、当事者の合意が裁判離婚における離婚原因（またはその判断）に取り込まれている。

[38] **調停**　調停では、離婚意思（本意に基づくか）や離婚後の経済生活の見通し、離婚事由、子の親権・面会交流、養育費、財産分与等について話し合われる。話し合いでは、当事者が説明や意見を述べ、調停委員は必要に応じて補足を促し、調査官による調査を命じる。当事者が離婚を合意し、調停委員会が合意を認めると、調停調書にその内容が記載され、確定判決と同じ効力をもつ。

経ねばならない（調停前置主義、家事事件手続法257条）。調停離婚は調停において合意の援助を受けて成立する（家事事件手続法268条）。

　調停が不調に終わり、離婚またはその付帯事項について合意に達しない場合は、離婚を望む一方が相手方を被告として、家庭裁判所に離婚訴訟を提起できる。訴えが認められれば、判決による離婚、つまり裁判離婚が成立するが、それは全体の１％にもみたない。裁判離婚は最終局面であり、ごく一部の極めて激しく対立するケースといえる。

（3）離婚原因と２つの基本的な考え方

　裁判離婚では協議離婚や調停離婚と異なり、夫婦の合意を欠いたまま、つまり、夫婦の一方が離婚を望まないにもかかわらず、裁判所が離婚を命じる。そこで、一方的な恣意的離婚を防ぐために、離婚を正当化しうる相当の理由が必要である。その理由を離婚原因と呼ぶ。離婚の訴えが認められるためには、離婚を請求する夫婦の一方は離婚原因を主張・証明しなければならない（**民法770条１項**）。[39]

　民法は次の４つの具体的な離婚原因を定める。そのうち相手方による**不貞行為**[40]（民法770条１項１号）・**悪意の遺棄**[41]（同項２号）は、夫婦の貞操義務または同居・協力・扶助義務の違反である。これら２つの事由の基礎には、相手方の有責な態様等を理由として離婚を認めるべきとの考え（有責主義）がある。残りの２つの事由は相手方の３年以上の生死不明（同項３号）、および、回復の見込みのない強度の精神病（同項４号）である。これらはともに当事者の責めに帰すことのできない事由であり、破綻そのものを理由として離婚を認めるべきとの考え（破綻主義）に基づいて定められている。

　以上の４事由は例示列挙であり、これらがなくても、客観的にみて婚姻関係が深刻に破綻し、共同生活の回復の見込みがない場合には、離婚原因としての「その他婚姻を継続し難い重大な事由」（５号、**抽象的離婚原因**）[42]があるとして離婚が命じられる。これは婚姻の破綻に関わる状況を包括的・抽象的・相対的に定めるもので、１〜４号に当てはまらない事柄すべ

[39] **民法770条**　「第１項　夫婦の一方は、次に掲げる場合に限り、離婚の訴えを提起することができる。／第１号　配偶者に不貞な行為があったとき。／第２号　配偶者から悪意で遺棄されたとき。／第３号　配偶者の生死が３年以上明らかでないとき。／第４号　配偶者が強度の精神病にかかり、回復の見込みがないとき。／第５号　その他婚姻を継続し難い重大な事由があるとき。／〔第２項省略〕」

[40] **不貞行為**　通説・判例は、不貞行為を、自由な意思に基づいて配偶者以外の異性と性関係をもつことを指すとし、継続的な親密な関係までは足りないとして、比較的狭く解する。なお、不貞行為を行った側自身は民法770条１項１号を理由に離婚を請求できず、同項５号を理由に請求することになる点に留意する。

[41] **悪意の遺棄**　正当な理由もなく同居を拒む場合などが該当する。具体的には、相手方を捨てての家出に加え、相手方を追い出したり、出ざるを得ないよう仕向ける行為も含む。逆に、夫のDVを恐れて妻が家を出ても該当しない。なお、ここでいう「悪意」は、通常の法律用語としての「知・不知」に関わる「悪意」とは異なり、社会的・倫理的非難可能性を含む。

[42] **抽象的離婚原因**　具体的な５号該当事由としては、裁判例上、暴力・虐待（DV）、重大な侮辱、配偶者の親族との不和、著しい浪費癖・勤労意欲の欠如、過度の宗教活動、お互いの性格・人生観・生活感覚の不一致、長期的な別居等が認定されている。

てがこの5号に包摂されうる。

　このように、離婚原因の基礎には、有責主義と破綻主義という価値観の対立がある。有責主義は道義的側面を重視し、弱者の保護をはかるが、近年は、有責性を強調すると、その有無をめぐってかえって夫婦の対立が高まるとの考えなどから、「有責主義から破綻主義へ」という潮流がある。たとえば、有責配偶者による離婚請求は、以前は有責主義的観点から権利濫用・信義則に反するとして否定された。しかし、現在は婚姻の破綻とともに、離婚請求が信義則に反しないというべき一定の要件が認められれば、5号を根拠に認容されている（条件付き積極的破綻主義）。

（4）離婚の効果

　離婚の効果として、夫婦としての権利義務が消滅する。このとき、特に一方が他方に経済的に依存していた場合や、**未成熟子**[43]がいる場合などは、離婚後の自立や家族関係の再構築が課題となる。

　財産面に関しては、夫婦の一方から他方に対して行われる財産給付（離婚給付）が重要となる。民法は財産分与の仕組みを定める（**民法768条**[44]）。離婚に際し、夫婦が婚姻中に築いた財産を、一方の請求に基づいて夫婦間で配分することができる。分与の方法や額の決定は、一次的には当事者の協議に委ねられ、それが不可能な場合は家庭裁判所の処分による。ただし、その具体的内容や決定基準について、条文は「当事者双方がその協力によって得た財産の額」を考慮すると示すにとどまる。

　そこで、判例・学説上、財産分与は①実質的持分の清算、②離婚後の扶養、③慰謝料という3要素を考慮して行われると解されている。たとえば、婚姻中は、専業主婦の妻が家事等の無償労働を通じて夫の職業労働を支えても、夫婦別産制のもと、夫の稼得はもっぱら夫に帰属し、妻本人の財産取得に直接結びつかない。妻の生活保障は、夫が婚姻費用の分担義務や日常家事債務の連帯責任を担うことにより確保される。しかし、そうした夫婦の財産的共同関係は、離婚によっ

[43] **未成熟子**　経済的に自立できておらず、親の扶養を受ける必要のある子のことを指す。成年に達しているか否かとは関わりがなく、「未成年子」とは異なる概念である。

[44] **民法768条**　「協議上の離婚をした者の一方は、相手方に対して財産の分与を請求することができる。／第2項　前項の規定による財産の分与について、当事者間に協議が調わないとき、又は協議をすることができないときは、当事者は、家庭裁判所に対して協議に代わる処分を請求することができる。」

て消滅する。そこで、①離婚を機に、婚姻中の無償労働による婚姻財産形成への寄与を評価し、無償労働を担った配偶者へ配分するとともに、②無償労働に起因するキャリア中断等の損失補償や離婚後の生活保障をはかる。なお、③慰謝料の要素は、相手方の有責行為により婚姻関係が破綻し、離婚を余儀なくされたことの損害賠償である。有責主義的な価値観を基礎としており、近時の破綻主義へ向かう潮流において重要性は低下している。

　財産面と並んで重要になるのが、子どもに関する効果である。離婚に伴い、父母の共同親権は単独親権に移行する（民法819条1項・2項）（▶前述2（2））。民法は親権者決定の判断基準や考慮事由を明示していない。長年にわたる裁判実務においては、**子の利益（福祉）**[45]の観点から、どちらの親が親権者としてふさわしいかが検討されてきた。しかし、「子の利益」自体はいわば器にすぎず、そのなかに盛られる具体的な価値は時代を経て変遷してきている。なお、結果的には、母親が親権者として子と同居し監護養育を担うケースが、全体の85％に上る（厚労省『人口動態統計』（2019年））。

　離婚後、親権をもたない別居親と子は、訪問・宿泊・電話等による交流をもつことが認められる（面会交流権、**民法766条**[46]）。かつては民法上に規定がなく、裁判実務として長年かけて定着してきたものが、**2011年親権法改正**[47]により明文化された。面会交流は「子の利益」を趣旨とし、別居親による暴力・虐待などのために「子の利益」に反する場合、面会交流は否定される。

　子の生活保障については、婚姻中は婚姻費用に包摂されるが、離婚後も、親権の有無を問わず、父母は未成熟子に対して扶養義務があり（**民法877条**[48]）、別居親は養育費を支払う義務を負う（同766条）。

　面会交流や養育費支払いは「子の利益」にとって重要である。しかし、離婚や親権を失ったことで、少なからぬ父親たちは子への関心をも失い、あるいは、母親への敵対心に囚われてしまうため、子に対する責任を果たすことは期待し難い。母親たちもそんな父親とあえて関わりをもちたくはない。それゆ

[45] **子の利益（福祉）**「子の利益」の具体的内容としては、かつては、母親優先の原則がとられていたが、現在は父母を問わず監護の実績や子との心理的結びつきが重視されるとともに、子自身の意思を、子の年齢や発達状況も踏まえたうえで考慮すべきとされている。

[46] **民法766条**「第1項　父母が協議上の離婚をするときは、子の監護をすべき者、父又は母と子との面会及びその他の交流、子の監護に要する費用の分担その他の子の監護について必要な事項は、その協議で定める。この場合においては、子の利益を最も優先して考慮しなければならない。／第2項　前項の協議が調わないとき、又は協議をすることができないときは、家庭裁判所が、同項の事項を定める。／〔第3・4項省略〕」

[47] **2011年親権法改正**　児童虐待防止に眼目を置き、親権制度を見直した改正であった。父母による虐待等の親権行使の不適切や困難に柔軟に対応するべく、従来の親権喪失制度に加え、2年間の限度で親権を停止させる制度を導入した（民法834条の2）ほか、広く、「子の利益のための親権」の観点から、親権行使における「子の利益」の指針を明記し（同820条）、離婚時の子の監護に関する取決めの内容を具体化する（同766条）などの改正がなされた。

[48] **民法877条**「第1項　直系血族及び兄弟姉妹は、互いに扶養をする義務がある。／第2項　家庭裁判所は、特別の事情があるときは、前項に規定する場合のほか、三親等内の親族間においても扶養の義務を負わせることができる。／〔第3項省略〕」

え、面会交流や養育費支払いの取決めおよび実施率は低調であった。

　対応策として、2011年親権法改正に伴い、離婚届にそれらの取決めの有無を記載する欄が設けられた。父母の目を「子の利益」へと向けさせ、その具体的な実現手段としての面会交流や養育費支払いの契機を提供する趣旨である。とはいえ、その後の実施率は、面会交流・養育費ともに約25％にすぎない（母子世帯。厚労省『平成28年度全国ひとり親世帯等調査結果』）。特に、外部からの働きかけの機会を確保できない協議離婚における、取決めおよび履行の確保は大きな課題である。

■■■▶ 5　親子法

（1）親子法の意義と構成要素

　親子という関係性の身近さとは裏腹に、親子法は難解でとっつきにくい。というのも、民法は親や子とは何かを定義するのではなく、親子関係の成立・確定の手続を定めることで親子を規律する。そして、その手続は、血縁・意思・養育といった諸要素を組み合わせて構成された、実に複雑なものとなっている。つまり、血縁ゆえに親子である、という単純なものではなく、血縁がないのに法律上の親子である場合や血縁があるのに法律上の親子でない場合もありうる。

　血縁と法との乖離は、本来自然発生的な親子関係を、法があえて規律対象とするがゆえのものである。というのも、この世に生まれ落ちたばかりの子は弱く、独りでは生きられない。そこで、子を守り育てる責任を負う者としての親を確保するために、法が親子関係を規律する。血縁・意思・養育の事実といった諸要素は、子の養育責任を親に負わせる正当化根拠としての意味をもつ。一次的には、子の誕生について直接の責任を負う血縁の親に、子を育てる責任を負わせるべきことになる。しかし、血縁を立証できなければ他の要素により補充する。また、血縁の親が養育の意思を欠いて子を放棄し、あるいは事実として養育に適さない場合は、子を守るた

めに親から離し、別の親を用意する必要がある。

　親子関係成立の効果としては、親権（民法818条）に加え、相互の扶養義務（同877条）や相続権（同887条・889条）等が発生する。子が未成熟の間は親が子を守り育てる責任を負うとともに、成熟後は子も親に対して扶養義務を負うなど、互いに支えあうこととなる。

（2）2種類の親子関係——実親子関係と養親子関係

　民法は2種類の親子関係を定める。血縁を基礎とする実親子と、養育の意思を基礎とする養親子である。前者の成立手続は（3）以降で説明するとして、先に後者を簡単にみる。

　養親子関係の成立のためには、普通養子縁組（民法792条以下）と特別養子縁組（同817条の2以下）の2種類の縁組手続がある。

　普通養子縁組は婚姻に準じ、縁組意思の合致（15歳未満の子は親権者等の代諾による）を伴う届出により成立する。未成年子の場合は原則、家庭裁判所の許可も必要となる。離縁も離婚の仕組みに準じ、協議離縁および裁判離縁がなされる。成年が養子となることも可能である。その目的は養育ではなく、相続における節税や跡取りの確保等多岐にわたる。

　特別養子縁組[49]は、**要保護児童**[50]の保護救済目的に特化した児童福祉制度である。15歳（後述の2019年改正前は6歳）未満の子についてのみ、家庭裁判所の審判により親子関係を成立させるとともに、実親子関係を断絶させ、取り戻しも離縁も原則許されない。戸籍上も一見、養子とはわからない工夫が施される。できる限り実親子に近い関係を形成し、安定した家庭を子に提供する趣旨に立つが、成立要件と手続が非常に厳格なため、従来、制度利用が低調であった。そこで、2019年、子の年齢制限の引上げや手続を柔軟化する改正が行われ、利用の拡大がはかられた。

（3）2種類の親と2種類の子——父親と母親、嫡出子（婚内子）と非嫡出子（婚外子）[51]

　実親子は養親子と異なり、母親と父親とで、親子関係の成

[49] 特別養子縁組　日本には従来、親のない赤ちゃんを引き取り、実子として虚偽の出生届をする「わらの上からの養子」という慣行があり、1973年に菊田医師による大量斡旋が発覚し、問題となった。これを契機に、養親子を実親子同様に扱う実子特例法の制定を求める動きが高まったことが、1987年、特別養子制度の創設につながった。従来の6歳という年齢制限はこうした経緯や制度趣旨に由来する。そのため、2019年改正の大幅な年齢引上げは、従来射程外にあった多くの社会的養護の子を捉えられる点で、現場からは賛同の声が強い一方、同制度の基本的な性格をも変更し、養子制度全体における位置づけの再考を迫る大きな改正であった。

[50] 要保護児童　児童福祉法で、保護者がいない児童、または保護者に監護させることが不適当と認められ、保護支援を必要とする児童をいう（児童福祉法6条の3第8項）。親が行方不明、親から虐待を受けている、非行や情緒障害を有する児童などがこれにあたる。

[51] 嫡出子（婚内子）と非嫡出子（婚外子）　「嫡出」は、子どもが正統な性関係（夫婦関係）から生まれたという含意のある表現である。「非嫡出子」は正統にあらずという差別的色彩を含む。そこで、最近は用語の中立化の観点から、「婚内子」・「婚外子」と称することもある。本章では以下、非嫡出子を「婚外子」と表記する。

立の仕組みが異なる。母子関係をまず先に確定し、それを前提に父を定める。なぜならば、父親は、かつては血縁の証明が困難であった。そこで、父を定めるうえでは、父母間の婚姻関係（に基づく貞操義務）をもって補充する。

したがって、婚姻関係にある男女の間に懐胎・出生した嫡出子と、婚姻関係にない男女の間に懐胎・出生した婚外子とでは、父を定める仕組みは異なる。そこで、以下では、実親子関係における、①母子、②父子の各親子関係の成立の仕組みを、嫡出子と婚外子に分けてみる。

（4）実親子関係の成立

①嫡出子の母親を決める明文規定はないが、子を出産（分娩）した女性を母とするとされている（分娩主義）。元来は子を懐胎・出産した女性は必ず血縁上の母親であり、懐胎・出産は外観上明らかであることから、誰が母親かは問題となりえなかった。しかし、近年は生殖補助医療により、他の女性からの卵子の提供や**代理出産（懐胎）**[52]を利用した場合、懐胎・出産した女性と遺伝的な血縁上の母親との不一致が生じる。このとき、たしかに遺伝・血縁上の母も子の誕生への責任を負う。特に代理出産の場合は遺伝・血縁上の母による子の引き取り・養育も予定される。しかし、最高裁は、代理出産の場合も分娩主義を採用するものとした（**代理母事件判決**）[53]。これは子の出生と同時に、出産という客観的で明確な基準によって母子関係を一義的に確定することが親の安定的確保につながり、子の利益にかなうと考えられるためとされる。したがって、遺伝・血縁上の母であっても、懐胎・出産していない場合は、法律上は母と認められない。

以上に対し、婚外子の母親を決める場合は、民法779条が認知によるべきとするが、通説・判例は嫡出子同様、分娩主義をとるため、同条文は空文化している。

②嫡出子の父子関係は、2段階の推定により成立する（嫡出推定）。第1に、妻が婚姻中に懐胎した子は、婚姻中の貞操義務を根拠に夫の子と推定される（父性の推定、**民法772条1項**）[54]。しかし、いつ懐胎したかは外観上明確でない。そこで、

[52] 代理出産（懐胎） 自身の子宮での妊娠・出産は不可能であるが、子をもちたい女性（依頼女性）が、医療技術を用いた妊娠・出産を他の女性（代理母）に依頼し、生まれた子を引き取る。具体的には、①代理母の卵子を用い、依頼者夫の精子で人工授精する方法と、②依頼女性または代理母とは異なる女性の卵子と夫の精子で体外受精を行って胚を作り、代理母の子宮に移植する方法がある。②では、出産した女性と遺伝上の母との乖離が生じる。日本では①②ともに原則禁止とされる（日本学術会議報告書・日本産婦人科学会の会告）が、法整備が遅れるなか、海外で実施されるケースも少なくない。諸外国でも、法律上認める国（米国の一部州、露・蘭・印等）、禁止する国（独・仏・伊等）、金銭授受を伴う場合のみを禁止する国（英・西等）など、対応が分かれる。

[53] 代理母事件判決 最決平成19年3月23日民集61巻2号619頁は、子宮摘出した日本人女性タレントとその夫が、公表のうえ、米国ネバダ州で夫婦の受精卵を用いて代理懐胎・出産による双子をもうけた事件。同夫婦を父母とするネバダ州地裁判決に基づき、出生証明書とともに日本で出生届を提出したが受理されず、不服申立てを行った。最高裁は、「民法は……母子関係は懐胎、出産という客観的な事実により当然に成立することを前提とした規定を設けている（民法772条1項参照）」と述べ、分娩主義を採用し、母子関係の成立を否定した。判決後、遺伝上の母は特別養子縁組を結び、母親として双子を養育している。なお、本件は代理出産を公表していたが、実際には代理出産を秘匿したまま、依頼者夫婦を父母とする出生届が受理されるケースが多いとされる。

[54] 民法772条 「第1項 妻が婚姻中に懐胎した子は、夫の子と推定する。／第2項 婚姻の成立の日から200日を経過した後又は婚姻の解消若しくは取消しの日から300日以内に生まれた子は、婚姻中に懐胎したものと推定する。」

第2に、出産の日を基準に懐胎した日を推定する。具体的には、妊娠期間が約280日であることを前提に、婚姻成立から200日後～婚姻解消から300日以内の期間内に出産した子は婚姻中に懐胎したと推定する（懐胎の推定、同条2項）。

図表11-11：子の出生のタイミングと子の法的地位

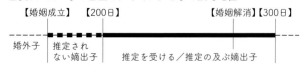

こうして、嫡出子は出生と同時に、血縁の有無にかかわらず、自動的に夫の法律上の子となる。血縁を欠く場合、夫のみが、子の出生を知った時から1年以内に限り、自分の子ではないと主張し、血縁の不存在を証明することで推定を覆し、法的父子関係を否定できる（嫡出否認の訴え、**民法774条**[55]・**775条**[56]）。否認権者と期間の厳格な制限は、父子関係の安定的確保のためである。

しかし、近年はDNA鑑定技術により血縁の有無の証明が可能となった。検査の結果、血縁の不存在が明白にされ、子自身が父子関係の否定を望むこともあるだろう。そのような場合でも、現在の仕組みのもとでは原則として父子関係を覆せない。この点に対しては強い批判が寄せられている。また、妊娠先行型婚姻において、推定期間前に生まれた多くの子が、いわゆる**推定されない嫡出子**[57]となる一方、離婚後懐胎の子が前夫との推定の対象となってしまう、いわゆる**300日問題**[58]が生じるなど、推定の期間設定や仕組みの妥当性にも疑義が生じている。生殖補助医療により出生した子への嫡出推定の適用の是非など新たな課題もある。そこで、こうした問題に対応するため、2021年10月現在、**法制審議会**[59]・民法（親子法制）部会による嫡出推定制度の見直しの検討が進んでいる。

以上に対し、婚外子の父子関係の成立のためには、血縁だけでなく、認知が必要となる（民法779条）。認知とは何かであるが、血縁に基づく親子関係の存在の確認手続であるとの考え（事実主義）と、父が「自分の子」であることを認容する

［55］**民法774条**　「第772条の場合において、夫は、子が嫡出であることを否認することができる。」

［56］**民法775条**　「前条の規定による否認権は、子又は親権を行う母に対する嫡出否認の訴えによって行う。親権を行う母がないときは、家庭裁判所は、特別代理人を選任しなければならない。」

［57］**推定されない嫡出子**　嫡出子として扱われるが、推定を受ける嫡出子との違いは父子関係否定の手続にある。推定を受けない嫡出子は、嫡出否認の訴えではなく、親子関係不存在確認の訴え（人事訴訟法2条2号）により父子関係を否定できる。この訴えは出訴権者や期間の制限がないため、誰でもいつでも父子関係の不存在を主張できる。

［58］**300日問題**　離婚後300日以内に、新たなパートナーとの間に懐胎し、出生した子が、嫡出推定による前夫との父子関係成立を避けるために出生届をせず、または後婚の夫の子としての出生届を受け付けられず、無戸籍児となってしまう事例が多発した問題。法務省は通達により、医師による「懐胎時期に関する証明書」をもって離婚後の懐胎が推定される場合に、婚外子または後婚の夫の嫡出子としての出生届を可能とした。

［59］**法制審議会**　日本の法務省に設置された審議会等のひとつ。法務大臣の諮問に応じて、民事法、刑事法その他法務に関する基本的な事項を調査審議すること等を目的とする。

意思表示であるとの考え（意思主義）がある。近年は、認知に関する法の解釈・適用をめぐる判例・学説において、「意思主義から事実主義へ」という傾向がみられる。

具体的な認知の仕組みは、任意認知（**民法779条**[60]）と強制認知（**民法787条**[61]）の２種類がある。任意認知は、父親が自らの意思で、自分の子として承認することによって、父子関係を成立させる制度で、方法は届出または遺言による（**民法781条**[62]）。強制認知は子らの認知の訴えに基づいて、裁判所が父子関係を成立させる。認知の訴えの提訴期間について、父親の生存中だけでなく、父の死亡後でも、３年以内は提起可能である（死後認知）。

認知によって、法律上の父子関係が成立するが、その権利義務の内容は嫡出子とは異なる点もある。たとえば、婚外子の親権者は認知後も原則、母親の単独親権である。協議または審判によってのみ、父親に変更できる（**民法819条**[63]３項・４項）。相続は、以前は相続分が嫡出子の２分の１であった（改正前民法900条４号但書）が、最高裁による違憲判断の結果、現在は改正され、嫡出子と同じである（**婚外子相続分差別違憲判決**[64]）。婚姻家族モデルのもと、婚外子はかねてより法的にも社会的にも不利な立場に置かれており、子の相続分規定はその象徴でもあったが、少しずつ克服が進んでいる。

▶ 6　相続法

民法「第５編　相続」は、人（被相続人）の死亡を原因とする財産（遺産）の承継のルールを規定する。相続は契約等と並ぶ財産取得の一方法ではあるが、財産を受け継ぐ者（相続人）を基本的に家族とする仕組みなので、家族法に含められる。

民法は法定相続と遺言相続という２種類の仕組みを用意する。遺言相続は、被相続人が遺言によって生前に与えた指示に従う。遺言は人の最後の意思表示であり、私的自治の原則に立つ。遺言がなければ、法定相続による。法定相続は民法の定める相続人の範囲や相続順位および相続分など相続に関する事項に従って相続する。配偶者には遺産の２分１の相続

[60] **民法779条**　「嫡出でない子は、その父又は母がこれを認知することができる。」

[61] **民法787条**　「子、その直系卑属又はこれらの者の法定代理人は、認知の訴えを提起することができる。ただし、父又は母の死亡の日から３年を経過したときは、この限りでない。」

[62] **民法781条**　「［第１項　認知は、戸籍法の定めるところにより届け出ることによってする。／第２項　認知は、遺言によっても、することができる。」

[63] **民法819条**　「［第１～３項省略］／第４項　父が認知した子に対する親権は、父母の協議で父を親権者と定めたときに限り、父が行う。／第５項　第１項、第３項は前項の協議が調わないとき、又は協議をすることができないときは、家庭裁判所は、父又は母の請求によって、協議に代わる審判をすることができる。」

[64] **婚外子相続分差別違憲判決**　最大決平成25年９月４日民集67巻６号1320頁は、民法旧900条４号但書のうち、婚外子の相続分を嫡出子の２分の１とする前段部分について、立法当時から現在までの間の社会動向・家族の多様化や国民の意識の変化、諸外国の立法の趨勢等を踏まえ、家族という共同体のなかにおける個人の尊重がより明確に意識されてきたといえるとともに、父母が婚姻関係になかったという子自身に選択・修正の余地のない事柄を理由とする子の不利益は許されず、子を個人として尊重し、その権利を保障すべきという考えが確立されてきているとして、憲法14条１項に違反するとした。

分が認められ、子があれば、残りの2分の1を人数で分配する（**民法890条・887条**）。夫婦・親子関係を相続の基礎とする根拠は、「血縁」・「死者の意思の推定」・「共同生活関係（生活保障・潜在的持ち分の清算）」等の家族を構成する諸要素に求められる。

▶ 7　これからの家族法
──「子の利益」を中心に

（1）母親による子連れ別居と離婚後の単独親権制への国際的非難

　2021年7月、東京五輪の開幕を控える国立競技場前にて、日本在住のフランス人男性が「子の連れ去り」被害を訴えて、ハンガーストライキを決行した。2018年に日本人の妻が無断で子を連れて別居し、それ以降、子との面会が叶わないことへの抗議活動であった。そして、2021年11月には、フランス司法当局が妻に対し子の誘拐容疑で国際逮捕状を発行するという異例の展開をみせている。

　日本では、離婚に先立って主に母親が父親に無断で子を連れて別居することが多い。そもそも婚姻中の共同親権行使の具体的調整のための実効的な仕組みを欠くなかで、裁判実務においても長きにわたり母親による子連れ別居が容認され、それによって形成される監護の実績は、離婚後の親権者の決定において母親に有利に働くものとなっていた。

　しかし、2014年の**ハーグ子奪取条約**の批准に前後して、特に国境を越えた母親による子連れ別居と、その背景にある日本の離婚後の単独親権制に対し、離婚後の共同養育の法制化の進む欧米諸国から猛烈な批判が寄せられた。

（2）離婚後の共同親権・監護制導入論とその課題

　離婚後の単独親権制は、離婚した父母が協力して親権を行使することは現実的に困難であることを理由とする。しかし、日本でも近年、父親の育児参加の進展・拡大を背景に、子の

奪い合い紛争が一部で激化しており、その対応策として共同親権・監護制の導入を求める声が高まりをみせている。2021年、法制審議会・家族法部会は同制度導入の是非を含めた親権法改正に関する検討作業を開始した。

　たしかに、親権を子の養育責任として捉えれば、離婚後であっても、父母がともに親権を担い続けることが理念的には望ましい。しかし、諸外国の例をみるに、共同親権・監護制の導入は父親側の権利意識を焚き付けるとともに、共同親権行使の具体的態様の調整を必要とし、手続を複雑化させることから、かえって紛争が長期化・激化する傾向も見て取れる。子が父母の紛争にさらされ続ければ、かえって「子の利益」は損なわれる。とりわけ、**DV**[68]や**虐待**[69]の問題を抱える場合は、共同養育は好ましくないことが明らかになっている。そのため、日本の研究者や実務家の間では、導入反対論や、導入を容認しつつも、養育措置の取決め・実施や暴力の問題に関する介入支援の拡充を急務として求める立場も目立つ。

（3）多様な家族における「子の利益」

　家族のあり方が多様化するなかでは、法の行為規範的機能は後退し、法の紛争解決機能に重点が置かれることとなる。近年活発な家族法および関連諸法の改正は、そうした観点から、家族の多様なあり方の尊重を前提に、時に婚姻家族という規範モデルの再検討を伴いながら、当事者の主体的な決定を促し確保するとともに、実効的な公的介入の仕組みを整備するうえでの諸課題に取り組むものといえる。

　こうした観点から親権・監護制のあり方をみるに、現行民法818条・819条の離婚や非婚の父母を常に単独親権とする仕組みは、夫婦を子の共同養育者として特別扱いする点で、婚姻家族モデルに立つものといえる。家族の多様なあり方を承認するうえでは、婚姻家族の枠を超える共同親権・監護を選択肢として用意することが検討されるべきと考える。

　しかし、それは同時に、諸外国の例が示唆するような共同親権・監護制のもとでの「子の不利益」を防ぐための、紛争解決へ向けた具体的手続の整備と家族支援の拡充を不可欠と

[68] DV　ドメスティック・バイオレンス（domestic violence）の略語で、「配偶者や恋人など親密な関係にある、又はあった者から振るわれる暴力」を意味する。配偶者からの暴力を防止し、被害者の保護等をはかることを目的として制定された「配偶者からの暴力の防止及び被害者の保護等に関する法律」は、「DV防止法」と呼ばれる。暴力の形態は様々で、主に身体的（殴る蹴るなど、直接何らかの有形力を行使する）・精神的（心無い言動等により、相手の心を傷つける）・性的なものに分類される。被害者は女性に限定されないものの、多くの場合、女性が深刻な被害を受けると考えられる。直接の被害者はもちろん、目撃した子どもにも心身の悪影響が生じる。

[69] 虐待　児童虐待は、親や親に代わる保護者による①身体的虐待、②性的虐待、③心理的虐待、④保護の怠慢・拒否（ネグレクト）を指す。虐待は子どもの心身に対し、有害な影響を及ぼす。昨今の虐待相談件数の急増を受け、児童虐待を防止するための児童福祉法の改正が目指されている。児童虐待の予防体制強化に向け、体罰禁止の徹底、子育て世帯に対する包括的な支援体制の強化、および、児童相談所の体制強化などが進められる予定である。体罰禁止を明示する観点から、民法822条の定める懲戒権も削除される見通しである。

する。その担い手としての家庭裁判所の役割がますます重要
になるが、家庭裁判所の業務負担をこれ以上大きく増やすこ
とは難しいだろう。福祉的な支援介入の重要性にかんがみれ
ば、司法を超えた、地方公共団体やNPO団体等による社会
的・総合的・専門的な支援の拡充を進めるべきである。

　非婚化の進展や離婚法の破綻主義化による柔軟化、嫡出推
定制度の見直しなど、婚姻の制度的統制が後退へ向かうなか、
家族の制度的保障は、子の養育・保護を核として生き残ると
も目される。最重要課題というべき「子の利益」保護へ向け
た、家族法をめぐる今後の取り組みが注目される。

コラム㊸　炭治郎少年が受け継ぐものとは
####　　　　──『鬼滅の刃』における家族像、その2

　再び、『鬼滅の刃』である。
　コラム㊷でも書いたとおり、『鬼滅の刃』のテーマのひとつは「継承（受け
継ぐ）」であると考えられる。
　継承といえば、家族法的には相続の場面が浮かび上がる。なぜ家族・親子
が相続による承継関係に立つのか、その根拠は、家族の間の「血縁（生命の継
承・存在への責任）」・「意思（家族に遺したいという死者の希望・想いの推定）」・
「事実（共同生活の実態の過去）」等により説明できると考えられる。
　『鬼滅の刃』の作中では様々なものの継承が描かれるが、実はそのなかで、
「継承」の根拠および構成要素として、「血縁（生命への責任）」と「意思（想
い）」と「事実（過去）」といった諸要素が巧みに配置され、様々な意味を与え
られている。
　たとえば、本作は血縁の兄妹等の家族の絆を描く一方で、「鬼」たちは「鬼」
の始祖が血を与えることで「鬼」となるという関係性を通じて、実は「血縁」
を否定的に描いてもいる。コラム㊷で触れた炭治郎が「物語の鍵を握る重要
なモノ」を先祖代々受け継いでいることについても、実は「血縁」以外の契
機が入り込んでおり、「継承＝血縁」という固定観念に挑戦しているようにも
みえる。そこに込められた作者の想いとは何か。本章を読んだうえで、振り
返ってみると面白いかもしれない。

コラム㊹　歴史をたずねてⅣ──「自由な結婚」ができるまで

　ボアソナード（▶第8章［35］）とその日本人弟子たちによって編まれた、日本で初めての本格的な近代民法典を「旧民法」と呼ぶ（1890年公布）。旧民法では、婚姻には当事者たちの父母の許可を必ず必要とした。ところが旧民法は、「ボアソナードの母国フランスの影響が強く個人主義的で、家父長制を重んじる日本の伝統にはあわない」との批判を受け（民法典論争）、施行には至らなかった。その後に編纂された「明治民法」（1896年、1898年公布）では、婚姻には父母の許可を要するものの、男子満30歳、女子満25歳に達すれば父母の許可がなくても婚姻できるとされたため、一見すると婚姻の条件が緩和されたようにもみえる。

　ところが、親とは別に、婚姻に対する戸主の同意は、当事者の年齢に関係なく旧民法でも明治民法でも常に要求された。戸主は「家」の支柱として戸籍内の家族に対し強い権限をもつとされたためである。ただし明治民法起草者のひとりである梅謙次郎（▶第8章［64］）が、「離籍を甘んずる以上は必ずしも戸主の同意を要せざる」と述べたように、戸主の扶養が受けられなくなるという条件付きながら、親も戸主も同意しない当事者による婚姻も、いわば抜け道のように認められた。ここに、明治民法を通じた家父長制の維持と個人主義のジレンマが浮かび上がる。

　大正期には、父母の同意を婚姻の絶対的要件とする改正案も浮上したが、戦時体制のなかで頓挫し、敗戦後、日本国憲法の平等原則のもと民法大改正（1947年公布）に際して、「家」と戸主制は廃止され、成年者の婚姻に対する親の同意権規定も削除された。

　2022年4月から成人年齢が18歳へ引き下げられ、男女とも満18歳に達すれば、親の同意がなくても法律上婚姻できるようになった（▶本章［26］）。名実ともに婚姻が本人たちの意思だけで可能になるには、民法典が日本に誕生してから実に130年以上の月日を要したことになる。家族のなかの「個人」の確立は、今もなお途上にある。

第 12 章

民事訴訟法

━━━▶ はじめに──インターネット上で 名誉毀損の被害にあったら？

インターネットで情報収集をしたり、情報発信をしたりするのが一般的になっている。情報のやり取りが自由にできる一方で、インターネット上のトラブルも増加している。そのなかでも、インターネット上での名誉毀損は社会問題になっており、2020年5月23日、TV番組のひとつのシーンをきっかけにプロレスラーの木村花さんがSNSで多くの誹謗中傷を受け、自ら亡くなったことは、各方面に衝撃が走った事件であった。いまや多くの人たちが用いるSNSは、容易に書き込みができる一方でその安易さゆえにトラブルに発展し、被害者になることも加害者になることもある。このようなトラブルに対し、「警察が何とかしてくれるはず」や「裁判所が悪を裁いてくれるはず」といったイメージをもっていないだろうか。

名誉毀損はたしかに犯罪に該当するが、警察に相談しても告訴状の受理が困難であるといわれている。警察は必ずしも動いてくれるわけではない。そして、犯人が見つかったとしても起訴するかどうかは、検察の判断次第である（▶第14章）。木村さんの場合、投稿の大半は削除されたが、警視庁が投稿を復元して解析したところ、2020年3〜5月に約200のアカウントから書き込まれた約300件が誹謗中傷にあたると判断したものの、立件は2件であった。

その一方で、当事者が民事訴訟を提起すれば、否応なしに手続は開始する。しかし、加害者の住所と名前がわからない場合、訴訟自体、成立しなくなってしまう。また、名誉毀損

★おすすめの基本書　山本和彦『ブリッジブック民事訴訟法入門』（信山社・2011年）。民事手続全般の知識に加えて、民事訴訟のあり方を考えさせられる内容になっている。

の書き込みが削除されてしまっては、その事実を証明する手段がなくなってしまう。いくら加害者に問題があっても、裁判所が事実を明らかにしてくれるわけではない。木村さんの場合、遺族である母親がプロバイダに発信者情報開示請求をして投稿者を特定し、損害賠償を求めるに至った。

日本人は、裁判を好まないといわれている（**日本人の法意識**[1]）。被害を受けたとしても、我慢してしまう者も多い。しかし、**イェーリング**[2]は、著書の『権利のための闘争』で次のように述べている。

> 権利の無視、人格的侮辱といった性質をもっているような権利侵害に対する抵抗は義務である。それは権利者の自分自身に対する義務である――なぜなら、それは道徳的自己保存の命令であるから。またそれは国家社会に対する義務である――なぜなら、法が実現されるためにはそれが必要だから。〔出典：ルドルフ・フォン・イェーリング（小林孝輔＝広沢民生訳）『権利のための闘争』（日本評論社・1978年）37頁〕

自分の権利が蹂躙（じゅうりん）されるということは、目的物のみならず、自分の人格までも脅かされることにもなる。そして、権利のために闘うことは、自分のみならず、国家・社会に対する義務であり、ひいては法の生成・発展に貢献する。権利を侵害された場合、自ら立ち上がらなければ、救済ははかられない。その救済を実現する手段が民事訴訟なのである。そして、それは社会全体に意味をもたらすものにもなる（**政策形成訴訟**[3]）。

1　民事訴訟法の基本原理

（1）民事訴訟が必要な理由

民事訴訟は、市民同士の身近な紛争の解決に用いられる。日本国憲法には、「何人も、裁判所において裁判を受ける権利を奪はれない。」（憲法32条）とあり、形式が整えられれば、

[1] **日本人の法意識**　川島武宜（▶第7章［76］）の著書『日本人の法意識』（岩波新書・1967年）として有名。日本人は、自分の権利を主張するよりも、泣き寝入りをする場合が多く、その背景には、日本人の考え方や価値観が影響しているとされる。実際に、裁判所による解決よりも示談や和解による解決が多い。

[2] **イェーリング**（1818〜1892）ドイツの法哲学者。著書に『ローマ法の精神』（全3巻、1852〜1878年）、『法における目的』（全2巻、1877〜1883年）等がある。

[3] **政策形成訴訟**　訴訟の政策形成機能を重視し、裁判によって政策に影響を与えることを目的に行う訴訟のこと。裁判は当事者の救済をはかるものであるが、判決は一般化され、多くの人に影響を与える。また、判決を契機に立法がなされる場合もある。たとえば、非喫煙者の健康と生命を守るために、公共の場所や職場での禁煙・分煙などを求めた嫌煙権運動では、1980年に国鉄（現在のJR）に禁煙車両の導入や損害賠償を求めた嫌煙権訴訟が提起された。請求は棄却されたが、社会意識が変わり、列車の禁煙席設置や公共施設の分煙および禁煙化へとつながった。

誰しもが裁判所に救済を求めることができる。裁判が必要な理由は、**自力救済の禁止**^[4]という考え方に基づく。この自力救済を禁止する代わりに、国家が裁判という形で双方の主張を冷静に考慮し、判断を下すのである。たとえば、お金を貸した場合、相手が返さないからといって、その者の財布からお金を抜き取ったり、家に忍び込んで金目の物をもっていくことは許されない。なぜなら、貸主がお金を貸して借主が返してくれないと思っていても、すでに返済されていたかもしれないし、貸主はお金を貸したつもりでも、借主は贈与だと思っていただけかもしれないからである。トラブルの多くは、過去の事実についてであるため、こうした勘違いや行き違いもある。

　民事訴訟は、民事訴訟法（以下「民訴法」と略す）のルールのもとで、原告（訴える者）と被告（訴えられる者）がそれぞれ自らの主張や立証を行い、裁判所が判断をするという構造をとっている（**図表12-1**）。原告や被告は、自ら訴訟を提起したり応訴することもできるが（本人訴訟）、代理人（弁護士）に弁護を依頼することもできる。

図表12-1：民事訴訟の関係者と流れ

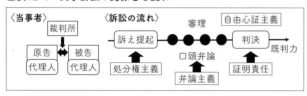

（2）民事訴訟の流れ

　民事訴訟は、原告が**裁判管轄**^[5]のある裁判所に対し訴え提起することで開始する。紛争は多くの利害関係者がいるなかで、原告が被告を定めて訴訟という場で解決を求めるため、**当事者**^[6]の個別的な紛争解決を基本とする。

　民事訴訟で認められている訴えは、①**給付の訴え**^[7]、②**確認の訴え**^[8]、③**形成の訴え**^[9]の３つである。給付の訴えは、履行期がすでに到来している給付請求権を主張する現在給付の訴え

[4] **自力救済の禁止**　私人が法の定める手続によらずに自己の権利を実現することを禁止すること。第２章〔37〕・第６章〔1〕も参照。

[5] **裁判管轄**　民事訴訟法上、裁判を提起できる裁判所のこと（民訴法３条の２以下）。一般的には「被告の普通裁判籍の所在地を管轄する裁判所」であるが、不法行為の場合は不法行為地でも裁判が起こせる。当事者間の合意で、裁判をする場所を決めることもできる（合意管轄）。また、事件の性質によって裁判管轄が決まり、家族事件の場合は家庭裁判所、140万円以下の事件は簡易裁判所に提起することになる。

[6] **当事者**　民事訴訟では、判決の名宛人となる原告と被告を意味する。動物やAIは当事者能力がない。しかし、自然破壊の場合、住民に直接の被害はないものの、そこに住む動物に影響が出てしまう。そこで、動物の名前を原告とした「動物の権利訴訟」（アマミノクロウサギ訴訟など）が頻繁に提起されているが、当事者能力がないため、訴えは却下となっている。

[7] **給付の訴え**　原告が被告に特定の給付請求権を主張し、被告に給付義務の履行を命じる判決を求めるもの。不法行為に基づく損害賠償請求、貸金の返還請求など。

[8] **確認の訴え**　原告が特定の権利関係の存在または不存在を主張し、裁判所にその確認の判決を求めるもの。土地所有権の確認の訴え、債務不存在の確認の訴えなど。

[9] **形成の訴え**　原告が一定の法律関係に基づく権利関係の変動を主張し、その変動を宣言する判決を求めるもの。離婚の訴え（民法770条）、株主総会決議取消しの訴え（会社法831条）など。

が原則であるが、定期行為や扶養料の請求など将来給付の訴えが認められる場合もある（民訴法135条）。確認の訴えは、対象が無限定であるため、**確認の利益**の有無によって範囲が限定される。形成の訴えは、訴えで特定の権利や法律関係の変動を生じさせるものであるため、実体法のなかで法定されている。

　原告の被告に対する訴訟上の請求を**訴訟物**[11]という。訴訟では、勝敗を決するにあたり土俵となる請求を設定することで、被告と裁判所にとって攻撃防御の対象が明らかになり、争ううえでの指針となる。

　訴状が被告に送達されたあと、**口頭弁論**[12]での審理が始まり、当事者間の主張のやり取りを経て争点を明らかにし（**争点整理**[13]）、**証拠調べ**[14]に進む。当事者は裁判官に事実を認定してもらうために、適切な証拠を提示し、主張の根拠を示す。

　当事者の主張立証が尽き、裁判官の心証が形成されると、**判決**[15]へと至る。裁判官は、通常人がその事実について疑いをはさまないような**高度の蓋然性**[16]があると認めた場合に、請求を認める。判決に不服がある場合には、控訴、さらには上告ができる（三審制。▶第6章［14]）。

（3）手続法の意義

　裁判の流れは、一種の定まったシステムのようにみえるが、単なるマニュアルとして考えてはいけない。手続は不変のものではなく、事案ごとにその手続にどのような意味があるのかを考え、関係する当事者が参加し議論をしているか、納得のいく解決にするためのよりよいプロセスになっているのかを検証するところに、学問としての手続法の意義がある。

　民事訴訟法は、当該法規だけでなく、数多くの法規が相まって、民事訴訟の制度や作用が成り立っている。民事訴訟法には、公平・適正でありつつも迅速・経済的に解決をはかるという責務があるが（民訴法2条）、その責務を実現するために重要となる概念が「手続保障」である。これは、当事者に対し、主張立証の機会を確保することを意味する。間違った判断をしないためには紛争についての情報を集めることが必要

[10] **確認の利益**　原告の権利または法律上の地位に危険や不安が現存し、その危険や不安を除去する方法としてその権利や法律関係の存否の判決をすることが有効かつ適切である場合であること。

[11] **訴訟物**　審判対象の最小単位として裁判の基準となるもの。その内容につき、個々の実体法上の請求権のこと（旧訴訟物理論）、または複数の請求権によって基礎づけられうる1回の給付を求める地位のこと（新訴訟物理論）のどちらを意味するかで過去に大きな論争があった（訴訟物論争）。新訴訟物理論は「紛争の一回的解決」を重視するが、実務上は旧訴訟物理論がとられている。

[12] **口頭弁論**　公開の法廷（憲法82条1項）で、両当事者が訴訟資料の提出を目的に行う訴訟行為のこと。対席主義（双方の立ち合う機会の保障）、直接主義（口頭弁論と証拠調べに関与した裁判官が事実認定を行う）、口頭主義（口頭で弁論を行う）などの考え方が基本となっているが、例外も多い（裁判官の交代に伴う弁論の更新など）。

[13] **争点整理**　裁判所と当事者の間で主要な争点と重要な証拠を明らかにして、的を絞った証人尋問等を集中的に行うため、訴訟の早い段階で行われるもの。

[14] **証拠調べ**　書証（文書）、検証（物や場所）、証人尋問（第三者の証言）、当事者尋問などのほか、鑑定（専門家の意見）などの方法がある。

[15] **判決**　判決の種類は、「請求認容」（原告勝訴）と「請求棄却」（原告敗訴）のほか、訴訟が成立するための条件（訴訟要件）をみたさない場合の「訴え却下」（いわゆる門前払い判決）がある。

[16] **高度の蓋然性**　どの程度まで証明できれば請求は認められるのか、証明度について、東大ルンバール事件（最判昭和50年10月24日民集29巻9号1417頁）では、「一点の疑義も許され

であり、情報をフェアに集めてフェアに判断するというプロセスが必要といえる。当事者が主体的に参加することで、手続において正義が実現されるという**手続的正義**の考え方につ[17]ながり、民事訴訟手続が社会一般に対し正統性を保持する所以となっている。手続保障は、裁判所と当事者が互いに紛争解決に向けて協働することでもある。

ない自然科学的証明ではなく、経験則に照らして全証拠を総合検討し、特定の事実が特定の結果発生を招来した関係を是認しうる高度の蓋然性を証明することであり、その判定は、通常人が疑を差し挟まない程度に真実性の確信を持ちうるものであること」と判断している。

コラム㊺　スポーツもルール次第・審判次第

　スポーツにおいて、実力が発揮できるかどうかは、ルール次第・審判次第といわれる。

　徒競争や水泳などの個人競技は、速く走れるか、速く泳げるか、実力を競うものである。しかし、フライングをしたら失格になるし、泳ぎやすいスイムスーツや走りやすい靴でも規程に合わないと失格になる。走ったり泳いだりするうえでのルールが変わってしまったら、実力が発揮できるかどうかも変わってくるであろう。

　また、審判がどのような判断をするのかということの影響も大きい。スポーツ競技はすべての参加者にとって競技規則に則って公平でなくてはならないが、「中東の笛」の事例のように、有利な判定を作為的に行いうる人物が審判として配置され、偏った判定が行われたら、納得のいくものにはならない。

　民事訴訟も、手続保障を尽くせるような環境や配慮がなければ、真実は明らかにならない。原告・被告の双方がベストを尽くせるような手続でなくてはならない。そして、裁判所が公平な判断をするようなものでなくてはならない。民事訴訟法は、スポーツでルールにより選手が実力を発揮できるのと同様に、裁判所（審判）や当事者（選手）の環境（ルール）を整えさせるものであるといえよう。

　生島淳『スポーツルールはなぜ不公平か』（新潮社・2003年）は、グローバル化するスポーツのなかでルールがどのように扱われているか、多くの実例が掲載されているので、こうした事例をもとに考えてみてはどうだろうか。大村敦志『ルールはなぜあるのだろう──スポーツから法を考える』（岩波ジュニア新書・2008年）、林芳紀＝伊吹友秀『マンガで学ぶスポーツ倫理』（化学同人・2021年）もスポーツのルールから法律や倫理を考えるものになっている。

（4）民事訴訟の基本原則・基本概念

　民事訴訟には、処分権主義、弁論主義、自由心証主義、証明責任、既判力という5つの重要な基本原則・基本概念が存在する。

　処分権主義[18]とは、訴えを起こす段階で、どのような事項を争い何について判断を求めるのか、原告の請求に裁判所が拘束されることである。判決によらずに訴訟を終了させることもできる。裁判所は、当事者の申し立てた請求を超えた内容の判断をすることはできない（民訴法246条）。

　弁論主義[19]とは、審理の段階で、訴訟の主導権が当事者側にあるとする考え方である。裁判所が勝手に主張をねじ曲げたり証拠を集めたりして判断してはならない。あくまで、当事者が主張し提出した証拠に基づき裁判所が判断を下さなくてはならない。これは、**私的自治の原則**[20]の考え方に基づく。

　もちろん、例外もある。私的自治よりも真実発見が優先される家族に関する紛争場面（人事訴訟）では、**家庭裁判所の調査官**[21]が調査をすることで、裁判所がよりよい解決の判断材料を収集することができる。これを職権探知主義という。また、原告と被告との間の議論のなかで、当事者の主張内容が不明瞭な場合、裁判所は、訴訟関係を明瞭にするために、当事者に対して問いを発し、立証を促すことができる。これを**釈明**[22]といい、裁判所の義務にもなっている（民訴法149条）。

　自由心証主義とは、事実を判断する段階で、口頭弁論の全趣旨や証拠調べの結果を、裁判官の自由な心証に従って評価することを認める考え方である。民事訴訟では、あらゆるものに対し**証拠能力**[23]を認めており、裁判官が自由に**経験則**[24]を用いて心証形成して判断することができる。

　証明責任[25]とは、事実を判断する段階で、自由心証主義によっても、裁判官が事実の有無を判断できない場合に（ノン・リケット）、その事実の存否について当事者のどちらか一方を不利に擬制することである。民事訴訟では、証明責任を負う者が証明活動を行い、証明責任を負わない者がその活動を妨げる（真偽不明に陥らせる）という構造になっている。

---

[17] **手続的正義**　正しい結果についての独立の基準はなく、その代わりに、手続が遵守される限り、その結果がいかなるものであれ、どれも正しいあるいは公正であると判断する考え方。

[18] **処分権主義**　「訴えなければ裁判なし」あるいは「不告不理の原則」とも表現される。第6章[34]も参照。

[19] **弁論主義**　弁論主義の内容は、①裁判所は当事者の主張しない事実を裁判の資料として採用してはならない、②裁判所は当事者間に争いのない事実は、そのまま裁判の証拠として採用しなければならない、③当事者間に争いのある事実を証拠によって認定する際には、必ず当事者の申し出た証拠によらなければならない、という3つの原則の集合体として理解されている（3つのテーゼ）。

[20] **私的自治の原則**
▶第2章[32]参照。

[21] **家庭裁判所の調査官**
▶第6章コラム㉑参照。

[22] **釈明**　不明瞭な主張に対し裁判所がそれを問いただす消極的釈明と当事者が必要な主張を行っていない場合に裁判所が促す積極的釈明がある。これをしすぎると当事者間の公平を害することにもなる。

[23] **証拠能力**　証拠として用いることのできる資格のこと。民事訴訟での扱いは、自白や伝聞証拠が制限を受ける刑事訴訟と異なる。第14章[41]も参照。

[24] **経験則**　間接事実（主要事実の存否を経験上推認させる事実）から主要事実（法規の構成要件に該当する事実）を認めること。たとえば、契約書が存在していれば、その書面から契約があったことを推認できる。

[25] **証明責任**　各当事者は、自己に有利な法律効果の発生を定める基礎となる法律要件事実について証明責任を負うことになる（法律要件分類説）。

しかし、**証拠の偏在**[26]があり、被告が証拠を隠したり破棄してしまった場合には、原告の証明が困難になる。その場合も当初の証明責任を負う者にその負担を負わせるのは適切ではないため、**証明責任の転換**[27]により、反対当事者に証明責任を負わせる場合もある。

　既判力とは、判決後の段階で、確定判決に付与される通用力・拘束力のことである。裁判を通じて明らかになった当事者間の法律関係は、その後の裁判所の判断の前提にもなる。つまり、判決によって定まった当事者間の権利・法律関係は、蒸し返しが禁止され、これと矛盾する裁判を禁止する。

　この既判力は、口頭弁論終結時を基準に、訴訟当事者のみに効力が及ぶ。そして、判決主文を対象とし、判決理由中には及ばない。なぜなら、判決主文は、当事者の申し立てた権利・法律関係の存否の判断であり、その部分のみに拘束力をもたせることで、攻撃防御も集中でき、不意打ちの結果も生じないためである（例外として、民訴法114条2項の相殺の抗弁がある）。

（5）判決後の紛争解決実態

　裁判所が判決を出すことで、紛争は解決するかのようにみえる。しかし、貸金を返せという判断が出たとしても、所持金がない場合、その判決は絵に描いた餅になってしまう。判決が出るということは、権利の存在を公的に認めたことを意味し、**債務名義**[28]と呼ばれる国家による権利のお墨付きをもらうことにすぎない。しかし、この債務名義を得ることにより、その者のもつ財産（不動産や動産など）への**民事執行**[29]（強制執行）が可能になり、権利の実現につながる（**図表12-2**）。

　もっとも、裁判の途中で敗訴の可能性が高まったとき、財

図表12-2：民事訴訟前後の流れ

〈民事保全手続〉	→	〈民事訴訟手続〉	→	〈民事執行手続〉
例：強制執行に備えて貸金債権を保全する。		例：貸金債権の存在を認めてもらい、強制執行の手段を得る。		強制執行によって貸金債権を回収する。

[26] **証拠の偏在**　刑事裁判では検察に捜査権限があるため、被告人の家宅捜索などが可能だが、民事裁判では相手方のもつ証拠の提出を義務づけることが難しい。

[27] **証明責任の転換**　たとえば、自動車事故の場合、加害者が自らの無過失を証明しなければ免責されないという形で、被害者の証明責任が加害者に転換されている（自動車損害賠償保障法3条）。

[28] **債務名義**　確定判決（民事執行法22条1号）のほか、仮執行宣言付判決（同条2号）、仮執行宣言付支払督促（同条4号）、執行認諾約款付公正証書（同条5号）、確定した執行判決のある外国裁判所の判決（同条6号）など。

[29] **民事執行**　金銭執行（不動産執行、動産執行、債権執行）と非金銭執行に分かれ、それぞれの手続が法定されて、基本的には、差押え、換価、満足の3段階で権利を実現する。

産を第三者に売り渡したりする可能性もある。そこで、**民事**
保全[30]により、相手方の財産を処分できなくするなどして、勝
訴判決に基づく強制執行をしたときに権利を実現できるよう
にする必要がある。

　しかし、裁判において最も困る反論（言い訳）は、「そんな
ことを言っても、手元にお金がない」という手元不如意の抗
弁と呼ばれるものである。勝訴判決を得て強制執行を行って
も、お金がなかったり相手方が**倒産**[31]してしまうと、貸したお
金の回収は不可能になってしまう。

　そこで、**ADR**[32]と呼ばれる裁判外紛争解決制度が有効であ
る。裁判所の民事調停のほか、弁護士会や司法書士会、行政
書士会などの資格ごとのADR、交通事故や消費者、労働など
の分野ごとのADRもある。そこでは、**仲裁**[33]や**調停**[34]など、裁
判以外の方法により柔軟な解決方法を模索することができ
る。裁判の場合、原告の請求を認めるか否かの判断になるが、
ADRの場合、謝罪など救済を求める側の要望も取り込むこと
ができる（**図表12-3**）。また、たとえば、分割払いにしたり、
債務の一部を免除するなど、相手側の合意をとりやすくする
ことで履行しやすい条件が整うことにもなる。裁判所も審理
の途中で和解を勧試し、訴訟上の和解を結ばせることもでき
る。

図表12-3：訴訟とADRの違い

	訴訟	ADR
手続の性格 （手続の開始要件）	強制的権限の行使 （相手方の応訴義務あり）	当事者の合意重視 （相手方の同意必要）
手続主体	裁判官	判断者（民間人でもよい）
公開	公開	非公開
証拠収集	弁論主義	職権探知主義
紛争処理基準	実体法に基づく	実体法、条理に基づく
不服申立て	控訴・上告	なし
履行確保	債務名義として強制執行 可能	場合による（様々な条件 をつけて履行しやすくで きる）

[30] **民事保全** 金銭債権の保全のための仮差押え、現状を固定したり一定の地位を仮に認めさせる仮処分（係争物に仮処分、仮の地位を定めうる仮処分）に分かれ、それぞれ権利を主張する者に暫定的に一定の機能や地位を認める。

[31] **倒産** 破産（破産法）や特別清算（会社法）のような清算型と民事再生（民事再生法）や会社更生（会社更生法）のような再生型がある。このほかに債務者と債権者が任意に裁判外で協議をして債務者の財産関係を整理する私的整理もある。

[32] **ADR** Alternative Dispute Resolution の略。裁判所（民事調停など）、民間団体（交通事故紛争処理センター、弁護士会の紛争解決センターなど）、行政機関（労働委員会、公害等調整委員会、消費生活センターなど）のそれぞれがADRを実施している。

[33] **仲裁** 紛争処理を私人である第三者（仲裁人）の判断に委ねる旨の合意に基づいて行われる手続のこと。

[34] **調停** 調停人のもとで、話合いにより、お互いが合意することで紛争の解決をはかる手続のこと。

➡ 2 事例で考える民事手続の実際

民事訴訟法の概念は抽象的でイメージしにくい。そこで、4つの事例を通して、訴えを起こす段階、審理の段階、判決後の段階に分けて、民事訴訟の視点を説明しよう。

（1）基本型──自転車事故の民事訴訟

❶ **訴えを起こす段階：主張立証の必要性**　民事紛争は、いつどこで発生するかわからない。そのなかでも、身近で起こりうる紛争が交通事故である。交通事故のなかでも、自転車事故が増加しており、被害者にも加害者にもなる危険がある。自転車に乗って道路を走っていたとき、対向して走ってきた自転車が自分の自転車に衝突してきたため、転倒してケガをしてしまった場合を考えてみよう。この場合、被害者は自分で加害者は相手方である。

通常は示談（話し合い）により解決がはかられるが、ケガの具合がひどく、入院が必要になったり、後遺症が出てしまうような場合には、示談では解決できないかもしれない。

そこで、裁判となると、被害者が原告となり、加害者を被告として相手取り、訴訟提起をすることになる。しかし、相手方が「よそ見をしていたのはオマエの方で、自分には責任はない」と開き直るような主張をしてきた場合はどうだろうか。相手方もケガをしているような場合、**反訴**を請求する場合もある（そうなると、被害者のはずが加害者のように扱われてしまう）。

訴訟提起をする場合、法的な根拠は、不法行為（民法709条）に基づく損害賠償請求であり、これが訴訟物となる。不法行為が成立するためには、①行為者の故意または過失、②権利侵害、③加害者の行為と損害の間の因果関係、④損害の事実といった要件が必要となるため、被害者がこれらを主張立証しなくてはならない。

損害があるといっても、人身損害の場合、財産的損害（治療費、介護費、逸失利益）や精神的損害（慰謝料）などのうち、どれをいくら請求するのかも決めなくてはならない（損害額

[35] **反訴**　被告が原告に対して、提訴された係属中の訴訟手続を利用して提起する訴えのこと。提訴を契機に関連紛争の解決を求めるもので、被告における処分権主義の現れといわれる。

図表12-4：損害一覧

人身損害	財産的損害	積極損害	治療費、付添看護費、通院交通費・宿泊費、医師への謝礼、装具・器具等購入費、家屋・自動車等改造費、調度品購入費、葬儀費、弁護士費
		消極損害	休業損害
			後遺障害による逸失利益
			死亡による逸失利益
	精神的損害	傷害	傷害慰謝料（入通院慰謝料）
		後遺障害	後遺障害慰謝料
		死亡	死亡慰謝料
物的損害	財産的損害	積極損害	修理費、買替差額、登録手続関係費、評価損、代車使用料、雑費、積荷その他の損害
		消極損害	休車損、営業損害等
	精神的損害		（原則として認められない）

に応じた訴訟費用がかかる）（**図表12-4**）。どれを請求するのか、原告が自由に決めることができるが、処分権主義に基づき、原告の請求以上に損害があると裁判官が考えても、その認定はできない。

❷ 審理の段階：証拠の提出　裁判官は、事件の一部始終を見ているわけではないため、当事者は証拠を集めなくてはいけない。処分権主義、弁論主義などの考え方のとおり、裁判所が勝手にわかってくれるわけではない。たとえば、過失があるというためには、現場の状況や相手方の自転車のスピードなどがわかる客観的な証拠が必要となる。警察の現場調書、防犯カメラ、目撃者の証言などを集めなくてはならない。

　一方、証明責任は原告にあるからといって、被告は何もしなくてよいわけではない。原告の主張立証が成功したら被告は敗訴してしまうため、自ら責任がないことを示す防御の立証をしなければならない。

❸ 判断後の段階：債権回収の必要性　当事者が主張立証をすることで、裁判所は被害者の損害の事実と加害者の責任を認める判決を下したとしよう。もし、相手方がその判決に不服がある場合には、控訴をして、控訴審で再度主張ができる。上告審（最高裁）もあるが、判断の前提となる事実は高裁までの認定に基づく。

判決が確定した場合、認められた損害額を実際に手に入れるためには、判決という債務名義をもとに強制執行を求めなくてはならない。もし、相手方が会社員だった場合には、不動産や動産のほか、給料（債権）を差し押さえることができるが、差押えができない財産（**差押禁止動産**[36]・**差押禁止債権**[37]）もある。めぼしい財産がない場合や**自己破産**[38]した場合には、判決があったとしても事実上、回収は不可能となってしまう。

このように、裁判がすべてを解決してくれるわけではないことからすると、裁判を始める前の段階で、交通事故紛争解決センターなどの ADR を頼ったり、月に数万円を分割で払ってもらうための交渉をするなど、実現可能な方法を考えておく必要があったかもしれない。また、こうした事故が起きないような自転車の法規制や被害者救済のための**保険制度**[39]など、社会全体での未然防止対策も必要となろう。

（2）特殊型①──インターネット上の名誉毀損の仮処分と民事訴訟

❶ 訴えを起こす段階：相手方の特定のための手続　自転車事故の場合は、加害者が「見える」ために、紛争解決は進みやすい。では、**はじめに**で提示したようなインターネット上の名誉毀損の場合、どのように裁判をするかを考えてみよう。

ここでも、被害者が原告となり、加害者を被告として、その書き込みの削除請求や不法行為に基づく損害賠償請求の訴訟提起をすることになる。しかし、インターネット上の名誉毀損は、加害者が不明の場合が多い。日本の民事訴訟は、被告を匿名のまま訴訟提起することはできない。

そこで、民事訴訟を提起する前に、**発信者情報開示請求**[40]をプロバイダ会社にすることで、加害者の氏名や住所を明らかにする。そして、加害者が明らかになったうえで改めて民事訴訟をすることになる。発信者情報開示請求は、迅速な対応が必要であることから、民事保全手続を用いることで迅速な救済が得られる。

❷ 審理の段階：民事訴訟と民事保全　民事訴訟は口頭弁論を行い、当事者が主張と反論をするなかで、事実が証明され

[36]**差押禁止動産**　債務者等の最低生活の保障として、標準的生活費2か月分（66万円）や生活に不可欠な家財道具などの動産は、差押えが禁止されている（民事執行法131条）。過去、テレビやエアコン、ベッドなどの差押えは、任意弁済を迫る手段として利用されていたが、今日、生活必需品は差し押さえない運用になっており、債務者に必要以上の苦痛を与えるのを避けている。

[37]**差押禁止債権**　標準的な世帯の必要生計費（月額33万円）を勘案して、その額を超える部分しか差押えはできない（民事執行法152条）。生計の維持など債務者の生存権を守るための規定である。

[38]**自己破産**　破産者の再起をはかることが必要との政策的考慮として、破産者が法定の免責不許可事由（破産法252条1項）のいずれにも該当しない場合には、裁判所は免責許可決定を出し、破産者は清算した以上の債務の負担を負わない。

[39]**保険制度**　自動車の場合、強制的に保険に入る制度がある（自賠責）。自転車には強制的な保険はないが、自治体によって保険への加入が義務づけられている地域もある。自転車の場合、TSマーク保険があり、青色マーク（第一種）と赤色マーク（第二種）で賠償内容が違っている。

[40]**発信者情報開示請求**　被害者は、①情報の流通によって権利が侵害されたことが明らかであること、②損害賠償責任を追及する場合等の正当な理由があるときには、プロバイダ等が現に保有する情報の開示を請求する権利がある（プロバイダ責任制限法4条）。なお、2021年にプロバイダ責任制限法上の開示請求をやりやすくするための改正が行われている。

る。しかし、民事保全手続（ここでは**仮処分**）では、緊急性や
密行性が認められる場合、口頭弁論を開かなくてもよい。被
保全権利（保全すべき権利）が認められ、かつ保全の必要性
（いま措置をとらないと将来の強制執行が不能もしくは著しく困難
になるおそれなどがあること）があると認められた場合、仮の
救済がはかられる。通常の民事手続の場合は「証明」が必要
であるが、保全手続の場合は、いちおう確からしいという程
度の事実蓋然性でよいとされる「疎明（そめい）」でよい。書き込みの
削除は仮処分で実現されることが多いが、訴訟で求めるもの
と同じ結果をもたらすことから、「満足的仮処分」と呼ばれ
る。もっとも、損害賠償のためには、仮処分で明らかになっ
た事実を用いて、改めて民事訴訟を行い、不法行為などの審
理を行うため、二度手間になってしまうという問題もある。

❸ 判断後の段階：認められる賠償額とかかる費用の落差

権利侵害が認められたとしても、そこでの費用は裁判所が認
定した額にとどまり、多くの名誉毀損の場合、50万円程度が
相場となっている。日本には、アメリカの**懲罰的損害賠償**の
ように、実損害額を超える賠償は認められていない。そうな
ると、費用倒れになってしまう可能性が高く、裁判ができる
としても二の足を踏むことになろう。被害があっても、相手
方が悪質であっても、裁判として成立するためのハードルが
あるうえに被害救済にも限界があるという課題が残っている。

（3）特殊型②──知的財産侵害の民事訴訟

❶ 訴えを起こす段階：裁判管轄と企業秘密の保持　研究開
発には莫大な費用がかかる。多額の費用をかけて製品を開発
する分、特許をとり、製品化し市場に出すことで、時間をか
けてその費用を回収することになる。しかし、もしライバル
企業がその製品を模倣し、特許料の支払いなく市場に出して
儲けていた場合、費用の回収ができなくなってしまう。では、
どのような対応をとるべきだろうか。

　知的財産は国際的な競争が激化している。そうなると、国
際的な企業間での紛争が起こる可能性が高い。その場合、日
本と相手国のどちらで裁判を行うのかという国際裁判管轄の

[41] **仮処分**　権利関係の確定
の遅延による現在の著しい損害
または急迫の危険を避けるため、
争いのある権利関係について認
められる暫定的な処分。

[42] **懲罰的損害賠償**　実質的
な損害への賠償とは別に、加害
者に制裁を加える目的の賠償も
認める制度のこと。79歳の女性
が、ドライブスルーでコーヒーを
注文し、膝の間に挟んだところ、
誤って膝にこぼしてやけどを負っ
た事件で、16万ドルの填補賠償
額に加え、コーヒー売上高の2
日間分に相当する270万ドルの懲
罰的損害賠償額の支払いを命じ
られたマクドナルド・コーヒー事
件が有名である。なお、この裁
判は陪審員裁判であったため、
第一審の裁判官は懲罰的損害賠
償額を48万ドルに減額し、合計
64万ドルになった。そして、そ
れ以下の額で和解するに至って
いる。

問題が発生する。日本の企業や個人だから当然に日本で裁判ができるというわけではなく、「事案の性質、応訴による被告の負担の程度、証拠の所在地その他の事情を考慮して、日本の裁判所が審理及び裁判をすることが当事者間の衡平を害し、又は適正かつ迅速な審理の実現を妨げることとなる特別の事情があると認めるとき」には、相手国で裁判をすることになる（民訴法3条の9）。

　訴訟を提起する場合、模倣された企業が原告となり、模倣したライバル企業（権利侵害者）に対して提訴することが考えられる。その際、その模倣によってどれほどの損害額が出たのかという立証は、「もしも」の世界であり、立証は困難である。こうしたことに備えて、**損害額の推定**[43]が法律上認められている。この場合、特許権侵害に基づく損害賠償請求が訴訟物となる。しかし、ライバル企業が製品を安く売り続けていた場合、その間、自社製品は利益を失い続ける。そうなると、ライバル企業の製品の販売の差止請求も同時にする必要がある（**請求の併合**[44]）。

　ところで、裁判で真実を明らかにし公平な判断をするためには、企業の秘密事項も知る必要がある。しかし、裁判のなかで、企業秘密が漏示してしまっては大きな損害となってしまう。公開法廷で行われるために秘密が一般に漏れてしまうのを恐れて裁判をあきらめるのは問題である。そこで、知的財産訴訟ならではの特則が、特許法等に用意されている。たとえば、命令を受けた者以外の者に秘密を開示してはならないとする**秘密保持命令**[45]の制度がある。

　❷ **審理の段階：専門技術的事項の判断**　審理において、当事者はそれぞれの主張立証を行うが、その製品が模倣されたといえるかどうか、権利侵害の判断は困難といえる。なぜなら、裁判官は法的な判断をする前提となる専門技術的事項の知見をもっていないからである。当事者による説明で理解できる部分はあるとしても限界がある。そこで、特許訴訟の場合、第一審を東京地裁もしくは大阪地裁に限定し（専属管轄）、知財専門部の裁判官が事件を担当する。そして、第二審を**知的財産高等裁判所**[46]に限定し、専門訴訟に対応できる環境を整

[43] **損害額の推定**　通常は「侵害行為が無ければ権利者が得られたであろう利益の額」が損害額であるが、「侵害者の譲渡数量×侵害者の単位当たり利益」や「侵害者が得た利益」等を損害額として推定できる（特許法101条1項以下）。

[44] **請求の併合**　請求が複数ある場合、1つの訴訟手続で適切な法的救済を求めること。被告にとっても負担が減少し、裁判所にとっても司法資源の節約になるために認められている。何ら条件をつけることなく判決を求める単純併合、先順位の請求が認容されることを解除条件として、後順位の請求の裁判を求める予備的併合、いずれかの請求が認容されることを、残余請求の審理判断の申立ての解除条件とする選択的併合がある。

[45] **秘密保持命令**　当該営業秘密を保有する当事者が、相手方が秘密を知ることで訴訟以外の目的で使用されたりするおそれがある場合に、訴訟に関わる者に対し、一定の者以外に秘密を開示すると刑事罰が科されるとする命令のこと（特許法105条の4）。将来に類似の技術を開発した場合に、秘密保持命令違反を問われるおそれもまた生じてしまう（コンタミネーション）。

[46] **知的財産高等裁判所**　知的財産権関係訴訟の紛争処理機能の強化等の観点から2005年4月1日に設置された。知財高裁と略称される。

えている。

　また、裁判所の理解を補助する非常勤の裁判所職員である**専門委員**^[47]を置いたり、特別の学識経験や専門知識を報告させる**鑑定**^[48]を用いたりして、裁判所の知識や判断能力を補充できるようにしている。

　❸ 判断後の段階：外国判決の執行　国内での裁判の場合、相手方に対し強制執行をして、権利を実現することになる。一方、裁判管轄が外国になった場合、外国裁判所の判決は日本に影響するのだろうか。

　判決の通用力の及ぶ範囲は国の主権が及ぶ範囲に限定されるのが原則であるが、外国裁判所の判断だからというだけで効力を否定するとなると、反対に、日本の裁判所で勝訴した原告も、相手方が外国にいる場合に日本の確定判決には何ら拘束されず、救済できなくなってしまう。

　そこで、一定の場合、外国裁判所の判決にも日本の裁判所に対する拘束力を認めている（外国判決の承認・執行）。その要件は、①民事事件であること、②確定判決であること、③外国裁判所の管轄があること、④応訴の機会があったこと、⑤公序に反しないこと、⑥相互保証（日本の判決が承認されるならば、日本もその国の判決を承認）があることである（民訴法118条）。これらを満たし、日本の裁判所で強制執行を許す承認の判決（執行判決）が出されることで、執行が可能となる。もっとも、懲罰的損害賠償は、日本の法秩序の基本原則や基本理念に反するために、公序違反として、判決の承認は認められていない（**萬世工業事件**^[49]）。

（4）特殊型③ ── 公害事件の民事訴訟

　❶ 訴えを起こす段階：集団訴訟の意義　通常は、被害者（原告）と加害者（被告）は1対1の関係にある。しかし、企業の行動によって公害が発生し、多くの被害者が生まれることもある（**四大公害事件**^[50]など）。公害の場合、被害者は自分の体に異変を感じたとしても、その原因が判明するためには科学的な調査が必要となり、すぐには結果がわからないことも多い。裁判をしたとしても、責任が認められるか予測できず、

[47] **専門委員**　判断のためではなく、充実・迅速な審理のために配置される専門的知見をもつ者。

[48] **鑑定**　学識経験者に当該事件についての意見を求めること。鑑定人として選ばれた者には鑑定義務が生じる。鑑定が行われたとしても、出てきた鑑定結果を評価するためには、それだけの専門的知識が必要となるという鑑定のジレンマという問題も生じる。

[49] **萬世工業事件**　アメリカに進出して活動していた日本会社が、アメリカの裁判所において損害賠償訴訟の被告となり、高額の懲罰的損害賠償金の支払いを命じられ、その判決に基づき、アメリカの原告が日本にある財産に対し執行を求めた事件（最判平成9年7月11日民集51巻6号2573頁）。

[50] **四大公害事件**　高度経済成長期の日本各地で起こった公害のうち、水俣病（熊本県）、第二水俣病（新潟県）、イタイイタイ病（富山県）、四日市ぜんそく（三重県）のこと。どの事件も被害発生後、企業が責任を否定したため、被害者が裁判によって責任追及をし、裁判所が企業の責任を認め、被害救済等の対策へとつながった。

時間もかかる（多くの公害訴訟では地裁判決まででも5年以上かかっている）。裁判費用の面でも、一人ひとりが裁判を起こすことは難しい。

　そこで、多くの場合、原告団・弁護団を結成し、**集団訴訟**[51]を提起する。1つの訴訟で多くの被害者を救済できるとともに、判例の統一性をはかることもできる。そして、集団訴訟の意義は、訴訟としての効率性に加え、多くの者が被害を受けていることを世間に伝えるアピールにもなる。

　公害訴訟は、被害者たちが原告となり、加害企業を被告とする不法行為に基づく損害賠償請求のほか、その企業の活動を放置した国を被告として、国家賠償請求を提起することもある。一方で環境破壊を防ぐ観点から、**消費者団体訴訟**[52]のように、環境団体が公益のために行う訴訟（環境団体訴訟）ができるような制度も検討されている。

　❷ 審理を行う段階：科学の専門的事項の判断　公害訴訟でも専門的事項が問題になる。被害者は因果関係の立証において、発生源と汚染経路を確定し、被害発生の科学的メカニズムを明らかにする必要があるが、その立証は容易ではなく、証拠も限られている。加害企業が内部資料を出さない以上、立証ができず、証明責任の考え方により、原告は勝つことができなくなってしまう。そこで、文書提出命令により、被告のもっている資料を裁判所に提出させるなど、証拠の偏在（▶本章[26]）を是正するための方法が用いられている。

　また、立証軽減のための法理が用いられることもある。たとえば、原因物質、汚染経路を原告が立証すれば、原因物質の生成過程は事実上推定され、加害企業（被告）がそのような物質を工場から排出していないことを立証しなくてはいけないとした**門前到達論**[53]がある。

　❸ 判断後の段階：和解による解決　公害訴訟の場合、裁判ですべて解決するわけではない。なぜなら、裁判を行っていない被害者が多数存在しているからである。裁判はあくまでも個別の紛争解決にすぎない。しかし、裁判を通して当事者が争うことで、争点を明確にするとともに、当事者間で共通となる事実を明確にすることにもなる。そして、裁判を通じ、

[51] **集団訴訟**　数人の原告または数人の被告が関与する訴訟（共同訴訟）。通常共同訴訟と必要的共同訴訟がある。通常共同訴訟は、単純な共同訴訟であるが（公害の場合など）、必要的共同訴訟とは、共同訴訟人ごとに異なる内容の判決となることが許されず、合一確定が要求される共同訴訟である（遺産分割の場合など）。

[52] **消費者団体訴訟**　内閣総理大臣が認定した消費者団体が、消費者のために事業者に対して差止めや損害賠償訴訟をすることができる制度。訴訟コストの問題から消費者が泣き寝入りになることを防ぐため、消費者団体が代わりに訴えを起こす仕組みが創設された。受験不正（女子差別の入試）をした東京医科大学等に対する受験料等返還訴訟（東京地判令和2年3月6日裁判所HP）もこの仕組みを用いた。

[53] **門前到達論**　新潟水俣病の事件で用いられた法理。被告である事業者がすでに工場を撤去してしまい、原告の立証は不可能になってしまったため、この考え方を用いることで、裁判所は原告の被害救済をはかった（新潟地判昭和46年9月29日判時642号96頁）。

問題解決に向けて裁判所を介して双方が検討を重ねることにより、和解による納得した解決に結びつくことにつながる（裁判のフォーラム形成機能）。

　過去の公害訴訟では、裁判過程や裁判所の判決を契機に、当事者間の話し合いや政治的な判断が進み、解決がはかられたこともある。そうした**和解による解決**[54]（被害救済や環境回復）は、原告側からすると、裁判では勝ち取れない要求（謝罪や将来に向けた対応など）が実現できることになり、大きな意味がある。

[54] **和解による解決**　大阪国際空港訴訟（最大判昭和56年12月16日民集35巻10号1369頁）では、裁判自体は訴え却下で終わったものの、その後の交渉を経て、約13億の賠償や高裁で認められた午後9時以降の飛行禁止の措置を継続することを確約する和解が成立している。

コラム㊻　判決を契機とする政治主導による解決

　アスベスト訴訟は、アスベスト（石綿）工場の周辺住民にアスベスト疾患が発生していることが報じられ社会問題化し（クボタショック）、工場労働者や建設現場の労働者が訴訟を提起したものである。石綿健康被害救済法は、2006年3月に施行され、これに基づき、石綿による健康被害を受けた者およびその遺族に対し、各種救済給付が行われていたが、不十分なところもあった。先行して、工場労働者による訴訟が提起され、国の責任が認められた（最判平成26年10月9日民集68巻8号799頁〔泉南アスベスト訴訟〕）。一方で、アスベストの製品を用いた建設現場に従事していた労働者の被害は全国規模に及ぶものの、どの製品を用いたのか、どこで罹患したのかなど、立証が困難なことも多いことから訴訟は長引いたが、最終的に、国および建材メーカーの責任が確定した（最判令和3年5月17日裁判所HP〔建設アスベスト訴訟〕）。

　こうした経緯のなかで、2020年12月14日、最高裁が国の上告を受理しないとの決定を行ったことにより、「与党建設アスベスト対策プロジェクトチーム」における検討が進み、最高裁判決が出た直後の2021年5月18日に、厚生労働大臣と建設アスベスト訴訟の原告団および弁護団との間で基本合意書が締結された。そして、未提訴の被害者への救済策として、判決と同水準の最大1300万円を給付する石綿被害建設労働者給付金支給法が、2021年6月9日に成立した。司法に加えて、政治が動くことで早期の救済へとつながる。

➡ 3 おわりに——民事訴訟の未来

　民事訴訟の基本は、当事者が権利関係の主張立証をし、裁判所がそれに基づき権利の存否を判断するという構造であり、訴え提起・審理・判決という流れで進むというシンプルなものである。しかし、様々な場面（名誉毀損、知的財産侵害、公害など）で様々な問題（被告は誰か、専門的な事項について判断できるか、集団の場合はどうかなど）が起こることを想定し、多くの例外を設けている。このような、基本を理解したうえで、そこで起こる問題とその対処方法を手当てするという思考プロセスは、民事訴訟のみならず、手続を重視する意思決定プロセスの本質といえる。

　最後に、こうした基本が、民事裁判の IT 化や AI 化の議論のなかで変わりつつある状況を指摘しておく。

　これまでの裁判は、法廷で書面のやり取りが中心だった。しかしコロナ禍において、従来の裁判のあり方に対する課題も露呈している（感染拡大による裁判所閉鎖で審理の延期や傍聴の停止が発生）。裁判は国民のためのサービスでもあり、こうした課題に対応すべく**民事裁判の IT 化**[55]が検討されている。裁判をやりやすくすることはサービスを受ける国民の利益にも関わる。

　そして、スポーツの審判が AI に置き換わるかどうかの議論があるように、民事訴訟、特に裁判官や弁護士を AI に置き換えることができるかという議論も登場している（**AI 裁判**[56]）。どのような裁判が求められているのか（中立な AI の判断か、血の通った人間の判断か）、そもそも裁判は何のためにあるのか（真実追求か、当事者の納得か）、裁判の本質が改めて問われている。

　様々な事件を紹介したが、AI やロボットの事故など、新しい民事事件が起きることも予想できるなかで、どのような訴訟手続が被害者救済に適するのか、立証の困難さ（PL 法での対応の限界、AI の判断のブラックボックス問題など）の解消はどうするのか、訴訟に頼らない制度構築（保険や ADR の充実）は可能かなど、手続の観点から、紛争解決のために必要なことを考えていく必要がある。イェーリングの言葉を思い出そう。「*なぜなら、法が実現されるためにはそれが必要だから。*」

[55] **民事裁判の IT 化**　裁判関係書類のオンラインでの提出や、口頭弁論や記録閲覧などの IT（情報技術）化のこと。司法が利用しやすくなる一方で、高齢者を中心に IT に詳しくない利用者へのサービスが問題になる。なお、執行・保全・倒産分野も同時に IT 化が進められている。

[56] **AI 裁判**　ユニヴァーシティ・カレッジ・ロンドン（UCL）等の研究チームは、人工知能（AI）に欧州人権裁判所の司法判断を予測させる実験を行い、予測精度は70％であったとする。機械学習アルゴリズムを用いて裁判文書を自動的に分析し、裁定を予測した。

コラム㊼　歴史をたずねてⅤ──戦前の行政裁判所

　民事訴訟は、私人間の法律関係の確認を目的としている。では、もし相手方が公権力であればどうだろうか。民事訴訟ではなく行政訴訟とよばれる訴訟類型で裁判が行われることが多い。形式的には、行政訴訟も民事訴訟の一類型として考えられているため、ここでは、発展的なテーマとして行政訴訟をめぐる問題を考えてみよう。

　私たちの生活において、生活・社会インフラを担う行政機関は不可欠な存在である一方、ときに行政機関の判断が私たちの権利を脅かすこともある。たとえば、行政機関のミスで既定より多く税金を徴収されたら、本来支払うべき金額との差額を返してほしいと誰もが考えるだろう。現在では、相手方が私人（民事訴訟）・行政機関（行政訴訟）を問わず、法律上の争訟はすべて司法裁判所で扱われる。しかし戦前の行政訴訟は「行政裁判所」とよばれる特別な裁判所で行われた。このとき市民の権利は、行政の前に極めて脆弱であった。

　行政機関の違法な処分に対する人々の権利救済を目的として、行政裁判所はモッセ（▶第8章〔39〕）の草案に基づきドイツ法を継受して作られた。しかし実際のところ、行政裁判所は東京に1か所しか設置されず再審不能、かつ法廷は非公開、訴願前置主義、訴訟提起可能な内容も限定的（国家賠償は対象外）で出訴期間を著しく制限するなど、一般市民が行政機関を相手どって裁判を起こすには非常に使い勝手の悪い制度だった（それが行政側の狙いでもあった）。しかも、行政機関の処分の適正性を司法機関が判断できるようになれば、司法に対する優位を確保できないとする行政側の思惑から、行政裁判所は司法裁判所から分離され行政組織の一部として構成された。

　さらに問題なのは、行政裁判所そのものがより上位の行政権力からの圧迫に無防備で、行政「裁判官」の独立性が乏しかった点である。その意味で、行政裁判所は市民・行政間の法律上の争訟を判断するというより、行政機関の処分を正当化するための機関であったという方が適切であり、市民は行政に対して非対等な関係に晒されていた。

　1947年の日本国憲法の成立に伴い行政裁判所は廃止され、行政事件も通常の司法裁判所の管轄に統合された。とはいえ、戦前に構築された「行政の優位性」は完全に払拭されることなく、現在もなお行政訴訟手続上に影を落としている。行政訴訟の本来の目的である市民の権利救済をめぐり、2000年代以降も司法改革が続けられている。

第13章

刑　法

★おすすめの基本書　亀井源太郎ほか『刑法Ⅰ 総論』（日本評論社・2020年）。刑法総論に関するスタンダードな知識をコンパクトにまとめた教科書。別に各論も公刊されている。

▶▶▶ はじめに

　刑法とは、どのような行為が犯罪となり、それに対してどのような刑罰を科すのかを定める法である。その中心となるのが、1907年4月24日に公布、1908年10月1日に施行された「刑法」である（以下、「刑法典」と呼ぶこととする。特に断りがない限り、条文は刑法典のものを指すものとする）。刑法典は、時代の変化に合わせて幾多の部分改正を重ね、また、1995年には文言の現代用語化が行われ、今日の姿となっている。

　刑法典の1条から72条までは、犯罪と刑罰に関する通則を定めている（この部分を指して総則という）。これに対し、73条以下は、殺人や窃盗などといった個別の犯罪について定めている（この部分を指して、各則という）。犯罪と刑罰に関する規定（以下「刑罰法規」という）は、刑法典のなかだけにあるわけではない。たとえば、自動車運転の際の過失や危険運転等により人を死傷させた場合については、自動車運転致傷処罰法に規定されている。また、薬物犯罪は、主に覚醒剤取締法や麻薬及び向精神薬取締法などの法律に定められている。このような刑法典以外の刑罰法規を「特別刑法」と呼ぶ。刑法典の総則は、特別の規定がない限り、特別刑法に定められている罪にも適用される（8条）。

　犯罪者に対して刑罰を科すことができるのは国家のみである（国家による刑罰権の独占）。犯罪被害者またはその遺族による加害者に対する私的報復は許されていない（たとえば、殺人の被害者の遺族が仇討ちとして加害者を殺害する行為は、現在の法制度においては許されない）。また、刑罰は私的報復の代行で

もない。**被害者の受けた損害の回復**[1]は、原則として、民法の不法行為法（▶第10章8）の役割であり、その実現は民事手続（▶第12章）で行われることが予定されている。それでは、国家が犯罪者に対して刑罰を科すのはなぜであろうか。本章では、まず、日本の刑罰制度の概要とその存在意義について概説する（▶1）。

次に、刑法固有の原則である罪刑法定主義について説明する（▶2）。この原則は、一言でいえば、法律によって国家の刑罰権行使を縛るものである。刑法は、刑罰権の発動の条件と限界を定めることにより、その濫用による恣意的な処罰を防止し、市民の自由を守るものである。

最後に、犯罪とはどのような行為であるかを示したうえで、その一般的な成立要件について概説する（▶3・4）。本書の性格から、個別の犯罪の成立要件についての各論的な説明は行わない。

▰▰▰ 1　刑罰の存在意義

（1）日本の刑罰制度

刑罰については、9条以下に規定が置かれている。9条によれば、刑の種類には、死刑、懲役、禁錮、罰金、拘留、科料および没収がある。このうち、没収は、他の刑と合わせてのみ言い渡すことができる（付加刑。没収以外の刑は、単独で言い渡すことができる）。

死刑とは、文字どおり犯罪者の生命を奪う刑罰である。その執行は、刑事施設内において絞首により行う（11条1項）。懲役、禁錮および拘留は、犯罪者を一定期間刑務所に収容することによって自由を剥奪する刑罰である（12条・13条・16条）。これらを総称して「自由刑」と呼ぶことがある。懲役および禁錮には無期と有期があり、有期刑の上限は20年である（**加重事由**[2]がある場合には上限30年）。懲役と禁錮の違いは、**刑務所内で所定の作業**[3]を義務づけられるかどうかにある（12条2項・13条2項）。しかし、**懲役と禁錮の区別**[4]は合理性を欠く

[1] **被害者の受けた損害の回復**　本文で述べるとおり、被害者の損害回復は原則として民法の役割である。しかし、民事訴訟は被害者やその遺族が（多くの場合、弁護士を訴訟代理人として）起こさなくてはならず、犯罪によって心身にダメージを受けた被害者にとってはこれが大きな負担になることがある。また、犯人の属性によっては、報復に対する懸念から、民事訴訟を起こすことを被害者が躊躇してしまうこともあるであろう。これらへの配慮から、殺人罪や傷害罪などの一定の犯罪にかかる事件においては、その事件を担当した裁判所が、被害者等の申立てに基づき、有罪の言渡しをしたのち、引き続き損害賠償請求についての審理も行い、犯人に損害の賠償を命じることができる制度（損害賠償命令制度）や、犯人が犯罪によって被害者から得た財産を一定の条件のもとで没収・追徴し、これを被害回復給付金として被害者等に支給する制度（被害回復給付金支給制度）などが設けられている。

[2] **加重事由**　懲役刑に処せられた者が刑の終了後5年以内に罪を犯した場合などに刑が加重される再犯加重（刑法56条以下）や、同一人が犯した2個以上の罪が同一の裁判で裁かれる場合において、2個以上の罪について有期懲役または有期禁錮に処すときに、そのなかで最も重い罪の刑の上限が1.5倍に加重される併合罪加重がある（刑法45条以下）。

[3] **刑務所内で所定の作業**　「刑務作業」と呼ばれる。刑務作業の目的は、受刑者の勤労意欲を養成し、また、受刑者に職業的知識および技能を取得させることにより、出所後の円滑な社会復帰を促進することにある。

[4] **懲役と禁錮の区別**　懲役は、多くの犯罪で定められている。これに対し、禁錮が定められている犯罪は少ない。禁錮が定められている犯罪は、主として、政治的信条に基づいて行われることが多い罪（内乱罪、騒乱罪、公務執行妨害罪など）や過失犯である。これらの犯罪に

という批判があり、現在、両者を統合して新たな自由刑を設ける改正が進んでいる。新たな自由刑においては、受刑者の改善更生をはかるため、必要な作業を行わせ、または必要な指導を行うことができることとされる予定である。罰金と科料は、犯罪者から一定の金額を剥奪する刑罰である（15条・17条）。剥奪された金銭は国庫に帰属する。罰金・科料を完納できない場合は、労役場に留置される（18条）。没収は、犯罪に用いられた物や犯罪により得られた物などの所有権を剥奪して国庫に帰属させる刑罰である（なお、刑法典上の没収の対象は物（＝**有体物**）に限定されているため、たとえば犯罪の報酬として得た金銭債権は没収対象とはならない。その不都合を解消するため、麻薬特例法や組織的犯罪処罰法により、没収対象が有体物以外の財産にまで拡大されている）。滅失・費消などにより対象となる物を没収することができない場合には、その物の価値に相当する金額（価額）の追徴を言い渡す（19条の２）。

あたる行為のなかには道徳的に非難されるべき度合いが低いものもあるという理由により、刑務所内での所定の作業が義務づけられない禁錮という刑罰の存在意義が説明されてきた。しかし、犯罪を道徳的な善悪の観点から区別することは合理性を欠く。また、禁錮の適用件数は懲役と比較して極めて少なく、実務上の存在意義も薄れている。

[5] 有体物　固体、液体、気体を指す。

コラム㊽　刑罰と非刑事的処分

　日本における刑罰は、９条に挙げられている７つのみである。たとえば、独占禁止法違反をした事業者に課される課徴金は、一定の金額を強制的に徴収するものではあるが、刑罰ではない。また、条例上の罰則などでよくみられる過料も刑罰ではない（刑罰である「科料」とは読み方が同じであるが、別物であることに注意したい）。

　課徴金や過料などの非刑事的処分は、犯罪に対する法的非難として科される刑罰とは区別される。刑罰は、職業上の資格制限や選挙権・被選挙権の停止にも結びつく点も非刑事的処分とは異なる。一例として、禁錮以上の刑に処せられその執行を終わるまでの者については、選挙権・被選挙権を有しないとされている（公職選挙法11条１項２号）。

（2）刑罰の存在意義

　刑罰は、犯罪者の生命、行動の自由、財産を強制的に奪う極めて厳しい制裁である。国家がなぜこのような強力な制裁を犯罪者に科すことが許されるのかについては古くから議論

があるが、現在のスタンダードな見解は、「応報」と「予防」という観点からこれを説明する。

応報とは、犯罪を行ったことに対する非難である。つまり、犯罪をしたことに対する反動として刑罰を科すことを通じ、犯罪者に対して非難を加えるのである。加えられる非難の程度は、行為がもたらした害の大きさや、それに対する行為者の責任の大小によって変わる。

予防とは、刑罰を科すことを通じた犯罪予防のことを意味する。予防は、さらに2つに細分化できる。ひとつは、**一般予防**[6]と呼ばれるものである。これは、刑法が犯罪に対して刑罰を科すことを告知することにより、市民が犯罪に出ないようにするという意味での予防である。たとえば、199条は、「人を殺した」場合には、「死刑又は無期若しくは5年以上の懲役に処する。」と定めている。合理的な人間であれば、何らかの理由で人を殺したいという衝動にかられたとしても、その代償としてこのような刑罰を受ける可能性があるのであれば、実行するのをやめるであろうというわけである。しかし、現実には犯罪はしばしば起こる。このような場合、国家は犯罪者に実際に刑罰を科すことによって、刑法による刑罰の告知が形だけのものではないことを示すのである。

もうひとつは、**特別予防**[7]と呼ばれるものである。これは、犯罪者に刑罰を科すことにより、その者が再び罪を犯すことがないように矯正することをいう。特別予防の考え方からすれば、科すべき刑の内容・重さを決める際、行為がもたらした害の大きさやそれに対する非難の程度ではなく、再犯の危険性に着目すべきことになる。

現在のスタンダードな考え方は、応報、一般予防および特別予防の観点を総合して刑罰の存在意義を説明する。すなわち、刑罰は犯罪者に対する法的非難であるとともに、犯罪予防を目的として科されるのだとする。ただし、予防の観点を強調しすぎると犯罪によって社会にもたらされた害と釣り合わないほど重い刑が犯罪者に言い渡されるおそれがあるため、言い渡しうる刑の限界は応報によって画されると説明されている（相対的応報刑論）。

[6] **一般予防** 本文のような意味での一般予防は、消極的一般予防とよばれる。これに対し、市民は相互に刑法のルールを守ることを信頼するがゆえに安心・安全に生活を送ることができるのであり、犯罪が行われた場合には犯罪者を処罰することにより、刑法のルールの効力が健在であることを市民に示し、市民間に生じた法秩序に対する信頼の動揺を鎮めるという意味で一般予防を理解する積極的一般予防論も有力である。

[7] **特別予防** 社会一般の市民が犯罪に出ないようにすることを目的とする一般予防に対し、具体的な犯罪者が再犯をしないようにすることを目的とするため、特別予防と呼ばれる。

コラム㊾　裁判で言い渡す刑の決め方

　先ほど引用した199条のように、ほとんどの犯罪においては、科しうる刑罰は一定の幅をもって定められている。これを「法定刑」という。しかし、裁判で言い渡される刑は幅をもったものではなく、たとえば「懲役5年」といった特定の重さのものである。これを「宣告刑」という。

　宣告刑を決めるまでの手順は以下のとおりである。まず、法律に定められた加重事由（再犯加重（56条以下）など）および減軽事由（心神耗弱に基づく減軽（39条2項）など。減軽事由には、その事由があるときは必ず減軽しなければならないもの（必要的減軽事由）と、減軽するかどうかが裁判所の判断に委ねられているもの（任意的減軽事由）がある）に該当しないか、また、酌量減軽（犯罪行為自体に直接関係のある事情のほか、犯人の年齢・境遇・前科、犯罪後の事情その他諸般の事情を考慮して、裁判所の裁量により行うことができる減軽のこと）の余地はないかを確認する。加重または減軽すべき事情があれば、刑法上の定めに従い、法定刑に加重または減軽の修正を加える（68条以下）。このようにして導き出された刑を「処断刑」という。裁判所は、処断刑の範囲内で、生じた被害の重大さ、犯行の動機・態様、被害者やその遺族の被害感情の強弱、被告人の性格や反省の程度、更生意欲などの事情を考慮し、処罰の必要性の高低などの観点から宣告刑を決める。裁判員裁判対象事件（▶第14章4）においては、裁判員は、裁判官とともに、処断刑から宣告刑を導く作業（いわゆる量刑判断）を行うこととなる。

（3）処罰を回避するための制度

　以上のような刑罰の存在意義にかんがみると、応報や一般予防の観点からの処罰の要請が高くなく、また、刑務所に収容するよりも社会内で更生を目指させるのが再犯防止のためになるといえるときは、懲役や禁錮といった刑に処さないのが合理的な場合がありうる。そこで、刑法は、懲役、禁錮および罰金について、一定の条件をみたす場合は、裁判所の判断により、言い渡す刑の執行を一定期間猶予する制度を設けている（執行猶予（25条以下））。

　さらに、刑罰を受けるか否かにかかわらず、被疑者として捜査を受けることや、被告人として裁判を受けること自体も、

その者の社会生活にとって大きな負担になる。比較的軽微な事件については、早期に刑事手続から解放して立ち直りの機会を与えることが合理的なこともあるであろう（もちろん、これに加えて、刑事手続にかかるコストを軽減する目的もある）。このように、事件を通常の刑事手続にのせて処理することを回避することをダイバージョンという。成人の刑事事件の場合、通常、警察→検察→裁判という流れで手続が進む。それぞれの段階で、ダイバージョンのための制度が用意されている。警察段階での**微罪処分**[8]、検察段階での**起訴猶予**[9]などである。また、道路交通法違反については、交通反則通告制度がある。この制度は、道路交通法違反のうち、違反の程度が軽く、悪質性の低い一定の行為については、行政機関の通告に基づく一定の反則金を納めることにより、刑事手続の対象から外すものである。

▶ 2　罪刑法定主義

（1）総　説

　罪刑法定主義とは、いかなる行為が犯罪となり、どのような刑罰が科されるのか（罪刑）は、あらかじめ法律で定められていなければならないという原則をいう。標語的に、「法律なければ犯罪なし、法律なければ刑罰なし」の原則だと表現されることもある。刑法典には罪刑法定主義を定める明文規定は存在しないが、憲法31条にその実定法上の根拠が求められる（後述するとおり、憲法39条および同73条6号も罪刑法定主義の一端を示す規定である）。

　この原則は、理論的には、自由主義的要請と民主主義的要請から根拠づけられる。自由主義的要請とは、罪刑が法定されていなければ、市民はどのような場合に処罰されるのかの予測ができず、行動に委縮効果が生じ、自由が過度に制約されるため、罪刑についてはあらかじめ法定される必要があるというものである。民主主義的要請とは、いかなる行為を刑罰の対象とするかという重大な問題については、国民の代表

[8] **微罪処分**　刑事訴訟法246条本文は、警察が犯罪捜査をしたときは、原則として、速やかに事件を検察官に送らなければならないと定めているが、同条但書は、「検察官が指定した事件については、この限りでない。」としている。これを受けて、犯罪捜査規範198条は、「捜査した事件について、犯罪事実が極めて軽微であり、かつ、検察官から送致の手続をとる必要がないとあらかじめ指定されたものについては、送致しないことができる。」としている。

[9] **起訴猶予**　刑事事件について裁判所の裁判を求める申立てを「公訴」という。公訴を提起することを「起訴」という。起訴は、原則として、検察官のみが行うことができる（刑事訴訟法247条）。犯罪の嫌疑がある場合には常に起訴をしなくてはならないとする立場を起訴法定主義というが、日本の刑事訴訟法はこのような立場をとっていない。同248条は、「犯人の性格、年齢及び境遇、犯罪の軽重及び情状並びに犯罪後の情況により訴追を必要としないときは、公訴を提起しないことができる。」と定めており、検察官は、裁判で有罪の立証ができるという確信を得た場合であっても、本条に基づき、公訴を提起しないことができるのである（起訴便宜主義）。本条に基づき、嫌疑があっても起訴をしないことを「起訴猶予」という。起訴猶予は、嫌疑不十分に基づく不起訴とは異なる。

者によって構成される議会を通じて決められるべきであるというものである。

罪刑法定主義の具体的な内容として、以下の（**2**）〜（**5**）のものが挙げられる。

（2）法律主義

罪刑は法律によって定められなければならない。他の法領域では慣習が法源として認められることがあるが、刑法では、慣習法を直接の根拠として行為を処罰することは許されない（慣習刑法の禁止）。

ここでいう「法律」とは、憲法41条に基づいて国会が制定するものを指す。したがって、行政機関の定める命令・規則によって独自に罪刑を定めてはならない。もっとも、憲法73条の6号は、内閣の職権のひとつとして、「この憲法及び法律の規定を実施するために、政令を制定すること。但し、政令には、特にその法律の委任がある場合を除いては、罰則を設けることができない。」と定めている。これは政令に関する規定であるが、その他の命令（省令等）や規則についても、「特にその法律の委任がある場合」には、罰則を定めることができると解釈されている。ただし、明治憲法下における「命令ノ条項違犯ニ関スル罰則ノ件」という法律のように、「命令ノ条項ニ違反スル者ハ各其ノ命令ニ規定スル所ニ従ヒ二百円以内ノ罰金若ハ一年以下ノ禁錮ニ処ス」という形で刑罰法規の内容を命令に丸投げして委任をすることは、法律主義を潜脱するものであり、許されない（包括委任の禁止）。あくまでも、法律によって委任内容が具体的に示されていることが必要である（特定委任）。

刑罰法規の内容の詳細についての政令等への委任は、たとえば、金融商品取引法や独占禁止法で多用されている。これらの法律において規制の対象となっている事項は専門性が高く、専門的技術的知識を有する行政機関が対応した方が適当な場合があり、また、金融・経済の分野は変化が激しいため、国会よりも迅速な対応が可能な行政機関に細目を委ねた方が合理的なためである。

コラム㊿　委任内容が具体的かどうかが争われた事例

　法律による委任が特定委任の範囲内にとどまっているかが争われた事件として、猿払事件（▶第5章［12］）がある。この事件は、郵便局に勤務する郵政事務官であった者が、衆議院議員選挙に際し、特定の政党を支持する目的をもって、選挙用ポスターを掲示・配布した行為について、国家公務員法102条1項違反の罪に問われたものである。同項は、「職員は、政党又は政治的目的のために、寄附金その他の利益を求め、若しくは受領し、又は何らの方法を以てするを問わず、これらの行為に関与し、あるいは選挙権の行使を除く外、人事院規則で定める政治的行為をしてはならない。」と定めており、これを受けて、人事院規則14-7（政治的行為）第6項は、政治的行為に該当する行為を列挙している。被告人の行為は同項13号に該当するものであったが、裁判では、国家公務員法102条1項による委任が包括委任にあたるのではないかが争点のひとつとなった。これについて、最高裁は、同項が「公務員の政治的中立性を損うおそれのある行動類型に属する政治的行為を具体的に定めることを委任するものであることは、同条項の合理的な解釈により理解しうるところである。」として、「憲法の許容する委任の限度を超えることになるものではない。」とした。「政党又は政治的目的のために、寄附金その他の利益を求め、若しくは受領し、又は何らの方法を以てするを問わず、これらの行為に関与し」という例示があることから、委任の趣旨を読み取ることは可能だということであろう。

　包括委任に該当しないかが問題となる例として、**条例上の刑罰法規**[10]の問題も挙げることができる。地方自治法14条3項は、「普通地方公共団体は、法令に特別の定めがあるものを除くほか、その条例中に、条例に違反した者に対し、2年以下の懲役若しくは禁錮、100万円以下の罰金、拘留、科料若しくは没収の刑又は5万円以下の過料を科する旨の規定を設けることができる。」と定め、地方公共団体に一定の限度で刑罰法規を制定する権限を認めているが、その内容は包括的であることから、法律主義に抵触しないかが問題となるのである。この点については、条例は住民の選挙によって選ばれた議員によって組織される地方議会により制定される自治立法で

[10] 条例上の刑罰法規　身近な事例としては、いわゆる「迷惑防止条例」における卑わいな行為の禁止が挙げられる。公共の場所または公共の乗物における痴漢行為は、これにより処罰される（たとえば、神奈川県迷惑行為防止条例3条1項1号）。もっとも、下着の中に手を入れるなどの悪質性の強い事案については、より刑が重い強制わいせつ罪（刑法176条）も成立しうる。

あって、行政機関の制定する命令とは性質を異にし、むしろ国会により制定される法律に類するという理由により、法律主義には反しないと解されている（**最高裁大法廷昭和37年5月30日判決**[11]参照）。

（3）類推解釈の禁止（類推適用の禁止）

　ある法規に規定された事項の意味を法規にない類似の事項に拡充する解釈手法を類推解釈という。このような解釈を施したうえで、ある事項に関する規定を他の類似した事項にあてはめて用いることを類推適用という。私法分野では類推解釈・適用は多用されるが、刑法ではこれを認めては法律主義が骨抜きとなってしまうことから、許されないとされている。たとえば、134条1項は、「医師、薬剤師、医薬品販売業者、助産師、弁護士、弁護人、公証人又はこれらの職にあった者が、正当な理由がないのに、その業務上取り扱ったことについて知り得た人の秘密を漏らしたときは、6月以下の懲役又は10万円以下の罰金に処する。」と定めている。本条について、看護師も医師や薬剤師と同じく医療従事者であるという理由から、「医師」または「薬剤師」に看護師も含まれると解釈するのは、類推解釈にあたり、許されない（ただし、看護師による秘密漏示は、保健師助産師看護師法42条の2により処罰される）。

　しかしながら、日本の裁判所は刑罰法規の文言を柔軟に解釈しており、このルールが遵守されているのか疑わしいという評価もある。たとえば、他人の養魚池の水門板等を取り外して鯉を流出させる行為が、器物損壊等罪（261条）にいう他人の動物の「傷害」に該当するかが争われた事件がある。「傷害」という文言は、動物を殺傷する行為を想起させる。そのため、これを肯定することは、文言の可能な語義の限界を超えており、類推解釈・適用にあたるようにも思われる。しかし、大審院は、これを肯定した（**大審院明治44年2月27日判決**[12]）。その背後には、器物損壊等罪は他人の所有権等を保護しており、「損壊」や「傷害」とは、物理的な損壊に限らず、他人の物（動物を含む）の効用を侵害する行為を指すと解すべき

[11] **最高裁大法廷昭和37年5月30日判決**　刑集16巻5号577頁。

[12] **大審院明治44年2月27日判決**　刑録17輯197頁。

だという考え方がある。学説の大勢は、この判例が類推解釈・適用の禁止に抵触するとは評価していないが、日本の裁判所は規定の文言による縛りよりも結論の妥当性の方に重きを置く傾向があることは否めない。

（4）遡及処罰の禁止

行為後に定められた刑罰法規を遡って適用することは、処罰に対する予測可能性を著しく害し、不公正な不意打ち処罰にあたるため、許されない。憲法39条1文は、「何人も、実行の時に適法であつた行為……については、刑事上の責任を問はれない。」とし、このことを明文で定めている。行為時に違法だが罰則がなかった行為に事後に定められた罰則規定を適用することや、行為後に引き上げられた法定刑を適用することも遡及処罰の禁止に反すると解されている。また、刑法6条は、「犯罪後の法律によって刑の変更があったときは、その軽いものによる。」と定めている。同条に従えば、行為後の改正により法定刑が重くなった場合は行為時の法定刑を適用し、法定刑が軽くなった場合は改正後の法定刑が適用されることになる。このうちの前者は本原則の要請によるものである。

なお、遡及処罰の禁止は、刑事手続に関する規定には及ばない。行為後に犯人にとって不利な方向の改正が行われた場合に改正後の規定を適用しても、憲法39条には反しない。たとえば、2010年に**殺人等の公訴時効を廃止する刑事訴訟法の改正**[13]が行われた際、改正後の規定は、改正法施行時にすでに公訴時効が完成していた事件を除き、施行前の事件にも適用されるとされたが、最高裁は、これを合憲とした（**最高裁平成27年12月3日判決**[14]）。

（5）刑罰法規の適正

罪刑法定主義は、以上のような形式的な要請を超えて、刑罰法規の内容にまで及ぶと解されている。具体的には、罪刑が法律によって定められていたとしても、その内容が著しく適正さを欠く場合には、憲法31条に反するとされている。刑

[13] **殺人等の公訴時効を廃止する刑事訴訟法の改正**　公訴時効とは、犯罪後一定期間が経過することにより起訴が許されなくなる制度のことをいう。刑事訴訟法250条は、犯罪の種類や法定刑の軽重に応じて、公訴時効が完成するための期間を区別して定めている。このうち、殺人罪のように人を死亡させた罪であって法定刑に死刑がある罪については、本改正により、公訴時効の対象から外された（改正前までは25年という期間が定められていた）。つまり、このような罪については、犯罪後にどれだけ期間が経過しても、起訴が可能になったわけである。

[14] **最高裁平成27年12月3日判決**　刑集69巻8号815頁。1997年4月に行われた強盗殺人事件である。行為時点の刑事訴訟法250条1号によれば、強盗殺人罪（刑法240条。法定刑は「死刑又は無期懲役」）の公訴時効期間は15年であったが、起訴されたのは事件から15年以上経過したあとの2013年2月であった。弁護人は、2010年の改正法が、いまだ公訴時効が完成していない改正法施行前に行われた罪に改正後の規定を適用するとしたことは遡及処罰を禁止した憲法39条等に違反すると主張した。これに対し、最高裁は、同改正は行為時点における違法性の評価や責任の重さを遡って変更するものではなく、また、犯人の法律上の地位を著しく不安定にするようなものでもないとして、憲法39条等には違反しないとした。

罰法規の適正が問題となる類型にはいくつかのものがあるが、ここでは明確性の原則のみを取り上げることにする。

　明確性の原則とは、刑罰法規の内容は、具体的状況においてある行為がその刑罰法規によって処罰されるかどうかが読み取れる程度にまで明確なものでなければならないという原則である。本原則に反するかどうかの基準について、判例は、「ある刑罰法規があいまい不明確のゆえに憲法31条に違反するものと認めるべきかどうかは、通常の判断能力を有する一般人の理解において、具体的場合に当該行為がその適用を受けるものかどうかの判断を可能ならしめるような基準が読みとれるかどうかによつてこれを決定すべきである。」としている（**徳島市公安条例事件判決**[15]）。この事件では、当時の徳島市公安条例3条3号が道路における集団行進の許可条件のひとつとして掲げていた「交通秩序を維持すること」という文言が「あいまい不明確」ではないかが問題となった。最高裁は、「本条例3条が、集団行進等を行おうとする者が、集団行進等の秩序を保ち、公共の安寧を保持するために守らなければならない事項の一つとして、その3号に『交通秩序を維持すること』を掲げているのは、道路における集団行進等が一般的に秩序正しく平穏に行われる場合にこれに随伴する交通秩序阻害の程度を超えた、殊更な交通秩序の阻害をもたらすような行為を避止すべきことを命じているものと解される」としたうえで、通常の判断能力を有する一般人であれば、自己が行おうとする集団行進がこのような禁止に触れるようなものかどうかを判断することにさほどの困難を感じることはないはずだとし、憲法31条には違反しないとした。

[15] **徳島市公安条例事件判決**
最大判昭和50年9月10日刑集29巻8号489頁。被告人は、公道上での300名規模の集団行進に参加し、①自ら蛇行行進するとともに、②笛を吹き、両手を挙げて前後に振るなど、集団行進者に蛇行行進をさせるよう刺激を与えたという事件である。①の行為が道路交通法に違反することに加え、②の行為が公共の安寧を保持するために集団行進を行う者が遵守すべき事項として「交通秩序を維持すること」を掲げる徳島市の公安条例（正式名称は、「集団行進及び集団示威運動に関する条例」）3条3号に違反するとして起訴された。なお第2章[49]も参照。

➡ 3　法益侵害・危殆化行為としての犯罪

　刑法は、社会倫理を保護するためにあるのではなく、**法益**[16]を保護するために存在する（法益保護主義）。そのため、刑法は、法益を侵害し、または危険にさらす（危殆化する）行為を犯罪として禁圧している。翻っていえば、犯罪には様々なものがあるが、共通項は、いずれも何らかの法益を侵害し、ま

[16] **法益**　法的に保護すべき利益のことを法益という。権利とは異なる。本文にも出てくるように、個人の権利には還元できない「国家の司法作用」や「文書に対する公共の信用」といった利益も法益に含まれる。

たは危険にさらす（危殆化する）ものであるということである。

犯罪は、保護法益の種類に応じ、国家的法益に対する罪、社会的法益に対する罪、個人的法益に対する罪に分かれる。もちろん、これは大分類であり、国家的法益、社会的法益、個人的法益のなかにも様々なものがある。国家的法益に対する罪の例としては、国家の存立を保護法益とする内乱罪、公務を保護法益とする公務執行妨害罪、国家の司法作用を保護法益とする偽証罪、公務員の職務の公正とこれに対する社会の信頼を保護法益とする**賄賂罪**〔17〕などがある。社会的法益の例としては、文書に対する公共の信用を保護法益とする文書偽造罪、不特定多数人の生命・身体・財産を保護法益とする放火罪などがある。個人的法益に対する例としては、人の生命を保護法益とする殺人罪、人の身体を保護法益とする傷害罪、人の性的自己決定権を保護法益とする強制わいせつ罪や強制性交等罪、他人の財産を保護法益とする窃盗罪をはじめとする**財産罪**〔18〕などがある。

〔17〕**賄賂罪**　収賄罪と贈賄罪を総称して賄賂罪という。収賄罪はさらに細かく分かれ、単純収賄罪（197条1項前段）、受託収賄罪（同項後段）、事前収賄罪（同条2項）、第三者供賄罪（197条の2）、加重収賄罪（197条の3第1項・2項）、事後収賄罪（同条3項）およびあっせん収賄罪（197条の4）がある。

〔18〕**財産罪**　他人の財産を侵害する犯罪の総称。これに分類される犯罪としては、窃盗罪のほか、強盗罪、詐欺罪、恐喝罪、横領罪、背任罪、盗品等関与罪、器物損壊罪などがある。

コラム(51)　刑事立法と法益

犯罪とは、何らかの法益を侵害し、または危殆化する行為でなければならないから、法改正をして刑罰法規を新設し、ある類型の行為を犯罪化しようとする場合には、それにより保護しようとする法益（保護法益）は何かということを説明することが立案者に求められる。保護法益が説明できないとか、不当な保護法益を設定しているとか、保護法益の価値と比較して禁圧方法が厳しすぎるといった場合には、その立法は不当なものと評価されるべきことになる。

いわゆるコンピュータウイルス作成罪（正式名称は不正指令電磁的記録作成等罪（168条の2））を新設する際、保護法益をどのように考えるべきかが問題となった。コンピュータウイルスは他人のコンピュータの機能を害し、またデータ等を破壊するものであるため、人の財産を保護法益とする考え方もありえた。しかし、コンピュータウイルスを作成する行為は、実際に特定の人の財産を侵害し、または危殆化するよりもかなり手前の段階の行為である。そのため、この考え方は、コンピュータウイルス作成の処罰を正当化する論理としては不十分なものであった。そこで、立案担当者は、コンピュータプ

ログラムに対する社会一般の信頼という社会的法益を案出し、これを侵害するがゆえにコンピュータウイルス作成は処罰されるべきなのだという説明をした。このように、法益は、刑事立法の合理性をチェックするための視点を提供するものとして、重要な意義を有する。

4　犯罪の成立要件

（1）総　説

　犯罪は、「構成要件に該当し、違法かつ有責な行為」と定義される。つまり、ある行為が犯罪になるためには、①構成要件に該当し、②違法であり、③行為者に責任があることの3つの要件を充足することが必要である。

　違法とは、形式的には法に違反することであるが、実質的には「法益を侵害し、または危殆化すること」と定義できる。刑法は、そのなかでも類型的に処罰に値するものをピックアップし、カタログ化している（刑法典では、73条以下に犯罪を列挙している）。そのカタログを構成する個々の犯罪の型を構成要件という。罪刑法定主義の原則から、構成要件は、明文の刑罰法規によって示される。構成要件は違法行為を類型化したものであるから、行為が構成要件に該当すれば、その行為は原則として違法である。例外的に違法性を打ち消す事情（違法性阻却事由）がある場合に限り、違法性は認められる（構成要件の違法推定機能）。

　これに対し、③の有責性とは、構成要件に該当し、違法な行為を行ったことについて、行為者を法的に非難しうることである。

（2）構成要件

　❶ **構成要件とは**　すでに述べたように、構成要件とは、法律が定める各犯罪の型である。たとえば、235条（窃盗）は、「他人の財物を窃取した者は、10年以下の懲役又は50万円以下の罰金に処する。」と定めている。このうち、「他人の財物

を窃取した」が、窃盗罪の構成要件にあたる。罪刑法定主義の原則から、構成要件に該当しない行為は、たとえどんなに反社会性が認められても、処罰することはできない。たとえば、**不貞行為**[19]は民法上の不法行為にはあたりうるが、刑法上はどの構成要件にも該当しないので、処罰できない。そのため、犯罪が成立するか否かを判断するための第一のチェック項目として、行為が構成要件に該当するかどうかを判断しなければならないのである。

　構成要件の内容は、刑罰法規の文言を読んだだけでわかるものではない。規定の解釈を通じてその内容をさらに具体化し、明らかにすることが必要である。たとえば、刑法199条（殺人）には、「人を殺した」と書かれているが、胎児と人の区別基準（**人の始期**[20]の問題）や人と死体の区別基準（**人の終期**[21]の問題）を明らかにしなければ、殺人罪の構成要件に該当するか否かの判断に窮することが起こりうる。人の始期の問題を例にとって説明しよう。産科医が分娩室での処置中にミスを犯して「子ども」を死亡させたとする。この場合、死亡の時点で「子ども」が胎児の段階にとどまっていたのか、人の段階にまで達していたのかにより、産科医の罪責は異なる。過失による堕胎は処罰されないが、過失により人を死亡させる行為は処罰されるからである（刑法210条・211条参照）。また、刑罰法規の趣旨や他の刑罰法規との論理的関係などから、文言にはない構成要件要素が導かれることもある（**書かれざる構成要件要素**[22]）。刑法には罪刑法定主義という原則があるが、文理解釈が絶対的なわけでない。同原則の範囲内で、法の解釈の技法（▶第4章**3**）を駆使した解釈が行われるのである。

　❷ 共犯の構成要件・未遂の構成要件　各則の刑罰法規は、通常、行為者が1人の場合を想定している。そのため、ある犯罪が複数人で行われた場合にどのように処理するのかは、各則の刑罰法規を見ただけではわからない。犯罪が複数人で行われた場合（共犯）を想定した規定は、刑法典の総則に置かれている（60条以下）。これが各則の刑罰法規と組み合わさることにより、そこから導かれる犯罪の構成要件に修正が加えられ、複数人によって犯された場合も処罰可能な構成要件

[19] **不貞行為**　不貞行為の定義については、第11章〔40〕参照。

[20] **人の始期**　刑法では、子どもの身体の一部が母体外に露出した時点で「人」になるとされている（大判大正8年12月13日刑録25輯1367頁）。その時点以降、母体を介さずに身体を直接攻撃可能になるからである。

[21] **人の終期**　刑法上、どの時点をもって人の死とするかという問題である。呼吸の停止、心拍停止、瞳孔の散大と対光反射の三徴候によって死亡と判定する三徴候説と、脳幹を含め脳全体の機能が不可逆的に停止した時点とする脳死説がある。

[22] **書かれざる構成要件要素**　一例として、公務執行妨害罪における職務の適法性がある。95条は、「公務員が職務を遂行するに当たり、これに対して暴行又は脅迫を加えた者は、3年以下の懲役若しくは禁錮又は50万円以下の罰金に処する。」と定めており、妨害対象となった職務が適法であったか否かは問わないかのように読める。しかし、違法な公務は保護に値しないため、本罪が成立するためには、職務の適法性が必要だと解されている。

が形成されるのである。日本の刑法には、共同正犯（60条）、教唆[23]（61条）、幇助[24]（62条）という３つのタイプの共犯がある。このうち最も適用件数の多い共同正犯を例にとろう。60条は、「２人以上共同して犯罪を実行した者は、すべて正犯とする。」と定めている。たとえば、ＸとＹが共同して強盗を行うこととし、Ｘが被害者に暴行を加えて抵抗できないようにし、Ｙがその間に被害者の財布を奪い取ったとする。この場合、刑法236条１項[25]と60条を併せて適用することにより、強盗罪の共同正犯として処罰できるのである。

　また、各則の刑罰法規は、「……した」というように過去形で書かれており、その犯罪を遂げたこと（その犯罪の構成要件の完全に実現したこと）を想定している。しかし、犯罪を遂げなければ常に処罰されないわけではない。刑法典の総則には、未遂罪に関する規定がある（43条・44条）。これらの規定によれば、ある犯罪の実行に着手してこれを遂げなかった者は、その犯罪に未遂罪処罰規定がある場合には、未遂罪として処罰されることになる（ただし、刑は減軽されうる）。たとえば、殺人罪（199条）には未遂罪処罰規定がある（203条）。199条と203条をあわせて適用することにより、殺人の実行に着手してこれを遂げなかった者を殺人未遂罪として処罰することが可能となる。これに対し、実行の着手に至らない段階の行為（予備および陰謀）は、刑法典上は、極めて例外的にしか処罰されない。

[23] **教唆**　他人を唆して犯罪実行の決意を生じさせる行為のことをいう。

[24] **幇助**　他人による犯罪実行を心理的・物理的に援助する行為のことをいう。

[25] **刑法236条１項**　「暴行又は脅迫を用いて他人の財物を強取した者は、強盗の罪とし、5年以上の有期懲役に処する。」

コラム㊼　テロ等準備罪

　2017年の組織的犯罪処罰法の改正により、法定刑に長期４年以上の懲役または禁錮が定められている罪のうち、組織的犯罪集団が実行を計画することが現実的に想定されるものについて、厳格な要件のもとに計画段階の行為を処罰することを可能とする規定が設けられた（組織的犯罪処罰法６条の２第１項。いわゆる「テロ等準備罪」）。本罪が成立するためには、同法が掲げる罪（同項１号・２号）にあたる行為が、①組織的犯罪集団の活動として、②その行為を実行するための組織により行われるものとして２人以上の者によって

計画され、かつ、③その計画をした者のいずれかにより犯罪実行のための準備行為が行われることが必要である。

「組織的犯罪集団」とは、団体のうち、その結合関係の基礎としての共同の目的が本法律所定の罪を実行することにあるものをいう。ここでいう「団体」とは、①共同の目的を有する多数人の結合体であり、②結合体としての継続性を有し、③指揮命令系統があるもののことを指す（同法2条1項）ことから、単に複数人が集まって犯罪実行を話し合うだけでは、本罪は成立しない。

そのため、本罪が設けられたことによって、計画段階での処罰が原則化したとはいえないであろう。

（3）違法性

構成要件に該当すれば、違法性阻却事由に該当する事実がない限り、行為の違法性は確定する。違法性阻却事由には、正当行為（35条）、正当防衛（36条1項）、緊急避難（37条）がある。

❶ 正当行為　正当行為は、法令行為と正当業務行為に分かれる。法令行為とは、ある犯罪の構成要件に該当する行為が、法令上、許容されている場合である。その法令に定められた要件をみたすときは、刑法35条の法令行為として違法性が阻却される。たとえば、医師による**人工妊娠中絶**[26]は、刑法214条の業務上堕胎罪の構成要件に該当するが、**母体保護法14条の要件**[27]をみたす限りで、法令行為に該当する。正当業務行為の例としては、弁護士の弁護活動や報道機関の取材活動などが挙げられる。たとえば、弁護活動に伴って名誉毀損罪（230条）の構成要件に該当する行為がなされたとしても、それが弁護士としての正当な業務の範囲内であれば、35条により違法性が阻却される。業務であれば何でも許されるわけではなく、行為の目的および手段の相当性の観点などから正当なものといえることが必要であることはいうまでもない。

❷ 正当防衛　正当防衛とは、自己または他人に不正な侵害が差し迫っている状況（「急迫不正の侵害」がある状況）で、その権利を防衛するため、やむを得ずにした行為をいう。たと

[26] **人工妊娠中絶**　母体保護法2条2項は、「この法律で人工妊娠中絶とは、胎児が、母体外において、生命を保続することのできない時期に、人工的に、胎児及びその附属物を母体外に排出することをいう。」と定義している。「生命を保続することのできない時期」とは、妊娠満22週未満のことをいう（平成8年9月25日厚生省発児第122号厚生事務次官通知）。

[27] **母体保護法14条の要件**　都道府県の医師会が指定する医師は、次のいずれかに該当する者に対して、本人および配偶者の同意を得て、人工妊娠中絶を行うことができる。ただし、配偶者がわからないときや、配偶者が意思を表示することができないときなどは、本人の同意だけで足りる。

①妊娠の継続または分娩が身体的または経済的理由により母体の健康を著しく害するおそれのあるもの

②暴行もしくは脅迫によってまたは抵抗もしくは拒絶することができない間に姦淫されて妊娠したもの

えば、突然ナイフで切りかかってきた者に対し、自分の身を守るために、突き飛ばしてけがを負わせた場合がこれにあたる。正当防衛における「やむを得ずにした行為」とは、防衛行為としての相当性をみたすものをいう。防衛行為を行うことが侵害を回避するための唯一の手段である必要はない（その場から逃げれば侵害を回避できたからといって、必ずしも防衛行為が許されなくなるわけではない）。また、防衛行為が相当性を備えていれば、たまたまその行為から生じた結果が避けようとした結果よりも重いものだったとしても、正当防衛は否定されない。「やむを得ずにした行為」の程度を超えた場合には、**過剰防衛**^[28]となる（36条2項）。過剰防衛は違法性阻却事由にはあたらず、刑が減軽または免除されうるにとどまる。

❸ **緊急避難**　緊急避難とは、自己または他人の生命、身体、自由または財産に対して危難が差し迫っている状況で、その危難を避けるため、やむを得ずにした行為のことをいう。たとえば、歩道を歩いていたところ、居眠り運転の自動車が自分の方に向かってきたため、命を守るための唯一の手段として、隣の人を突き飛ばして身を避けた場合がこれにあたる。避難行為によって生じた害が、避けようとした害の程度を超えなかった場合に限り、違法性が阻却される。その程度を超えた場合には、過剰避難となる（37条但書）。過剰避難は違法性阻却事由にはあたらず、刑が減軽または免除されうるにとどまる。緊急避難における「やむを得ずにした行為」とは、避難行為が危難を回避するための唯一の手段であったことをいう。したがって、その場から退避すれば誰の法益も侵害せずに危難を回避できた場合には、緊急避難にはあたらず、違法性は阻却されない。

　正当防衛と緊急避難はいずれも緊急状況下での行為という点では共通する。しかし、正当防衛においては防衛行為によって被害を受けるのが不正な侵害者であるのに対し、緊急避難においては避難行為によって被害を受けるのが不正な侵害者ではない点が異なる。両者の間のこの違いを正当防衛は「正」対「不正」の関係にあり、緊急避難は「正」対「正」の関係にあると表現することもある。法的な観点からみた場合、不

[28] **過剰防衛**　過剰防衛には、急迫不正の侵害に対して「やむを得ずにした行為」の限度を超えた防衛行為をした場合（質的過剰）と、急迫不正の侵害後も勢い余って反撃を継続した場合（量的過剰）の2つのタイプのものがある。

正な侵害を行った者の法益の要保護性は被侵害者との関係では低くなるため、正当防衛の要件は緊急避難の要件と比較して緩やかになっているのである。

（4）責　任

❶ **責任の要素**　責任とは、構成要件に該当し違法な行為を行ったことについて、行為者を非難しうることを意味する。このような意味における責任がなければ犯罪は成立しないという原則のことを責任主義という。たとえば、精神の障害によって善悪の判断がまったくできない状態で行為をした場合や、行為の時点でその行為の違法性をおよそ知りえないといった場合には、その違法行為を行ったことについて行為者を非難することはできず、それゆえに責任がないため、犯罪不成立と考えるのである。被害者視点だけでみた場合には、法益侵害をしたという結果のみを理由に処罰することが妥当であるように感じられるかもしれないが、法益侵害を招いたことについて落ち度がないにもかかわらず刑罰という厳しい制裁を科されることは、行為者視点でみた場合には耐え難いものである。市民一般の視点からみても、自分ではコントロールできない事情による処罰のリスクにさらされることになり、安心して社会生活を送ることも難しくなる。

　刑法上の責任が認められるためには、責任能力があること、故意または過失があること、行った行為の違法性を意識することが可能であったこと（違法性の意識の可能性）、適法行為に出ることを行為者に期待できる状況であったこと（適法行為の期待可能性）があることが必要だとされている。このうち、違法性の意識の可能性または適法行為の期待可能性が欠けるために犯罪不成立になる事例は、実際にはほとんどない。違法性の意識の可能性が欠けるのは、ある行為が適法かどうかについて管轄の官庁に問い合わせたところその行為は適法だという誤った公式回答を得た事例のような、例外的な場合に限られる。これ以外の場面で、人から与えられた誤った情報を信じたというだけで違法性の意識の可能性が欠けることにはならない。適法行為の期待可能性についても、大恐慌や戦

中・戦後の混乱期などの特殊な社会状況においてはこれが欠ける事例も考えられようが、安定した社会状況においてはそのような事例はほとんど想定できない。

❷ **責任能力**　責任能力は、39条1項および41条に該当しなければ認められる。

39条1項の心神喪失とは、**精神の障害**[29]により、事物の理非善悪を弁識する能力（弁識能力）またはその弁識に従って行動を制御する能力（制御能力）を欠く状態をいう（**大審院昭和6年12月3日判決**[30]）。精神の障害があれば即座に心神喪失が認められるのではなく、弁識能力・制御能力のどちらか一方または両方が欠けなければならない。行為時に心神喪失状態にあった場合には、行為者を法的に非難できず、有責性が否定されるため、犯罪は成立しない。39条2項の心神耗弱は、精神の障害により弁識能力または制御能力が著しく減退している状態をいう。非難可能性はゼロにはならないものの減少はするため、刑が減軽される。心神喪失・耗弱の判断権は裁判所にあり、医学鑑定には拘束されない。

精神の障害により規範に従った行動をとることができない状況で違法行為を行った者を処罰することは、法的非難という観点からは意味をなさない。もっとも、これは刑罰を受けないということを意味しているにすぎず、他の法律による強制措置の対象にならないことまでを意味するものではない。本人の意思に反してでも医療的措置を受けさせることが、本人にとっても社会にとってよい場合がありうる。その受け皿として、現行法上、**精神保健福祉法上の措置入院**[31]や、**心神喪失者医療観察法上の強制入院および強制通院**[32]といった制度が用意されている。

41条は、刑事未成年に関する規定である。14歳未満の者については、常に弁識能力または制御能力が欠けるわけではない。しかし、年少者の判断能力の低さに加え、その**可塑性**[33]から刑罰より教育的措置が望ましいことを考慮し、政策的に刑罰による非難を控えたものである。刑罰を科すことは犯罪者としてのレッテルを貼ることでもある。このようなレッテルは、更生を妨げる原因にもなる。また、懲役、禁錮、拘留と

〔29〕**精神の障害**　精神の障害には、たとえば統合失調症やうつ病といった精神病のほか、飲酒や薬物の作用などによる一時的な精神状態の異常も含まれる。心神喪失または心神耗弱の状態で犯罪を行うつもりで（薬物摂取などにより）自ら精神の障害のある状態に陥り、上記状態で犯罪を行う場合のことを「原因において自由な行為」と呼ぶ。「原因において自由な行為」の場合には、心神喪失・耗弱による免責・減責を認めないのが一般的な見解である。

〔30〕**大審院昭和6年12月3日判決**　刑録10巻682頁。

〔31〕**精神保健福祉法上の措置入院**　医療および保護のために入院させなければ精神障害のために自身を傷つけまたは他人に害を及ぼすおそれ（自傷他害のおそれ）があると認められるときに、都道府県知事の命令により、精神科病院に入院させることができる制度である（精神保健福祉法29条参照）。厚生労働大臣が指定した2名以上の精神保健指定医の診察により、自傷他害のおそれが認められることが必要である。

〔32〕**心神喪失者医療観察法上の強制入院および強制通院**　心神喪失または心神耗弱の状態で重大な他害行為（殺人、放火、強盗、強制性交等、強制わいせつ、傷害）を行った者が不起訴処分や無罪などになった場合に、検察官の申立てに基づき、裁判所が、指定医療機関への入院・通院を命じることができる制度である。審判は、裁判官1名と精神保健審判員（必要な学識経験を有する医師）1名からなる合議体によって行われる。合議体は、対象者の精神障害を改善し、これにより対象者が再び同様の行為を行うことなく社会に復帰することを促進するため、この法律による医療を受けさせる必要があるかどうかという観点から、入院、通院または不処遇の決定を行う。

〔33〕**可塑性**　この文脈では、更生しやすさを意味する。つまり、人格の発展途上にあることから、

いった刑に処すと、刑務所で他の受刑者から悪い影響を受け、犯罪者として「成長」してしまうリスクもないとはいえない（いわゆる「悪風感染」の問題）。これらのことを考えたとき、上記のような現行法の立場は決して不合理なものとはいえない。

❸ **故意と過失**　責任主義からは、故意または過失がなければ責任が認められないことが導かれるが、38条1項は、それを超えて、故意犯処罰の原則を定めている。すなわち、同項は、「罪を犯す意思がない行為は罰しない。ただし、法律に特別の規定がある場合は、この限りでない。」とし、原則として犯罪の故意がある場合に限り処罰することを明らかにしている（「罪を犯す意思」と故意は同義である）。過失犯は、法律に特別の規定がなければ処罰できない。刑法典上の犯罪で過失犯が処罰されているものはわずかしかない。ただし、刑法典以外の法律にも過失犯を処罰する規定はある。

　故意が認められるためには、犯罪事実の認識が必要である。かみ砕いていうと、行為の時点で行為者が認識していた事実をスクリーンに投射できたと仮定して、投射された事実が法的に見てある犯罪を構成する事実であったときが、その犯罪の故意を認めるために必要な事実の認識がある状態である。たとえば、XがAを自動車でひき殺したとする。このとき、自動車を衝突させる時点で、Xの頭のなかに「人を殺す」という事実が浮かんでいれば、Xには殺人の故意があることになる。これに対し、XがAの存在に気づいていなければ、Xの頭のなかに「人を殺す」という事実が浮かんでいないから、殺人の故意はない。故意は、犯罪事実を引き起こすことを意欲したり、確実に犯罪事実を引き起こすだろうと認識している場合に限らず、犯罪事実を引き起こす可能性を認識しつつ、それでも構わないとか、仕方ないとして受け容れている場合も含む（未必の故意）。このような心理状態のことを「認容」と呼ぶ。そのため、故意とは「犯罪事実の認識・認容」だといわれる。

　これに対し、過失とは、犯罪事実の認識・認容はないが、社会生活上必要な注意を尽くさずに、犯罪事実を引き起こし

法に触れる行為をして道を踏み外したとしても、教育的措置による立ち直りが強く期待できるということである。少年法も、20歳未満の者の可塑性に着目し、少年の刑事事件について20歳以上の者とは異なった扱いをするものである。

たことをいう。上の例を再び用いれば、Xが自動車運転者として前方を注視する義務を負っていたにもかかわらず、自動車を衝突させる時点でAの存在に気づかずにひき殺したときは、殺人の故意はなく、過失運転致死罪（自動車運転死傷処罰法5条）が成立する（運転行為が同法の危険運転やいわゆる準危険運転に該当する場合は、過失運転致死罪よりも重い罪が成立する（同2条・3条））。

　しばしば誤解されるが、行為が違法であるという認識（違法性の意識）は故意の要件ではない。具体的には、その行為を禁止する法律の存在を知らなかった場合や、行為が適法であると誤解していた場合にも故意は否定されない。刑法典上の犯罪に該当する事実を認識しながら違法性の意識を欠くという状況は考えにくいが、専門性の高い法律（たとえば、金融商品取引法）にある刑罰法規を知らないということはしばしば起こりうる。そうした場合であっても、「違法性の意識はなかった」という弁解は通用しないことには注意したい。

　なお、故意・過失は行為の違法性にも影響を与える要素であるとか、構成要件は違法かつ有責な行為を類型化したものであるという理由などから、故意・過失に構成要件要素と責任要素という二重の位置づけを与える見解が一般的である。しかし、故意・過失の犯罪論体系上の位置づけについては激しい学説対立があるため、詳細を知りたい方は、刑法の教科書で学んでほしい。

▰▰▰▶ 5　おわりに

　刑法は、社会秩序の維持と市民の行動の自由の保障（刑罰権の濫用防止）とのバランスを調整する法である。それがどちらに傾きすぎても、中・長期的にみれば、社会を構成する市民の利益にはならない。悲惨な事故・事件が起こると、それが日々報道され、瞬間風速的に、世間の声が刑罰権の積極的な行使を求める方向に大きく傾くことがある。しかし、長い目でみたときに、そのような声をそのまま実現することが社会の不利益にならないかどうかは冷静に見極める必要がある。

他の法分野と同様、刑法においても、対立する様々な利益に
目配りできるバランス感覚が、教養ある市民には求められる。

コラム㊺　歴史をたずねてⅥ──滝川事件と学問の自由

　国家が社会にどう介入するかという問題をめぐって、近代刑法学は大きく
分けて2つの考え方を生んだ。罪を犯した人物の理性（判断）に注目し、そ
の罪と同等の応報を刑罰の趣旨とする考え方（客観主義）は、のちに罪を犯
した人物の反社会性に注目し、刑罰において矯正（教育）を重視する考え方
（主観主義）へと移ってゆく。これと軌を一にして戦前日本の刑法典の性格も
変化した。自由主義的なフランス法の影響を受け、客観主義に基づいた「旧
刑法」（1880年公布）は、施行後まもなく主観主義の立場から批判に晒され
た。同時に、社会の急激な変化に伴う犯罪増加に対して旧刑法の不備も指摘
され、単行法令による治安立法が相次ぎ、結果として、主観主義的なドイツ
法の影響を強く受けた現行刑法（1907年公布）が成立した。現行刑法では法
定刑の幅、つまり裁判官の裁量余地を拡大したが、これに対しては、他方で
罪刑法定主義や類推解釈の禁止をなし崩しにする危険性も指摘されていた。
　京都帝国大学法科大学で刑法講座を担当した滝川幸辰は、客観主義の立場
から現行刑法や治安維持法（1925年公布）を批判した。曖昧な条文が恣意的
な運用を招くことを懸念したからである。1932年中央大学での講演会で滝川
は、犯罪は社会に対する制裁だとする趣旨の発言をし、それが無政府主義と
結びつけて理解され問題視されたこと、またかれの著書『刑法講義』や『刑
法読本』に不穏当な記載があること（実際には法律に違背した記述が確固として
あったわけではなかった）から内務省が発禁処分（1933年）にした経緯を踏ま
えて、文部省は京都帝大へ滝川の辞職を迫った。大学側（特に法学部）は大学
自治への侵害行為としてこれに対抗し、教授総辞職を唱える事態にまで発展
した。この一連の出来事を「滝川事件（京大事件）」と呼ぶ。
　大学は本来、学び自ら考え、それを表明できる自由がある場所である。学
生や研究者の成果が、仮に政府やマスコミ、先達の研究と異なる見解であっ
ても不思議ではない。自らの学問的立場が政府批判と受け止められ、関係者
が有形無形の圧力を被った滝川事件の問題構造は、決して過去のこととして
看過できない。

第14章

刑事訴訟法

➤ はじめに

　犯罪（▶第13章）が行われた疑いがある場合、事実関係を調べ、その内容次第で、刑罰を科すことなどを目指して、捜査、公訴の提起、公判といった一連の手続（刑事手続）が行われる。この過程を規律するのが**刑事訴訟法**である。[1]

　捜査や裁判を行う機関の活動は、性質上、犯罪の「疑い」があるにすぎない段階で、**被疑者・被告人**その他の事件関係者に身柄拘束やプライバシーの侵害に代表される多くの負担・不利益を与えながら、進められる。そこには、不当な人権侵害のおそれが構造的に存在することから、歴史的に、刑事手続において遵守されなければならない様々なルールが発展してきた。日本では、基本的人権の尊重を理念とする日本国憲法（▶第9章）が、**適正手続の保障**を定める憲法31条を皮切りに、10か条を割いて、刑事手続の各場面を想定したルールを定めている。そして、それらを受けて1948年に制定された「刑事訴訟法」（以下、条文引用の際には「刑訴法」という）が、1条で、「事案の真相を明らかにし、刑罰法令を……適用実現する」目的は、「個人の基本的人権の保障」を全うしつつ、「適正」に追求されなければならない旨を宣言したうえで、他の法令とあわせて、膨大な規定により、手続全体を具体的に規律する。学習者には、手続の流れに沿って重要な規律を学んでいくことがまずは求められるところ、本章では**1**から**3**まででそのあらましを示す（第一審までの手続に限り、**上訴**や**再審**等は割愛する）。[5]

　また、日本の刑事裁判は、明治期に法制の近代化（西洋法化）（▶第8章）が成って以来、一部の例外を除いて、もっぱ

[1] 刑事訴訟法　刑事訴訟法というとき、①「刑事訴訟法」という名前の法律（昭和23年法律131号。形式的意義の刑事訴訟法）を指す場合と、②他の様々な法令（たとえば、憲法、刑事訴訟規則、裁判所法、裁判員法）における定めも含めた、刑事手続に関する規律全般（実質的意義の刑事訴訟法）を指す場合がある。②の意味では、「刑事手続法」ということもある。

[2] 被疑者・被告人　犯罪の嫌疑を向けられ捜査の対象となっている者を「被疑者」、起訴された者を「被告人」という。マスコミ報道等でいう「容疑者」（＝被疑者）・「被告」（＝被告人）は、刑事訴訟法上は存在しない用語である。

[3] 適正手続の保障　憲法31条は、刑事手続が法律で定めるところに従って行われなければならないという字義どおりの内容に加えて、その手続が実質的に適正なものでなければならないこと（適正手続）を保障していると解されている。

[4] 上訴　裁判に不服のある当事者が、その確定前に、上級の裁判所に是正を求める手続。第一審判決に対しては高等裁判所に「控訴」を、高等裁判所の判決に対しては最高裁に「上告」を申し立てることができる。

[5] 再審　確定した有罪判決の事実認定の誤りを是正する手続。無罪等の「明らかな証拠をあらたに発見したとき」（刑訴法435条6号）などに認められる。

ら法曹がこれを担ってきたが、2009年より、広く一般国民が
重大事件の審理に加わる「裁判員制度」が運用されている。
裁判員制度は、問題も指摘されてきた日本の刑事手続の運用
に変革をもたらすことが期待されて導入されており、刑事訴
訟法の学習上もその理解は必須である。そこで本章4では、
裁判員制度の概要とそれが日本の刑事手続に与えた影響につ
いて説明する。

1　捜　査

（1）捜査とは

　犯罪の疑い（嫌疑）があるときに、被疑者を発見・掌握し、
証拠を収集・保全するために行う活動を**捜査**という。そのきっ[6]
かけ（捜査の端緒）は、被害者による届け出、目撃者による通
報、警察官が挙動不審者等を停止させて行う職務質問、犯人
の自首などが典型的である。捜査を行う機関は、第一次的に[7]
は警察（**司法警察職員**）である。多くの事件では、まず警察が
捜査し、事件の送致を受けた**検察官**が必要に応じて補充捜査[8]
を行う。

（2）任意捜査と強制捜査

　捜査の方法には任意処分と強制処分がある。
　任意処分は、たとえば、犯行現場である公道や荒らされた
被害者宅の状況を調べたりする実況見分、聞き込み、尾行、
張込み、警察署への任意での出頭や同行を求めての**取調べ**な[9]
どである。これらが捜査の第1オプションとなる（任意捜査
の原則）。
　強制処分としては、被疑者の身柄を拘束する「逮捕」「勾
留」（▶後述（3））、家宅や事務所への俗にいうガサ入れである
捜索や証拠物等の**差押え**、場所や物の状態を調べる「検証」[10]　　　　　　　[11]
などが伝統的である。
　強制処分に関しては、2つの重要なルールがある。
　第1に、刑事訴訟法に特別の定めがある場合でなければ行

[6]　**捜査**　その典型的な流れを
チャート図にすると、次のように
なる。

図表14-1：捜査の流れ

```
捜査の端緒
  ↓
警察捜査
  ○証拠の収集・保全：捜索
    差押え、取調べ等
  ○逮捕状請求／現行犯→被
    疑者の逮捕
  ↓
事件送致
  ↓
検察捜査
  ○証拠の収集・保全
  ○勾留請求→被疑者の勾留
  ↓
検察官の事件処理
  ○不起訴 ┌嫌疑不十分等
          └起訴猶予
  ○起訴 ┌略式命令請求
         └公判請求
```

[7]　**司法警察職員**　犯罪捜査を
行う警察官を「一般司法警察職
員」という。一般司法警察職員
と、法令に基づき特定分野の捜査
を行う「特別司法警察職員」
（たとえば、麻薬取締官、海上保
安官）をあわせて、「司法警察職
員」という。

[8]　**検察官**　公益の代表者とし
て、刑事事件について裁判所に
法の正当な適用を求めることな
どを主たる任務とする国家機
関。（警察官とは異なり）法律の
専門家としての立場で刑事手続
全体に関与する。

[9]　**取調べ**　捜査機関が人に供
述を求める捜査活動のこと。被
疑者取調べ（刑訴法198条）と第
三者（参考人）の取調べ（同223
条）がある。なお、取調べとい
う用語は、文脈により、「調べる
行為」一般を指すこともある（た
とえば、刑訴法197条1項本文、
305条）。

[10]　**捜索**　一定の場所（たとえ
ば、住居や事務所）、物（たとえ
ば、金庫や鞄）または人の身体
（たとえば、着衣のポケット）に
ついて、証拠物等の発見を目的
として行う強制処分をいう。

[11]　**差押え**　物の占有を強制的
に取得する処分をいう。これと、
遺留物や所有者等が任意に提出

うことができない。これを「強制処分法定主義」という（刑訴法197条1項但書）。上記の伝統的な強制処分については刑事訴訟法に定めがある。また、**通信傍受**については、強制処分にあたることを前提に、その定め（刑訴法222条の2）が1999年に新設されている。

　第2に、強制処分は、原則として裁判官があらかじめ発する令状を得なければ行うことができない。これを「令状主義」という。身柄拘束について憲法33条が、捜索・差押えについて同35条が令状主義を定めている。現行犯逮捕や逮捕に伴う捜索・差押えが令状なしに許されることは、上記憲法の規定自身が認める重要な例外である。

　このように、強制捜査であるとされると大きな制約を受けるために、任意捜査と強制捜査の区別が問題となる。最高裁の判例によれば、強制処分とは、意思を制圧して身体、住居、財産等に制約を加える行為などがあたるとされる（**最高裁昭和51年3月16日決定**）。最近では、運送過程にある宅配便荷物のX線検査（**最高裁平成21年9月28日決定**）や被疑者の使用車両にGPSを装着して追跡する捜査手法（**最高裁大法廷平成29年3月15日判決**）が、重要な利益の侵害という観点から、強制処分にあたるとされている。

　なお、捜査手続に重大な違法がある場合には、その捜査によって得られた証拠物は、証拠能力（▶後述3（4））が否定され、有罪認定の証拠として利用できなくなる場合がある。たとえば、警察が無令状で被疑者宅の捜索を行い、覚醒剤を発見したとしても、それを証拠として覚醒剤所持についての有罪判決を得ることはできない。これを**違法収集証拠排除法則**という。

（3）身柄事件と在宅事件

　被疑者が**逮捕・勾留**により身柄を拘束される事件を身柄事件という。被疑者の身柄拘束には、厳格な時間制限がある（刑訴法203条以下）。たとえば、警察官が逮捕した場合、逮捕から48時間以内に、被疑者を釈放するか身柄を検察官に送致するかを判断しなければならない。送致を受けた検察官は、さ

した物の占有を取得する「領置」等をあわせて「押収」という。

[12] **通信傍受**　電話等の通信内容を当事者いずれの了解も得ずに傍受する捜査手法。「犯罪捜査のための通信傍受に関する法律」（通信傍受法）により、要件、手続等が定められている。

[13] **最高裁昭和51年3月16日決定**　刑集30巻2号187頁。酒酔い運転の被疑者が任意取調べ中に急に退室しようとしたため、手首を掴んで制止した警察官の行為を、本文にいう強制に至らない有形力行使は任意捜査においても許容されうることなどを理由に、適法とした。

[14] **最高裁平成21年9月28日決定**　刑集63巻7号868頁。覚醒剤取引の嫌疑のある会社宛の荷物につき、宅配業者の承諾を得て行ったX線検査が、荷送人や荷受人のプライバシー等を大きく侵害する検証の性質を有する強制処分にあたるとされた。

[15] **最高裁大法廷平成29年3月15日判決**　刑集71巻3号13頁。プライバシー侵害を可能とする機器の装着により、意思に反して私的領域に侵入するGPS捜査は、「意思を制圧して憲法の保障する重要な法的利益を侵害する」強制処分にあたるとされた。

[16] **違法収集証拠排除法則**　それを認めた当時画期的であった判例が、最判昭和53年9月7日刑集32巻6号1672頁である。

[17] **逮捕**　被疑者の身柄を拘束する強制処分。①裁判官から令状（逮捕状）の発付を受けて行う通常逮捕、②令状不要の現行犯逮捕、③一定の要件のもと、まず逮捕し、その後直ちに令状を請求する緊急逮捕がある。逮捕は、**図表14-2**のような書面である

[18] **勾留**　被疑者・被告人の身柄を拘束する裁判とその執行。逃亡や証拠隠滅を防ぐ措置（いわゆる未決勾留）であり、刑罰としての「拘留」（刑法16条）とは異なる。

図表14-2：逮捕状

逮　捕　状（通常逮捕）		

被疑者	氏　名	青　木　真　吾
	年　齢	昭和33年5月1日生
	住　居	水戸市若宮町4丁目13番47号　金子アパート206号室
	職　業	小林方 無　職

罪　　　　　名	住居侵入、現住建造物等放火
被 疑 事 実 の 要 旨	別紙のとおり
引 致 す べ き 場 所	茨城県水戸北警察署又は逮捕地を管轄する警察署
有 効 期 間	平成21年12月　2日まで

有効期間経過後は、この令状により逮捕に着手することができない。この場合には、これを当裁判所に返還しなければならない。
有効期間内であっても、逮捕の必要がなくなったときは、直ちにこれを当裁判所に返還しなければならない。

上記の被疑事実により、被疑者を逮捕することを許可する。

平成21年11月25日

水　戸　簡　易　裁　判　所

裁　判　官　誂　　　章　徳㊞

請求者の官公職氏名	茨城県水戸北警察署　司法警察員　警部　佐川　敏明
逮捕者の官公職氏名	茨城県水戸北警察署 司法警察員　警部補　加納　哲也
逮 捕 の 年 月 日 時 及 び 場 所	平成21年11月27日　午後　2時50分 茨城県水戸北警察署　　　　　　　　　で逮捕
記　名　押　印	司法警察員　警部補　加納　哲也㊞
引 致 の 年 月 日 時	平成21年11月27日　午後　2時50分
記　名　押　印	司法警察員　警部補　加納　哲也㊞
送致する手続をした 年 　月 　日 時	平成21年11月29日　午前　8時40分
記　名　押　印	司法警察員　警部　田村　信夫㊞
送致を受けた年月日時	平成21年11月29日　午前　9時20分
記　名　押　印	水戸地方検察庁　　検察事務官　華田　　憲㊞

【庁印省略】

（出典）司法研修所監修『刑事第一審公判手続の概要』（法曹会・2009年）
97〜98頁。

らなる身柄拘束が必要と考える場合、24時間以内（逮捕から72時間以内）に、裁判官に勾留を請求しなければならない。そして、請求を受けた裁判官が、**勾留質問**[19]の手続を経て、相当な嫌疑と証拠隠滅や逃亡のおそれを認めて令状（勾留状）を発付すると、勾留が行われる。その期間は原則10日間、延長を含めて（ごく一部の例外を除き）最大20日間である。この間に捜査機関は、逃亡や証拠隠滅を防いだ状態で、**被疑者の取調べ**[20]などの捜査を進め、起訴・不起訴の判断の資料を整える。

　これに対して、被疑者が身柄拘束されない事件（在宅事件）では、警察の捜査が終わった段階で事件は書類や証拠物とともに検察官に送致され、その後、検察官が起訴・不起訴の判断をする。

（4）被疑者（・被告人）の権利

　刑事司法機関の活動に対し、被疑者・被告人をいわば丸腰で対峙させれば、過剰な干渉による人権侵害の懸念があり、最悪の場合には**冤罪**[21]にもつながりうる。そのような歴史的に共有された認識を背景に、諸外国の近代的な刑事訴訟法と同

[19] **勾留質問**　裁判官が勾留の判断を慎重にするために、被疑者の弁解や言い分を確認する手続である（刑訴法61条参照）。

[20] **被疑者の取調べ**　「被疑者は、逮捕又は勾留されている場合を除いては、出頭を拒み、又は出頭後、何時でも退去することができる」とする刑訴法198条1項但書の反対解釈により、身柄拘束中の被疑者は、取調室への出頭・滞留義務があると実務上解されている。ただし、黙秘権（▶後述（4））がある以上、供述する義務はない。

[21] **冤罪**　無実の者が罪に問われること。死刑判決確定後に冤罪が判明し、再審無罪となったものとして、免田事件（1948年）、財田川事件（1950）、島田事件（1954年）、松山事件（1955年）がある。いずれも、自白の強要を中心とした強引な捜査が冤罪に結びついた。

様、日本の刑事訴訟法も、被疑者・被告人に様々な防御権を保障している。

　その第1は、黙秘権である。憲法38条1項は、不利益供述の強要禁止を定める。そして刑事訴訟法は、被疑者取調べにおいて、「自己の意思に反して供述をする必要がない旨」の告知を定めており（198条2項）、これは不利益か否かを問わない包括的黙秘権を認めたものと解されている（被告人については、明文で、「終始沈黙し、又は個々の質問に対し、供述を拒む」権利が認められている（刑訴法311条1項））。憲法38条2項を受けて刑事訴訟法319条1項が定める、任意性に疑いのある自白の証拠としての利用を禁止するルール（「自白法則」という）も、黙秘権を担保し、またはこれと相まって人権保障に資する仕組みとして機能する。

　第2は、**弁護人**[22]の援助を受ける権利（弁護人依頼権）である。憲法37条3項前段および同34条前段は、被告人および身柄拘束された被疑者の弁護人依頼権を保障している。刑事訴訟法はこれを拡充し、「被告人又は被疑者は、何時でも弁護人を選任することができる。」（30条1項）として、より一般的な弁護人選任権を認める。

　もっとも、これらの権利は、あくまで本人や家族が自ら依頼すること（私選弁護）を妨げられないというにとどまり、資力がなければ行使が困難である。そこで憲法37条3項後段は、被告人について、国選弁護を権利として保障している（刑訴法では36条以下）。ただ、被疑者はその対象外であり、それでは被疑者に対する法的援助が十分でないことから、まず各地の**弁護士会**[23]で、弁護士が持ち回りで、身柄拘束された被疑者との面会等を初回は無料で行う「当番弁護士制度」が実施されて成果を上げてきた。そして法律上も、2004年の改正により、一定範囲の重大事件で勾留された被疑者について、さらに2016年の改正により、勾留されたすべての被疑者について、国選弁護が認められることとなった（刑訴法37条の2以下。被疑者国選弁護）。

　第3に、身柄拘束を受けている被疑者（・被告人）と弁護人（または弁護人となろうとする者）には、接見室等で、捜査機関

[22] **弁護人**　法律専門家の立場で被疑者・被告人の権利・利益の擁護をする者として選任されたものをいう。刑事手続上の概念であり、職業としての「弁護士」とは異なる（「本件の弁護人には○○弁護士が選任された」というような言い方になる）。

[23] **弁護士会**　全国52の弁護士会が、地方裁判所の管轄区域ごとに（東京のみ3団体）存在する。強制加入団体であり、法曹資格者でも、必ずどこかの弁護士会に登録しなければ、弁護士として活動することはできない。第5章[9]も参照。

の立会いなしで面会をする権利（「接見交通権」）が刑事訴訟法（39条）により認められており、捜査の都合による制約は例外的にしか許されない。これは、憲法上の弁護人依頼権の趣旨を実質化するものということができる。

コラム(54) 取調べの可視化

取調官が被疑者の自白を録取した供述調書（自白調書）は、自白の任意性に疑いがなければ、後の公判で証拠となりうる（▶後述**3**（**4**））。もっとも、取調べは密室で行われるため、自白を強要するなどの無理な取調べが行われたかをめぐって検察側と弁護側の主張が対立することがある。そうした場合、水掛け論となってしまい、審理に困難を生じる。また、そもそも無理な取調べが行われること自体、防止されなければならない。そのような観点から、具体的事件における取調べの様子を外部から確認できるようにする「取調べの可視化」が長年の課題となっていた。もっとも、捜査実務家の間では、可視化してしまえば、取調官がときには自分のプライベートな話題を織り交ぜたりもしながら、被疑者との人間的交流をはかって信頼関係を築きつつ、心からの反省による自白を引き出すような日本的な取調べの手法がとれなくなるといった反発も根強く、なかなか議論は進展していなかった。

ところが、後述の裁判員制度の導入（▶後述**4**）に伴い、裁判員の判断に困難をきたす要因はできる限り排除されるべきと考えられたことや、取調べに過度に依存する捜査のあり方を印象づける検察官の不祥事が社会の注目を集めたことなどが後押しとなり、運用上および立法上の取り組みが急速に進められてきた。そして、2016年の刑事訴訟法改正により、裁判員裁判対象事件と検察の独自捜査事件（政治家の汚職や大規模な経済事犯など）について、身柄拘束中の被疑者取調べの録音・録画が原則的に義務づけられることとなった（刑訴法301条の２第４項）。

そうした取り組みの結果、近年では、自白の任意性が深刻に争われる事件は減少している。もっとも、今度は逆に、公判で否認している被告人が捜査段階での取調べで自白していた様子を記録したDVDを検察官が有罪の証拠として請求し、法廷でこれを上映して、裁判官・裁判員に心証をとらせようとする訴訟活動も一部に生じるようになった。しかし、そのような立証方法を許し、捜査段階での取調べがそのままの形で法廷で再現され、裁判の結果を左右するような取扱いを広く認めてしまえば、名実ともに公判での攻防に

より有罪無罪が判断されるべきだという「公判中心主義」（▶後述4（2））が脅かされる。そうした懸念から、裁判所は、取調べの録音・録画記録の実質証拠としての利用には概して消極的である。

▶ 2 公訴の提起

（1）検察官による事件処理と公訴の提起

警察から事件送致を受けた検察官は、事件を裁判所に起訴するかの判断を行う。起訴の権限は、原則的に、国家機関としての検察官に独占されている（刑訴法247条）。これを「国家訴追主義」「起訴独占主義」という。その例外として、**検察審査会**[24]の議決による**強制起訴制度**[25]などがある。

起訴するか否かの判断に際し、有罪判決の見込みを考慮することは当然であるが、日本の検察実務は、起訴の基準として、有罪の「可能性の方が高い」というレベルではなく、「確実」に近い「高度の見込み」を求めるスタンスをとっており、その結果、起訴事件の有罪率は99％を超える。この点は諸外国との比較において特徴的である。

また、起訴すれば有罪が見込まれる場合でも、検察官は、「犯人の性格、年齢及び境遇、犯罪の軽重及び情状並びに犯罪後の情況により訴追を必要としないときは、公訴を提起しないことができる」（刑訴法248条）。たとえば、比較的軽い犯罪で初犯であり、被害弁償や示談が済んでいるといった事情が考慮要素となる。そのような諸般の事情を考慮しての裁量的な不起訴（起訴猶予）を認める制度を**起訴便宜主義**[26]という。これは、規定がなかった明治期の刑事訴訟法の時代に実務慣行として定着し、その後、大正時代に明文化されたものである。当時の刑事訴訟法学においてはドイツ法の影響力が非常に強かったにもかかわらず、この問題に関しては、ドイツとは正反対の制度が採用されたことは、起訴便宜主義が日本の実務に急速に根づいていたことをうかがわせる。

このように、起訴するには、確実に有罪がとれる証拠を固

[24] **検察審査会** 一般国民から選任される検察審査員11名が検察官の不起訴処分の当否等を審査する制度。英米の伝統として、一般市民から選ばれる陪審員らが訴追の可否を判断する大陪審（起訴陪審）の制度があり、アメリカでは現在に至るまで長く定着している。戦後、GHQから、日本でも大陪審の導入等による公訴権行使の民主化をはかることが求められたが、日本側当局は反発し、妥協案として、検察審査会制度が導入されたといわれる。

[25] **強制起訴制度** 検察審査会の議決は、制度創設以来、検察官の判断に再考を促すものにすぎず法的拘束力はなかったが、2004年の改正により、一定の要件のもとで起訴議決を経て、裁判所が指定する弁護士が公訴の提起・追行を行う強制起訴の仕組みが導入された。

[26] **起訴便宜主義** 十分な嫌疑が備わっている場合には原則として起訴しなければならないという「起訴法定主義」を伝統的に採用してきたドイツにおいて、「便宜」的に起訴・不起訴を決めるのは望ましくないというニュアンスで語られる用語（の翻訳）である。日本では一般には否定的な響きはないものの、「便宜」の語を避けて、「起訴裁量主義」と呼ぶこともある。

める必要があり、また、起訴猶予するかの判断のために、犯罪事実以外の資料の収集も求められることは、日本の捜査が被疑者の取調べを中心に綿密かつ徹底的なものとなっていることの背景をなすともいわれる。

（2）公判請求と略式命令請求

　起訴には、通常の「公判請求」のほか、「略式命令請求」などの手続もある。略式命令とは、検察官の請求を受けた簡易裁判所が、非公開の書面のみの審理により、被告人に一定額以下の罰金または科料を科す裁判をいい、この手続によることについて被疑者に異議がないときに行われる（刑訴法461条以下）。

　日本で科される刑罰の8割前後は略式命令による罰金であり、この種の手続は、大量に生起する事件を簡易迅速に処理して刑事司法の機能を維持するために不可欠ということができる。もっとも、略式手続によるのは、軽微かつ事実関係に争いがない事件であり、それ以外の事件は、公判請求の対象となる。そのため以下では公判請求事件を念頭に置く。

（3）公訴提起の手続——起訴状一本主義

　公訴の提起[27]は、検察官が「起訴状」を管轄の裁判所に提出することにより行われる。起訴状[28]には、被告人の特定事項に加えて、検察官が立証しようとする公訴事実や適用を主張する罪名・罰条[29]が示される（刑訴法256条）。

　起訴状に関する重要なルールとして、「起訴状一本主義」がある。すなわち、起訴状に「裁判官に事件につき予断を生ぜしめる虞のある書類その他の物を添付し、又はその内容を引用してはならない」（刑訴法256条6項）。ドイツ法の影響を受けていた戦前の刑事訴訟法のもとでは、検察官は起訴とともに一件記録[30]と証拠物を裁判所に提出する慣行が確立しており、裁判所はあらかじめ記録を読み込んで、事実上、検察官が事件について抱いた心証を引き継いだ状態で公判に臨んでいたとされる。これに対し、戦後、アメリカ法の強い影響のもとで制定された現行刑事訴訟法は、起訴状一本主義を採用

★少年法とその改正　少年法は、20歳未満の者（少年）の可塑性（▶第13章[33]）に着目し、その犯罪等につき、検察官に全件を家庭裁判所に送致させ、教育的（非刑罰的）な対応を行うことを原則とする。ただ、今般の選挙権年齢や民法の成年年齢の18歳への引下げを契機に、少年法の適用年齢引下げが立法課題となった。そして議論の末、少年年齢は維持されたが、18歳・19歳を「特定少年」として、従来より広く刑事処分の対象とし、また実名報道（推知報道）を一部解禁するなどの特例が設けられることとなった。

[27] 公訴の提起　特定の刑事事件について裁判所に審判を求めること。「起訴」と同義である。

[28] 起訴状　公訴提起にあたって裁判所に提出される起訴状は、次のような書面である。

▲起訴状（出典：司法研修所監修『刑事第一審公判手続の概要』（法曹会・2009年）134頁）

[29] 罪名・罰条　住居侵入や現住建造物等放火が「罪名」、それらに対応する刑法130条前段や108条が「罰条」である。

[30] 一件記録　警察や検察による捜査の過程で作成され、蓄積される書類の綴りのこと。そこには、捜査側の事件の見立てが示される。

することにより、裁判所が予断を抱くことの防止をはかったのである（予断排除の原則）。この変更は、それ自体としてだけではなく、公判手続の職権主義から当事者主義への転換を決定づけた点（▶後述3（3））でも、大きな意味をもっている。

★おすすめの基本書　①三井誠＝酒巻匡『入門刑事手続法〔第8版〕』（有斐閣・2020年）【画像】。論点以前の基礎知識を手続の流れに沿って正確に解説。手続上の書面等も多く引用され、イメージをもって学べる。

②宇藤崇＝松田岳士＝堀江慎司『刑事訴訟法〔第2版〕』（有斐閣・2018年）【画像】。法曹等を目指す人のスタンダード。判例は必要範囲を長めに引用するなど、学習上の配慮も行き届いている。

▰▰▰▶ 3　公　判

（1）公訴提起後の手続

　起訴状が裁判所に到達すると、事件は裁判所に係属し、審理されるべき状態になる。裁判所は、まず被告人に起訴状の謄本（うつし）を送達し、弁護人を選任できる旨、および、貧困その他の事情があれば国選弁護人の選任を請求できる旨を知らせる（刑訴法271条・272条）。一定以上の重さの事件では、弁護人がなければ開廷することができないため（必要的弁護事件）、その旨の通知等も行う。

　続いて行われる第1回公判期日前の準備は、基本的に、検察官と弁護人の間のやりとりとして行われる。ただし、2004年に導入された「公判前整理手続」を行う場合、裁判所が事前準備に積極的に関与する。従来の刑事裁判では、有罪無罪と量刑の判断をするために重要な事実関係のうち、検察側と被告人側の主張が具体的にどのように食い違い、どこが判断のポイントとなるのかという点が、公判審理を進めるなかでおぼろげながら明らかになっていくため、無駄な証拠調べもなされるなど、進行が効率的ではない場合があった。しかし、裁判員制度（▶後述4）の導入にあたり、そのような非効率な進行では裁判員の関与が実質的に困難になることが明らかであった。そこで、公判に先立ち証拠と争点を整理することで、迅速かつ充実した公判審理を実現するために、公判前整理手続が導入され、裁判員裁判では必ず、その他の裁判でも必要に応じて実施することとなった。公判前整理手続においては、裁判所は、検察官と弁護人（・被告人）を出頭させて陳述させ、あるいは書面を提出させる方法で、公判期日で予定して

いる主張を明らかにさせ、また証拠調べ請求を行わせる。そして、そのやりとりを通じて、事件の争点を把握し、その判断のために誰を証人として尋問し、どの証拠を取り調べることが最良であるかといったことを具体的に判断し、それらの結果を検察官と弁護人とも共有し、公判へとつなげるのである。なお、かつての実務では、検察官が証拠調べ請求をしない手持ち証拠について、その開示（証拠開示）を受けて、検察官の主張への反論や自己の主張の裏付けとして活用したい弁護人と、それを拒む検察官の間で紛糾が生じがちであったが、この状況も、公判前整理手続において、証拠開示のルールが詳細に定められたことで、大きく改善している。

　公訴の提起がなされると、身柄関係の取扱いも変わる。被疑者勾留の期間は、前述のように最長20日間であった。それに対し、被告人勾留になると、期間はまず2か月で、一定の要件のもとに更新を繰り返すことができる（刑訴法60条）。ただその一方で、被疑者勾留にはない**保釈**[31]が認められている（同89条以下）。被疑者の勾留は、短い拘束期間の間に捜査を進めて起訴・不起訴の判断を行うことが実務上予定されるため、保釈の制度はない。これに対し、起訴後の被告人については、裁判への出頭を確保する必要上、勾留の期間を一律に制限することは難しいものの、捜査はもう済んでいる。したがって、出頭が確保され、証拠隠滅のおそれもなければ、身柄拘束はできる限り回避されることが望ましい。そのため、保釈の仕組みが設けられているということができる。

（2）公判期日の手続

　被告人には、「公平な裁判所の迅速な公開裁判を受ける権利」（憲法37条1項）が保障されている。これを受けて、公判は、裁判所庁舎内の原則として誰でも傍聴が可能な法廷で開かれる。公判廷には、裁判官、**裁判所書記官**[32]、検察官、被告人、弁護人などが列席ないし出席する（刑訴法282条以下）。公判期日の手続は、当事者が口頭で陳述するので「口頭弁論」ともいわれる。

　公判手続の流れは、**図表14-3**のとおりである（刑訴法291条

[31] **保釈**　一定の要件のもと、裁判所が定める金額（保釈保証金）を納付した被告人の身柄を釈放する制度。裁判への不出頭など、条件に違反すれば保釈を取り消され、再収容され、保証金もとりあげられる。

[32] **裁判所書記官**　公判調書等の書類の作成・保管や訴訟進行上の重要な事務を担う。裁判所書記官になるには、裁判所職員として採用されたあと、「裁判所職員総合研修所」での養成課程を修了する必要がある。

図表14-3：公判手続の流れ

冒頭手続
・人定質問 ・検察官の起訴状朗読 ・黙秘権等の告知 ・被告人・弁護人の被告事件に関する陳述

↓

証拠調べ手続
・検察官の冒頭陳述 　（被告人・弁護人の冒頭陳述） ・犯罪事実に関する検察官の立証 ・犯罪事実に関する弁護側の立証 ・被告人質問 ・量刑に関する立証

↓

弁論手続
・検察官の論告・求刑 ・弁護人の弁論 ・被告人の最終陳述 ・弁論終結（結審）

↓

評議・評決
判決の宣告

以下等）。まず、①「冒頭手続」において、人違いでないことを確認する人定質問、検察官による起訴状の朗読、裁判所による黙秘権の告知、被告人・弁護人の意見陳述（罪状認否）がなされる。

続いて、②「証拠調べ手続」に入る。そこではまず、検察官（および弁護人）が証拠により証明しようとする具体的事実を示す「冒頭陳述」が行われる（①の「冒頭手続」と混同しやすいが、「冒頭陳述」は、証拠調べ手続の冒頭で行われる陳述という意味であるので注意したい）。そのうえで、証拠調べの請求と採否の決定を経て、採用された証拠の取調べ（**証人尋問**[33]、証拠書類の朗読、証拠物の展示など）や**被告人質問**[34]が実施される。

証拠調べ手続が終了すると、③「弁論手続」に移り、検察官と弁護人がそれぞれ、証拠調べの結果に基づき、事実および法律の適用と量刑に関して意見を述べる。検察官の意見陳述を「論告・求刑」、弁護人のそれを「（最終）弁論」という。被告人には最後に述べたいことを述べる「最終陳述」の機会が与えられる。

これらがすべて終了すると「弁論終結（結審）」となる。その後、裁判所は、（合議事件では評議により）裁判の内容を固め、通常は別期日に④判決の言渡しを行う。犯罪事実の証明については検察官が挙証責任を負っており、裁判所が**合理的な疑いを超える証明**[35]があったという心証に達しないときは、刑事裁判の鉄則である「疑わしきは被告人の利益に」の原則（利益原則）のもと、無罪判決となる。有罪判決では、「被告人を懲役〇年に処する」旨を主文として言い渡し、理由として、「罪となるべき事実」「証拠の標目」「法令の適用」を説明するほか、「争点に対する判断」や「量刑の理由」も適宜述べる（刑訴法335条）。

なお、日本ではいわゆる**アレインメントの制度**[36]は採用されていないので、以上の手続は、否認事件のみならず、自白事件でも基本的に共通である。

[33] **証人尋問**　人（証人）が体験により知りえた事実に関する供述を求めること。証人として召喚を受ければ誰でも、公判廷に出頭し、記憶に従い証言する義務を負うのが原則である。法律により宣誓した証人が故意で虚偽の証言をすると偽証罪（刑法169条）となる。

[34] **被告人質問**　被告人は黙秘権を有するため、証言義務を伴う証人尋問の対象にはできないが、任意の供述を求めて質問することはでき（刑訴法311条2項・3項）、実務上、大半の事件で、証人尋問に準じた方式による被告人質問が行われる。

[35] **合理的な疑いを超える証明**　最高裁の判例では、「反対事実が存在する疑いを全く残さない場合をいうものではなく、抽象的な可能性としては反対事実が存在するとの疑いをいれる余地があっても、健全な社会常識に照らして、その疑いに合理性がないと一般的に判断される場合には、有罪認定を可能とする趣旨」だと説明されている（最決平成19年10月16日刑集61巻7号677頁）。

[36] **アレインメントの制度**　被告人が有罪（または不抗争）の答弁をしたときは、事実認定の審理をせずに量刑手続に進む制度。アメリカ法で採用されている。これは、被告人に犯罪事実の存否について争わないという意味での処分権を認めるものであり、当事者主義をとりながら実体的真実をも重んじる日本とは異なる発想に基づくものということができる。

コラム㊺　刑事手続における被害者の権利・利益の保護

　上記の公判期日の手続の説明に、被害者等（被害者や遺族）が登場しないことに不思議に思った読者もいるかもしれない。大前提として、犯罪をした者を刑事裁判にかけて処罰するのは、主に公益的な見地からの営みであり、被害者個人の救済は、基本的には民事法・民事裁判（損害賠償請求等）の役割である。そのため、伝統的には、被害者等は、刑事公判において、「重要な証人」以上の特別な立場にはなかった。もっとも、被害者等は犯罪行為により直接的に傷つけられ、手続の過程でもさらに傷つくことが多いことなどにかんがみ、刑事手続上も、特別な配慮や権利・利益の保護がはかられるべき存在であることが次第に認識されるに至った。

　そうしたなかで、2000年の刑事訴訟法改正により、①証人尋問の際の保護者やカウンセラー等の「付添い」、証人と被告人や傍聴人の間に衝立を置くなどする「遮へい」、別室でモニター越しに尋問を受ける「ビデオリンク方式」といった、証人の精神的負担を軽減する措置（刑訴法157条の4以下）や、②被害者が「被害に関する心情その他の被告事件に関する意見の陳述」を公判期日に行うことができる制度（刑訴法292条の2。心情意見陳述制度）が導入された。②は、証拠調べ手続が終わったあと、弁論手続（検察官の論告・求刑）が始まる前に行われることが通例である。

　また、2007年の刑事訴訟法改正により、「被害者参加制度」が導入された（刑訴法316条の33以下）。これは、一定罪種の被害者等またはその委託を受けた弁護士（委託弁護士）に、公判期日を通じて検察官の隣に座り、検察官の権限行使に意見を述べること、情状証人に対して尋問を行うこと、被告人に対して、心情意見陳述（上記②）のために必要な質問を行うこと、弁論手続で事実や法律の適用等について意見陳述を行うことなどを認める制度である。この制度は、被害者等に公判手続へのかなり踏み込んだ関与を認めるが、あくまで検察官との意思疎通のもとで、検察官の活動と矛盾しない範囲で権限行使がなされるように制度が設計されている。その意味で、本制度が利用される場合も、検察官対被告人（・弁護人）という二当事者構造は保たれている。

　これらのほかにも、被害者特定事項の秘匿決定（刑訴法290条の2）、「犯罪被害者等の権利利益の保護を図るための刑事手続に付随する措置に関する法律」（犯罪被害者保護法）による公判傍聴のための配慮、刑事和解（示談合意の内容の公判調書への記載に執行力を付与する手続）、有罪判決の成果を利用する損害賠償命令など様々な制度が導入され、運用されている。

（3）当事者主義による訴訟追行

　公判期日の手続のうち、特にその中心をなす証拠調べ手続を、裁判所が主導する（職権主義）か、訴訟当事者としての検察官と被告人・弁護人が主導する（当事者主義）かは、刑事裁判の基本的な性格を左右する。

　戦前の刑事訴訟法のもとでの手続は、ドイツ法の影響で、職権主義が基調であった。あらかじめ一件記録の提出を受け、事件の内容を把握している裁判所による職権証拠調べがメインであり、証人尋問でも、まず裁判所が必要と思う尋問をひととおり行い、補充的に検察官や弁護人が尋問する方式がとられていた。

　これに対し、戦後に制定された現行刑事訴訟法は、アメリカ法の強い影響のもと、当事者主義への転換をはかった。すなわち、起訴状一本主義（▶前述2（3））により裁判所が基本的に証拠の中身を知らない状態で審理に臨むことは、半ば必然的に、証拠調べのイニシアチブを当事者が握ることを意味する。証拠調べは当事者の請求によることを原則とし、裁判所は「必要と認めるときは」職権でこれを行うことができるとする規定（刑訴法298条）もそのことを示している。その理念を受けて、証人尋問も、まずその請求者である当事者が主尋問を行い、続いて反対当事者が反対尋問を行い、両当事者の尋問が済んだあと、補充的に裁判所が尋問するという「交互尋問」の方式が原則となっている。裁判所が前のめりで真実を追求するよりも、両当事者による攻防を、公正中立な、一歩引いた立場で評価するスタイルが、事案の真相解明という見地からも、被告人の主体的地位を尊重するという見地からも望ましいという思想によるものである。

　また、現行刑事訴訟法の当事者主義化を示すその他の仕組みとして、**訴因制度**[37]がある。すなわち、裁判所が審理し判決すべき対象は、検察官が起訴状に公訴事実として記載した具体的事実たる訴因である。検察官が設定した訴因の有無をめぐって、両当事者との間で攻防が繰り広げられることを前提に、裁判所は、原則的に、訴因として示された事実の証明が

[37] **訴因制度**　刑事訴訟法256条3項は、起訴状における「公訴事実は、訴因を明示してこれを記載しなければならない。訴因を明示するには、できる限り日時、場所及び方法を以て罪となるべき事実を特定してこれをしなければならない。」と定める。

あったか否かを判断すればよく、むしろ、その枠を超えて犯罪事実を認定してはならない。たとえば、XがAから時計を盗んだという窃盗罪（刑法235条）の訴因で起訴されている事件で、審理の結果、裁判所は、XはAから時計を盗んだのではなく、BがAから盗んだ時計をそれと知って買い受けたという盗品等有償譲受け罪（同256条2項）を犯したとの心証を抱いたとしよう。この場合、裁判所は、そのまま盗品等有償譲受けで有罪判決することはできず、検察官が同罪への**訴因変更**[38]をしない限り、訴因たる窃盗の事実について無罪判決をするほかない。何を審理・判決の対象とし、どのように立証するかの方針を決めるのは当事者であり、裁判所は判断者にとどまるという役割分担を示す仕組みということができる。

（4）証拠法──特に伝聞法則について

「事実の認定は、証拠による」（刑訴法317条。証拠裁判主義）。「証拠の**証明力**[39]は、裁判官の自由な判断に委ねる」（刑訴法318条。自由心証主義）。これらの当然とも思われることをわざわざ規定しているのは、歴史的には、有罪認定は必ず被告人本人の自白によらなければならないといった硬直的なルールのもと、自白を得るための**拷問**[40]が横行していた時期もあったことが背景にある。つまり、そうした前時代的な手法を否定する含意がある。裁判官（・裁判員）がその理性に基づいて証拠を評価し、合理的な心証形成をすることを期待していることになる。

もっとも、事実認定の合理性や手続の適正を担保するため、証拠として事実認定に用いられる資格としての**証拠能力**[41]は、様々な観点から制限されている。とりわけ重要な制限が、現行刑事訴訟法がアメリカ法の影響のもとで採り入れた**伝聞法則**[42]である。このルールは、公判期日外でなされた供述を内容とする**供述証拠**[43]の証拠能力を原則として否定する（刑訴法320条）。たとえば、「被告人が犯行現場にいるのを見た」というAの供述を録取した調書や「『被告人が犯行現場にいるのを見た』とAから聞いた」というBの証言を、被告人が犯人であることの証拠として用いようとする場合を考えてみよう。こ

[38] **訴因変更** 刑事訴訟法312条1項は、「裁判所は、検察官の請求があるときは、公訴事実の同一性を害しない限度において、起訴状に記載された訴因又は罰条の追加、撤回又は変更を許さなければならない。」と定める。

[39] **証明力** 証拠が事実の存否の推認に役立ちうる実質的な価値のこと。供述についていえば、ある供述がそもそも信用できるか（信用性）、信用できるとして、それが要証事実の存在をどの程度強く推認するか（推認力）によって決まる。

[40] **拷問** 自由を奪ったうえで激しい肉体的（・精神的）苦痛を与え、要求に従うよう強要すること。憲法36条は、「公務員による拷問……は、絶対にこれを禁ずる。」とする。

[41] **証拠能力** 前述の「証明力」が、その証拠を取り調べた結果として、事実認定にどの程度役立つかの問題であるのに対し、「証拠能力」は、その証拠をそもそも取り調べてよいか否かの問題である。第12章［23］も参照。

[42] **伝聞法則** 刑事訴訟法320条1項は、一定の場合を除き、「公判期日における供述に代えて書面を証拠とし、又は公判期日外における他の者の供述を内容とする供述を証拠とすることはできない。」と定めている。これが伝聞法則を定めたものと解されている。

[43] **供述証拠** 人の知覚の内容を証拠とするもの。法廷における証人の証言や捜査段階での供述調書は、人が認識している内容を証拠としようとするものであるから、供述証拠である。

れらの場合、被告人が犯人かどうかの判断にとって重要であるのは、Aという人の供述の内容が真実か否かである。ところが、人の供述は、その人（原供述者）が目撃するなどしたことを記憶にとどめ、これを言語などにより表現するプロセスに、見間違い、記憶違い、言い間違い、さらには意図的な虚偽供述のおそれがある。これらのおそれへの対処としては、公判廷において、事実認定者である裁判所の直接観察のもとでの原供述者（上の例でのA）の証人尋問を実施し、相手方当事者が証言者にあれこれ問い質す「反対尋問」をすることで信用性をチェックすることが有効である。ところが、上記の事例のような場合、原供述者（A）が法廷におらずこの方法をとれないことから、そのような伝聞証拠の証拠能力を原則として否定しているのである。この伝聞法則は、憲法37条2項が刑事被告人に保障している証人審問権を実質化するものとして捉えることもできる。

　ただし、あらゆる伝聞証拠が排斥されるとすれば合理性を欠くため、刑事訴訟法は、伝聞法則の例外（伝聞例外）も少なからず定めている。たとえば、当事者が証拠とすることに同意したものは証拠能力が認められる（同意書面。刑訴法326条1項）。また、参考人の取調べにより作成された供述調書等は、一定の要件のもとに、伝聞例外として認められることがある（同321条1項）。さらに、被告人が自己に不利益な事実を承認する内容の供述調書（自白調書など）は、そもそも反対尋問は問題とならず、伝聞法則の問題として捉えるべきかは微妙であるが、いずれにせよ、証拠能力が認められる（同322条1項）。これらの法律上認められている「書面を証拠となしうる可能性」をどこまで広く運用するかは、法廷での口頭のやりとりを基本とし、裁判所が名実ともに直接接した証拠に基づいて有罪無罪の判断を行うべきという「口頭主義」「直接主義」、そして、そのことによって、刑事手続の過程のなかで公判こそが裁判の帰趨を決する中核的な地位にあるべき（公判が捜査の結果を確認するだけの場に堕してはならない）という「公判中心主義」の追求にとって、重要な意味を帯びている（▶後述4（2））。

4　裁判員制度の導入と
##　　刑事手続の運用への影響

（1）裁判員制度の概要

　諸外国、特に先進国には、**陪審**[44]や**参審**[45]といった、刑事裁判への国民参加の制度があるのが普通である。これに対し、日本では、戦前・戦中の一時期に行われたいわゆる**大正陪審制度**[46]を例外として、刑事裁判はもっぱら職業法曹に担われてきた。一部に国民参加を求める声が根強くあったところ、2001年に**司法制度改革審議会**[47]が、「広く一般の国民が、裁判官と共に、責任を分担しつつ協働し、裁判内容の決定に主体的、実質的に関与することができる新たな制度」（裁判員制度）の導入を提言した。これを受けて2004年に制定された「裁判員の参加する刑事裁判に関する法律」（裁判員法）は、5年の準備期間を経て、2009年に施行された。

　裁判員制度は、一般国民から事件ごとに選任される裁判員が、職業裁判官と合議体を組んで刑事裁判の審理、判断を行うものである。裁判員の選任手続は、選挙人名簿から無作為に抽出された候補者を呼び出して行うこととなっており、一定の欠格事由や就職禁止事由にあたる者を除き、広く国民は裁判員に選ばれる可能性がある。合議体の構成は、裁判官3名と裁判員6名である。裁判員が関与するのは、殺人、傷害致死、強盗致死傷、現住建造物等放火といった重大事件の第一審の公判手続である。アメリカの陪審制度等とは異なり否認事件に限らず自白事件にも適用され、また、前述の大正陪審制度と異なり被告人による選択は認められない。そのため、施行後に起訴された対象罪名の裁判は、ごく一部の例外を除き、広く裁判員裁判として行われている。裁判員裁判は、現在では、刑事裁判のごく日常的な風景となっている。

　裁判員裁判における判断は、専門性が求められる法令の解釈や訴訟手続に関しては裁判官に権限があるが、被告人が有罪か無罪か、有罪であるとしていかなる罪が成立するかを左右する事実の認定と法令の適用、さらに刑の量定は、裁判員

[44] **陪審**　一般国民から事件ごとに選任される陪審員（典型的には12名）が犯罪事実の認定（による有罪・無罪の判断）をする制度。前提となる法解釈や有罪評決後の量刑の判断は裁判官が行い、事実認定を陪審員のみが行う分業制。伝統的には評決は全員一致制。イギリス発祥で、アメリカで深く根づいている。フランス革命後にフランスやドイツでも採用されたが、その後両国は参審制に移行した。

[45] **参審**　一般国民から基本的に任期制で選任される参審員（典型的には数名程度）と職業裁判官が合議体を組む制度。陪審のような分業制ではなく、参審員（素人裁判官）は職業裁判官と同じ権限ですべての判断に関与し、評決は多数決である。ヨーロッパ大陸諸国に採用国が多い（ドイツ・フランスなど）。

[46] **大正陪審制度**　大正デモクラシーを背景に1923年に「陪審法」が制定され、1928年から施行された。陪審裁判の実施は被告人による選択制であった。当初は熱意をもって取り組まれたが、陪審の答申に拘束力がないなど様々な制度上の不備から、被告人の辞退が相次ぐなどして次第に適用件数が減り、1943年に戦争の激化を理由に停止された。

[47] **司法制度改革審議会**　21世紀に司法が果たすべき役割を明らかにし、司法制度の改革と基盤の整備に関する基本的施策を調査審議する目的で1999年に内閣のもとに設置。法曹関係者のみならず各界の代表ら計13名の識者で構成。2001年に意見書をとりまとめ、民刑の司法制度や法曹養成制度の改革等について提言を行った。

を含む９名が対等な権限をもつ合議により決する。たとえば、〈殺人罪（刑法199条）の成立要件である「殺意」があったといえるには、犯人が人を死亡させることを積極的に意欲していた必要まではなく、死んでしまっても「しかたがない」という程度の心理状態（認容）があれば足りる〉というのは「法令の解釈」であり、裁判官がその内容を裁判員に説明する。そのうえで、用いられた凶器の性状等を含む刺突行為の態様などを手がかりに、具体的事件で上記の意味での殺意を認定できるか検討し、それに従い、殺人罪（刑法199条）を適用するか、より軽い傷害致死罪（同205条）を適用するにとどめるかを判断する作業が「事実の認定」「法令の適用」であり、これを全員の合議で行う。評決は、裁判官・裁判員の双方の意見を含む過半数の意見による（裁判員法67条１項）。たとえば、裁判員全員が有罪の意見であっても、それが判決となるには、裁判官が最低１名賛成する必要がある。

　以上のような制度を導入する目的として、裁判員法１条は、司法に対する国民の理解の増進とその信頼の向上に資することを掲げる。施行後２年余を経過した時期に出された最高裁の判例は、「法曹のみによって実現される高度の専門性は、時に国民の理解を困難にし、その感覚から乖離したものにもなりかねない側面」があったところ、裁判員制度は、「国民の視点や感覚と法曹の専門性とが常に交流することによって、相互の理解を深め、それぞれの長所が生かされるような刑事裁判の実現を目指すもの」などと述べている（**最高裁大法廷平成23年11月16日判決**）。
[48]

（２）日本の刑事手続の運用上の特色と裁判員制度の導入による変革

　このように裁判員制度は、一般国民の視点や感覚の反映により、裁判の内容（結論や理由づけ）がより理解しやすく、受け入れやすいものになる効果をねらうものであるが、このいわば"表看板"の目的にも増して重要であるのが、裁判員裁判が日本の刑事手続の運用スタイルにもたらす変化である。すなわち、現行刑事訴訟法が本来目指していた「直接主義」

[48] **最高裁大法廷平成11月16日判決** 刑集65巻8号1285頁。覚醒剤密輸事件の被告人が裁判員制度の合憲性を争った事案。憲法は職業裁判官以外の者が評決権をもって裁判を行うことを許容しているか、裁判所による適正かつ公平な裁判を受ける権利（憲法31条・32条・37条１項）を害しないか、裁判官の職権行使の独立（同76条3項）を害しないか、国民に「意に反する苦役」（同18条）を課すものではないかなどが争点となったが、最高裁はいずれの主張も排斥し、制度の合憲性を肯定した。

「口頭主義」「公判中心主義」の理念を実現に近づけるということが考えられている。

　というのは、戦後の現行刑事訴訟法の制定に関わった法律家らは、起訴状一本主義（▶前述2（3））や伝聞法則（▶前述3（4））により、捜査の結果がそのまま公判へと流れ込まないようにしたことで、公判が名実ともに刑事手続の中心をなす**公判中心主義**[49]が実現されると見込んでいた。しかし、実務の運用は異なる方向に進んだ。捜査機関は、被疑者を取り調べて詳細な自白を得ることを含む綿密な捜査により事実関係の細部に至るまでを明らかにし、検察官は確実に有罪判決を獲得できると思われる事件のみを起訴するスタンス（▶前述2（1））を崩さなかった。そして公判では供述調書等の書面が大量に証拠として請求された。公判期日は、月に1、2回といったペースで進行し、裁判官らは、当事者の同意その他の伝聞例外（▶前述3（4））を活用して採用した書証を、公判では要旨の告知により形式的に取り調べて、期日外に執務室等で時間をかけて読み込んで心証をとるスタイルを定着させた。そして、判決における事実認定も、書証に大きく依存する形で、有罪・無罪や量刑の判断に必要な程度を超える精密さをもって行われた。こうした運用は、99％超という、諸外国に比べて著しく高い有罪率も相まって、**精密司法**[50]などと呼ばれた。それは、事案の真相をできる限り詳しく明らかにしてほしいという国民の期待に応える面もあった。しかし、その負の側面として、捜査により事実上事件の決着はつけられ、公判は形骸化し、事実認定の主たる資料は供述調書である（「調書裁判」）という、諸外国の刑事裁判に類を見ない、いわゆるガラパゴス的な状況に陥ってしまっていた。

　裁判員制度は、こうした状況を打破することを期待されて導入され、実際の運用も、相当程度にその期待に沿うものとなっている。すなわち、裁判に専従するわけではない一般国民である裁判員の参加を現実的に可能にし、かつ、審理の内容を理解してもらうには、まず、だらだらとした五月雨式の進行はありえない。そこで、裁判員裁判で必ず実施するものとして「公判前整理手続」を導入し（▶前述3（1））、争点と

[49] **公判中心主義**　諸外国の刑事訴訟法（学）では、これに対応する用語がみられないようである。それは、公判が刑事手続の中心となるのはあまりにも当然のことで、ことさらに名前をつけて扱う必要がないからではないかといわれている。

[50] **精密司法**　高名な刑事訴訟法学者である松尾浩也博士（1928〜2017）の造語である。ちなみに、「裁判員」の名称も、陪審、参審のいずれにも偏らない日本独自の制度という意味を込めて、松尾博士の提唱に基づき採用された。

証拠を整理して審理の計画を有効に立てられるようにしたことで、かつては夢のまた夢と思われていた**連日的開廷**[51]が実現された。次に、裁判員に（期日外で）大量の書証を読み込んでもらうこともありえず、「その場で見て聞いてわかる」裁判への転換が求められる。そこで、立証は、対象を有罪無罪の認定と量刑判断にとり必要な事実に絞り込み（精密司法から**核心司法へ**）[52]、その方法も人証中心のもの、たとえば、目撃者の供述調書ではなく法廷での証人尋問が優先され、また、被告人質問で十分であれば自白調書はあえて採用しないといった運用になった。まさしく「直接主義」「口頭主義」であり、それによる公判の活性化が「公判中心主義」への道程となる。このようにして、裁判員制度の導入により、刑事裁判の運用には、次の**図表14-4**のような変化が生じている。

[51] **連日的開廷** 裁判員裁判では、たとえば、1日5〜6時間の審理を3〜7日程度行い、判決に至るイメージである。短ければ平日に3日連続で行うこともあるし、より日数を要する場合は、2週に分けて3、4日ずついうこともある。

[52] **核心司法** 戦後の刑法・刑事訴訟法の分野で指導的な役割を果たした平野龍一博士（1920〜2004）の造語。従来、精密司法の対義語としては「ラフ・ジャスティス」という言葉が使われ、そこには「いい加減な」という否定的なニュアンスが伴った。これに対し、「核心司法」は、従来の精密司法のようにあらゆる事実を細かく立証、認定するのではなく、刑事裁判の本来の役割である有罪無罪の認定と量刑判断にとってコアな部分に集中したメリハリの利いた手続を行うという肯定的なニュアンスが込められた用語である。

図表14-4：新旧運用の対比

	従来運用	裁判員裁判の運用
事実認定者	裁判官のみ	裁判官＋裁判員
争点整理	公判進行に伴い争点が徐々に判明	公判前整理手続で整理
開廷	月に1、2回	連日的
供述証拠の顕出方法	書証（供述調書）中心	人証（証人尋問）中心 直接主義・口頭主義の実質化
心証獲得	期日外の書証読み込みによる	法廷での証拠調べによる
事実認定の詳細さ	広範囲の事実を詳細に認定（精密司法）	有罪無罪と量刑にとり重要な事実に絞る（核心司法）
全体的特徴	捜査（取調べ）中心	公判中心主義

5　おわりに

　以上で述べたように、日本の刑事手続にポジティブな変化が起きていることは認められる。ただその一方で、公訴の提起は確信に近い高度の見込みがなければ行わない検察のスタンスを前提に、先立つ捜査が、綿密かつ徹底的な取調べを中心として行われ、自白が大半の事件で得られることが刑事司

法の機能を支えているという、批判的な論者からは人権侵害の温床と目されている基本的構造は——裁判員制度の導入が契機のひとつになって取調べの録音・録画が進んだこと（▶本章**コラム(54)**）を踏まえても——根本的には変わっていない。2016年の刑事訴訟法改正により導入された**協議・合意制度**[53]、通信傍受（▶前述**1**（**2**））の拡大など、取調べ以外の証拠収集方法の拡充もはかられてはいるが、その範囲ないし効果は限定的である。もっとも、上記の基本的構造に本格的にメスを入れようとすれば、困難なリバランスが求められる。目指すべき方向性はまだ共有されているとはいえず、今後の課題ということができる。

[53] **協議・合意制度**　他人の犯罪の解明への協力の見返りに、協力者の犯罪について寛大な処分を行うことを認める制度。いわゆる捜査協力型の司法取引の仕組みである。

コラム(56)　歴史をたずねてⅦ——「人質司法」と予審制度

2018年、カルロス・ゴーン氏が逮捕された事件をめぐり、「人質司法」という言葉がメディアで取りざたされた。「人質司法」とは、無罪を主張したり黙秘している被疑者や被告人を、捜査機関が長期間にわたって身体拘束すること（未決拘禁）を意味する。人権保護の観点から、被疑者や被告人の身体拘束を最小限にとどめるべきだとする意見も強いなか、日本における未決拘禁について、戦前に行われていた予審制度（予審）に遡って考えてみよう。

予審とは、公判前に予審判事が必要事項について取調べを行い、公判に付すべきかを決定する手続のことをいう。ボアソナードによる起草案をもとに作られた治罪法（1880年公布）で、濫訴の防止と被告人の利益保護をはかる目的から、フランス法にならって規定された。

ところが、予審は非公開で実施されたうえ、被告人尋問には弁護人の立会いが認められず、しかも予審でとられた調書（供述録取書）は公判で証拠能力をもつなど、その運用は被告人の利益保護には程遠いものだった。ことさら問題視されたのは、予審判事が検察官にものを言えない関係性が構築され、特に無罪を主張したり黙秘する被告人に対して「取調べ」と称した勾留延長が際限なく可能だった点である。検察官の裁量拡大と自白偏重の刑事司法が、無制限な未決拘禁を助長したのである。

治罪法を基本的に踏襲した「明治刑事訴訟法」（1890年公布）、ドイツ法継受へ転換した「大正刑事訴訟法（旧刑訴法）」（1922年公布）を経て、アメリカ法の影響を受けた現行刑事訴訟法（1948年公布）に至り、予審制度は廃止され

た。同時に、自白主義との決別や証拠の制限も行われた。それでもなお、現在、代用監獄（拘置所に代用して警察留置場を使用すること）のもとで自白中心の捜査が行われる「人質司法」が注目され、また「精密司法」と称される100％に近い有罪率をみちびく刑事裁判（前述▶4（2））には、戦前から脱却できない検察官中心の日本的な司法のあり方が無関係ではないように思われる。

第 15 章

国際法

はじめに

　2021年8月、アフガニスタンの旧支配勢力であったタリバンは、首都カブールを制圧し、新政府の樹立を表明した。2001年の9.11同時多発テロから20年後にあたる2021年の9月11日に、米軍の完全撤収が予定されていたところであった。この事件の背景には、9.11同時多発テロに対するアメリカ主導によるアフガニスタン攻撃で、当時のタリバン政権が崩壊に追い込まれたこと、また新たな政権が樹立され、国際社会はその政権への支援を行ってきたことなどをはじめとして、様々な事情がある。またこの事件当時は、大統領が国外退去するなか、多くのアフガニスタン人が国外への脱出を試みる様子や、タリバンによる女性に対する弾圧をはじめとする人権問題などが報道され、各国では、難民の受入れや、タリバンに対する制裁を求める議論などが行われた。

　みなさんは、この事件に関係する国、集団、個人が「国際法」にどのように関係すると考えるだろうか。「国際法」を理解するためには、「国内法」の理解とは異なる様々な疑問を解消する必要がある。つまり、想定される国際法は誰が決めたものであり、何によって形作られているのか、そしてそれは誰を規律する法であり、さらにその違反に対して、どのように対処することが想定されている法なのか、といった疑問である。本章の目的は、これらの幅広い疑問に対する答えを示すことである。まずは国際法の意義やその構造を明らかにし、そのうえで、国際法の実現のためにどのような方策が用いられているのか、また今後どのように発展する可能性があるのか、ということを概観していこう。

▲大統領府を掌握したタリバン（AP／アフロ）

★おすすめの基本書　①岩沢裕司『国際法』（東京大学出版会・2020年）【画像上段左】、②杉原高嶺ほか『現代国際法講義〔第5版〕』（有斐閣・2012年）【画像上段右】、③酒井啓亘ほか『国際法』（有斐閣・2011年）【画像下段】

1 国際社会の法とグローバル化

（1）国際社会の構造と国際法の法的性質

　国際法は「国際社会を規律する法」といわれることがある。国際法が規律する対象となる国際社会は、国家を前提とする社会であり、主権国家が併存する**分権社会**である[1]。そのため、国際社会には統一的で中央集権的な体制は確立しておらず、国内社会のような立法、行政、司法といった権力機関は存在していない。国際社会においては、第二次世界大戦後に**国際連合**（以下「国連」という）[2]が創られ、現在ではほとんどの国家がこれに参加しているが、たとえば国連総会決議は法的拘束力を有していないため、国内の立法機関とは異なる。また、国内社会で法は、行政によって実施・執行されていくことになるが、国際社会で法は、国家の自発的な実施に委ねられているため、国際法違反を取り締まる組織も存在していない。さらに、国内法の違反や紛争があった場合、国内社会では司法によって法的解決がはかられるが、国際社会においては（国際司法裁判所などの国際裁判所がいくつか設置されているものの）、国家の同意なくして裁判を行うことはできないため、その権限も限られている。

　このように国内社会における法の性質と比較すると、国際法は国内法と大きく異なることがわかる。このことから、国際法の法的性質を否定する見方もある。つまり、国際法には法の重要な要素として、国内法のような強制という性質がなく、そのため国際法は遵守されず、国際法は法ではない、と指摘するものである。たしかに国際法は、分権社会が前提であって、各国家の利益に反する場合には無視される可能性もあり、また国際法違反に対する制裁措置が十分に機能していない状況さえある。しかし現在の国際法学者の多くは、かつては自力救済として戦争や復仇という強制力が国際法によって認められていたこと、また近年それらは違法化されているものの、（後述するように）国際組織の発達によって制裁措置が設けられ、またその強制力は組織化されてきていること（強

[1] **分権社会**　国際社会は統一的で中央集権的な社会ではなく、国家がそれぞれ独立して併存し、権力が集中しておらず国家の権力が分散していることから、分権社会といわれる。

[2] **国際連合**　国際連合（United Nations）とは、1945年10月24日に設立された国際組織であり、2021年3月現在で、その加盟国は193か国に及んでいる。なお、第一次世界大戦後の1920年には、その前身となる国際連盟が創設されたが、アメリカの不参加や日本などの脱退、また全会一致の原則がとられていたことから迅速な対応が行えなかったことなど、いくつか組織上の欠陥が存在していた。第二次世界大戦後に設立された国際連合は、同戦争の反省を踏まえ、当時の連合国を中心に設立された機関であり、多数決の原則がとられているが、決議については常任理事国（アメリカ・イギリス・フランス・ロシア・中国）の拒否権が認められている。

▲国際連合旗

制性)、さらに国際社会においては自国の利益に反する法に合意することはほぼなく、合意した法を守る方が自国の利益になることが多いため、国際法はよく遵守されていること（実効性）などから、こうした疑問を否定している。

（2）グローバル社会と法

国際法は International Law と表現されるように、「国家間の法」という意味で捉えられることが多い。しかし、米ソ冷戦終結後の1990年代以降、各国経済の結びつきや輸送手段、情報伝達技術の発展により、人、モノ、金、情報などが、それまでの国家間での移動を超えて、世界規模で移動することとなった。こうした「グローバル化」による影響は、国際法が対象としてきたような、国家間の関係では解消しきれない問題を浮き彫りにしてきた。たとえば、世界的に広がる経済活動やその問題、地球規模の環境問題、テロリズムや国境を越えた個人による犯罪など、二国家間や特定の国家間だけでは解決できないような問題がいくつも存在している。なおこれに関連して、**国際私法**[4]といわれる分野も存在するが、本章では取り扱わない。

このように国際社会が対応を求められる問題も、国際社会の状況変化とともに変容しており、国際法を国家間の法として捉えるだけでは、それらの問題への対応が十分ではない場合もある。また、そうした問題を従来の国際法という枠内で捉えることが困難な場合もありうる。つまり、国際法には、その規律対象である国際社会（国家間）の法としての機能以上に、全世界に関わるようなグローバル社会の法としての機能が求められる場合もある。以下では、伝統的な国際法の議論だけでなく、グローバルな議論も視野に入れつつ、国際法の意義とその実現方法、そして今後の展望について、概観していこう。

[3] International Law　国際法については、「Law of Nations（諸国民の法）」という意味で理解される場合もある。日本では当初、国際法を指す用語として「万国公法」という語が用いられていたが、その後、International Law という意味に近い、「国際法」という表現が用いられるようになった。

▲万国公法

[4] **国際私法**　国際結婚など国境を越えた私人間の法律関係を規律する法規範の総体をいう。特に問題が発生した際の判断基準とするべき国の法（準拠法）に関して、日本では、「法の適用に関する通則法」が定められている。

➡ 2　国際法の法源と構造

（1）国際法の法源

　国際法の法源、すなわち国家やその他の国際法の主体（後述）を規律し、また国際裁判において適用される主な法規範は、「条約」と「慣習国際法」（国際慣習法ともいう）である。条約とは、国際法によって規律される国際的な「合意」のことをいう。「合意は遵守されなければならない（pacta sunt servanda）」という法諺（▶第1章［1］）があるように、条約は合意が重要な要素であり、主に国家間の意思の合致が重要となる。「条約法に関するウィーン条約」（以下「条約法条約」という）ではさらにこれに加えて、国家間における文書の形式による合意が対象となっている。条約は締約した当事国のみが拘束される「特別国際法」であり、当事国しか拘束しないため、第三国を拘束することはない。そしてここでいう条約には、条約（Convention、Treaty）、協定（Agreement）、憲章（Charter）、規約（Covenant）、議定書（protocol）などが含まれ、国際連合憲章や国際人権規約なども、ここでいう条約に含まれる。また条約は当事国の数によって、二国間条約と多数国間条約に分類される。

　もうひとつの法源は、国際社会で慣習法として成立している慣習国際法であり、原則として、国際社会を構成するすべての国家を拘束する「一般国際法」とされている。**国際司法裁判所（ICJ）**[5]規程38条1項bは、「法として認められた一般慣行の証拠としての国際慣習」と規定しており、慣習国際法の成立には、（すべての国家の同意が必要となるわけではないが）諸国家の行為が一般慣行であると「法として認められた」という法的信念が必要であるとされている。

　条約と慣習国際法の関係については、その間の優劣関係は存在しないが、もし両者が同じことを規律し、そしてそれらの内容が抵触する場合には、一般的には特別法優位の原則や後法優位の原則が適用される（▶第2章4（2）・（3））。さらに締結した条約が一般国際法の強行法規（ユス・コーゲンス）（▶第2章3（5））と抵触する場合には、その条約は無効とさ

[5] **国際司法裁判所（ICJ）** ICJは、それまで設置されていた常設国際司法裁判所（PCIJ）に代わって、ICJ規程によって1946年に設置された国際機関であり、オランダのハーグに所在する。また国連憲章92条には、「国際司法裁判所は、国際連合の主要な司法機関である。」とされ、「常設国際司法裁判所規程を基礎とし、且つ、この憲章と不可分の一体をなす。」と規定されている。

▲国際司法裁判所

れる（条約法条約53条）。ICJ規程によれば、条約や慣習国際法以外に裁判基準として、**法の一般原則**が挙げられており、また法則決定の補助手段として、**裁判上の判決**、諸国の最も優秀な国際法学者の学説などが挙げられている（同38条）。

（2）国際法の主体

　条約や慣習国際法などを法源とする国際法は、伝統的に国家間の関係を規律する法であるとされてきたことから、国際法の主体となるのは、従来、**主権**を有する国家のみであると考えられてきた。ただし、この主権を有する国家の成立には、**国家の要件**を備えていることが必要とされる。また新たな国家が成立した際に、その国際法上の主体性について、すでに存在している国家が認めることを**国家承認**という。なお、国家は（植民地からの独立など）人民の**自決権**によって成立する場合もある。

　18世紀から20世紀初頭にかけて、国際法の主体として認められるのは国家のみであるとされ、個人は国際法上の権利義務が帰属しない、単なる客体にすぎないとされてきた。しかし特に第二次世界大戦以降、後述するように、多くの国家間で人権条約が締結され、それらの条約が規定する人権を自国民に保障することが、国際法上、締約国に義務づけられた。そしてもしその侵害があった場合には、個人が直接国際機関に救済を求めるための出訴権を認める制度が設けられている。近年では、常設の**国際刑事裁判所（ICC）**が設置され、個人は国際犯罪について刑事責任を追及されることになっており、個人の国際法主体性は一定の場合に認められてきている。

　現在では、国際連合をはじめとして多くの**国際組織**が設置されているが、それらには一般的に、国際法主体性が認められている。また、国際組織と対比される非政府組織（NGO）は民間団体であり、その多くが国家内にある法人であることから、一般的には国際法主体性は認められないと考えられている。

[6] 法の一般原則　諸国家の国内法において共通して認められている一般原則をいい、国際関係に適用できるものとされている。その内容は必ずしも明らかではないが、たとえば既判力や禁反言、信義則、権利濫用などが挙げられる。

[7] 裁判上の判決　国際裁判所の判決のほか、仲裁裁判の判断や国内裁判所の判決などもこれに含まれると考えられている。

[8] 主権　主権には、領域内の人や物に対する排他的な統治を行う対内主権と、他の国家や国際法主体から独立する対外主権という2つの側面がある。

[9] 国家の要件　一般的に国家の要件は、①永久的住民、②確定した領域、③政府とされるが、モンテビデオ条約は、④他国と関係を取り結ぶ能力を加えている。

[10] 国家承認　国家承認の行使は個別の国家裁量に委ねられるが、その効果については、承認によって国家は国際法人格を有するものとなるとする考え方と、承認は単なる宣言であり承認前から存在する国際法主体性を確認したものにすぎないとする考え方が対立している。

[11] 自決権　人民の自決権とは「その政治的地位を自由に決定し並びにその経済的、社会的および文化的発展を自由に追求する」権利であるとされている（国際人権規約共通1条）。自決権には、植民地的な支配下にある人民が独立する外的自決と、政治的地位を自由に決定し、その経済的、社会的および文化的発展を自由に追求する内的自決もあるとされている。

[12] 国際刑事裁判所（ICC）　ICCは、国際社会全体の関心事である最も重大な犯罪を犯した個人を裁く常設の裁判所であり、2003年にハーグに設置された機関である。後述5（5）も参照。

[13] 国際組織　政府間組織を指し、複数の国家間で条約によって設置するものをいう。

（3）国家の権利義務とその管轄権

　国際法の主体である国家には、主権を背景として、いくつかの権利義務がある。たとえば代表的なものとして、すべての主権国家が平等に取り扱われるという**国家平等の原則**があり、国連憲章にも規定されている（2条1項）。また、他国の国内問題への介入を禁止する**不干渉原則**があり、国家は他国の国内管轄事項に干渉することが禁止されている。ただし、国際法上合法的な介入とされる場合もある。たとえば、相手国の正統な政府の要請による介入である場合や、国連憲章第7章に基づく強制措置（国連による経済制裁や武力制裁など）の場合などがそれにあたるが、（あとで詳しく示す）在外自国民の保護や人道的干渉が国際法上認められるかどうかについては、議論が分かれている。

　主権を有する国家には、さらに、人や財産、行為などについて、法律を制定、適用、執行しうる権限として、**国家管轄権**[16]が認められている。このとき、自国の領域内で国家管轄権を行使する根拠ないし基準として、**属地主義**[17]が用いられる場合がある。また、自国の領域外の外国人の財産や行為に対して自国の法を適用する「域外適用」に関しては、**属人主義**[18]、**受動的属人主義**[19]、**保護主義**[20]、**普遍主義**[21]などのいずれかが用いられる場合がある。しかし国家管轄権にも限界があり、たとえば、国外での逮捕や捜査、税務調査などの執行管轄権については、自国の領域外で行使することはできない。

　また国家は、その行為や財産について、他国の裁判管轄権に服することはなく、これを免除される。このことを「国家

[14] **国家平等の原則**　国際法の定立における平等、国際法の内容における平等、国際法の適用における平等がある。

[15] **不干渉原則**　主に武力の行使や武力による威嚇などの軍事的行為などが干渉にあたる。

[16] **国家管轄権**　国家管轄権は、国内の権力分立を背景として、立法管轄権、裁判管轄、そして執行管轄権に分類される。

[17] **属地主義**　ある国家の領域内で行為が行われた場合、その行為者の国籍その他にかかわりなくその国家に管轄権を認めること。

[18] **属人主義**　能動的属人主義ともいい、自国の領域内にいる自国民の行為や財産に対して、自国の管轄権を認めること。たとえば日本では、殺人罪、傷害罪などの犯罪について属人主義が採用されている（刑法3条）。

[19] **受動的属人主義**　自国の領域外にいる自国民に被害を加えた行為に対して、自国の管轄権を認めることをいう。日本では、殺人罪、傷害罪などの犯罪について受動的属人主義が採用されている（刑法3条の2）。

[20] **保護主義**　自国の安全や利益を害する行為について、その国籍や所在地を問わずに自国の管轄権を認めることをいう。日本では、内乱罪、外患誘致罪などが対象とされている。

[21] **普遍主義**　一定の犯罪（ジェノサイドや海賊など）につきすべての国家の管轄権を認めること。

図表15-1：属地主義　　図表15-2：属人主義　　図表15-3：受動的属人主義

免除（または主権免除）」という。ただし、いかなる場合にも国家は他国の裁判権から免除される（絶対免除主義）のか、それとも一定の国家の行為や財産にのみ裁判権が免除されるのか（制限免除主義）については、議論が分かれている。なお、外交官および外交使節団、領事および領事機関には、一定の**特権免除**[22]が認められる。

（4）国家の領域

このような国家管轄権が及ぶ領域を「国家領域」といい、領土、領水（内水と領海）、領空に分かれるが、いずれの国家にも属さない領域として**国際領域**[23]がある。国家領域の取得方法には、国家による領域の取得が正当と認められる事実として、割譲や併合をはじめとして、いくつかの**領域権原**[24]が認められてきた。しかし、実際の領域紛争においては、論点が複雑化し、必ずしも領域権原のみで領域紛争の解決がなされない場合も多い。

こうした紛争の法的解決にあたっては、一般的には、領域取得時の法によって決定するという「時際法の原則」に基づいて判断されるが、紛争が発生した時点を決定的期日として、それ以後に行われた事実や行為については考慮しない場合がある。そのほかにも、条約等による合意がある場合にはそれが優先され、それがない場合には、当事国による行為の実効性などによって判断する場合がある。

[22] **特権免除** 外交官や外交使節は接受国から、通常の外国人とは異なる特権（身体の不可侵、裁判権免除、租税免除、公館の不可侵など）を受け、接受国の管轄権から免除されることがあり、これを「外交特権」ともいう。また領事や領事機関にも、一定の特権免除（身体の不可侵、裁判権免除など）が認められている。

[23] **国際領域** 公海や宇宙空間、南極や深海底などがこれにあたる。また、国際河川や国際運河のように特定国家の領域内にあるが、その利用を国際的に認める領域を「国際化地域」という。

[24] **領域権原** 「権原（title）」とは、権利が発生すると認められる事実をいい、領域権原とは、領域であると正当に認められる事実をいう。伝統的には、割譲、併合、先占、征服、時効、添付（海底隆起や土砂体積などの自然現象による領域の拡大）が認められていたが、現在では先占や征服などは認められていない。

コラム㊼ 領空・宇宙空間

空に関する国際法は、人が空を利用するようになってから発展してきた分野であり、比較的新しい法領域である。特に航空技術や宇宙技術の発達に伴い、空域や宇宙空間に関わる法的議論は今まさに発展途上にある。

空域には領空と公空があるが、国家領域の上空を「領空」といい、それ以上の上空を「公空」という。まず領空については、民間航空機が他国の領空を飛行し、その領域内で離着陸する「空の自由」が、個別の条約等によって限定的に認められている。しかし一般的には、領域国に排他的な主権が及ぶ

と考えられているため、外国航空機には「無害飛行権」が認められており、領域国の許可なしに飛行した場合には、領空侵犯とみなされる。一方で公空、つまり公海や排他的経済水域の上空などは、すべての国家の利用が自由とされ、その上空を飛行する自由が認められる。

「空」の範囲には、これらの空域だけではなく、宇宙空間も含まれる。月その他の天体を含む宇宙空間については、国家による取得の対象としてはならず、それを領有することは禁止されている。これに対して、宇宙空間を探査し利用する自由は認められるため、すべての国が、そのための物体を打ち上げ、宇宙活動を行うことができ、公海と似た地位が確立しつつある。宇宙空間の軍事利用も認められるが、平和利用の観点から、一定の軍事利用は制限されている。たとえば、核兵器その他の大量破壊兵器などの利用は禁止されている。なお、空域と宇宙空間との境界については、国際法上いまだに明確な定めはない。

（5）海洋法

国家領域のうち「海」に関しては、その多くが慣習法として発展してきた。特に沿岸国の近海を領域、それ以遠の海域を公海として、後者については広く自由な使用のために用いるということが、多くの国によって認められていた。これらの慣習法を法典化する作業が国連で試みられ、1958年には**ジュネーブ海洋法4条約**[25]が採択された。そして、その後の海洋開発技術の進歩や海洋資源の保存などの議論が活発化したことで、新たな条約体制が求められ、1982年にはこれら4条約に取って代わる**国連海洋法条約**[26]が採択されている。

この国連海洋法条約は、海域ごとに国際法上のルールを規定している。同条約によれば、**基線**[27]から測定して12海里までを**領海**[28]（3条）とし、この水域内での沿岸国の領域主権を認めている。また沿岸国には、領海の外側に、基線から200海里までの水域として、**排他的経済水域（EEZ）**[29]を設定し、天然資源の探査、開発、保存および管理等のための主権的権利が認められている（56条・57条）。**大陸棚**[30]については、沿岸国はそれを探査し、天然資源を開発するための主権的権利を行使することができる（77条）。内水、領海、群島水域、排他的

[25] **ジュネーブ海洋法4条約**「領海及び接続水域に関する条約」「公海に関する条約」「漁業及び公海の生物資源の保存に関する条約」および「大陸棚に関する条約」を指すものであり、1958年の第1次国連海洋法会議において採択された。

[26] **国連海洋法条約** 国連海洋法条約は、第3次国連海洋法会議で採択され、全17部320条の本文および9の附属書ならびに第11部（深海底）の実施協定からなる。ジュネーブ海洋法4条約の規定内容に加えて、海峡や排他的経済水域といった規定や、国際機関の設立に関わる規定などが新たに加えられた。

[27] **基線** 基線は、通常、沿岸国が公認する大縮尺図に記載される海岸の低潮線をいう（国連海洋法条約5条）。この基線の陸地側の水域を「内水」というが、湾、内海、港、入江、河口などが含まれ、外国船舶は沿岸国の同意なしに内水に入ることはできない。

経済水域には沿岸国の主権や管轄権などが一定程度及ぶが、いずれにも属さない海域である**公海**は、すべての国家の共有とみなされている。そのため、公海はいかなる国家の領域主権にも服することはなく（89条）、「公海自由の原則」が適用される。[31]

図表15-4：各種海域の概念図

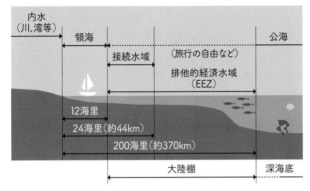

（出典）外務省ウェブサイトをもとに作成

[28] **領海**　沿岸国の領海では、すべての国の船舶（外国船舶）は「無害通航権」を有する（国連海洋法条約17条）。また領海の外に設定され、基線から24海里を超えない範囲内の水域を「接続水域」といい、この水域内では、通関・出入国管理等の一定の事項について、沿岸国は必要な規制を行うことができるとされている（33条）。なお、1海里は1,852メートルである。

[29] **排他的経済水域（EEZ）**　排他的経済水域内において、沿岸国には、生物資源や非生物資源といった天然資源について、それらの探査、開発、保存、および管理などに関する主権的権利が認められている。

[30] **大陸棚**　大陸棚において、沿岸国には、生物資源や非生物資源といった天然資源について、その開発のための主権的権利などが認められている。

[31] **公海**　公海では、「旗国主義」が採用されており、公海上の船舶や航空機による活動は、旗国の管轄権に従うこととされている（国連海洋法条約92条）

3　国際法の国際社会における実現

（1）国家責任

国際社会においては、国家を縛るような権威や権限は存在しておらず、また、国際法違反があったとしても、国内法と同様の紛争解決システムは存在していない。そのため、仮に国際法違反があったとしても、国際社会においてそれらが解決されず、国際法が機能しないという問題が発生してしまう。たとえば、次のような例を考えてみてほしい。A国に在留していたB国民が、A国において損害を負った場合に、B国民に対してA国が国際法に照らして適切な対応をしなかったとき（国際法違反があったとき）、もし国際法が機能しなければ、B国はA国に対して何らの責任を追及することもできず、自国民への損害を放置するしかないのだろうか。

こうした問題に対して、国際法の適切な適用をはかるべく、

一定の国際違法行為を行った国家に対する「国家責任」の追及が、国際社会において長年にわたって議論され、その法典化への取り組みがなされてきた。そして2001年、ついに国連国際法委員会（ILC）は、「『国際違法行為に対する国の責任』に関する条文」（以下**国家責任条文**[32]という）を採択した。

国家責任条文によれば、国家責任が発生するのは、過失があったかどうかにかかわらず、「国際違法行為」がある場合とされている（1条）。たとえば、領域国内において外国人の利益を保護しない場合や、他国の利益を侵害するような自国領域の使用などである。ただしこの国際違法行為が発生するのは、「行為の国家への帰属」と「国際義務違反」という2つの要件をみたす場合である（2条）。まず行為の国家への帰属については、国内法に従って、その地位を有する個人または構成体による**国家機関の行為**[33]は、国際法上の国家の行為とされる（4条）。また国際義務違反とは、国家の行為（作為または不作為）が**国際義務**[34]に従っていない場合を意味する。そのため、たとえば、領域国内における外国人の利益を保護しない行為であっても、まったくの私人の行為であったり、国際法上の義務に従ったものだとすれば、国家責任は生じないことになる。なお、行われた行為について、相手国の同意、国連憲章に基づく自衛、国際法違反に対する対抗措置、国家の統制を超えた不可抗力、当該行為者の遭難、重大かつ差し迫った危険に対する緊急避難が認められる場合には、国際違法行為の違法性が阻却され、国家責任は発生しない（20～25条）。

国家責任条文によれば、被害国は違法行為を是正するために、違法行為の中止や再発防止の保証を求めることができる（30条）。また事後の救済として、国際違法行為が発生する以前の状態に回復することを求める原状回復、金銭賠償、そして名誉侵害などの非有形的な損害に対して陳謝などを求めるサティスファクションが、その救済方法として採用されている（35～37条）。

以上のような国家責任に関する責任追及のほかにも、いくつか国家の責任を追及する方法が、国際法上問題となっている。まず、他の国家の国際違法行為を中止させ、事後救済の

[32] 国家責任条文　条約化してはおらず、法的拘束力はもたないが、いくつかの規定は国家責任に関する慣習国際法を反映したものであるとされている。また国際組織や個人の行為に関する責任に関してはその対象としていないため、本文記載の内容は国家を対象としたものとなる。

[33] 国家機関の行為　国内法上、政府権限を行使する権限が付与されている個人や構成体の行為（国家責任条文5条）、権限踰越や命令違反による行為（7条）、国家により指揮または統制される行為（8条）などについても、国家の行為とみなされる。また過失も要件とはされない。

[34] 国際義務　国家が負う国際義務は、方法および実施の義務（特定の方法や手段を要求）、結果の義務（結果達成を要求するが、方法や手段は国家の裁量に委ねる）、特定事態発生防止の義務（結果の義務の一環ではあるが、国家が関与しない特定事態を防止すべきことを要求）の3つに分類される。なお、国際義務は、条約や慣習国際法などのいずれの法源によるものであるかを問わない。

履行を迫るために、自ら国際法違反行為を行う**対抗措置**である。これは前述した国家責任の違法性阻却事由であり、国際社会ではこれにより自力救済（ジリキ／ジリョク）が認められている。またもうひとつは、在留先の国家から被害を受けた外国人が、その国家の国内法上の救済を受けられない場合に、当該外国人が国籍を有する国家が、自国民のために在留先の国家の国家責任を追及する**外交的保護**という方法である。

（2）紛争の平和的解決

　以上のような国際違法行為に限らず、国際社会では様々な紛争が発生する。国際社会には、国内社会のような権威や権限を用いた組織的な仕組みが十分に整っていないが、武力によらない紛争の平和的解決が重要である。そしてこのことは、国連憲章が規定する**平和的解決原則**と**武力行使禁止原則**にも裏付けられており、紛争解決には**平和的解決方法**が用いられなければならない。これまで紛争の平和的解決方法としては、国家にその選択の自由を認めつつ、たとえば交渉、仲介、審査、調停、仲裁、司法的解決などの方法がとられてきた。平和的解決方法は、非法的紛争に対する「非裁判手続」と、法的紛争に対する「国際裁判」に分類することができる。

　❶ 非裁判手続　非裁判手続には、交渉・仲介・審査・調停がある。交渉とは、当事者の合意を基礎とするもの、仲介とは第三者が紛争当事者の意見を調整し、解決案を提示するもの、審査とは中立的でかつ独立した第三者の機関が、事実の解明を行い報告としてまとめるもの、調停とは中立的でかつ独立した第三者の機関が、当該紛争を調査しその解決案を報告として提示するものをいう。

　❷ 国際裁判　国際裁判には仲裁と司法的解決がある。仲裁とは当事国が合意して選んだ仲裁人で構成する仲裁廷に紛争を付託することをいう。特に**司法的解決**は、常設の裁判所によって国際法の適用がなされ、法的拘束力を有する判決によって解決する方法である。現在の国際社会において、司法的解決を担う中心的な常設裁判所はICJである。ICJは、国籍の異なる15人の裁判官によって構成されるが、その裁判は紛争

[35] **対抗措置**　対抗措置は一国での判断に依存する危険性があり、それを制限するため、いくつかの要件が議論されている。つまり、相手の国家が国際義務違反を行っていること、被った被害との均衡性があること、その行為の中止や事後救済の履行を要求していること、違反してはならない国際義務を含む措置であってはならないこと、などである。

[36] **外交的保護**　2006年にILCが採択した外交的保護条文は、継続的国籍と国内的救済完了という2つの要件を定めている。

[37] **平和的解決原則**　国連憲章2条3項は、「すべての加盟国は、その国際紛争を平和的手段によって国際の平和および安全並びに正義を危くしないように解決しなければならない。」と規定している。

[38] **武力行使禁止原則**　国連憲章2条4項は、「すべての加盟国は、その国際関係において、武力による威嚇又は武力の行使を、いかなる国の領土保全又は政治的独立に対するものも、また、国際連合の目的と両立しない他のいかなる方法によるものも慎まなければならない。」と規定している。

[39] **平和的解決方法**　国連憲章33条は、「交渉、審査、仲介、調停、仲裁裁判、司法的解決、地域的機関又は地域的取極の利用その他当事者が選ぶ平和的手段による解決を求めなければならない。」と規定している。

[40] **司法的解決**　司法的解決のために設けられた裁判所は、ICJやICCなど常設の裁判所であるため、仲裁のように、裁判所の構成に当事者の意向は反映されない。

当事国の合意なく行うことはできず、ICJ は**管轄権**[41]を有しないことが原則である。ただし、こうした合意がない場合でも、一定の条件のもとで、ICJ の**強制的管轄権**[42]が認められている。ICJ での裁判は、「国際法に従って」行われ（ICJ 規程38条1項）、前述した法源などが適用されることになる。また法の適用によって下される判決は、紛争当事国に対して、かつその事件に限り法的拘束力をもつとされているが（同59条）、判決についてはその先例拘束性は認められていない。ICJ は紛争当事国間の裁判における判決とは別に、国際機関による法律問題についての要請に基づき、それらの機関に対して、**勧告的意見**[43]を与えることもできる。

（3）国際安全保障

　以上でみてきたように、国際的な紛争に対しては、平和的な解決が重要である。しかしながら、人類の歴史のなかには、世界規模の戦争や武力紛争が行われ、甚大な被害や悲惨な状況を生み出した歴史もあり、必ずしも平和的な解決のみがなされてきたわけではない。国際社会は、幾度となく繰り返された悲惨な武力紛争を反省し、そうした紛争を未然に防ぐための国際的な安全保障を求めて努力してきた。

　伝統的に戦争は、国際紛争を解決するための手段として容認されてきたが、中世になると、神学者トマス・アクィナス（▶第2章［5］）などによって、戦争にも国際法上許容されない戦争があり、一定の条件をみたす正戦のみが許されるとする**正戦論**[44]が展開された。しかし、いずれの国家が正当な理由で戦争を行ったと主張しても、客観的な判定者の存在しない国際社会では、何が国際法上許容される正戦であるかどうかが判定できない。そのため18世紀から19世紀にかけて、戦争を行う国家が正当性を主張する限り、それを行うのは国家の自由であるとみなす「無差別戦争観」が唱えられるようになった。しかし20世紀になると、第一次世界大戦という甚大な被害をもたらした悲惨な経験から、1919年の**国際連盟規約**[45]によって国際連盟が設立され、同規約の前文は、加盟国に対して戦争に訴えない義務を課し、また紛争解決の国際的な手続

[41] **管轄権**　ここでは ICJ による裁判権としての意味であるが、当事国が合意する方法としては、仲裁のように特別の合意をした場合、裁判条約や裁判条項のように事前に同意していた場合、提訴された国家がそれに応じた場合がある。

[42] **強制的管轄権**　ICJ 規程36条は、同規程の当事国であれば、同裁判所の管轄権について、特別の合意なく認めることをいつでも宣言できるとしており、この選択条項に基づいて宣言を行った国家の間では、合意を得ずに提訴が可能となり、ICJ の強制的管轄権が成立することになる。

[43] **勧告的意見**　勧告的意見には、法的拘束力はない。

[44] **正戦論**　17世紀のオランダで生まれた法学者であり、『海洋自由論』や『戦争と平和の法』などを著し、「国際法の父」といわれているグロティウス（1583〜1645）は、正当原因のある戦争のみを正戦として、自己防衛、財産の回復、処罰の3つをその要因として掲げた。

[45] **国際連盟規約**　国際連盟規約は、加盟国間で国交断絶に至るおそれがある紛争が発生する場合には、仲裁、司法的解決、連盟理事会の審査に付す必要があり、その判決や報告後3か月間は戦争に訴えてはならないとする「戦争モラトリアム」を規定した（12条1項）。

を踏まずに行う戦争を違法とした。ただし同規約のもとでは、理事会の判決や報告後3か月を経過した場合など一定の場合に戦争は禁止されておらず、戦争に対する制限は限定的なものであった。そこで1928年の不戦条約で、国際紛争の解決手段や国家政策の手段としての戦争を放棄し、国際紛争を平和的解決手段以外では解決してはならないことが定められた。一定の戦争を全面的に禁止する不戦条約にはほとんどの国家が加盟し、これにより「戦争の違法化」が実現した。

しかし不戦条約には、違反行為への制裁が規定されていなかったこと、自衛戦争は一般的に許されていたこと、宣戦布告を欠くなど戦争に至らない武力行使が禁止されないといった解釈の余地が残されていたことなど、いくつかの不備が残されていた。このように、不戦条約は一定の戦争を放棄するものの、国家による武力行使が認められる例外を残していたため、結果として第二次世界大戦の勃発を防ぐことはできなかった。そこで第二次世界大戦後に採択された国連憲章には、不戦条約の不備を補うような仕組みが構築されている。

国連憲章2条4項は、戦争に至らない武力行使を禁止すべく、**武力の行使**[46]と**武力による威嚇**[47]（threat or use of force）を禁止した。ただしこの武力行使の禁止については、同憲章において一定の例外が設けられており、**旧敵国**[48]に対する武力行使を除くと、現在では2つの例外が規定されている。1つ目の例外は、自衛権の行使であり、国連憲章51条は、一定の条件の場合に、**個別的自衛権**[49]と**集団的自衛権**[50]を国連加盟国に対して認めている。またもうひとつは**集団安全保障**[51]（図表15-5）であるが、国連加盟国には武力行使が禁止されていることを前提に、その合意に違反して武力行使を行った国に対して、加盟国による集団での制裁が認められている。なお、自衛権以外にも国家による武力行使が正当化されうる場面として、**在外自国民の保護**[52]や**人道的干渉**[53]などの議論がある。

図表15-5：集団安全保障

[46] **武力の行使**　国連憲章が禁止する「武力（force）」とは、軍事力のことを指す。

[47] **武力による威嚇**　違法となるような武力をもって威嚇することであるとする考え方がある。

[48] **旧敵国**　国連憲章には、旧敵国条項と呼ばれる条項（53条、77条1項b、107条）があるが、現在では死文化している。

[49] **個別的自衛権**　国連憲章51条は、「この憲章のいかなる規定も、国際連合加盟国に対して武力攻撃が発生した場合には、安全保障理事会が国際の平和及び安全の維持に必要な措置をとるまでの間、個別的又は集団的自衛の固有の権利を害するものではない。」と規定している。

[50] **集団的自衛権**　国連憲章によって新たに認められた権利であり、他国に対して発生した武力攻撃に対して、実力をもって阻止する権利のことをいう。

[51] **集団安全保障**　国連憲章第7章の各規定に基づき、安全保障理事会は、平和に対する脅威、平和の破壊、侵略行為といった事態の認定を行い、それに対して強制措置（非軍事的措置と軍事的措置）を決定することができる。

[52] **在外自国民の保護**　他国にいる自国民の生命や財産が侵害されたり、または侵害されるおそれがある場合に、その自国民の保護のために、国家が武力を行使することをいう。

[53] **人道的干渉**　ある国家が集団殺害（ジェノサイド）や迫害など、著しく人道に反する行為を行っている場合に、その行為を防ぎ、その国家の国民等の生命や身体を保護するために、国家が武力を行使することをいう。

　国連憲章により国連加盟国に認められている集団的自衛権は、日本では認められているのであろうか。従来の日本の政府見解では、自衛権の3要件をみたさなければ自衛権行使は許されないとされていた。すなわち、①わが国に対する急迫不正の侵害があること、その場合に、②これを排除するためにほかに適当な手段がないこと、そしてその手段が③必要最小限度の実力行使にとどまるべきこと、である。そのため集団的自衛権は、その行使が「急迫不正の侵害」が「わが国に対する」ものであることが必要であり、またそれ自体が憲法9条2項によって禁止される「戦力」に至らない「必要最小限度の実力」を超えるものであるため、憲法上一切許されないとされてきた。しかし、2014年7月1日の閣議決定「国の存立を全うし、国民を守るための切れ目のない安全保障法制の整備について」によって、要件が変更され、これが修正されることになった。すなわち、〈わが国だけでなく、わが国と密接な関係にある他国に対して武力攻撃が発生し、それによってわが国の存立が脅かされ、国民の生命、自由および幸福追求の権利が覆される明白な危険があること〉が付け加えられた。これによって、集団的自衛権に該当するような場合をも自衛権発動の要件として認められることとなった。

▶ 4　国際法の国内社会における実現

（1）国際法の国内法的効力

　国際法を実現する場面は、国際社会だけに限られず、その実効性を確保するために、国内社会においても実現されることが期待される。もっとも、国際社会と国内社会はその特徴においても異なるものであり、国際法秩序と国内法秩序も同じではない。そのため、**国際法と国内法との関係**、すなわち[54]国際法は国内において法としてどのような効力が認められ、そしてどのように実現されているかが問題となる。ただし、国際法の国内的効力やその実現方法については、各国の憲法体制などによって異なっていることもあり、ここでは日本の場合を例としてみてみよう。

[54] **国際法と国内法との関係**　かつては上位法に抵触する法が無効になるということを主張する一元論と、相互に平等・独立・無関係の法体系であるため、国内法は国際法に対応する関係にはないと主張する二元論で大きな論争がなされた。しかし現在では、実践的観点からこれを論じる意義はあまりないと考えられている。なお一元論は、国内法優位の一元論（イェリネックなど）や国際法優位の一元論（ケルゼンなど）に分類され、二元論はトリーペルやアンチロッティが主唱したものであり、多元論とも呼ばれる。

▲イェリネック（左）とケルゼン（右）（右画像：AP／アフロ）

日本国憲法98条2項は、「日本国が締結した条約及び確立された国際法規は、これを誠実に遵守することを必要とする。」と定めている。そのため通常、「締結した条約」と「確立した国際法規」（ここでは慣習国際法）は、国内法的効力を有することになると考えられている。すなわち、慣習国際法は特別の手続を経ることなく、また条約は締結手続を経ることによって、国内的効力を有することになる。

特に条約については、締結によって法的効力を有することになり、こうした方式を**受容方式**[55]という。日本で条約は、政府間での交渉がなされたあと、二国間条約の場合は「署名」、多数国間条約の場合には「採択」を経て、作成された条約文は確定され、国会に提出されることになる（日本国憲法73条3号）。そして、その条約の締結、すなわち条約に拘束されるという同意の最終的な表明が、国会において承認されると、「締結した条約」として国内的効力が発生することになる。また締結の表明方法については、**批准・受諾・承認・加入**[56]などの方法があり、いずれの方法によるかは条約の定めに従うこととなっている。

こうして国内的な効力を有する条約は、具体的な場面において適用され、実現されることになる。その方法について日本では、たとえば裁判の場面で、条約を直接そのまま具体的な事件で適用する方法（直接適用）や、条約を踏まえて国内法を解釈する方法（間接適用）などが採用されることもある。

（2）条約の国内的序列

このように条約についていえば、締結によって日本国内においてその効力を得ることとなるが、そこで問題となるのは、国内法上、条約がどのような位置づけとなるか、という**条約の国内的序列**[57]の問題である。日本国憲法のいずれの条文をみても、条約が国内法のなかでどのように位置づけられるかは明文で規定されていない。つまり、条約が国内的効力を有するとしても、それが憲法よりも上位にあるのか、もし仮に下位にあるとした場合でも、法律よりも上位にあるのか、などといった点が問題となる（▶第2章コラム⑦）。なお、慣習国

[55] **受容方式** 一般的受容方式ともいい、条約が締結などにより発効すると、その条約が日本の国内法秩序において直ちに効力を有する制度をいう。反対に、国によっては、条約は締結などで発効しても、国内的に効力を発生させるためにはそれを国内的に「変型」や「編入」した法律が必要であるとする制度もある。

[56] **批准・受諾・承認・加入** いずれも条約に拘束されることの最終的な同意の表明方法であるが、批准は、条約法条約によれば、批准書の交換、寄託、登録などが必要とされる厳格な手続によるものである。日本では内閣がその権限を有し、その助言と承認により、天皇が国事行為として批准書を認証する（日本国憲法7条8号）。これに対して受諾や承認は、天皇の認証を必要としない簡略化された手続であり、これによる場合は外務大臣名で行われる。また加入は、他の外国間ですでに署名済みまたは発効済みの条約への加入を意味し、受諾や承認の方法で行われる。

[57] **条約の国内的序列** 条約の国内的序列に関しては、憲法を最上位とする国家、条約を憲法と同位または憲法よりも上位とする国家などがある。また憲法を最上位とする国家のうちでも、条約は法律よりも上位とする国家、条約と法律を同位とする国家など様々である。なお、慣習国際法についても、それぞれの国家の憲法体制によって変わるが、条約と比較しても、それを明示する憲法は少ない。

際法についても日本国憲法は明示していないが、法律に優先するだけでなく、憲法に優位すると説明される場合もある。

　まず条約と憲法との関係については、第二次世界大戦直後は、戦争に対する反省から国際法の遵守という強い要請もあり、条約優位説が唱えられていた。しかし現在では、条約も司法審査の対象となると考える余地があること、また条約締結手続は国会の過半数の議決であるのに対して、憲法改正にはそれよりも厳格な要件が課されていることなどを理由に、条約は憲法よりも下位にあるとする憲法優位説が多数説であり、政府の見解でもある。なお、1959年の砂川事件判決（▶**第2章コラム⑦**）については、一見明白に違憲無効でない限りは司法審査の範囲外であると判断したことから、一見明白に違憲無効な場合は、条約が司法審査の対象となると考える余地があることから、憲法が条約に優位するとみる立場もある。

　また条約と法律との関係については、条約がそれよりも上位にあると理解するのが多数である。明治憲法下においては、条約は法律と同位と考えられていたが、日本国憲法では条約が国会の承認を要すること（73条3号）や、条約は「誠実に遵守する」ことが求められること（98条2項）などから、条約は法律よりも上位にあるとされている。

◗◗◗ 5　これからの社会における国際法の展望

（1）国際法の主体や規律対象・範囲の変容

　国際法の規律する分野は今も拡大している。伝統的な国際法は、国家間の法として機能するが、その主体や対象も時代の変化とともに変容する。つまり、「社会あるところに法あり」といわれるように、国際法の主体や対象が多様化し、拡大すればまたそれを規律する法が生まれることになる。前述したように、グローバル社会で発生する問題に対応するために、国際法はその主体や規律対象、そしてその範囲までもが変容している。ここでは、近年こうした変容が著しい分野について、概観してみよう。

（2）国際人権法

　伝統的な国際法は、主にその主体を国家に限定してきたが、第二次世界大戦後、それを引き起こした全体主義国家による自国民への残虐行為や他国への侵略という苦い経験から、国際社会の平和と安全の維持のために、国内における人権保障の必要性が強く認識されるようになった。そこで**国連憲章1条3項**^[58]は、人権の保護を国連の目的と規定し、その後、1948年には**世界人権宣言**^[59]が国連総会において採択された。さらに、国連人権委員会は同宣言を条約化し、また実際に人権保障を実施する措置として、その手続を作成する作業が続けられ、ついに1966年に**国際人権規約**^[60]が採択された。また、国際社会で一般的・普遍的に参加が望まれるこれらの一般的人権条約のほかにも、国連では特定の人権に関して詳細に規定する個別的人権条約をいくつか採択してきた（**図表15-6**）。なお、特

図表15-6：人権に関する国連における主な条約

採択年	条約名	主な内容
1948年	ジェノサイド条約	「集団殺害（ジェノサイド）」を定義し、それが国際法上の犯罪であることを確認し、締約国にその防止や処罰を約束させることを定める条約
1951年	難民条約	「難民」を定義し、その生命や自由が脅威にさらされるおそれのある国への強制追放や送還の禁止（ノン・ルフールマンの原則）などを定める条約
1965年	人種差別撤廃条約	「人種差別」を定義し、あらゆる形態の人種差別の撤廃のために適当な措置をとることなどを締約国に求める条約
1979年	女性差別撤廃条約	「女子に対する差別」を定義し、政治的および公的活動、ならびに経済的および社会的活動における差別の撤廃のために適当な措置をとることなどを締約国に求める条約
1984年	拷問等禁止条約	「拷問」を定義し、締約国がそれを刑法上の犯罪とすること、公務員による残虐な、非人道的なまたは品位を傷つける取り扱い等の防止などを定める条約
1989年	児童の権利条約	18歳未満を「児童」と定義し、児童の権利の尊重および確保の観点から必要となる詳細かつ具体的な事項を規定する条約
2006年	障害者権利条約	障害者のあらゆる人権および基本的自由の完全かつ平等な享有を促進・保護・確保し、障害者の固有の尊厳の尊重を促進することを目的として、その実現のための措置などについて定める条約
2006年	強制失踪条約	「強制失踪」を定義し、その犯罪化および処罰を確保するための法的枠組み等について定める条約

[58] **国連憲章1条3項**　国連憲章1条3項は、「経済的、社会的、文化的又は人道的性質を有する国際問題を解決すること、並びに人種、性、言語又は宗教による差別なくすべての者のために人権及び基本的自由を尊重するように助長奨励することについて、国際協力を達成すること」と規定している。

[59] **世界人権宣言**　世界人権宣言は、「すべての人民とすべての国とが達成すべき共通の基準」として採択されたものである。この宣言は国連総会決議であって、それ自体法的拘束力のない文書であるが、国際社会には大きな影響力を与えた。この宣言は全30条からなるが、3条から21条に自由権を、22条から27条で社会権を定めている。

▲世界人権宣言の起草を推進したエレノア・ルーズヴェルト

[60] **国際人権規約**　国際人権規約は、当初は「経済的、社会的及び文化的権利に関する国際規約（社会権規約）」、「市民的及び政治的権利に関する国際規約（自由権規約）」、「市民的及び政治的権利に関する国際規約の選択議定書（第1選択議定書）」を指したが、さらに1989年に採択された「死刑の廃止を目指す、市民的及び政治的権利に関する国際規約の第2選択議定書（自由権規約第2選択議定書）」、2008年に採択された「経済的、社会的及び文化的権利に関する国際規約の選択議定書」を加えた5つの条約の総称である。日本は自由権規約と社会権規約以外、批准していない。

定の国家のみが参加する地域的人権条約としては、欧州人権条約や米州人権条約、バンジュール憲章などがある。

これらの国際人権条約のなかには、その実現のための具体的な実施措置が定められているものがある。これまでにいくつかの制度が設けられているが、**国家報告制度**[61]、**国家通報制度**[62]、**個人通報制度**[63]などが重要である。国際的な人権保障を実現するためには、このような国際的な実施措置による解決が重要であるが、国際人権条約ごとに実施措置は異なること、また統一的な履行監視機関がないこと、さらに通報制度の受入れは国家の任意となっていることなど、その実現にはいくつかの限界がある。そのため、個人の人権保障にあたっては、国際社会における実現では不十分なこともあり、国内法の役割も重要となることから、前述したように、国際法の国内社会における実現について、近年でも様々な議論が展開されている。

（3）国際経済法

経済活動もグローバル化によって大きく変容を遂げており、それを規律する「国際経済法」は、近年急速に発展している領域である。国際社会は、歴史的にその経済活動に対して様々な規制を行ってきたが、国際経済法は、広い意味ではこうした国際的な経済活動に対する規制を包摂する法として理解されることがある。このなかでも、国際的な貿易や通商を規律する国際貿易法は、主に世界貿易機関（**WTO**）の諸協定[64]によって成り立っている。関税および貿易に関する一般協定（GATT）を引き継ぎ、さらにその対象分野を拡大させたWTOの基本理念は「自由貿易」であるが、それを実現するためにいくつかの基本原則が定められている。これらの原則には、**最恵国待遇**[65]と**内国民待遇**[66]という無差別待遇の原則、**関税引下げ**[67]に関する原則、**数量制限禁止**[68]の原則などがある。一方で、貿易を制限することに関しては、**セーフガード**[69]、**ダンピング防止税**[70]、**相殺関税**[71]などの貿易救済制度などが認められている。なお、近年では地域経済統合が活発化しており、EU、北米自由貿易協定（NAFTA）、南米南部共同市場（MERCOSUR）など

[61] 国家報告制度 国際人権条約の締約国がその履行状況を定期的に報告する制度であり、違反があった場合には勧告などの措置がとられる。

[62] 国家通報制度 ある国際人権条約の締約国が、別の締約国がこの義務を履行していないと考える場合に、その国家を相手として国際的な履行監視機関に申立てを行い、同機関による解決を求める制度をいう。

[63] 個人通報制度 国際人権条約上の権利を侵害されたと考える個人が、その締約国を相手として、国際的な履行監視機関に申立てを行い、同機関による解決を求める制度をいう。

[64] WTO WTOの諸協定は、WTO体制の組織や手続を定めた設立協定と４つの付属書からなる。なお、付属書1Aには1994年のGATTも含まれる。

[65] 最恵国待遇 GATT１条１項は、WTO加盟国である物品の輸入国が、特定国の産品に対して行った待遇と同じ待遇を、他の締約国の産品に対しても行わなければならないと定めている。

[66] 内国民待遇 GATT３条は、WTO加盟国が、他国からの輸入品に対して、国内市場における待遇よりも不利な待遇をすることを禁止している。

[67] 関税引下げ GATT２条は、特定の産品を輸入する国家が、関税の上限を合意（関税譲許）することにより、合意された関税率よりも高い関税を課すことができないよう定めている。

[68] 数量制限禁止 GATT11条１項は、WTO締約国がその輸入に際して貿易障壁となる数量制限を行うことを禁止している。

[69] セーフガード GATT19条は、特定産品の輸入が急激に増加し、国内産業に重大な損害を与える場合などに、一時的な輸入制限を認めている。

[70] ダンピング防止税 GATT６条は、産品を正常な価額より

の自由貿易協定（FTA）や、主に二国間で結ばれる経済連携協定（EPA）などが国際的にいくつか発効している。これによって地域構成国間の貿易が自由化され、市場規模が拡大するメリットがあるが、域外国との貿易では差別的な状況が生まれることも問題となっている。

（4）国際環境法

環境保護に関わる「国際環境法」も、近年急速に発展した法分野であり、科学の発展に伴い、今現在、進化している法分野でもある。その規制の対象は、空気、大気、水、土壌など様々な構成要素に及び、またその主体も国家だけでなく、個人や文化などにまで及ぶため、非常に広範である。

国際環境法の法源は条約と慣習国際法であるが、1970年代に萌芽期を迎えた新しい分野であるため、その中心は条約であり、多くの**多国間環境条約**〔72〕によって形成されている。また条約ではないものの、重要な役割を果たすものとして、締約国会議（COP）の決定や国際組織が採択した宣言や決議、決定などがある。国際環境法を形成する多国間環境条約は、**枠組条約方式**〔73〕を採用しており、社会状況の変化、科学的知見や技術の進展への迅速な対応を可能とさせる仕組みとなっている。なお、国際環境法に含まれる一般的な原則には様々なものがあるが、主なものとしては、**損害防止原則・持続可能な開発・予防原則・共通だが差異ある責任**〔74〕などがある。

低い価額で他国に輸出するダンピングについて、輸入国が一定のダンピング防止税を課すことを認めている。

〔71〕**相殺関税**　GATT 6条は、輸出国政府による補助金の交付を受けた産品について、それを輸入した国の産業が損害を受けた場合に、輸入国政府が相殺関税を課すことを認めている。

〔72〕**多国間環境条約**　主要なものとして、ラムサール条約（湿地の保全）、ワシントン条約（絶滅危惧種の国際取引の規制）、オゾン層保護条約、モントリオール議定書（オゾン層破壊物質の規制）、バーゼル条約（有害廃棄物の越境移動規制）、気候変動枠組条約、京都議定書（温室効果ガスの削減）、パリ協定（気候変動防止）、生物多様性条約などがある。

〔73〕**枠組条約方式**　枠組条約方式は、まずは基本的枠組みのみを締結し、その後、締約国会議等の決議や決定などを行い、社会状況の変化、科学的知見や技術の進展に対応する新たな合意を積み重ねて、問題に対処していく方法である。

〔74〕**損害防止原則・持続可能な開発・予防原則・共通だが差異ある責任**　損害防止原則とは、自国の管轄やその管理下にある活動が、他国の環境や管轄外の区域の環境に対して影響を及ぼさないようにする責任のことを意味する。また持続可能な開

コラム(59)　国際環境問題と国際経済法

近年急速に発展してきた法分野間では、対象とする問題に対する規律の内容が抵触する場面もある。特に国際環境問題については、自由貿易の観点から、国際的な議論となることがある。

たとえば、環境保護を理由とする貿易制限が問題となる場面である。本文で言及したように、国際経済法（とりわけ国際貿易法）は、自由貿易の観点から、貿易制限については一定の場合にのみ認めている。しかしGATTは、その貿易制限が許される理由として「環境保護」を認めていない。そのため、

環境保護のために貿易制限を行うとGATTに違反する可能性があるのである。これに対して、近年では、発がん性のあるアスベストの貿易制限や、絶滅危惧種であるウミガメを混獲してしまう漁法によって漁獲されたエビの輸入制限を認めるなど、環境に配慮した判断が国際的にもなされており、一定の解決が試みられている。

（5）国際刑事法

　国際犯罪への規律を目指す「国際刑事法」も、近年急速に発展してきた法分野である。通常、犯罪は国内法によって処罰されることが前提であるが、それが国際性を帯びた国際犯罪については、国際的な規律が必要となる場合がある。こうした国際犯罪は、国際協力が必要となる**外国性をもつ国内犯罪**[75]、**諸国の共通利益を害する犯罪**[76]、**国際法違反の犯罪**[77]に分類されることが多い。これらの犯罪に対しては、原則としては国内裁判所で裁判することになるが、それらの犯罪に対してどの国の管轄権が及ぶかについては、前述したような国家管轄権の理論（属地主義や属人主義など）によることになる。これに対して、諸国の共通利益を侵害する犯罪については、条約等の定めによって個別に国家の裁判管轄権が設定されている。

　国際刑事法の発展のなかでも、国際法違反の犯罪を特定し、その訴追や処罰を定めた1998年のICC規程の採択、そして2003年のICCの設置は、特に重要である。同裁判所は、集団殺害犯罪、人道に対する犯罪、戦争犯罪、侵略犯罪という4つの重大犯罪を対象として、締約国による付託、安保理による付託、検察官の発意による捜査開始のいずれかによって、裁判手続が開始される。このとき、対象犯罪について、国内裁判所と管轄権が競合した場合には、国内裁判所で処罰を行う「補完性の原則」が採用されている。

▶ 6　おわりに

　本章では、まず国際法の法源やその主体などを概観するこ

発は、将来の世代が自らのニーズをみたす能力を損なうことなく、現在の世代のニーズをみたすような開発を意味するものである。予防原則（予防的アプローチ）は、国家の活動が環境に重大な影響や回復しがたい損害を及ぼすおそれがある場合、科学的証明が困難で、証拠が不確実な場合であっても、損害発生の予防のために、その活動の禁止を求めるものである。最後に共通だが差異ある責任とは、国家は地球環境保護のために共通の責任を有するものの、環境への影響の要因や問題解決能力には各国家で差異があり、その程度に応じて異なる責任を負うこと、そして先進国の方が途上国よりも重い責任を負うことを意味する。

▲1992年リオ会議（RIBEIRO ANTONIO／GAMMA アフロ）

[75] **外国性をもつ国内犯罪**　たとえば、犯罪が国外で行われた場合、被疑者が国外にいる場合、証拠が国外にある場合などである。

[76] **諸国の共通利益を害する犯罪**　たとえば、海賊、航空犯罪、テロリズムなどがこれにあたる。

▲ソマリアの海賊（Jason R. Zalasky／U.S. Navy／ロイター／アフロ）

とで国際法の意義とその構造を明らかにした。そして、その
ような意義や構造をもつ国際法について、もし紛争が発生し
た場合、国際社会においては、国際法違反の責任をとる方法、
平和的な解決を行う方法が形成されていること、さらに武力
紛争を未然に防ぐための国際安全保障体制が形成されている
ことを確認した。もっとも、こうした国際社会における国際
法の実現だけでは不十分なところがあり、国際法の国内社会
における実現方法（体制）が、各国で整えられていることも
確認した。

　ただし、近年のグローバル化に伴って様々な問題が提示さ
れていることを踏まえ、こうした伝統的な国際法の理解はさ
らなる変容を迫られている。本章で概観したように、国際法
の主体や規律対象、そしてその範囲に至るまで、グローバル
化の流れのなかで、国際法も現在進行形で変容している。特
に国際的な人権保障、世界的な経済活動、地球規模の環境問
題、国境を越えた犯罪などへの対応については、近年様々な
議論が展開されており、解決をみていない問題がいくつもあ
る。ただし、グローバル化した社会におけるこれらの問題に
ついて、その解決方法を模索するのは、国家や専門家だけの
仕事ではない。グローバル化が進展する社会においては、個
人や集団も（その主体や規制対象などとして）大きく関わり、
グローバル化する社会を規律する新たな法形成に関わってい
くことになる。今後のグローバル化社会の主体として、私た
ちは従来の伝統的な「国際法」を学び、その発展のありよう
を考える必要があるだろう。

[77] 国際法違反の犯罪　たと
えば、平和に対する罪や人道に
対する罪などがあるが、ICC規
程では、集団殺害犯罪、人道に
対する犯罪、戦争犯罪、侵略犯
罪の4つが国際法違反の犯罪と
されている。

コラム⑥ 歴史をたずねてⅧ──日本の国際法学のはじまり

　江戸末期、西欧列強から「半文明国」とみなされ締結を余儀なくされた不
平等条約を改正するため、明治政府は「文明国」（主権国家）への仲間入りを
目指した。本書でも紹介するように、西洋法体系を移入して近代的な法典整備
を急いだのはこのためである。「文明国」になることは、「文明諸国間の法」
（law among civilized nations）つまり国際法の適用を受ける、ということでも

ある。『万国公法』(1865年。▶本章 [3])以降、日本は国際法とどのように向き合ってきたのだろうか。

　日本における国際法学の発展において、立作太郎が果たした役割は大きい。かれは1874年東京・麹町に誕生し、1897年東京帝国大学法科大学政治科を卒業後、同大学院で寺尾亨のもと国際公法を専攻した。1900年からは外交史研究のためフランス・ドイツ・イギリスへ留学したが、日露戦争の勃発を契機に1904年に帰国して、その後東京帝大で外交史・国際公法等の講義を担当した。立の登場により明治初期の外国語による概略的・翻訳中心の講義が「真の意味で日本的な国際法学」へ発展したと評価されている。

　1910〜1911年、立は美濃部達吉と国家主権・領土権をめぐる大論争を展開した。論争の内容は韓国併合(1910年)の国際法的な位置づけを意識したものだった。実のところ立は帰国後間もない頃に、外務省で韓国保護国化(1905年)に向けた条約起草に携わっていた。「真の意味で日本的な国際法学」へ発展させた立の真髄は、このような実務に即した実証的な法理論にあった。その後も外務省とともに多くの外交政策にあたり、1934年に東京帝大を退職したあとは外務省の法律顧問に専念した。とりわけ戦時期には、海軍省や外務省は国際法規の改正・策定など重要事項は立に意見を聞いてから公布したという。

　立は国際法学・外交史学のみならず、外交実務においても後世に多大な影響を及ぼした人物だったが、外交実務家としておそらく最初に手掛けた韓国保護国化事業が、100年後の日本の国際関係に禍根を残す結果になることを、かれは予想していただろうか。

索　引

原則として、本文側注で用語解説が
なされているものを索引項目とし、
ページ数は用語解説の所在を示す

査報告とともに、これを国会に提出しなければならない。

② 会計検査院の組織及び権限は、法律でこれを定める。

第九十一条 内閣は、国会及び国民に対し、定期に、少くとも毎年一回、国の財政状況について報告しなければならない。

第八章 地方自治

第九十二条 地方公共団体の組織及び運営に関する事項は、地方自治の本旨に基いて、法律でこれを定める。

第九十三条 地方公共団体には、法律の定めるところにより、その議事機関として議会を設置する。

② 地方公共団体の長、その議会の議員及び法律の定めるその他の吏員は、その地方公共団体の住民が、直接これを選挙する。

第九十四条 地方公共団体は、その財産を管理し、事務を処理し、及び行政を執行する権能を有し、法律の範囲内で条例を制定することができる。

第九十五条 一の地方公共団体のみに適用される特別法は、法律の定めるところにより、その地方公共団体の住民の投票においてその過半数の同意を得なければ、国会は、これを制定することができない。

第九章 改正

第九十六条 この憲法の改正は、各議院の総議員の三分の二以上の賛成で、国会が、これを発議し、国民に提案してその承認を経なければならない。この承認には、特別の国民投票又は国会の定める選挙の際行はれる投票において、その過半数の賛成を必要とする。

② 憲法改正について前項の承認を経たときは、天皇は、国民の名で、この憲法と一体を成すものとして、直ちにこれを公布する。

第十章 最高法規

第九十七条 この憲法が日本国民に保障する基本的人権は、人類の多年にわたる自由獲得の努力の成果であつて、これらの権利は、過去幾多の試錬に堪へ、現在及び将来の国民に対し、侵すことのできない永久の権利として信託されたものである。

第九十八条 この憲法は、国の最高法規であつて、その条規に反する法律、命令、詔勅及び国務に関するその他の行為の全部又は一部は、その効力を有しない。

② 日本国が締結した条約及び確立された国際法規は、これを誠実に遵守することを必要とする。

第九十九条 天皇又は摂政及び国務大臣、国会議員、裁判官その他の公務員は、この憲法を尊重し擁護する義務を負ふ。

第十一章 補則

第百条 この憲法は、公布の日から起算して六箇月を経過した日から、これを施行する。

② この憲法を施行するために必要な法律の制定、参議院議員の選挙及び国会召集の手続並びにこの憲法を施行するために必要な準備手続は、前項の期日よりも前に、これを行ふことができる。

第百一条 この憲法施行の際、参議院がまだ成立してゐないときは、その成立するまでの間、衆議院は、国会としての権限を行ふ。

第百二条 この憲法による第一期の参議院議員のうち、その半数の者の任期は、これを三年とする。その議員は、法律の定めるところにより、これを定める。

第百三条 この憲法施行の際現に在職する国務大臣、衆議院議員及び裁判官並びにその他の公務員で、その地位に相応する地位がこの憲法で認められてゐる者は、法律で特別の定をした場合を除いては、この憲法施行のため、当然にはその地位を失ふことはない。但し、この憲法によつて、後任者が選挙又は任命されたときは、当然その地位を失ふ。

一 法律を誠実に執行し、国務を総理すること。

二 外交関係を処理すること。

三 条約を締結すること。但し、事前に、時宜によつては事後に、国会の承認を経ることを必要とする。

四 法律の定める基準に従ひ、官吏に関する事務を掌理すること。

五 予算を作成して国会に提出すること。

六 この憲法及び法律の規定を実施するために、政令を制定すること。但し、政令には、特にその法律の委任がある場合を除いては、罰則を設けることができない。

七 大赦、特赦、減刑、刑の執行の免除及び復権を決定すること。

第七十四条 法律及び政令には、すべて主任の国務大臣が署名し、内閣総理大臣が連署することを必要とする。

第七十五条 国務大臣は、その在任中、内閣総理大臣の同意がなければ、訴追されない。但し、これがため、訴追の権利は、害されない。

第六章 司法

第七十六条 すべて司法権は、最高裁判所及び法律の定めるところにより設置する下級裁判所に属する。

② 特別裁判所は、これを設置することができない。行政機関は、終審として裁判を行ふことができない。

③ すべて裁判官は、その良心に従ひ独立してその職権を行ひ、この憲法及び法律にのみ拘束される。

第七十七条 最高裁判所は、訴訟に関する手続、弁護士、裁判所の内部規律及び司法事務処理に関する事項について、規則を定める権限を有する。

② 検察官は、最高裁判所の定める規則に従はなければならない。

③ 最高裁判所は、下級裁判所に関する規則を定める権限を、下級裁判所に委任することができる。

第七十八条 裁判官は、裁判により、心身の故障のために職務を執ることができないと決定された場合を除いては、公の弾劾によらなければ罷免されない。裁判官の懲戒処分は、行政機関がこれを行ふことはできない。

第七十九条 最高裁判所は、その長たる裁判官及び法律の定める員数のその他の裁判官でこれを構成し、その長たる裁判官以外の裁判官は、内閣でこれを任命する。

② 最高裁判所の裁判官の任命は、その任命後初めて行はれる衆議院議員総選挙の際国民の審査に付し、その後十年を経過した後初めて行はれる衆議院議員総選挙の際更に審査に付し、その後も同様とする。

③ 前項の場合において、投票者の多数が裁判官の罷免を可とするときは、その裁判官は、罷免される。

④ 審査に関する事項は、法律でこれを定める。

⑤ 最高裁判所の裁判官は、法律の定める年齢に達した時に退官する。

⑥ 最高裁判所の裁判官は、すべて定期に相当額の報酬を受ける。この報酬は、在任中、これを減額することができない。

第八十条 下級裁判所の裁判官は、最高裁判所の指名した者の名簿によつて、内閣でこれを任命する。その裁判官は、任期を十年とし、再任されることができる。但し、法律の定める年齢に達した時には退官する。

② 下級裁判所の裁判官は、すべて定期に相当額の報酬を受ける。この報酬は、在任中、これを減額することができない。

第八十一条 最高裁判所は、一切の法律、命令、規則又は処分が憲法に適合するかしないかを決定する権限を有する終審裁判所である。

第八十二条 裁判の対審及び判決は、公開法廷でこれを行ふ。

② 裁判所が、裁判官の全員一致で、公の秩序又は善良の風俗を害する虞があると決した場合には、対審は、公開しないでこれを行ふことができる。但し、政治犯罪、出版に関する犯罪又はこの憲法第三章で保障する国民の権利が問題となつてゐる事件の対審は、常にこれを公開しなければならない。

第七章 財政

第八十三条 国の財政を処理する権限は、国会の議決に基いて、これを行使しなければならない。

第八十四条 あらたに租税を課し、又は現行の租税を変更するには、法律又は法律の定める条件によることを必要とする。

第八十五条 国費を支出し、又は国が債務を負担するには、国会の議決に基くことを必要とする。

第八十六条 内閣は、毎会計年度の予算を作成し、国会に提出して、その審議を受け議決を経なければならない。

第八十七条 予見し難い予算の不足に充てるため、国会の議決に基いて予備費を設け、内閣の責任でこれを支出することができる。

② すべて予備費の支出については、内閣は、事後に国会の承諾を得なければならない。

第八十八条 すべて皇室財産は、国に属する。すべて皇室の費用は、予算に計上して国会の議決を経なければならない。

第八十九条 公金その他の公の財産は、宗教上の組織若しくは団体の使用、便益若しくは維持のため、又は公の支配に属しない慈善、教育若しくは博愛の事業に対し、これを支出し、又はその利用に供してはならない。

第九十条 国の収入支出の決算は、すべて毎年会計検査院がこれを検査し、内閣は、次の年度に、その検

③ 前項但書の緊急集会において採られた措置は、臨時のものであつて、次の国会開会の後十日以内に、衆議院の同意がない場合には、その効力を失ふ。

第五十五条　両議院は、各々その議員の資格に関する争訟を裁判する。但し、議員の議席を失はせるには、出席議員の三分の二以上の多数による議決を必要とする。

第五十六条　両議院は、各々その総議員の三分の一以上の出席がなければ、議事を開き議決することができない。

② 両議院の議事は、この憲法に特別の定のある場合を除いては、出席議員の過半数でこれを決し、可否同数のときは、議長の決するところによる。

第五十七条　両議院の会議は、公開とする。但し、出席議員の三分の二以上の多数で議決したときは、秘密会を開くことができる。

② 両議院は、各々その会議の記録を保存し、秘密会の記録の中で特に秘密を要すると認められるもの以外は、これを公表し、且つ一般に頒布しなければならない。

③ 出席議員の五分の一以上の要求があれば、各議員の表決は、これを会議録に記載しなければならない。

第五十八条　両議院は、各々その議長その他の役員を選任する。

② 両議院は、各々その会議その他の手続及び内部の規律に関する規則を定め、又、院内の秩序をみだした議員を懲罰することができる。但し、議員を除名するには、出席議員の三分の二以上の多数による議決を必要とする。

第五十九条　法律案は、この憲法に特別の定のある場合を除いては、両議院で可決したとき法律となる。

② 衆議院で可決し、参議院でこれと異なつた議決をした法律案は、衆議院で出席議員の三分の二以上の多数で再び可決したときは、法律となる。

③ 前項の規定は、法律の定めるところにより、衆議院が、両議院の協議会を開くことを求めることを妨げない。

④ 参議院が、衆議院の可決した法律案を受け取つた後、国会休会中の期間を除いて六十日以内に、議決しないときは、衆議院は、参議院がその法律案を否決したものとみなすことができる。

第六十条　予算は、さきに衆議院に提出しなければならない。

② 予算について、参議院で衆議院と異なつた議決をした場合に、法律の定めるところにより、両議院の協議会を開いても意見が一致しないとき、又は参議院が、衆議院の可決した予算を受け取つた後、国会休会中の期間を除いて三十日以内に、議決しないときは、衆議院の議決を国会の議決とする。

第六十一条　条約の締結に必要な国会の承認については、前条第二項の規定を準用する。

第六十二条　両議院は、各々国政に関する調査を行ひ、これに関して、証人の出頭及び証言並びに記録の提出を要求することができる。

第六十三条　内閣総理大臣その他の国務大臣は、両議院の一に議席を有すると有しないとにかかはらず、何時でも議案について発言するため議院に出席することができる。又、答弁又は説明のため出席を求められたときは、出席しなければならない。

第六十四条　国会は、罷免の訴追を受けた裁判官を裁判するため、両議院の議員で組織する弾劾裁判所を設ける。

② 弾劾に関する事項は、法律でこれを定める。

第五章　内閣

第六十五条　行政権は、内閣に属する。

第六十六条　内閣は、法律の定めるところにより、その首長たる内閣総理大臣及びその他の国務大臣でこれを組織する。

② 内閣総理大臣その他の国務大臣は、文民でなければならない。

③ 内閣は、行政権の行使について、国会に対し連帯して責任を負ふ。

第六十七条　内閣総理大臣は、国会議員の中から国会の議決で、これを指名する。この指名は、他のすべての案件に先だつて、これを行ふ。

② 衆議院と参議院とが異なつた指名の議決をした場合に、法律の定めるところにより、両議院の協議会を開いても意見が一致しないとき、又は衆議院が指名の議決をした後、国会休会中の期間を除いて十日以内に、参議院が、指名の議決をしないときは、衆議院の議決を国会の議決とする。

第六十八条　内閣総理大臣は、国務大臣を任命する。但し、その過半数は、国会議員の中から選ばれなければならない。

② 内閣総理大臣は、任意に国務大臣を罷免することができる。

第六十九条　内閣は、衆議院で不信任の決議案を可決し、又は信任の決議案を否決したときは、十日以内に衆議院が解散されない限り、総辞職をしなければならない。

第七十条　内閣総理大臣が欠けたとき、又は衆議院議員総選挙の後に初めて国会の召集があつたときは、内閣は、総辞職をしなければならない。

第七十一条　前二条の場合には、内閣は、あらたに内閣総理大臣が任命されるまで引き続きその職務を行ふ。

第七十二条　内閣総理大臣は、内閣を代表して議案を国会に提出し、一般国務及び外交関係について国会に報告し、並びに行政各部を指揮監督する。

第七十三条　内閣は、他の一般行政事務の外、左の事務を行ふ。

②　賃金、就業時間、休息その他の勤労条件に関する基準は、法律でこれを定める。

③　児童は、これを酷使してはならない。

第二十八条　勤労者の団結する権利及び団体交渉その他の団体行動をする権利は、これを保障する。

第二十九条　財産権は、これを侵してはならない。

②　財産権の内容は、公共の福祉に適合するやうに、法律でこれを定める。

③　私有財産は、正当な補償の下に、これを公共のために用ひることができる。

第三十条　国民は、法律の定めるところにより、納税の義務を負ふ。

第三十一条　何人も、法律の定める手続によらなければ、その生命若しくは自由を奪はれ、又はその他の刑罰を科せられない。

第三十二条　何人も、裁判所において裁判を受ける権利を奪はれない。

第三十三条　何人も、現行犯として逮捕される場合を除いては、権限を有する司法官憲が発し、且つ理由となつてゐる犯罪を明示する令状によらなければ、逮捕されない。

第三十四条　何人も、理由を直ちに告げられ、且つ、直ちに弁護人に依頼する権利を与へられなければ、抑留又は拘禁されない。又、何人も、正当な理由がなければ、拘禁されず、要求があれば、その理由は、直ちに本人及びその弁護人の出席する公開の法廷で示されなければならない。

第三十五条　何人も、その住居、書類及び所持品について、侵入、捜索及び押収を受けることのない権利は、第三十三条の場合を除いては、正当な理由に基いて発せられ、且つ捜索する場所及び押収する物を明示する令状がなければ、侵されない。

②　捜索又は押収は、権限を有する司法官憲が発する各別の令状により、これを行ふ。

第三十六条　公務員による拷問及び残虐な刑罰は、絶対にこれを禁ずる。

第三十七条　すべて刑事事件においては、被告人は、公平な裁判所の迅速な公開裁判を受ける権利を有する。

②　刑事被告人は、すべての証人に対して審問する機会を充分に与へられ、又、公費で自己のために強制的手続により証人を求める権利を有する。

③　刑事被告人は、いかなる場合にも、資格を有する弁護人を依頼することができる。被告人が自らこれを依頼することができないときは、国でこれを附する。

第三十八条　何人も、自己に不利益な供述を強要されない。

②　強制、拷問若しくは脅迫による自白又は不当に長く抑留若しくは拘禁された後の自白は、これを証拠とすることができない。

③　何人も、自己に不利益な唯一の証拠が本人の自白である場合には、有罪とされ、又は刑罰を科せられない。

第三十九条　何人も、実行の時に適法であつた行為又は既に無罪とされた行為については、刑事上の責任を問はれない。又、同一の犯罪について、重ねて刑事上の責任を問はれない。

第四十条　何人も、抑留又は拘禁された後、無罪の裁判を受けたときは、法律の定めるところにより、国にその補償を求めることができる。

第四章　国会

第四十一条　国会は、国権の最高機関であつて、国の唯一の立法機関である。

第四十二条　国会は、衆議院及び参議院の両議院でこれを構成する。

第四十三条　両議院は、全国民を代表する選挙された議員でこれを組織する。

②　両議院の議員の定数は、法律でこれを定める。

第四十四条　両議院の議員及びその選挙人の資格は、法律でこれを定める。但し、人種、信条、性別、社会的身分、門地、教育、財産又は収入によつて差別してはならない。

第四十五条　衆議院議員の任期は、四年とする。但し、衆議院解散の場合には、その期間満了前に終了する。

第四十六条　参議院議員の任期は、六年とし、三年ごとに議員の半数を改選する。

第四十七条　選挙区、投票の方法その他両議院の議員の選挙に関する事項は、法律でこれを定める。

第四十八条　何人も、同時に両議院の議員たることはできない。

第四十九条　両議院の議員は、法律の定めるところにより、国庫から相当額の歳費を受ける。

第五十条　両議院の議員は、法律の定める場合を除いては、国会の会期中逮捕されず、会期前に逮捕された議員は、その議院の要求があれば、会期中これを釈放しなければならない。

第五十一条　両議院の議員は、議院で行つた演説、討論又は表決について、院外で責任を問はれない。

第五十二条　国会の常会は、毎年一回これを召集する。

第五十三条　内閣は、国会の臨時会の召集を決定することができる。いづれかの議院の総議員の四分の一以上の要求があれば、内閣は、その召集を決定しなければならない。

第五十四条　衆議院が解散されたときは、解散の日から四十日以内に、衆議院議員の総選挙を行ひ、その選挙の日から三十日以内に、国会を召集しなければならない。

②　衆議院が解散されたときは、参議院は、同時に閉会となる。但し、内閣は、国に緊急の必要があるときは、参議院の緊急集会を求めることができる。

並びに全権委任状及び大使及び公使の信任状を認証すること。

六　大赦、特赦、減刑、刑の執行の免除及び復権を認証すること。

七　栄典を授与すること。

八　批准書及び法律の定めるその他の外交文書を認証すること。

九　外国の大使及び公使を接受すること。

十　儀式を行ふこと。

第八条　皇室に財産を譲り受け、若しくは賜与することは、国会の議決に基かなければならない。

第二章　戦争の放棄

第九条　日本国民は、正義と秩序を基調とする国際平和を誠実に希求し、国権の発動たる戦争と、武力による威嚇又は武力の行使は、国際紛争を解決する手段としては、永久にこれを放棄する。

②　前項の目的を達するため、陸海空軍その他の戦力は、これを保持しない。国の交戦権は、これを認めない。

第三章　国民の権利及び義務

第十条　日本国民たる要件は、法律でこれを定める。

第十一条　国民は、すべての基本的人権の享有を妨げられない。この憲法が国民に保障する基本的人権は、侵すことのできない永久の権利として、現在及び将来の国民に与へられる。

第十二条　この憲法が国民に保障する自由及び権利は、国民の不断の努力によつて、これを保持しなければならない。又、国民は、これを濫用してはならないのであつて、常に公共の福祉のためにこれを利用する責任を負ふ。

第十三条　すべて国民は、個人として尊重される。生命、自由及び幸福追求に対する国民の権利については、公共の福祉に反しない限り、立法その他の国政の上で、最大の尊重を必要とする。

第十四条　すべて国民は、法の下に平等であつて、人種、信条、性別、社会的身分又は門地により、政治的、経済的又は社会的関係において、差別されない。

②　華族その他の貴族の制度は、これを認めない。

③　栄誉、勲章その他の栄典の授与は、いかなる特権も伴はない。栄典の授与は、現にこれを有し、又は将来これを受ける者の一代に限り、その効力を有する。

第十五条　公務員を選定し、及びこれを罷免することは、国民固有の権利である。

②　すべて公務員は、全体の奉仕者であつて、一部の奉仕者ではない。

③　公務員の選挙については、成年者による普通選挙を保障する。

④　すべて選挙における投票の秘密は、これを侵してはならない。選挙人は、その選択に関し公的にも私的にも責任を問はれない。

第十六条　何人も、損害の救済、公務員の罷免、法律、命令又は規則の制定、廃止又は改正その他の事項に関し、平穏に請願する権利を有し、何人も、かかる請願をしたためにいかなる差別待遇も受けない。

第十七条　何人も、公務員の不法行為により、損害を受けたときは、法律の定めるところにより、国又は公共団体に、その賠償を求めることができる。

第十八条　何人も、いかなる奴隷的拘束も受けない。又、犯罪に因る処罰の場合を除いては、その意に反する苦役に服させられない。

第十九条　思想及び良心の自由は、これを侵してはならない。

第二十条　信教の自由は、何人に対してもこれを保障する。いかなる宗教団体も、国から特権を受け、又は政治上の権力を行使してはならない。

②　何人も、宗教上の行為、祝典、儀式又は行事に参加することを強制されない。

③　国及びその機関は、宗教教育その他いかなる宗教的活動もしてはならない。

第二十一条　集会、結社及び言論、出版その他一切の表現の自由は、これを保障する。

②　検閲は、これをしてはならない。通信の秘密は、これを侵してはならない。

第二十二条　何人も、公共の福祉に反しない限り、居住、移転及び職業選択の自由を有する。

②　何人も、外国に移住し、又は国籍を離脱する自由を侵されない。

第二十三条　学問の自由は、これを保障する。

第二十四条　婚姻は、両性の合意のみに基いて成立し、夫婦が同等の権利を有することを基本として、相互の協力により、維持されなければならない。

②　配偶者の選択、財産権、相続、住居の選定、離婚並びに婚姻及び家族に関するその他の事項に関して、法律は、個人の尊厳と両性の本質的平等に立脚して、制定されなければならない。

第二十五条　すべて国民は、健康で文化的な最低限度の生活を営む権利を有する。

②　国は、すべての生活部面について、社会福祉、社会保障及び公衆衛生の向上及び増進に努めなければならない。

第二十六条　すべて国民は、法律の定めるところにより、その能力に応じて、ひとしく教育を受ける権利を有する。

②　すべて国民は、法律の定めるところにより、その保護する子女に普通教育を受けさせる義務を負ふ。義務教育は、これを無償とする。

第二十七条　すべて国民は、勤労の権利を有し、義務

日本国憲法

（昭和二十一年十一月三日公布／昭和二十二年五月三日施行）

朕は、日本国民の総意に基いて、新日本建設の礎が、定まるに至つたことを、深くよろこび、枢密顧問の諮詢及び帝国憲法第七十三条による帝国議会の議決を経た帝国憲法の改正を裁可し、ここにこれを公布せしめる。

御名御璽

昭和二十一年十一月三日

内閣総理大臣兼　外務大臣　吉田　茂

国務大臣　男爵　幣原喜重郎

司法大臣　木村篤太郎

内務大臣　大村　清一

文部大臣　田中耕太郎

国務大臣　和田　博雄

国務大臣　斎藤　隆夫

逓信大臣　一松　定吉

商工大臣　星島　二郎

厚生大臣　河合　良成

国務大臣　植原悦二郎

運輸大臣　平塚常次郎

大蔵大臣　石橋　湛山

国務大臣　金森徳次郎

国務大臣　膳　桂之助

日本国憲法

日本国民は、正当に選挙された国会における代表者を通じて行動し、われらとわれらの子孫のために、諸国民との協和による成果と、わが国全土にわたつて自由のもたらす恵沢を確保し、政府の行為によつて再び戦争の惨禍が起ることのないやうにすることを決意し、ここに主権が国民に存することを宣言し、この憲法を確定する。そもそも国政は、国民の厳粛な信託によるものであつて、その権威は国民に由来し、その権力は国民の代表者がこれを行使し、その福利は国民がこれを享受する。これは人類普遍の原理であり、この憲法は、かかる原理に基くものである。われらは、これに反する一切の憲法、法令及び詔勅を排除する。

日本国民は、恒久の平和を念願し、人間相互の関係を支配する崇高な理想を深く自覚するのであつて、平和を愛する諸国民の公正と信義に信頼して、われらの安全と生存を保持しようと決意した。われらは、平和を維持し、専制と隷従、圧迫と偏狭を地上から永遠に除去しようと努めてゐる国際社会において、名誉ある地位を占めたいと思ふ。われらは、全世界の国民が、ひとしく恐怖と欠乏から免かれ、平和のうちに生存する権利を有することを確認する。

われらは、いづれの国家も、自国のことのみに専念して他国を無視してはならないのであつて、政治道徳の法則は、普遍的なものであり、この法則に従ふことは、自国の主権を維持し、他国と対等関係に立たうとする各国の責務であると信ずる。

日本国民は、国家の名誉にかけ、全力をあげてこの崇高な理想と目的を達成することを誓ふ。

第一章　天皇

第一条　天皇は、日本国の象徴であり日本国民統合の象徴であつて、この地位は、主権の存する日本国民の総意に基く。

第二条　皇位は、世襲のものであつて、国会の議決した皇室典範の定めるところにより、これを継承する。

第三条　天皇の国事に関するすべての行為には、内閣の助言と承認を必要とし、内閣が、その責任を負ふ。

第四条　天皇は、この憲法の定める国事に関する行為のみを行ひ、国政に関する権能を有しない。

② 天皇は、法律の定めるところにより、その国事に関する行為を委任することができる。

第五条　皇室典範の定めるところにより摂政を置くときは、摂政は、天皇の名でその国事に関する行為を行ふ。この場合には、前条第一項の規定を準用する。

第六条　天皇は、国会の指名に基いて、内閣総理大臣を任命する。

② 天皇は、内閣の指名に基いて、最高裁判所の長たる裁判官を任命する。

第七条　天皇は、内閣の助言と承認により、国民のために、左の国事に関する行為を行ふ。

一　憲法改正、法律、政令及び条約を公布すること。

二　国会を召集すること。

三　衆議院を解散すること。

四　国会議員の総選挙の施行を公示すること。

五　国務大臣及び法律の定めるその他の官吏の任免

【編者・執筆者紹介】

神野　潔（じんの・きよし）／編者
慶應義塾大学大学院法学研究科後期博士課程単位取得退学、修士（法学）。現在、東京理科大学教養教育研究院教授。主要著作として、『御成敗式目ハンドブック』（共編著、吉川弘文館・2024年）など。
＊第8章執筆（コラム㉟を除く）

岡田　順太（おかだ・じゅんた）／編者
慶應義塾大学大学院法学研究科後期博士課程単位取得退学、博士（法学）。現在、獨協大学法学部教授。主要著作として、『関係性の憲法理論―現代市民社会と結社の自由』（丸善プラネット・2015年）など。
＊第5章執筆

横大道　聡（よこだいどう・さとし）／編者
慶應義塾大学大学院法学研究科後期博士課程単位取得退学、博士（法学）。現在、慶應義塾大学大学院法務研究科教授。主要著作として、『現代国家における表現の自由―言論市場への国家の積極的関与とその憲法的統制』（弘文堂・2013年）など。
＊第3章執筆

西村　友海（にしむら・ともうみ）
慶應義塾大学大学院法学研究科後期博士課程単位取得退学、修士（法学）。現在、九州大学大学院法学研究院准教授。主要著作として、「判決自動販売機の可能性」宇佐美誠（編）『AIで変わる法と社会―近未来を深く考えるために』（岩波書店・2020年）所収など。
＊第1章執筆

大野　悠介（おおの・ゆうすけ）
慶應義塾大学大学院法学研究科単位取得退学、博士（法学）。現在、東洋大学法学部准教授。主要業績として、「グローバル化市場における人権保護」横大道聡ほか編『グローバル化のなかで考える憲法』（弘文堂・2021年）など。
＊第2章執筆

谷本　陽一（たにもと・よういち）
早稲田大学大学院法学研究科修士課程（民事法学専攻民法専修）修了、修士（法学）。現在、北海学園大学法学部政治学科教授。主要著作として、能見善久＝加藤新太郎（編）『論点体系　判例民法〔第3版〕7』（分担執筆、第一法規・2018年）など。
＊第4章執筆

松原　和彦（まつばら・かずひこ）
北海道大学大学院法学研究科法学政治学専攻博士後期課程修了、博士（法学）。現在、白鷗大学法学部准教授。主要著作として、「日本法の地層―拐取罪を巡る（裁）判例および学説の各状況の素描」法律時報91巻10号（2019年）など。
＊第6章執筆

出口　雄一（でぐち・ゆういち）
慶應義塾大学大学院法学研究科後期博士課程単位取得退学、博士（法学）。現在、慶應義塾大学法学部教授。主要著作として、『概説　日本法制史』（共編著、弘文堂・2018年）など。
＊第7章執筆

水谷　瑛嗣郎（みずたに・えいじろう）
慶應義塾大学大学院法学研究科後期博士課程単位取得退学、博士（法学）。現在、関西大学社会学部メディア専攻准教授。主要著作として、『憲法学の現在地』（共著、日本評論社・2020年）など。
＊第9章執筆（コラム㊲を除く）

茂木　明奈（もぎ・みな）
慶應義塾大学大学院法学研究科後期博士課程単位取得退学、修士（法学）。現在、白鷗大学法学部准教授。主要著作として、「住居の賃貸借における平等処遇法の意義と課題（上・下）」法律時報90巻4号・90巻5号（2018年）など。
＊第10章執筆（コラム㊶を除く）

古賀　絢子（こが・あやこ）
慶應義塾大学大学院法学研究科後期博士課程単位取得退学、修士（法学）。現在、東京経済大学現代法学部准教授。主要著作として、「オーストラリア家族法における離婚後の共同養育推進と『子の利益』」家族〈社会と法〉36号（2020年）など。
＊第11章執筆（コラム㊹を除く）

長島　光一（ながしま・こういち）
明治大学大学院博士後期課程法学研究科単位取得退学。現在、帝京大学法学部准教授。主要著作として、『裁判例にみる自転車事故の損害賠償』（共著、保険毎日出版社・2022年）など。
＊第12章執筆（コラム㊼を除く）

佐藤　拓磨（さとう・たくま）
慶應義塾大学大学院法学研究科後期博士課程単位取得退学、博士（法学）。現在、慶應義塾大学法学部教授。主要著作として、『未遂犯と実行の着手』（慶應義塾大学出版会・2016年）など。
＊第13章執筆（コラム㊵を除く）

小池　信太郎（こいけ・しんたろう）
慶應義塾大学大学院法学研究科前期博士課程修了、修士（法学）。現在、慶應義塾大学大学院法務研究科教授。主要著作として、『NBS 刑法 I 総論』『NBS 刑法 II 各論』（共著、日本評論社・2020年）など。
＊第14章執筆（コラム㊶を除く）

手塚　崇聡（てづか・たかとし）
慶應義塾大学大学院法学研究科後期博士課程単位取得退学、博士（法学）。現在、千葉大学大学院社会科学研究院教授。主要著作として、『司法権の国際化と憲法解釈』（法律文化社・2018年）など。
＊第15章執筆（コラム㊿を除く）

岡崎　まゆみ（おかざき・まゆみ）
明治大学大学院法学研究科民事法学専攻博士後期課程単位取得退学、博士（法学）。現在、立正大学法学部准教授。主要著作として、『植民地朝鮮の裁判所―慣習と同化の交錯・法の「実験」』（晃洋書房・2020年）など。
＊コラム㉟㊲㊶㊹㊼㊵㊿㊶執筆

【編　者】

神野　潔　　東京理科大学教養教育研究院教授
岡田　順太　　獨協大学法学部教授
横大道　聡　　慶應義塾大学大学院法務研究科教授

法学概説

2022（令和4）年5月15日　初版1刷発行
2024（令和6）年5月30日　同　2刷発行

編　者　神野潔・岡田順太・横大道聡

発行者　鯉渕　友南

発行所　株式会社　弘文堂　　101-0062 東京都千代田区神田駿河台1の7
　　　　　　　　　　　　　　TEL03（3294）4801　　振替00120-6-53909
　　　　　　　　　　　　　　https://www.koubundou.co.jp

装　幀　宇佐美純子

印　刷　大盛印刷

製　本　井上製本所

ISBN978-4-335-35882-1